모두를 위한 R 데이터 분석 입문

2판

오세종 지음

한빛아카데미
Hanbit Academy, Inc.

지은이 **오세종** dkumango@gmail.com

서강대학교 컴퓨터학부 학사와 석사를 거쳐 동대학원 컴퓨터학과에서 접근제어 이론으로 박사학위를 받았다. 학위 후 George Mason University에서 Post Doc. 연구원으로 2년간 일하였다. 대우정보시스템 CIM 사업부에 근무하면서 데이터베이스 설계, ERP 시스템 개발에도 참여하였다. 현재 단국대학교 소프트웨어학과 교수로 재직 중이다. 주요 연구 분야로 빅데이터 분석, 데이터 시각화, 머신러닝을 활용한 의료분야 진단모델 개발 등이 있다. 저서로는 『난생처음 R 코딩 & 데이터 분석』(한빛아카데미, 2021), 『데이터베이스 설계 및 구축』(생능출판사, 2012), 『C로 배우는 기초 프로그래밍』(그린, 2010) 등이 있다.

모두를 위한 R 데이터 분석 입문 2판

초판발행 2023년 5월 5일
2쇄발행 2024년 1월 20일

지은이 오세종 / **펴낸이** 전태호
펴낸곳 한빛아카데미㈜ / **주소** 서울시 서대문구 연희로2길 62 한빛아카데미㈜ 2층
전화 02-336-7112 / **팩스** 02-336-7199
등록 2013년 1월 14일 제2017-000063호 / **ISBN** 979-11-5664-653-2 93000

총괄 박현진 / **책임편집** 김성무 / **기획** 김미정 / **편집** 김성무 / **교정** 윤미현 / **진행** 박하나
디자인 표지 박정우 내지 이아란 / **전산편집** 이소연 / **제작** 박성우, 김정우
영업 김태진, 김성삼, 이정훈, 임현기, 이성훈, 김주성 / **마케팅** 길진철, 김호철, 심지연

이 책에 대한 의견이나 오탈자 및 잘못된 내용에 대한 수정 정보는 아래 이메일로 알려주십시오.
잘못된 책은 구입하신 서점에서 교환해 드립니다. 책값은 뒤표지에 표시되어 있습니다.
홈페이지 www.hanbit.co.kr / 이메일 question@hanbit.co.kr

세상을 이해하는 새로운 눈, 데이터

하버드 비즈니스 리뷰 2012년 10월호는 데이터 과학자를 21세기 가장 매력적인 직업으로 소개하였습니다. 빅데이터, 머신러닝, 인공지능, 자율주행 등 미디어를 통해 흔히 접하는 첨단 기술들의 뒤에는 모두 데이터가 자리잡고 있습니다. 즉, 데이터 없이는 이러한 첨단 기술들이 가능하지 않다는 의미입니다. 정보화 시대로 접어들면서 전공을 불문하고 컴퓨터 활용 능력(computer literacy)이 요구되었으나, 앞으로는 데이터 활용 능력(data literacy)이 더 요구되는 시대가 도래할 것입니다.

데이터는 우리에게 많은 것을 가르쳐줍니다. 거시적으로는 한 국가의 경제가 얼마나 건강한지를 말해주기도 하고, 앞으로 경기가 좋아질지 나빠질지를 예측해주기도 합니다. 물건을 판매하는 회사에게는 고객들의 취향이 어떻게 변해가고 있는지, 고객의 요구사항이 무엇인지를 말해줍니다. 개인에게는 효과적인 다이어트 방법을 말해주고, 유전자 분석을 통해 앞으로 어떤 질병에 걸릴지 예측해줍니다.

이와 같이 데이터는 세상을 이해하는 새로운 관점과 시각을 우리에게 제공합니다. 그래서 우리는 데이터를 다루고, 데이터를 분석하는 방법을 배울 필요가 있습니다. 이것은 공학도뿐만 아니라 모든 학문과 비즈니스 영역에서 일하는 사람들에게도 필요한 요소입니다. 문제는 데이터를 배우는 일이 쉽지 않다는 것입니다. 많은 사람들이 필요에 의해서 학습을 시작하지만 이해의 어려움이라는 고비를 넘지 못하고 중간에 포기하는 경우가 많습니다.

필자는 처음 데이터 분석을 배우는 분들을 염두에 두고 이 책을 저술하였습니다. 이론적인 내용은 가급적 간단히 언급하였고, 어려운 용어는 알기 쉽게 풀어 쓰려고 노력하였습니다. 이 책의 설명과 예제를 따라하다 보면 자연스럽게 데이터를 다루는 능력이 습득될 것입니다. 이 책이 데이터 분석에 대한 모든 것을 말해주지는 않지만 데이터 분석에 대한 배움을 시작함에 있어 좋은 디딤돌이 될 것이라고 확신합니다.

배움의 첫발을 내딛는 여러분을 응원합니다.

저자 **오세종**

이 책을 읽기 전에

• 누구를 위한 책인가

이 책은 R로 데이터 분석을 시작하는 입문자를 위한 책입니다. R 프로그래밍에 대한 이해와 동시에 데이터 분석을 직접 실습하면서 이해할 수 있습니다.

- R을 처음 공부하고 싶은 입문자
- 데이터 분석에 R을 활용하고 싶은 입문자 또는 관련 전공자
- 데이터를 활용하여 의사결정이나 업무 처리를 해야 하는 직장인

• 무엇을 다루는가

01 데이터 분석 개요와 R 프로그래밍

데이터의 개념 및 R과 R스튜디오 설치 방법을 배우고, R의 기본 문법인 변수, 벡터, 매트릭스, 데이터프레임, 조건문, 반복문, 함수에 대해 학습합니다.

- Chapter 01 | 데이터 분석과 R
- Chapter 02 | 변수와 벡터
- Chapter 03 | 매트릭스와 데이터프레임
- Chapter 04 | 조건문, 반복문, 함수

02 데이터 탐색과 전처리

단일변수 자료와 다중변수 자료에 대한 탐색적 분석 방법에 대해 알아보고, 여러 가지 데이터 전처리 관련 기법들에 대해 학습합니다.

- Chapter 05 | 단일변수 자료의 탐색
- Chapter 06 | 다중변수 자료의 탐색
- Chapter 07 | 데이터 전처리

03 데이터 시각화와 심화 분석

데이터 시각화 기법과 R에서 지도를 연동하는 방법을 배웁니다. 또한 워드클라우드, 구매 패턴 분석, 회귀분석, 군집화, 분류에 대해 학습합니다.

- Chapter 08 | 데이터 시각화
- Chapter 09 | 지도와 데이터
- Chapter 10 | 워드클라우드와 구매 패턴 분석
- Chapter 11 | 회귀분석
- Chapter 12 | 군집화와 분류

04 데이터 분석 사례 프로젝트

서울시 상권 분석, 건강보험 진료 분석, 주택 거래 분석 등 다양한 사례를 기반으로 한 데이터 분석 프로젝트를 진행합니다.

- Chapter 13 | 데이터 분석 사례 I
- Chapter 14 | 데이터 분석 사례 II
- Chapter 15 | 데이터 분석 사례 III

• 이 책의 구성 요소

단계별 학습을 통해 학습 능력의 향상을 돕고자 'Preview ▸ 본문 ▸ 코드 ▸ 실전 분석 ▸ 요약 ▸ 연습문제'로 구성하였습니다. 그 외에 추가로 학습할 필요가 있거나 알아두면 좋은 내용은 '여기서 잠깐!' 코너에 담았습니다.

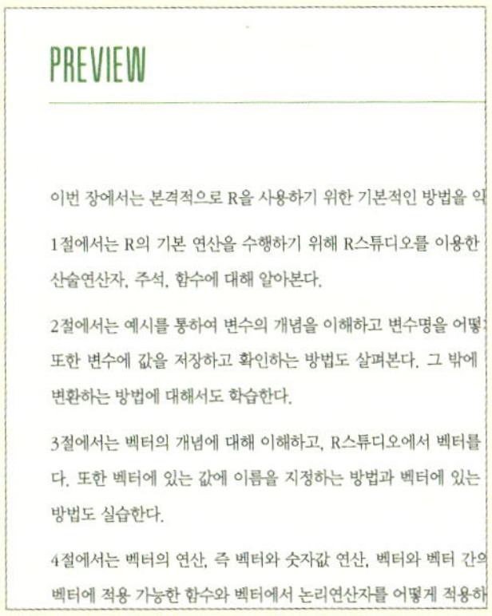
PREVIEW

이번 장에서는 본격적으로 R을 사용하기 위한 기본적인 방법을 익

1절에서는 R의 기본 연산을 수행하기 위해 R스튜디오를 이용한 산술연산자, 주석, 함수에 대해 알아본다.

2절에서는 예시를 통하여 변수의 개념을 이해하고 변수명을 어떻게 또한 변수에 값을 저장하고 확인하는 방법도 살펴본다. 그 밖에 변환하는 방법에 대해서도 학습한다.

3절에서는 벡터의 개념에 대해 이해하고, R스튜디오에서 벡터를 다. 또한 벡터에 있는 값에 이름을 지정하는 방법과 벡터에 있는 방법도 실습한다.

4절에서는 벡터의 연산, 즉 벡터와 숫자값 연산, 벡터와 벡터 간의 벡터에 적용 가능한 함수와 벡터에서 논리연산자를 어떻게 적용하

| Preview |

각 장의 내용을 큰 맥락에서 살펴볼 수 있도록 해당 장에서 배울 내용을 간략하게 정리합니다.

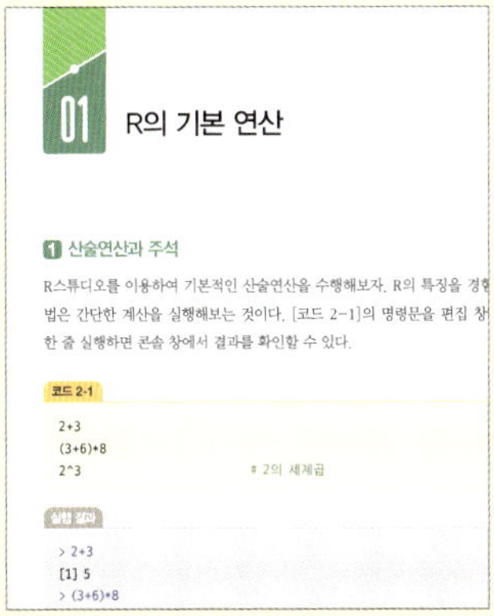
01 R의 기본 연산

1 산술연산과 주석

R스튜디오를 이용하여 기본적인 산술연산을 수행해보자. R의 특징을 경험 법은 간단한 계산을 실행해보는 것이다. [코드 2-1]의 명령문을 편집 창 한 줄 실행하면 콘솔 창에서 결과를 확인할 수 있다.

코드 2-1

```
2+3
(3+6)*8
2^3                # 2의 세제곱
```

실행 결과

```
> 2+3
[1] 5
> (3+6)*8
```

| 본문 및 코드 |

R의 기본 개념과 문법을 설명하고, R스튜디오를 통해 직접 실습하면서 데이터 분석을 이해합니다.

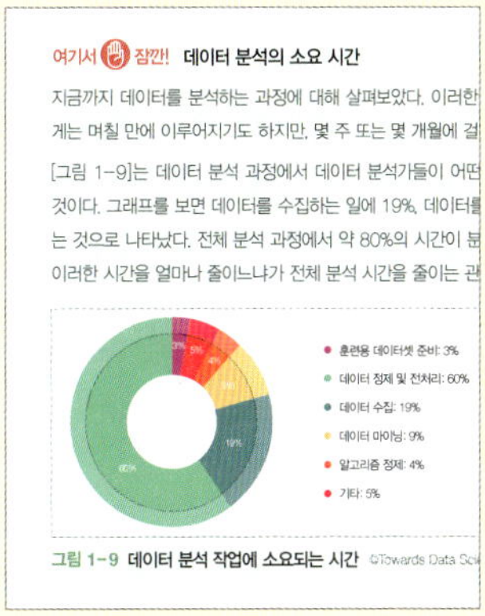
여기서 잠깐! 데이터 분석의 소요 시간

지금까지 데이터를 분석하는 과정에 대해 살펴보았다. 이러한 게는 며칠 만에 이루어지기도 하지만, 몇 주 또는 몇 개월에 걸

[그림 1-9]는 데이터 분석 과정에서 데이터 분석가들이 어떤 것이다. 그래프를 보면 데이터를 수집하는 일에 19%, 데이터를 는 것으로 나타났다. 전체 분석 과정에서 약 80%의 시간이 분 이러한 시간을 얼마나 줄이느냐가 전체 분석 시간을 줄이는 관

그림 1-9 데이터 분석 작업에 소요되는 시간

| 여기서 잠깐! |

본문과 관련된 도움말이나 참고로 알아 두면 좋은 내용을 담고 있습니다.

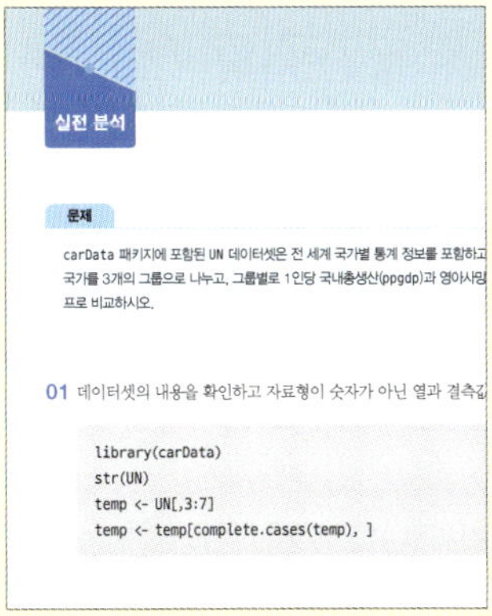
실전 분석

문제

carData 패키지에 포함된 UN 데이터셋은 전 세계 국가별 통계 정보를 포함하고 국가를 3개의 그룹으로 나누고, 그룹별로 1인당 국내총생산(ppgdp)과 영아사망 프로 비교하시오.

01 데이터셋의 내용을 확인하고 자료형이 숫자가 아닌 열과 결측값

```
library(carData)
str(UN)
temp <- UN[,3:7]
temp <- temp[complete.cases(temp), ]
```

| 실전 분석 |

실제 사례를 기반으로 데이터 분석이 어떻게 구현되는지 실습을 통해 알아봅니다(Chapter 05~12).

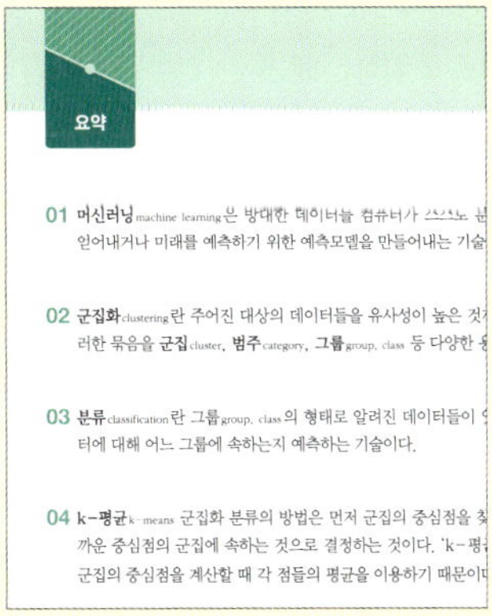
요약

01 머신러닝machine learning은 방대한 데이터를 컴퓨터가 스스로 얻어내거나 미래를 예측하기 위한 예측모델을 만들어내는 기술

02 군집화clustering란 주어진 대상의 데이터들을 유사성이 높은 것 러한 묶음을 군집cluster, 범주category, 그룹group, class 등 다양한

03 분류classification란 그룹group, class의 형태로 알려진 데이터들이 터에 대해 어느 그룹에 속하는지 예측하는 기술이다.

04 k-평균k-means 군집화 분류의 방법은 먼저 군집의 중심점을 찾 까운 중심점의 군집에 속하는 것으로 결정하는 것이다. 'k-평 군집의 중심점을 계산할 때 각 점들의 평균을 이용하기 때문이

| 요약 |

각 장이 끝날 때마다 꼭 기억해야 하는 중요한 내용을 요약하여 정리했습니다.

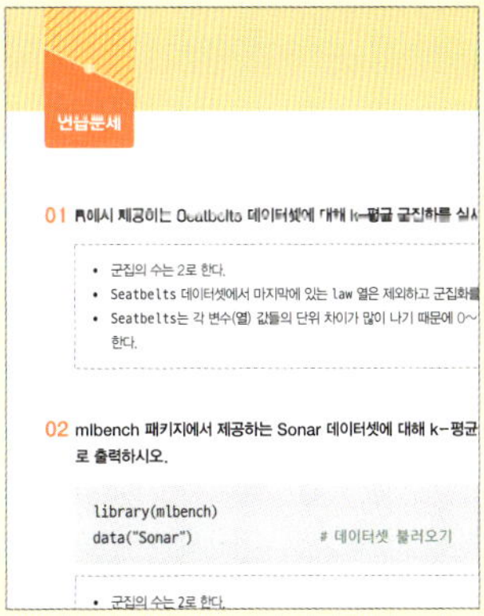
연습문제

02 mlbench 패키지에서 제공하는 Sonar 데이터셋에 대해 k-평균 로 출력하시오.

```
library(mlbench)
data("Sonar")               # 데이터셋 불러오기
```

| 연습문제 |

해당 장에서 배운 핵심 개념과 문법, 코드를 분석하는 문제를 통해 자신의 실력을 테스트할 수 있습니다.

이 책의 사용 설명서

• 개정 반영 내용

『모두를 위한 R 데이터 분석 입문(2판)』은 초판의 코드 오류를 점검하고 수정하였습니다. 또한 다음과 같은 내용 위주로 개정을 진행하였습니다.

- R과 R스튜디오 최신 버전 업데이트 적용(Chapter 01)
- '구매 패턴 분석' 절 추가(Chapter 10)
- '데이터 분석 사례' 프로젝트 장 추가(Chapter 14~15)
- 〈실전 분석〉 요소 추가(Chapter 05~12)
- 〈연습문제〉 수정 및 추가(Chapter 01~15)

• 실습 환경

이 책의 실습 환경은 다음과 같습니다.

- **운영체제** Windows 11(Windows 7 버전 이상 모두 사용 가능)
- **실습도구** R 4.2.2(4.x 버전 이상 모두 사용 가능), R스튜디오

• 예제 소스

실습에 필요한 자료는 아래 주소에서 다운로드할 수 있습니다.

https://www.hanbit.co.kr/src/4653

• 강의 보조 자료

한빛아카데미 홈페이지에서 '교수회원'으로 가입하신 분은 인증 후 교수용 강의 보조 자료를 제공받을 수 있습니다. 한빛아카데미 홈페이지 상단의 〈교수전용공간〉 메뉴를 클릭하세요.

https://www.hanbit.co.kr/academy

• 연습문제 해답 안내

이 책은 대학 강의용 교재로 개발되었으므로 연습문제 해답을 제공하지 않습니다.

• 강의 보조 웹사이트

이 책의 저자가 직접 운영하는 강의 보조 웹사이트는 다음과 같습니다.

https://r-data-analysis.github.io/

목차

Chapter 01 데이터 분석과 R

Chapter 02 변수와 벡터

Chapter 03 매트릭스와 데이터프레임

Chapter 04 조건문, 반복문, 함수

Chapter 05 단일변수 자료의 탐색

Chapter 06 다중변수 자료의 탐색

Chapter 07 데이터 전처리

CHAPTER 01

데이터 분석과 R

PREVIEW

우리는 현재 정보화 시대를 지나 데이터의 시대에 살고 있다. 데이터는 비즈니스의 새로운 원천이면서 인공지능 기술의 기반이 되고 있다. 데이터를 잘 활용할 줄 아는 기업과 개인이 경쟁에서 승리하는 시대가 된 것이다. 이번 장에서는 4차 산업혁명의 핵심 키워드 중의 하나이기도 한 데이터에 대해 알아본다.

1절에서는 데이터가 우리의 생활과 어떤 관련이 있는지 알아본다. 더 나아가 기업이나 공공기관에서 데이터를 어떻게 활용하고 있는지 파악해본다. 마지막으로 4차 산업혁명 시대에 데이터가 어떤 역할을 할 것인지에 대해 살펴본다.

2절에서는 기존의 데이터베이스 관리 도구의 데이터 수집, 저장, 관리, 분석의 역량을 넘어서는 빅데이터의 개념과 특징 및 성공 사례를 살펴본다.

3절에서는 6단계에 걸친 데이터 분석 과정(문제 정의 및 계획→데이터 수집→데이터 정제 및 전처리→데이터 탐색→데이터 분석→결과 보고)을 프로세스별로 자세히 살펴본다.

4절에서는 R과 R스튜디오를 소개하고, 설치 방법에 대해 따라하기 방식으로 알아본다. 그리고 원활한 실습의 진행을 위해 R스튜디오의 화면 구성과 간단한 사용 방법에 대해 학습한다.

01 데이터의 시대

불과 얼마 전까지만 해도 미디어를 통해 '정보화 시대'라는 용어를 자주 접할 수 있었는데, 최근에는 이 '정보화 시대'라는 용어 대신에 '빅데이터 시대'라는 용어를 자주 접하고 있다. 이것은 우리가 이미 정보화 시대the age of information를 지나 **데이터의 시대**the age of data에 접어들었다는 것을 의미한다.

데이터의 시대에는 생활 속에서 많은 부분을 데이터에 의존하게 된다. 우리가 자주 접하는 이메일, SNS, 전화 사용 기록, 신용카드 사용 내역, 병원 치료 기록, 학교 성적, 심지어는 대중교통 승하차 기록까지 데이터로 저장되고 있다. 이렇게 데이터에 기초하여 우리의 신분과 신용이 확인되고 SNS상에서 개인과 개인이 연결된다. 만약 스마트폰에 저장된 전화번호 목록이 분실되면 사회생활에 있어서 많은 불편을 초래하게 될 것이다.

우리가 데이터에 얼마나 의존하고 있는지를 보여주는 사례로 2018년에 발생한 KT 아현지사 통신구 화재 사건을 들 수 있다. 이 사고로 인하여 서울 한강 이북 서부 지역에서 한동안 KT 인터넷, 휴대폰 무선통신 등을 이용할 수 없게 되었다. 결국 해당 지역 부근에 있는 업소들의 결제 시스템이 작동하지 않아 소상공인들이 큰 피해를 입었으며, 휴대폰을 사용할 수 없었던 일반 시민들도 큰 불편을 겪었다. 결제 시스템은 신용카드사의 고객 데이터를 기반으로 하고 있는데 이러한 데이터를 이용할 수 없게 된다면 신용에 의한 결제 행위도 수행될 수 없기 때문이다.

1 데이터의 비즈니스 활용

데이터는 개인뿐만 아니라 기업이나 공공기관에서도 중요하게 활용되고 있다. 홈플러스나 이마트와 같은 판매유통 대형마트들은 소비자의 구매 내역 데이터를 바탕으로 구매 패턴을 분석하고 이를 영업에 활용한다. 예를 들어, 맥주를 구매한 고객이 견과류도 함께 구입하는 비율이 높다고 분석되면 맥주 진열대 옆에 견과류를 함께 진열하여 매출을 높일 수 있다.

그림 1-1 **판매유통 대형마트의 진열대:** 구매 패턴 데이터를 분석하여 활용

제너럴일렉트릭General Electric, GE의 자회사 중 하나인 GE에비에이션GE Aviation은 비행기 엔진을 만드는 회사이다. GE에비에이션은 비행기 엔진에 수많은 센서를 부착하고, 이 센서로부터 수집된 데이터를 활용하여 엔진의 이상 유무나 부품 교체 시기 등을 알려주는 서비스를 제공하여 추가 매출을 올리고 있다.

그림 1-2 **GE에비에이션:** 비행기 엔진 센서 데이터를 분석하여 활용

서울시는 심야 교통버스, 일명 '올빼미버스'의 노선을 결정하기 위해 이동통신사로부터 심야 휴대폰 발신 데이터를 넘겨 받아 분석하였다. 이를 통해 사람들이 많이 모여 있는 지점을 알아낼 수 있었고, 이를 올빼미버스 노선에 반영함으로써 시민들의 만족도를 높일 수 있었다. 이와 같이 데이터는 비즈니스 부문과 공공 부문에서도 중요하게 활용되고 있다.

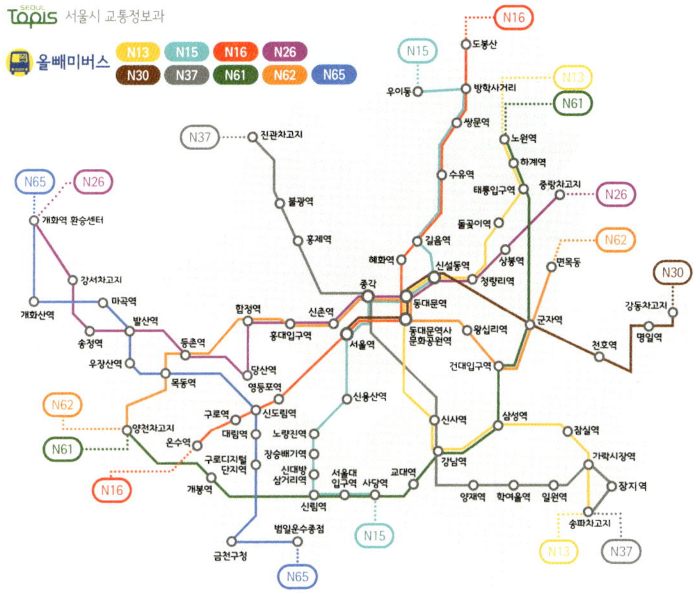

그림 1-3 **올빼미버스 노선:** 심야 휴대폰 발신 데이터 분석

2 4차 산업혁명과 데이터

2016년 1월, 스위스 다보스에서 열렸던 세계경제포럼World Economic Forum에서 클라우스 슈밥Klaus Schwab은 기술 혁명의 새로운 시대가 열렸음을 천명하면서 이를 **4차 산업혁명**The Fourth Industrial Revolution이라고 명명하였다. 4차 산업혁명이란 인공지능Artificial Intelligence, AI, 빅데이터big data, 로봇robot, 사물인터넷Internet of Things, IoT, 생명공학기술Bio Technology, 3D 프린터3D printer 등 새로운 과학기술이 사회, 경제, 문화 전반에 영향을 미치게 되고, 이러한 변화를 잘 수용하여 가능성을 최대화시키는 시대를 말한다. 이 중에서도 인공지능과 빅데이터가 4차 산업혁명의 핵심 기술로 인식되고 있다. 특히, 인공지능 기술의 상당 부분은 데이터에 의존하고 있기 때문에 4차 산업혁명의 중심은 '데이터'라고 말해도 과언이 아니다.

4차 산업혁명은 직업뿐만 아니라 산업과 사회 전반에 걸쳐 엄청난 파급 효과를 가져올 것으로 예상된다. 이러한 시대적 흐름의 의미는 데이터를 잘 다룰 줄 아는 기업과 개인이 경쟁에서 우위를 점할 수 있다는 것이다. 이것이 데이터를 이해하고 다루는 방법을 배워야 하는 이유이다.

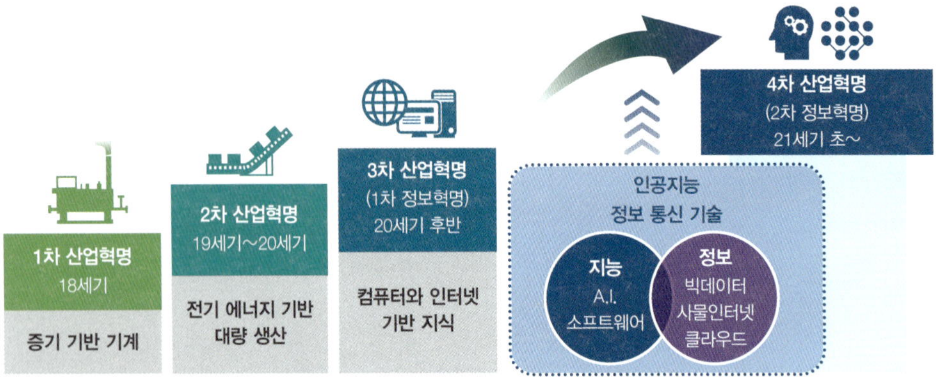

그림 1-4 4차 산업혁명까지의 과정과 핵심 기술

여기서 잠깐! 전문가들이 표현한 데이터의 중요성

전문가들은 다음과 같은 다양한 표현으로 데이터의 중요성을 강조하고 있다.

"데이터는 비즈니스를 위한 새로운 원천 재료가 되어가고 있다." – MS 부회장, 크레이그 먼디(Craig Mundie)

"데이터가 쏟아지는 수도꼭지가 틀어졌고, 다시 잠기는 일은 없을 것이다."
– 액티언 CTO, 마이크 호스킨(Mike Hoskins, Actian)

"데이터는 새로운 석유다." - 데이터 과학자, 클라이브 험비(Clive Humby)

"정보를 포함하지 않은 데이터를 가질 수는 있겠지만, 데이터에 의존하지 않은 정보는 가질 수 없다."
- 프로그래머/데이터 과학자, 다니엘 키즈 모런(Daniel Keys Moran)

02 빅데이터

1 빅데이터의 특징

매킨지 글로벌 연구소Mckinsey Global Institute, MGI에 따르면 **빅데이터**big data란 기존의 데이터베이스 관리 도구의 데이터 수집, 저장, 관리, 분석의 역량을 넘어서는 데이터를 말한다. 지금 시대에는 스마트폰과 같은 디지털 기기의 보급과 SNS의 부상으로 엄청난 양의 데이터가 생산되고 있다. 이 중에서 의료 분야의 환자 데이터, 금융 분야의 거래 데이터, 교통 분야의 대중교통 이용 데이터 등이 빠른 속도로 증가하고 있는 빅데이터라고 할 수 있다.

미국 데이터웨어하우스연구소The Data Warehouse Institute, TDWI는 빅데이터의 특징을 **크기**volume, **다양성**variety, **속도**velocity의 3가지로 분류하였는데, 이를 3V라고 부른다.

크기(volume)

일반적으로 수십 테라바이트terabyte, 또는 수십 페타바이트petabyte 이상이 빅데이터의 범위에 해당한다. 1페타바이트는 약 10^6기가바이트gigabyte에 해당하며, 이는 6기가바이트 DVD 영화를 17만 4천 편 담을 수 있는 용량이다. 이와 같이 큰 용량의 데이터는 큰 저장 공간뿐만 아니라 오랜 처리 시간과 분석 시간을 필요로 한다.

다양성(variety)

데이터는 정형화 정도에 따라 정형, 반정형, 비정형으로 구분된다. 빅데이터는 이와 같이 다양한 형태의 데이터를 포함한다.

❶ **정형 데이터(structured data)**: 고정된 필드에 저장되는 데이터를 의미한다. 일정한 형식을 갖추고 있으며 엑셀 파일에 저장되는 테이블 형태의 데이터를 생각하면 된다.

❷ **반정형 데이터(semi-structured data)**: 고정된 필드로 저장되지는 않지만 XML이나 HTML 같이 메타데이터나 구조정보 등을 포함하고 있다. 일정한 구조는 없으나 구조를 파악할 수 있는 데이터를 말한다.

❸ **비정형 데이터(unstructured data)**: 고정된 필드에 저장되지 않는 데이터를 의미한다. 사진, 동영상, 메신저로 주고받은 대화 내용, 스마트폰에 기록되는 위치 정보, 통화 내용 등이 이에 해당한다. 최근에 급격히 증가하는 데이터 형태라고 할 수 있다.

속도(velocity)

빅데이터는 빠른 증가 속도와 사용 속도를 갖는 경우가 많다. 지하철 승하차 정보나 SNS상에서 오고 가는 메시지들이 얼마나 많을지 상상해보면 쉽게 이해할 수 있다. 데이터 중에는 자율주행 자동차와 같이 실시간 처리를 필요로 하는 경우가 있는데 데이터의 빠른 증가는 이러한 실시간 처리를 어렵게 할 수 있다.

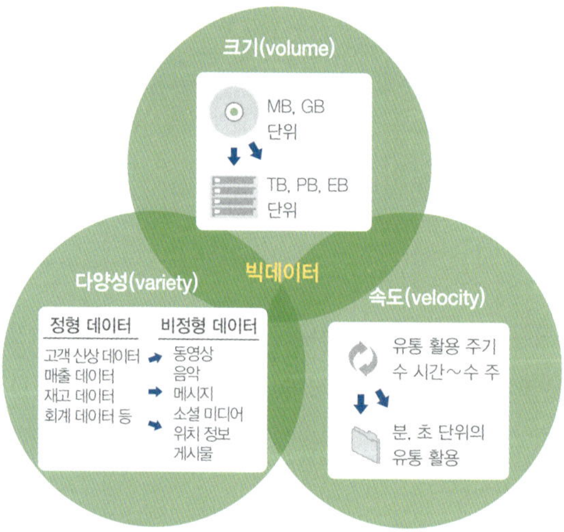

그림 1-5 빅데이터의 특징

2 빅데이터의 성공 사례

빅데이터가 주목을 받는 이유는 빅데이터를 활용하여 부가 가치를 창출하거나 풀기 어려웠던 현실 문제를 해결한 사례가 늘고 있기 때문이다. 빅데이터의 성공 사례를 국내와 해외로 나누어 한 가지씩 살펴보도록 한다.

국내 사례: 경기도의 아파트 관리비 적정성 평가

아파트 관리비가 적정한지 빅데이터를 활용하여 분석한 사례이다. 국내 300세대 이상의 아파트는 외부 회계 감사를 받게 되어 있는데, 이를 실시하려면 가구당 수 천원의 경비가 추가로 발생될 뿐만 아니라 10곳의 아파트 중 8곳은 감사 결과조차 공개하지 않는다. 지자체가 특별 감사를 실시할 수도 있지만, 경기도 전 단지를 감사하는 데만 240년이 걸려서 현실성이 없었다. 경기도 담당 공무원들은 이 문제에 대해 고민하다가 빅데이터를 활용하기로 하였다.

경기도는 국토교통부의 공동주택관리정보시스템에 의무적으로 등록하는 각 아파트 관리사무소의 관리비 내역과 관리비를 구성하는 37개 세부 항목의 원천 데이터를 비교·분석하는 방식으로 관리비가 과다 청구된 곳을 찾기로 했다. 관건은 관리비 세부 항목의 원천 데이터를 확보하는 일이었는데, 경기도는 국토교통부, 한국전력, 지역난방공사, 상하수도 사업소, 대한전문건설협회, 한국감정원 등에 문의해 데이터를 공유할 수 있었다.

이렇게 확보한 데이터를 바탕으로 아파트 관리비를 산출하는 표준분석모델을 만들었다. 이를 통해 실제 관리비가 각 원천 데이터를 종합해 산출한 적정 관리비보다 얼마나 많은지를 보여주는 '아파트관리비부당지수'도 만들었다. 이 숫자가 높을수록 관리비가 높게 책정되었다는 뜻이다. 이렇게 만든 분석모델로 556개 단지를 샘플로 조사했더니 2년간 152억 원의 관리비가 부당하게 징수된 사실이 확인되었다. 이에 경기도는 1천만 원 이상 부정 이익을 취한 5개 단지를 수사 의뢰하고 이익을 환수했으며, 1세대당 약 3만 원씩의 관리비를 낮추는 효과를 거둘 수 있었다. 이러한 경기도의 노력은 타 시도로도 확산 중인데, 전국적으로 적용될 경우 1년에 1조 1천억 원 정도의 관리비를 절감할 수 있을 것으로 예상된다.

해외 사례: 타깃의 맞춤형 홍보

타깃Target은 미국의 대형마트 체인점 중의 하나로, 타깃의 미니애폴리스 점에서 실제로 일어났던 일이다. 어느 날, 한 남성이 화가 난 채로 타깃 매장에 들어가 매니저를 찾았다. 손에는 타깃이 딸에게 우편으로 보낸 유아용품 할인 쿠폰이 들려 있었다. 남성은 자신의 딸이 고등학생인데 이런 쿠폰을 보냈다며 화를 내기 시작했다. 매니저는 우선 남성을 진정시키고 돌려보냈다. 그런데 며칠 뒤 매니저에게 뜻밖의 소식이 들려왔다. 일전에 화를 냈던 남성이 자신의 딸이 임신한 사실을 알게 됐다며 뒤늦게 사과한 것이다. 미성년 딸이 부모 모르게 아이를 가졌던 것이다. 타깃 마케팅팀은 부모도 몰랐던 딸의 임신 사실을 어떻게 알았을까? 답은 빅데이터 분석에 있었다.

타깃의 빅데이터 전문가들은 고객의 25가지 구매 행태를 분석하면 여성의 임신과 출산을 매우 정확하게 예측할 수 있다는 사실을 알아내었다. 예를 들어 향이 나는 로션을 사던 여성이 무향의 로션으로 바꾸거나, 평소 사지 않던 미네랄 영양제를 갑자기 사들이는 경우다. 타깃은 고객 데이터베이스에 이를 적용했고, 전국적으로 수만 명의 임신 추정 여성들을 가려내 관련 할인 쿠폰을 보냈다. 이를 통해 고객의 구매 행동을 이끌어낼 수 있기 때문이다.

뉴욕 타임스가 보도한 이 사례는 빅데이터 분석의 힘을 여실히 보여준다. 대형마트는 고객이 가족에게도 알리지 않은 비밀을 찾아내 앞으로 무엇이 필요할지 정확하게 예측해낸 것이다.

그림 1-6 고객의 구매 행태를 분석하면 고객의 필요를 예측할 수 있다.

빅데이터의 성공 사례는 앞에서 제시한 2가지 외에도 매우 많은 사례들이 보고되고 있다. 데이터 분석의 결과가 서비스를 개선하거나 기업에 수익을 가져다줄 수 있다는 것이 확인된 것이다. 이러한 사실들은 우리가 데이터 분석에 대해 배워야 할 동기를 부여한다.

03 데이터 분석 과정

지금까지 데이터가 왜 중요하며, 어떻게 활용되는지에 대해 살펴보았다. 이번에는 데이터를 분석하는 과정에 대해 알아보도록 하자. 사실 데이터를 분석하는 목적은 데이터가 포함하고 있는 유용한 정보를 파악하여 현실 문제를 해결하는 데 활용하기 위함이다. [그림 1-7]과 같이 **데이터 분석**은 '문제 정의 및 계획→데이터 수집→데이터 정제 및 전처리→데이터 탐색→데이터 분석→결과 보고'의 과정을 거친다.

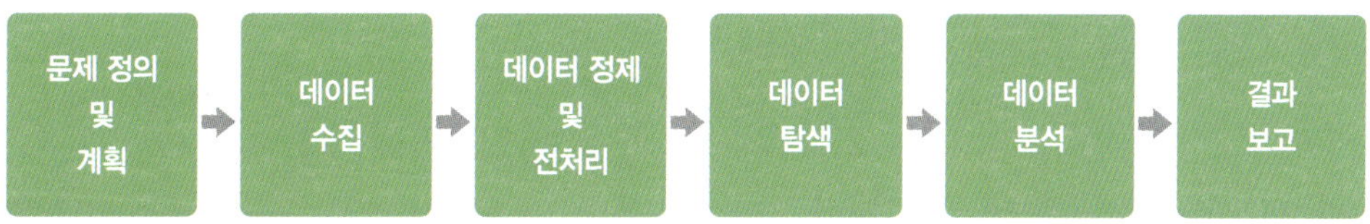

그림 1-7 데이터 분석 과정

1 1단계: 문제 정의 및 계획

데이터 분석은 문제를 명확히 정의하는 것으로부터 시작한다. 데이터 분석의 문제 정의problem definition의 예는 다음과 같다.

- 미세먼지 농도가 어떻게 변화하는가?
- 배추를 어느 규모로 경작하는 것이 좋은가?
- 외국인 관광객들이 선호하는 여행 형태는 무엇인가?
- 부과되는 아파트 관리비는 적정한가?

문제가 명확해야 그 문제를 해결하기 위한 데이터가 어떤 것인지 추정할 수 있고, 어떤 분석 기법을 적용해야 할지도 계획할 수 있다. 문제 정의가 구체적이고 명확할수록 데이터 분석이 방향을 잃지 않고 효과적으로 진행될 수 있다.

2 2단계: 데이터 수집

문제가 명확히 정의되면 문제를 해결하기 위해 필요한 데이터가 무엇인지 파악하고, 이러한 데이터를 수집data acquisition하는 과정을 거친다.

문제 해결에 필요한 데이터는 기존 시스템에 데이터베이스 형태로 저장되어 있거나 엑셀 파일 형태로 관리되고 있을 수 있다. 하지만 대부분의 데이터는 종이에 문서 형태로 작성되어 존재하는데, 과거 병원에서 의사들이 진료 기록을 종이에 남긴 경우가 이에 해당한다. 이와 같은 경우는 컴퓨터에 자료를 입력해야 하기 때문에 데이터 수집에 많은 시간이 걸린다.

제조업체의 경우는 데이터가 제조 장비 안에 존재할 수도 있기 때문에 장비를 만든 업체의 협조를 받아야 데이터를 추출할 수 있다. 또는 자신이 필요로 하는 데이터가 인터넷에서 접근 가능한 공공 데이터의 형태로 존재할 수도 있다. 기상청에서 제공하는 날씨 데이터나 통계청에서 제공하는 각종 통계 데이터가 이에 해당한다.

3 3단계: 데이터 정제 및 전처리

여러 경로를 통해 수집된 데이터는 바로 분석에 사용할 수 없는 경우가 대부분이다. 예를 들어, 한국과 미국 초등학생의 발육 상태를 비교하기 위해 신체검사 데이터를 수집했다고 가정하자. 그런데 한국은 키와 몸무게의 단위가 센티미터cm, 킬로그램kg인 데 반해, 미국은 인치inch와 파운드lb로 되어 있다면 단위를 통일해야 한다. 또한 설문조사 데이터의 경우 무응답 항목(이를 '결측값'이라고 한다)도 있는데, 이렇게 데이터가 비어 있는 부분을 어떻게 처리할지도 정해야 한다. 경우에 따라서는 정상범위를 넘어서는 이상치나 오류 데이터가 포함되어 있는 경우도 있기 때문에 이를 처리해주지 않으면 통계 결과가 왜곡될 수 있다.

이 밖에도 연도별로 흩어져 있는 자료를 하나로 병합할 수도 있고, 가로 방향으로 나열되어 있는 자료를 분석이 용이하도록 세로 방향으로 구조를 변형하기도 한다. 이와 같이 수집된 데이터를 분석이 가능한 형태로 정돈하는 과정을 '데이터 정제 및 전처리data cleaning and preprocessing' 과정이라고 한다. 이 과정은 데이터 분석에서 중요하게 다루어지는 분야 중의 하나이다.

4 4단계: 데이터 탐색

이 단계부터가 사실상 데이터 분석에 해당하는데, 일반적으로 데이터 탐색과 데이터 분석으로 구분한다. 데이터 탐색data exploration은 가벼운 데이터 분석이라고 이해하면 된다. 데이터 분석을 위해 정돈된 데이터 자체를 이해하고 파악하는 과정이 데이터 탐색인데, 수집된 자료의 건수가 얼마나 되는지, 남녀 데이터의 비율이 얼마나 되는지, 각 수집 항목별로 평균은 얼마나 되는지 등 비교적 간단하고 쉬운 통계 기법을 적용하여 전반적인 데이터의 내용을 파악하는 단계이다.

가벼운 통계 분석이라고는 하지만 데이터 탐색 단계는 매우 중요하다. 이 단계에서 파악되는 정보는 구체적인 분석 전략을 설계하는 데 중요하게 활용되기 때문이다. 예를 들어, 수도권 아파트 단지의 평균 관리비와 비수도권 아파트 단지의 평균 관리비가 서로 차이가 난다고 하면 그 원인이 무엇인지를 분석 단계에서 밝혀야 할 것이다.

5 5단계: 데이터 분석

데이터 분석data analysis 단계는 데이터 탐색 단계에서 파악한 정보를 바탕으로 보다 심화된 분석을 수행하는 단계이다. 전통적인 통계 분석을 포함하여 군집 분석clustering analysis, 분류 분석classification analysis, 주성분 분석principal component analysis, 시계열 분석time-series analysis 등 고급 분석 기법들이 동원된다. 최근에 주목받는 기술인 머신러닝machine learning이 적용되는 단계도 이 단계라고 말할 수 있다.

데이터 분석은 단순한 분석뿐만 아니라 분석 결과에 대한 해석interpretation 과정도 포함한다. 정보는 해석이 되어야 어떻게 활용할지 알 수 있기 때문이다. 정보에 대한 해석 능력은 데이터 분석 대상이 되는 업무 분야에 대한 지식이 있어야 하기 때문에 데이터 분석가와 현업 업무 담당자가 함께 하는 경우가 많다.

6 6단계: 결과 보고

데이터 분석과 해석이 마무리 되면 그 내용이 정리되어 보고되어야 한다. 정리의 핵심은 문제 정의 단계에서 정의했던 문제를 해결하는 데 도움이 되는 내용을 요약하는 것이다.

결과 보고reporting 단계에서 중요한 기술이 바로 데이터 시각화data visualization이다. 데이터 시각화란 분석된 결과를 단순 숫자의 나열이 아닌 다양한 그래프나 그림을 통해서 결과를 쉽게 이해할 수 있도록 표현하는 것이다. 데이터 시각화는 분석 결과를 받아보는 비전문가들이 결과를 쉽게 이해하도록 하기 위한 목적도 있지만, 숫자만 보아서는 잘 안 보이는 것들이 시각화를 통해서 드러나는 경우가 많기 때문에 매우 유용하다. [그림 1-8]은 미국의 연도별 취업자와 실업자 통계를 시각화한 것이다. y축에서 중간의 0을 기준으로 위쪽은 취업자를, 아래쪽은 실업자를 나타낸다. 한눈에 연도별 추세가 파악된다.

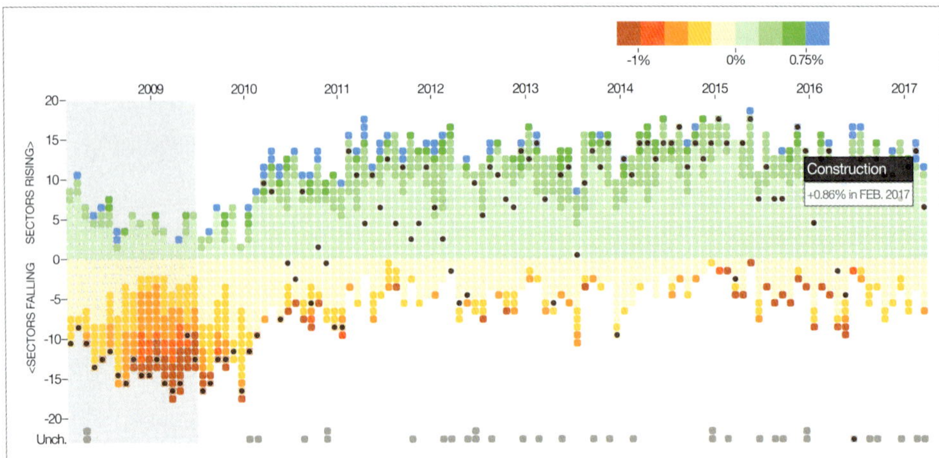

그림 1-8 **데이터 시각화의 사례:** 미국의 연도별 취업자와 실업자 통계 ©Toptal

여기서 잠깐! 데이터 분석의 소요 시간

지금까지 데이터를 분석하는 과정에 대해 살펴보았다. 이러한 과정은 문제의 종류와 데이터의 규모에 따라 짧게는 며칠 만에 이루어지기도 하지만, 몇 주 또는 몇 개월에 걸쳐서 작업이 이루어지는 경우도 있다.

[그림 1-9]는 데이터 분석 과정에서 데이터 분석가들이 어떤 작업이 어느 정도의 시간이 소요되는지 나타낸 것이다. 그래프를 보면 데이터를 수집하는 일에 19%, 데이터를 정제하고 전처리하는 데 60%의 시간을 사용하는 것으로 나타났다. 전체 분석 과정에서 약 80%의 시간이 분석을 위한 데이터 준비에 사용된 것이다. 따라서 이러한 시간을 얼마나 줄이느냐가 전체 분석 시간을 줄이는 관건이라고 할 수 있다.

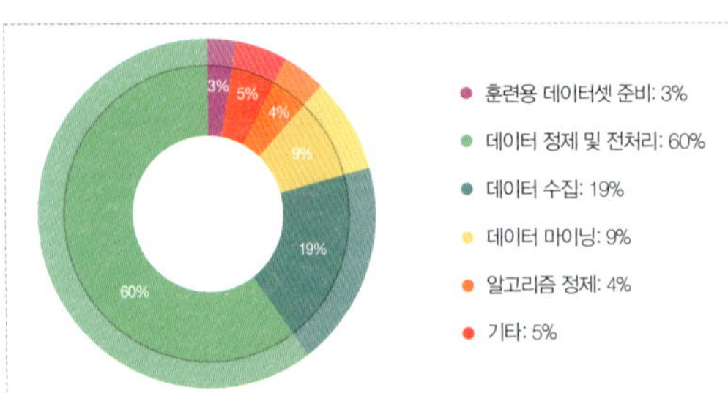

그림 1-9 **데이터 분석 작업에 소요되는 시간** ©Towards Data Science

04 R과 R스튜디오의 설치 및 사용

1 R과 R스튜디오의 소개

데이터를 효율적으로 수집 및 정리하고 분석하기 위한 중요한 요소 중 하나가 바로 데이터 분석 도구이다. 전통적으로 사용되었던 분석 도구는 SAS, SPSS, Matlab과 같은 통계 도구들이었는데, 이러한 도구들은 매우 비싸서 일반인들이 접하기에는 무리가 있었다. 하지만 최근에 무료로 사용할 수 있는 데이터 분석 도구가 등장하여 인기를 얻고 있다. 그중에 대표적인 것이 **R**과 **파이썬**이다. 이 두 가지 도구는 데이터 과학 분야에서 서로 경쟁적인 관계에 있는데, 각각 고유한 특징이 있어서 어느 것이 더 좋다고 말하기는 어렵다. 최근에는 두 가지 모두를 데이터 분석에 이용하는 사용자가 증가하는 추세에 있다.

VS

그림 1-10 R과 파이썬

본 교재에서는 R을 데이터 분석 도구로 사용한다. R은 오클랜드대학교University of Auckland의 로스 이하카Ross Ihaka와 로버트 센틀멘Robert Gentleman에 의해 통계프로그래밍 언어인 S-PLUS의 무료 버전 형태로 1993년에 소개되었다. 이후 발전을 거듭하여 지금의 형태로 완성되있다. 데이터 분석을 위한 다양한 패키지를 지원하고 있고, 특히 미적인 그래프 작성을 지원하는 것으로 유명하다. 또한 R은 사용자 커뮤니티가 잘 형성되어 있어서 새로운 분석 기법이 발표되면 얼마 지나지 않아 패키지가 개발되어 R에 포함된다. 따라서 사용자들은 R을 통해 최신의 분석 기술을 이용할 수 있다는 장점이 있다.

R은 'R스튜디오'라고 하는 훌륭한 작업 환경이 제공된다. R을 설치한 후에 R스튜디오를 설치하면 R스튜디오를 통해서 손쉽게 R을 사용할 수 있다. R스튜디오를 사용하다 보면 이 도구가 얼마나 편리한지 느끼게 될 것이다. 먼저 R과 R스튜디오를 설치하는 방법에 대해 알아보자.

그림 1-11 R을 쉽게 사용할 수 있는 환경을 제공하는 R스튜디오

2 R의 설치

R을 사용하려면 먼저 R을 다운로드하고 설치해야 한다.

01 R 공식 웹사이트인 https://www.r-project.org/에 접속하여 왼쪽 메뉴에 보이는 [Download] 항목의 [CRAN]을 클릭한다. CRAN Mirrors 웹 페이지로 이동하면 스크롤을 내려 [Korea] 항목의 링크 중 하나를 클릭하고, Download and Install R 영역에서 사용자의 운영체제에 맞는 링크를 클릭한다.

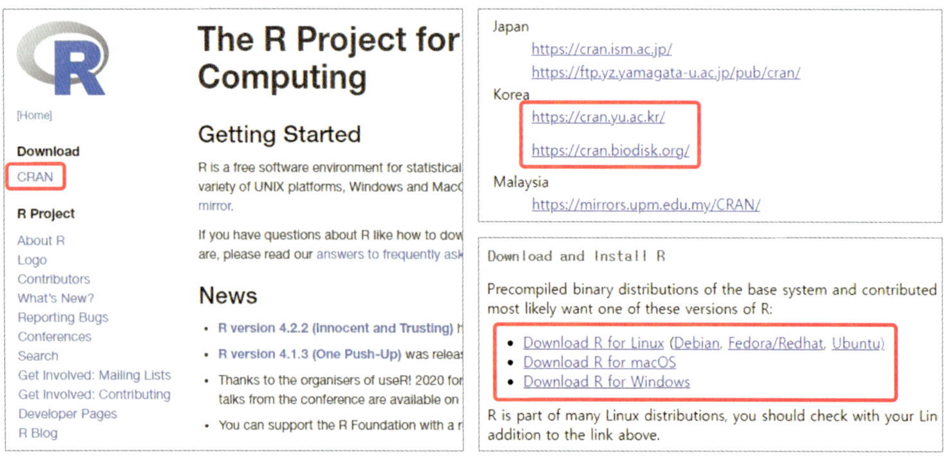

TIP 이 책에서는 윈도우 기준으로 설치를 진행한다.

02 R for Windows 페이지에서 [install R for the first time] 링크를 클릭하면 R 버전과 함께 다운로드 링크가 표시된다. 최신 버전인 [Download R-4.2.2 for Windows]를 클릭하여 설치 파일을 다운로드한다.

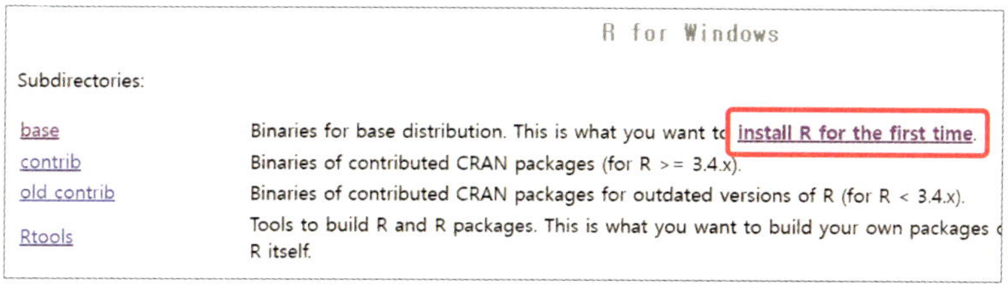

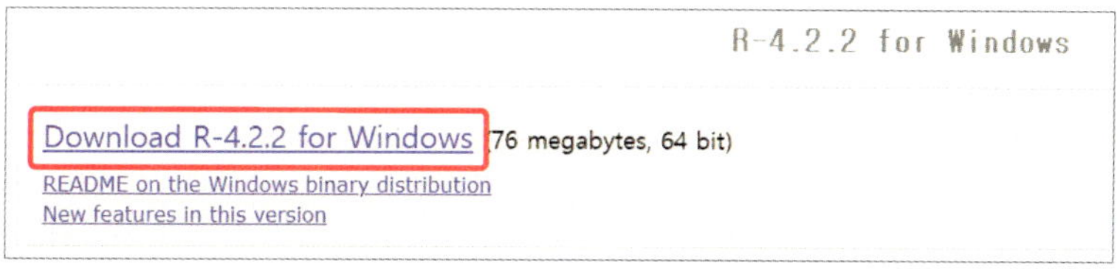

TIP R은 주기적으로 버전을 업데이트하기 때문에 독자가 R을 설치할 때는 최신 버전의 번호가 다를 수 있다.

03 다운로드가 끝나고 설치 파일을 더블클릭하여 실행하면 설치 언어 선택 창이 나타나는데, [한국어]를 선택하고 [확인] 버튼을 클릭한다.

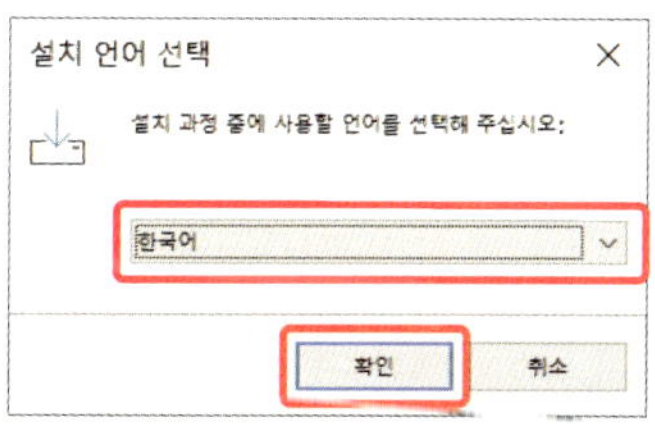

TIP 일반적으로 다운로드한 설치 파일은 [다운로드] 폴더에 저장되며 'R-4.2.2-win.exe'와 같은 파일 형식이다.

04 설치 정보가 나타나면 내용을 확인하고 [다음] 버튼을 클릭한다. 설치할 위치 선택에서 경로를 변경하거나 유지한 채로 [다음] 버튼을 클릭한다.

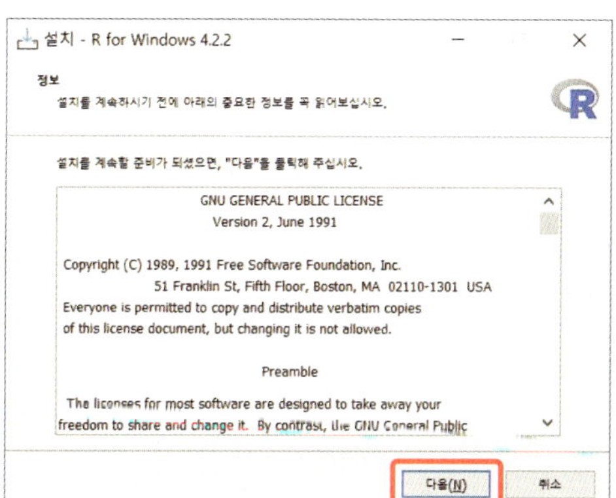

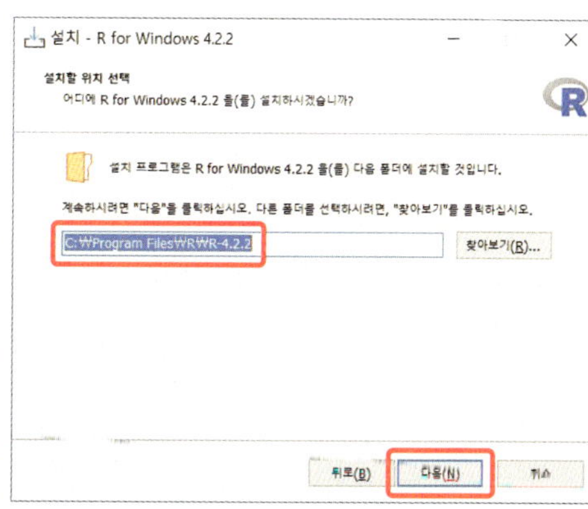

05 구성 요소 설치에서 모든 항목을 체크하고 [다음] 버튼을 클릭한다. 스타트업 옵션에서는 [No]를 선택하고 [다음] 버튼을 클릭한다.

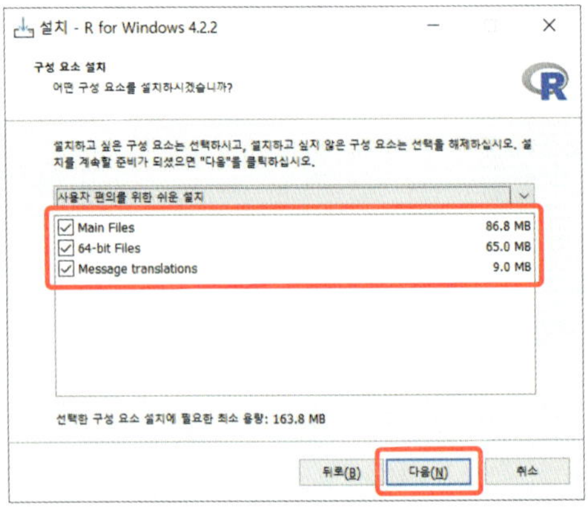

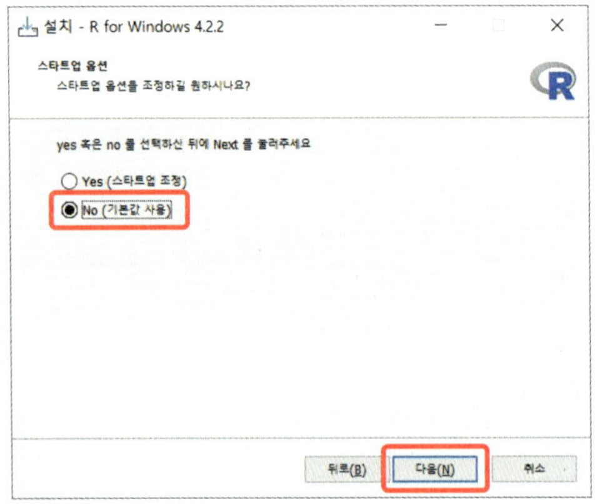

TIP 스타트업 옵션은 R을 사용하기 위한 환경을 설정하기 위한 것인데 기본값을 사용하도록 한다.

06 시작 메뉴 폴더 선택은 내용 변경 없이 [다음] 버튼을 클릭한다. 추가 사항 적용도 내용 변경 없이 [다음] 버튼을 클릭하면 설치 작업이 시작된다.

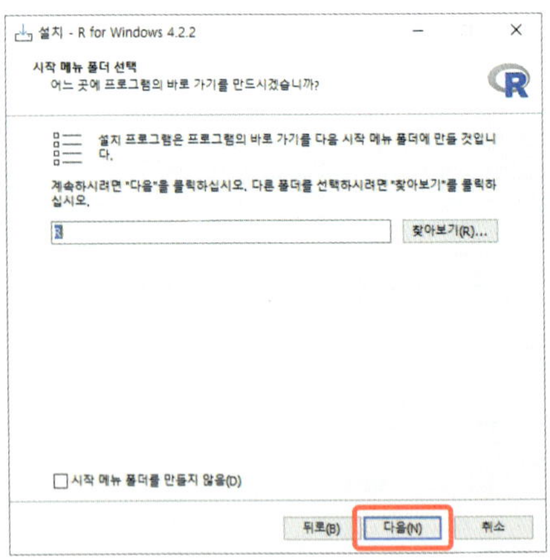

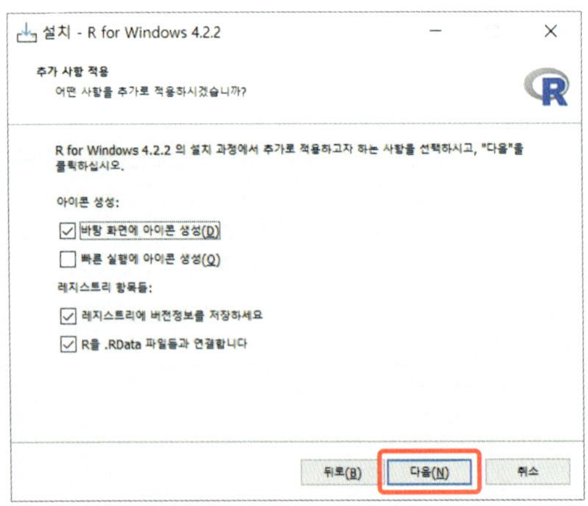

07 설치 완료 창이 나타나면 [완료] 버튼을 클릭해 설치를 끝낸다.

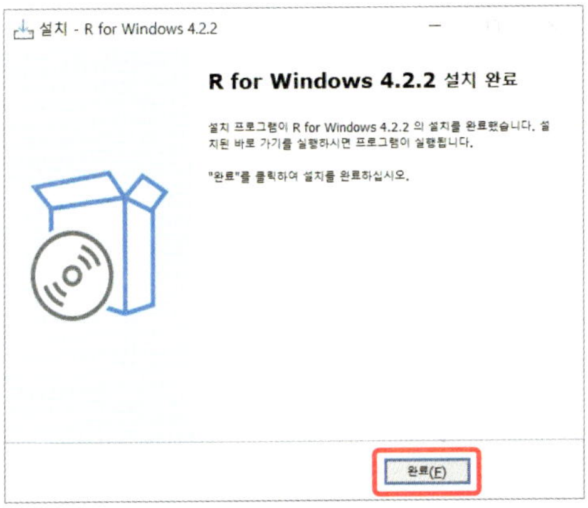

❸ R스튜디오의 설치

R스튜디오RStudio는 R을 편리하게 사용할 수 있도록 돕는 통합 개발 환경 소프트웨어이다. R스튜디오를 다운로드하고 설치해보자.

01 R스튜디오 다운로드 웹사이트인 https://posit.co/download/rstudio-desktop/에 접속하면, R과 R스튜디오를 다운로드할 수 있는 링크가 제공되는데 R은 이미 설치했으므로 [DOWNLOAD RSTUDIO DESKTOP FOR WINDOWS]를 클릭하여 설치 파일을 다운로드한다.

TIP R스튜디오를 설치하면 컴퓨터에 설치된 R을 자동으로 찾아서 연결을 한다. 따라서 R스튜디오를 설치하기 전에 먼저 R을 설치해야 한다.

02 다운로드가 끝나면 설치 파일을 더블클릭하여 실행한다. 특별히 변경할 옵션이 없기 때문에 선택된 옵션을 유지한 상태로 계속해서 [다음] 버튼을 클릭하여 진행하고 R스튜디오 설치가 완료되면 [마침] 버튼을 클릭한다. R스튜디오 설치가 완료되었다.

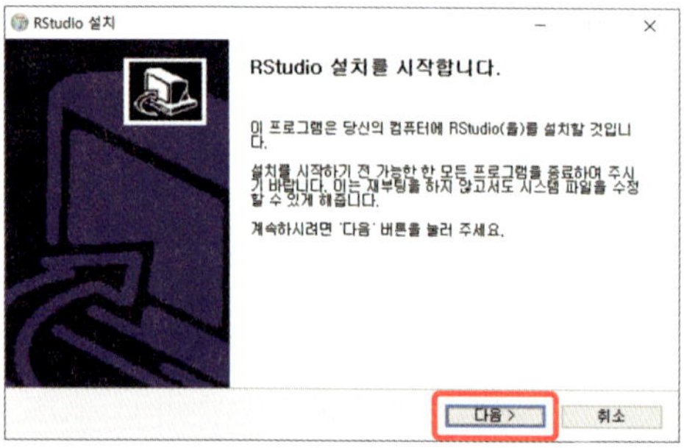

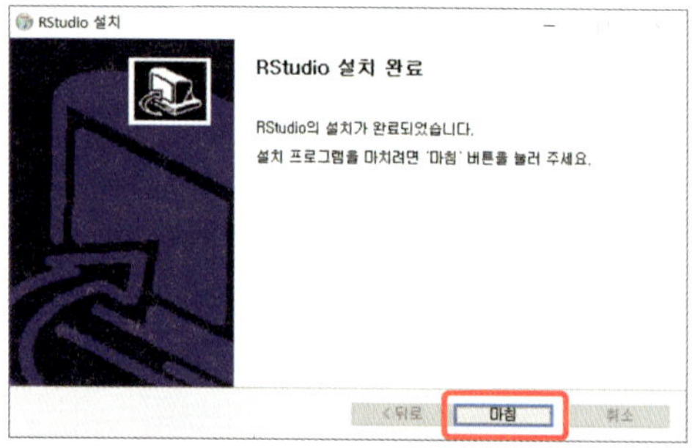

03 설치가 완료되면 윈도우 시작 메뉴에서 [RStudio]-[RStudio]를 클릭하여 R스튜디오를 실행한다.

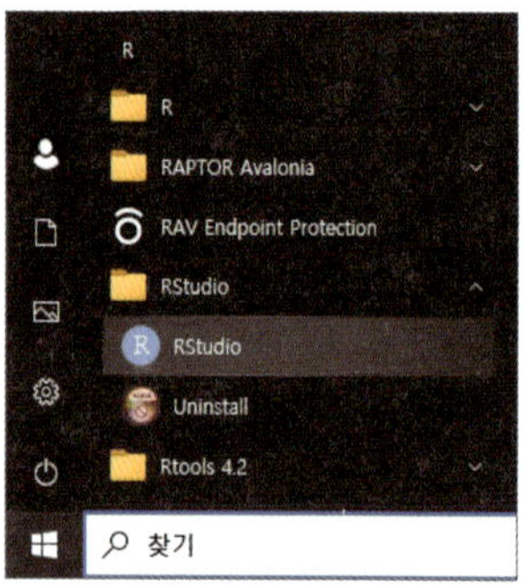

TIP 설치된 R 버전이 여러 개인 경우 다음과 같이 R 버전을 선택하는 화면이 나올 수 있는데 옵션 변경 없이 [OK]를 클릭하면 최신 버전으로 연결된다.

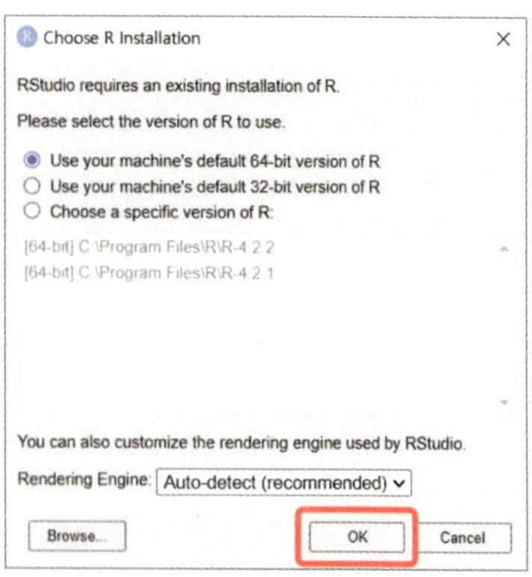

4 R스튜디오의 화면 구성

R스튜디오를 실행하면 다양한 창windows을 확인할 수 있다. R스튜디오는 데이터 분석 작업을 위해 매우 편리한 작업 환경을 제공하며, 일반적으로 좌측 상단에 '편집Script 창', 좌측 하단에 '콘솔Console 창', 우측 상단에 '환경Environment 창', 우측 하단에 '파일File 창'이 나타난다. 처음에는 편집 창이 보이지 않는데, 메인 메뉴에서 [File]–[New File]–[R Script]를 선택하면 나타난다.

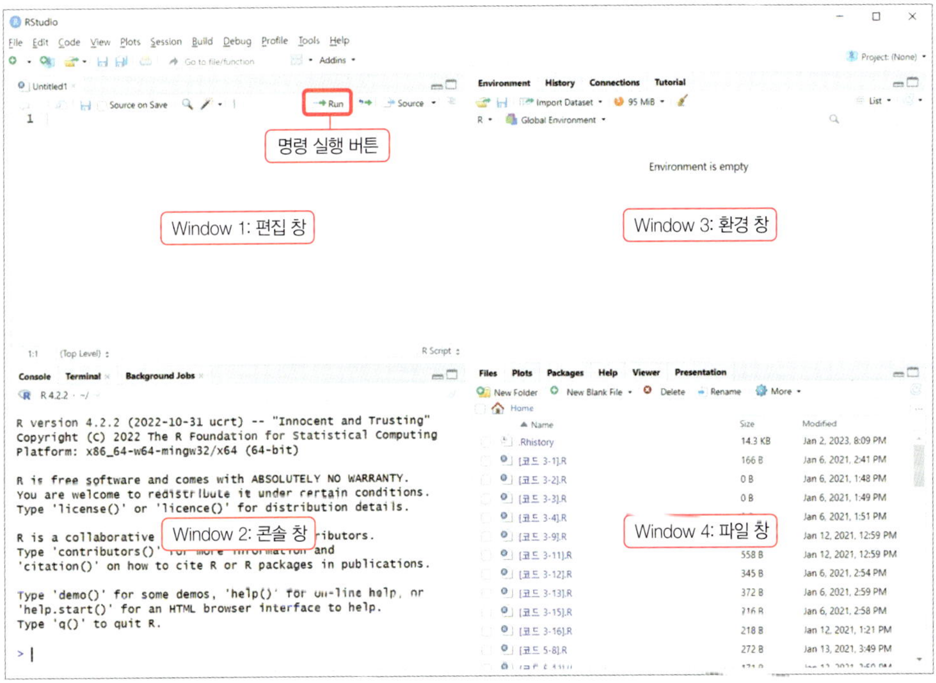

그림 1-12 R스튜디오 초기 화면

편집(Script) 창

편집Script 창은 R 명령문('R 스크립트'라고도 한다)을 작성하고 실행하는 영역이다. 편집 창 상단에 명령 실행 버튼이 위치한다.

콘솔(Console) 창

콘솔Console 창은 편집 창에서 R 명령문을 편집하고 실행 버튼을 클릭했을 때 명령문의 실행 과정 및 결과를 표시하는 창이다. 물론 콘솔 창에서 직접 명령문를 입력하고 실행하는 것도 가능하다.

TIP 터미널(Terminal) 창 콘솔 창과 같은 그룹으로 묶여 있으며, 함수를 입력하여 윈도우와 같은 운영체제를 직접 다룰 수 있는 창이다. 하지만 실제 사용할 일은 많지 않다.

환경(Environment) 창

환경Environment 창은 R 명령문을 실행하는 동안 만들어지는 각종 변수나 자료구조의 내용을 보여주는 영역이다.

TIP 히스토리(History) 창 환경 창과 같은 그룹으로 묶여 있으며, R스튜디오에서 실행한 코드, 결과, 패키지 설치, 오류 등 거의 모든 작업 과정을 확인할 수 있다.

TIP 커넥션(Connections) 창 환경 창과 같은 그룹으로 묶여 있으며, R과 데이터 관리를 위해 서버를 연결하는 창이다.

파일(Files) 창

파일Files 창은 도움말, 패키지 설치 및 조회, 그래프 실행 결과 조회 등 유용한 기능을 제공하는 창이다. 파일 창은 6개의 탭에 의해 세부 창으로 나누어지는데, 각각의 기능은 다음과 같다.

❶ **파일(Files) 탭:** 현재 작업 폴더의 내용을 탐색기처럼 보여준다. 작업 폴더란 파일 읽기와 쓰기 작업을 하기 위해 미리 지정해 놓은 폴더를 말한다.

❷ **플롯(Plots) 탭:** 데이터 분석은 시각화를 위해 여러 종류의 그래프를 작성하게 되는데, 작성된 그래프가 표시되는 영역이다.

❸ **패키지(Packages) 탭:** R을 배우는 것은 사실상 R이 제공하는 수많은 함수들의 사용법을 배우는 것이다. 이러한 함수들은 작성 목적이나 개발자에 따라 특정한 이름의 패키지로 묶여서 제공된다. 패키지 창에서 내 컴퓨터에 설치된 R 패키지들의 목록을 볼 수 있고, 필요 시 새로운 패키지를 다운로드하여 설치할 수도 있다. 또한 각 패키지에 대한 매뉴얼을 볼 수도 있다.

❹ **도움말(Help) 탭:** 특정 함수에 대한 도움말을 찾아볼 수 있다. 도움말 지원이 가능하려면 그 함수가 포함된 패키지가 컴퓨터에 설치되어 있어야 한다.

❺ **뷰어(Viewer) 탭:** 분석의 결과가 숫자가 아닌 이미지 형태이면 웹 브라우저상에 결과를 출력하는 경우가 있는데, 그런 경우 뷰어 창에 표시가 된다.

❻ **프레젠테이션(Presentation) 탭:** 메인 메뉴에서 R Presentation을 실행한 결과를 보여준다.

5 R스튜디오 다루기

R스튜디오를 설치했으니 이제 기본적인 사용법에 대해 알아보도록 하자.

R스튜디오 화면 재구성하기

R스튜디오의 4개의 창은 사용자가 배치 위치를 자유롭게 변경할 수 있다. 데이터 분석가의 취향에 따라 다르기는 하지만 좌측 상단에 편집 창, 우측 상단에 콘솔 창을 배치하여 작업하는 것이 일반적이다. 콘솔 창의 위치를 변경하려면 메뉴바에서 [View]–[Panes]–[Console on Right]를 선택한다. [그림 1–13]은 배치를 변경한 후의 R스튜디오 모습이다.

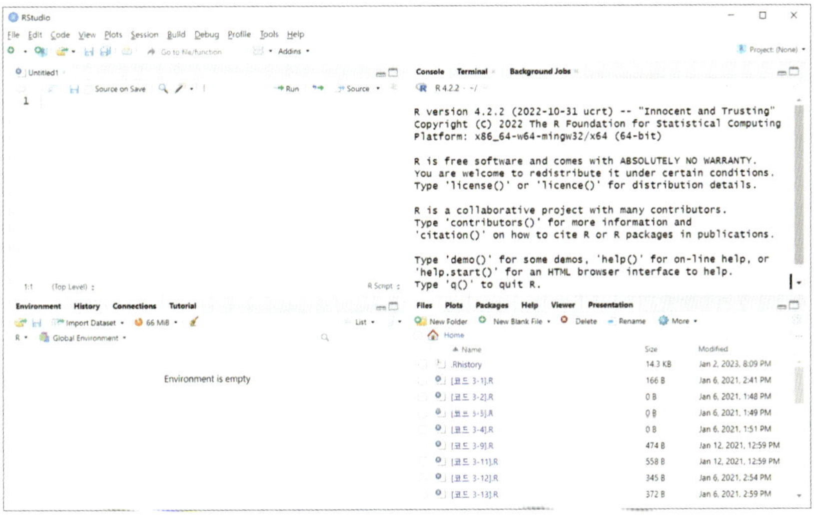

그림 1–13 콘솔 창 재배치 후의 R스튜디오

R스튜디오에서 명령문의 실행

이제 R스튜디오에서 명령문을 작성하고 실행해보자. 편집 창에 다음과 같이 네 줄의 명령문을 입력한다.

```
5+8
3+(4*5)
a <- 10
print(a)
```

작성된 R 명령문을 실행하는 일반적인 방법은 편집 창 바로 위에 있는 실행 아이콘( )을 클릭하는 것이다. 실행 아이콘을 클릭하면 현재 커서가 위치하고 있는 줄의 명령문이 실행된다. 맨 첫 줄을 클릭한 후 실행 아이콘을 클릭하면 콘솔 창에 다음과 같이 실행되는 것을 확인할 수 있다.

```
> 5+8
[1] 13
```

이와 같이 실행 아이콘을 클릭해서 한 줄 한 줄 명령문을 실행할 수 있다.

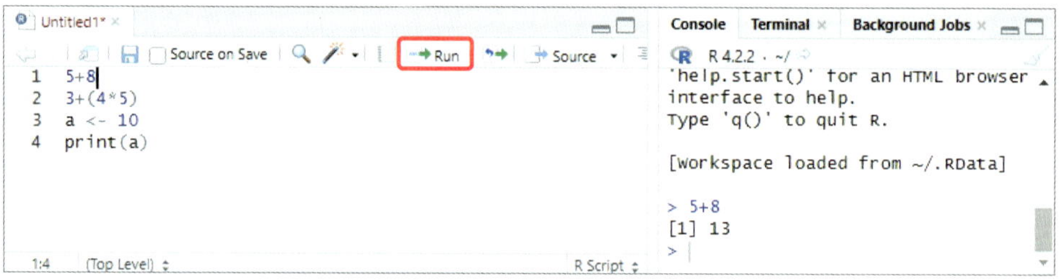

그림 1-14 편집 창 1행에 커서를 놓고 실행 아이콘을 클릭했을 때 콘솔 창에서의 실행 결과

여러 줄의 명령어를 한꺼번에 실행시키고 싶으면 원하는 명령어들을 드래그하여 선택한 뒤 실행 아이콘을 클릭하면 된다. 편집 창의 1~4행까지 선택한 후 실행 아이콘을 클릭하면 [그림 1-15]와 같이 출력된다.

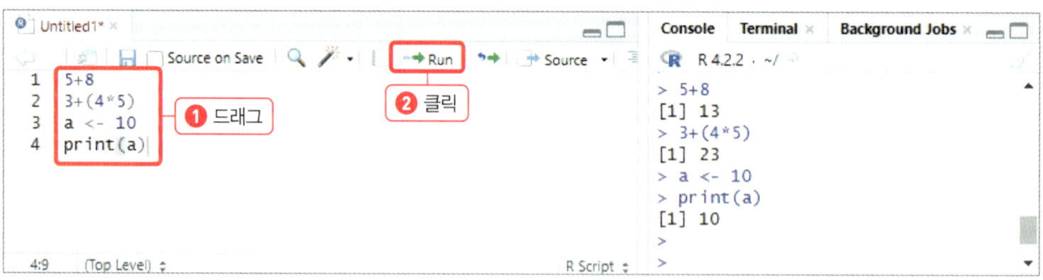

그림 1-15 편집 창 1~4행을 블록 선택하고 실행 아이콘을 클릭했을 때 콘솔 창에서의 실행 결과

명령문들을 키보드로 편집하다가 마우스로 실행 아이콘을 클릭하는 것은 번거로운 일이다. 이때 편리한 것이 단축키인데, Ctrl + Enter 를 키보드로 누르면 실행 아이콘을 클릭한 것과 동일한 결과를 얻을 수 있다. 보통은 실행 아이콘보다는 Ctrl + Enter 를 많이 이용하므로 익숙해지도록 하자. 명령문 실행과 관련된 단축키를 정리하면 [표 1-1]과 같다.

표 1-1 명령어 실행과 관련된 단축키

명령어 실행	단축키
한 줄만 실행할 때	명령어가 있는 줄에서 Ctrl + Enter
여러 줄을 실행할 때	명령어들을 드래그하여 블록을 만든 후 Ctrl + Enter
편집된 모든 명령문들을 실행할 때	Ctrl + Alt + R
바로 직전에 실행한 명령을 다시 실행할 때	Ctrl + Alt + P

R스튜디오에서의 저장과 종료

편집 결과를 파일로 저장하려면 메뉴바에서 [File]-[Save]나 [File]-[Save As]를 클릭한다. 또는 편집 창 바로 위에 있는 저장 아이콘( )을 클릭해도 된다. R 스크립트 파일의 확장자 이름은 일반적으로 'test.R'과 같이 '.R'이 붙는다.

R스튜디오 작업을 종료하면 [그림 1-16]과 같은 메시지를 볼 수 있다. 이것은 현재 작업 중인 내용과 환경을 그대로 저장했다가 다음에 이어서 작업할 것인지 묻는 것으로 [Save]를 클릭하면 된다.

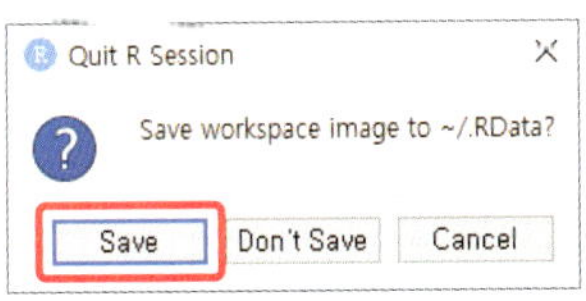

그림 1-16 R스튜디오 종료 대화상자

패키지의 설치

R에서는 데이터 분석을 위해서 다양한 함수들을 제공한다. **패키지**package는 이러한 함수들을 기능별로 묶어 놓은 일종의 '꾸러미'이다. 우리가 어떤 함수를 이용하기 위해서는 그 함수를 포함하고 있는 패키지를 사전에 설치install해야 한다. R을 설치하면 기본적인 패키지들도 함께

설치가 되는데 [그림 1-17]은 R스튜디오상에서 설치된 패키지의 목록을 확인하는 화면이다. 파일 창에서 [Packages] 탭을 클릭하면 내용을 확인할 수 있다.

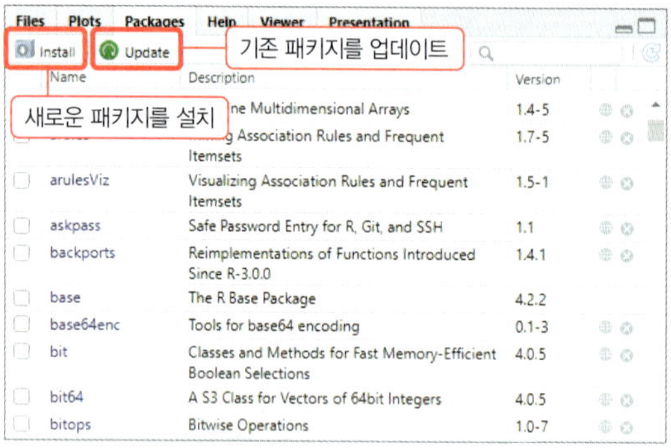

그림 1-17 현재 설치된 패키지 목록

만일 패키지를 새로 설치해야 한다면 [Packages] 탭에서 [Install]을 클릭한다. 설치를 위한 Install Packages 대화상자가 열리면 설치를 원하는 패키지의 이름을 일부 입력한다. 그러면 [그림 1-18]과 같이 설치 가능한 패키지 목록이 나타난다. 여기서 원하는 패키지를 선택하고 [Install] 버튼을 클릭한다(이 예에서는 `ggplot2` 패키지를 설치하고 있다).

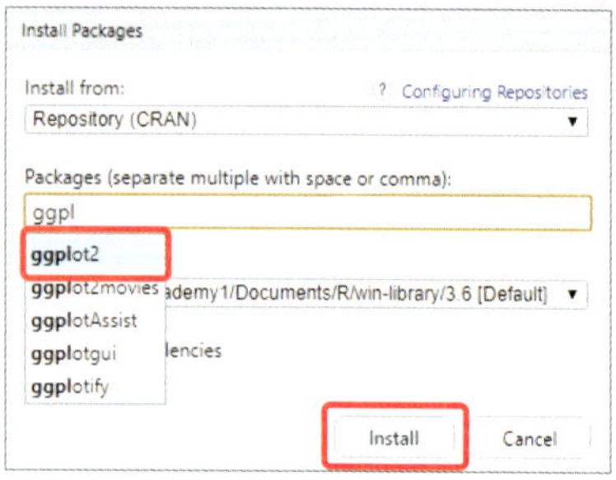

그림 1-18 패키지 설치 윈도우

그러면 패키지 설치 과정이 콘솔 창에 표시되는데, 설치가 완료되면 [그림 1-19]와 같이 성공적으로 설치가 완료되었다는 메시지가 나타난다.

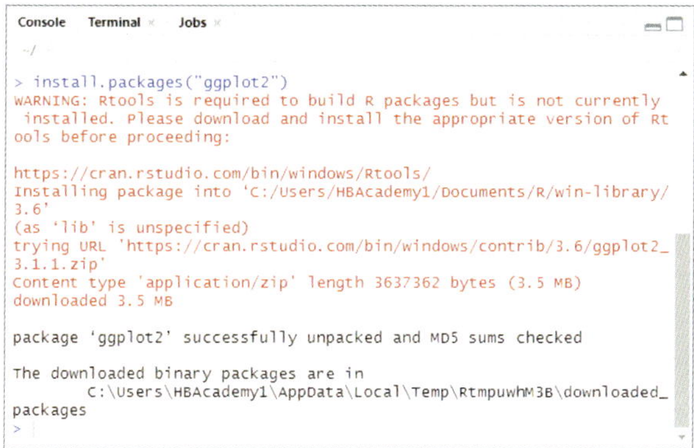

```
Console  Terminal ×  Jobs ×
~/
> install.packages("ggplot2")
WARNING: Rtools is required to build R packages but is not currently
 installed. Please download and install the appropriate version of Rt
ools before proceeding:

https://cran.rstudio.com/bin/windows/Rtools/
Installing package into 'C:/Users/HBAcademy1/Documents/R/win-library/
3.6'
(as 'lib' is unspecified)
trying URL 'https://cran.rstudio.com/bin/windows/contrib/3.6/ggplot2_
3.1.1.zip'
Content type 'application/zip' length 3637362 bytes (3.5 MB)
downloaded 3.5 MB

package 'ggplot2' successfully unpacked and MD5 sums checked

The downloaded binary packages are in
        C:\Users\HBAcademy1\AppData\Local\Temp\RtmpuwhM3B\downloaded_
packages
>
```

그림 1-19 패키지 설치가 성공한 경우의 일반적인 화면

패키지 설치가 성공적으로 완료한 경우, 설치한 패키지의 함수를 사용하기 위해서는 다음과 같이 `library()` 함수를 실행해야 한다. 패키지 사용에 대해서는 나중에 다시 설명하기로 한다.

```
library(ggplot2)
```

이제 R을 이용한 데이터 분석에 대해 학습하기 위한 환경이 마련되었으니 다음 장부터 본격적으로 R 명령문 작성에 대해 알아보도록 하자.

여기서 잠깐! R과 R스튜디오 설치 시 주의 사항

윈도우 환경에서 R과 R스튜디오를 설치할 때 보통은 문제없이 설치가 되지만 가끔 에러가 발생하는 경우가 있다. 에러 발생을 방지하기 위해서 다음 사항들을 사전에 점검하도록 하자.

① 현재 로그인한 윈도우의 계정 이름은 한글이 아니어야 한다. 한글 계정명을 사용하는 경우는 영문 계정을 새로 만들고, 영문 계정으로 로그인 후 설치 작업을 해야 한다.

② R이나 R스튜디오를 설치하는 폴더의 경로에 한글이 포함되지 않도록 한다.

③ 원 드라이브One Drive나 구글 드라이브Google Drive와 같이 클라우드와 연동된 폴더에 설치하는 것은 피하도록 한다.

요약

01 **데이터의 시대**the age of data에는 인간 생활의 많은 영역들이 데이터에 의존해서 이루어진다. 데이터는 기업이나 공공기관과 같은 대규모 조직에서도 중요하게 활용되고 있다.

02 **4차 산업혁명**이란 인공지능, 빅데이터를 포함한 새로운 과학기술이 사회, 경제, 문화 전반에 영향을 미치게 되고, 이러한 변화를 잘 수용하여 가능성을 최대화시키는 시대를 말한다.

03 **빅데이터**big data란 기존의 데이터베이스 관리 도구의 데이터 수집, 저장, 관리, 분석 역량을 넘어서는 데이터를 말한다. 빅데이터의 특징은 **크기**volume, **다양성**variety, **속도**velocity의 3가지로 분류할 수 있으며, 이를 **3V**라고 부르기도 한다.

04 **데이터 분석**은 '문제 정의 및 계획→데이터 수집→데이터 정제 및 전처리→데이터 탐색→데이터 분석→결과 보고'의 과정을 거친다.

05 데이터를 효율적으로 수집 및 정리하고 분석하기 위한 중요한 요소가 바로 데이터 분석 도구이다. 최근에 무료로 사용할 수 있는 데이터 분석 도구가 등장하였는데 그중에 대표적인 것이 **R**과 **파이썬**이다.

06 **R**은 데이터 분석을 위한 다양한 패키지를 지원하고 있고, 특히 시각적으로 뛰어난 그래프를 작성할 수 있도록 지원하는 것으로 유명하다.

07 **R스튜디오**RStudio는 R을 편리하게 사용할 수 있도록 도와주는 통합 개발 환경이다.

08 R스튜디오는 데이터 분석 작업을 위해 매우 편리한 작업 환경을 제공하며, 편집 창, 콘솔 창, 환경 창, 파일 창으로 구성되어 있다.

① **편집(Script) 창:** R 명령문을 작성하고 실행하는 영역이다.

② **콘솔(Console) 창:** 편집 창에서 R 명령문을 편집하고 실행 아이콘을 클릭했을 때 명령문의 실행 과정 및 결과를 표시하는 창이다.

③ **환경(Environment) 창:** R 명령문이 실행되는 동안 만들어지는 각종 변수나 자료구조의 내용을 보여주는 영역이다.

④ **파일(File) 창:** 도움말, 패키지 설치 및 조회, 그래프 실행 결과 조회 등 유용한 기능을 제공하는 창이다.

09 R스튜디오에서 작성된 명령문을 실행하는 일반적인 방법은 편집 창 바로 위에 있는 실행 아이콘( )을 클릭하는 것이다.

10 R스튜디오에서 명령어와 관련된 단축키는 다음과 같다.

- **한 줄만 실행할 때:** 명령어가 있는 줄에서 Ctrl + Enter
- **여러 줄을 실행할 때:** 명령어들을 드래그하여 블록을 만든 후 Ctrl + Enter
- **편집된 모든 명령문들을 실행할 때:** Ctrl + Alt + R
- **바로 직전에 실행한 명령을 다시 실행할 때:** Ctrl + Alt + P

11 R스튜디오에서 편집 결과를 파일로 저장하려면 메뉴바에서 [File] [Save]나 [File]-[Save As]를 클릭한다. 또는 편집창 바로 위의 저장 아이콘( )을 클릭해도 된다. R 스크립트 파일의 확장자 이름은 일반적으로 'test.R'과 같이 '.R'이 붙는다.

연습문제

01 다음 중 4차 산업혁명과 관련된 기술로 가장 거리가 먼 것은?

① 인공지능 ② 빅데이터 ③ 사물인터넷 ④ 반도체 ⑤ 로봇

02 다음 중 빅데이터에 대한 설명으로 가장 거리가 먼 것은?

① 빅데이터의 특징은 크기(volume), 다양성(variety), 속도(velocity)의 3가지 특성을 갖는다.

② 빅데이터란 데이터를 의사결정에 유용하게 활용할 수 있도록 처리하여 체계적으로 조직한 결과물이다.

③ 빅데이터가 주목을 받는 이유는 빅데이터를 활용하여 부가 가치를 창출하거나 풀기 어려웠던 현실 문제를 해결한 성공 사례가 늘고 있기 때문이다.

④ 의료 분야의 환자 데이터, 금융 분야의 거래 데이터, 교통 분야의 대중교통 이용 데이터 등도 빠른 속도로 증가하고 있는 빅데이터라고 할 수 있다.

⑤ 빅데이터는 기존의 데이터베이스 관리 도구의 데이터 수집, 저장, 관리, 분석 역량을 넘어서는 데이터이다.

03 다음 중 R스튜디오의 화면 구성 창에 속하지 않는 것은?

① 편집(Script) 창 ② 콘솔(Console) 창 ③ 환경(Environment) 창
④ 데이터(Data) 창 ⑤ 파일(Files) 창

04 R에서 함수들을 기능별로 묶어서 제공하는 것을 [ ](이)라고 한다. 어떤 함수를 이용하기 위해서는 일반적으로 그 함수가 포함된 [ ]를(을) library( ) 함수를 통해 불러와야 한다.

05 R스튜디오에서 편집된 모든 명령문들을 실행하기 위한 단축키를 고르시오.

① Ctrl + Enter ② Ctrl + Alt + R ③ Ctrl + Shift + P
④ Ctrl + S ⑤ Ctrl + Q

CHAPTER 02

변수와 벡터

PREVIEW

이번 장에서는 본격적으로 R을 사용하기 위한 기본적인 방법을 익힌다.

1절에서는 R의 기본 연산을 수행하기 위해 R스튜디오를 이용한 산술연산을 수행해본다. 또한 산술연산자, 주석, 함수에 대해 알아본다.

2절에서는 예시를 통하여 변수의 개념을 이해하고 변수명을 어떻게 지정해야 하는지 알아본다. 또한 변수에 값을 저장하고 확인하는 방법도 살펴본다. 그 밖에 변수의 자료형과 변수의 값을 변환하는 방법에 대해서도 학습한다.

3절에서는 벡터의 개념에 대해 이해하고, R스튜디오에서 벡터를 생성하는 방법에 대해 살펴본다. 또한 벡터에 있는 값에 이름을 지정하는 방법과 벡터에 있는 값을 추출하고 값을 변경하는 방법도 실습한다.

4절에서는 벡터의 연산, 즉 벡터와 숫자값 연산, 벡터와 벡터 간의 연산에 대해 알아본다. 또한 벡터에 적용 가능한 함수와 벡터에서 논리연산자를 어떻게 적용하는지 실습을 통해 학습한다.

5절에서는 서로 다른 자료형의 값을 저장하고 다룰 수 있도록 해주는 리스트와, 벡터의 일종으로 문자형 데이터가 저장된 팩터에 대해 학습한다.

01 R의 기본 연산

1 산술연산과 주석

R스튜디오를 이용하여 기본적인 산술연산을 수행해보자. R의 특징을 경험하는 가장 쉬운 방법은 간단한 계산을 실행해보는 것이다. [코드 2-1]의 명령문을 편집 창에 입력하고, 한 줄 한 줄 실행하면 콘솔 창에서 결과를 확인할 수 있다.

코드 2-1

```
2+3
(3+6)*8
2^3                              # 2의 세제곱
```

실행 결과

```
> 2+3
[1] 5
> (3+6)*8
[1] 72
> 2^3                            # 2의 세제곱
[1] 8
```

R은 기본적으로 한 줄의 명령을 실행하여 바로 결과를 보여준다. 그리고 나서 다음 명령을 실행하는 방식으로 작동한다. 즉, 사용자는 R과 대화를 하는 것처럼 어떤 명령을 실행하면 즉시 결과를 확인할 수 있다. 이것이 명령문 전체를 컴파일compile하여 실행 프로그램을 만들고, 이를 한 번에 실행하여 결과를 확인하는 전통적인 프로그래밍 언어와 다른 점이다. 그렇기 때문에 다른 프로그래밍 언어보다 쉽게 R을 다룰 수 있을 것이다.

TIP **컴파일(compile)** 고급 언어(인간이 구분하기 쉬운 언어)로 작성된 프로그램을 기계어(컴퓨터 등의 기계가 이해할 수 있는 언어)로 번역하는 것을 '컴파일'이라고 하고, 이것을 처리하는 프로그램을 '컴파일러'라고 한다.

R에서의 산술연산은 사칙연산을 그대로 사용하기 때문에 더 자세히 설명하지는 않겠다. [표 2-1]은 R에서 자주 사용하는 산술연산자를 정리한 것이다.

표 2-1 산술연산자

연산자	의미	사용 예
+	덧셈	3+5+8
-	뺄셈	9-3
*	곱셈	7*5
/	나눗셈	8/3
%%	나눗셈의 나머지	8%%3
^	제곱	2^3

[코드 2-1]의 3행에 있는 2^3은 2^3을 의미하며, 2*2*2와 동일한 결과를 갖는다. 그리고 그 옆에 있는 # 2의 세제곱은 **주석**comment이라고 부른다. 주석은 명령문의 의미를 보다 정확하게 설명한 것으로, # 다음에 주석의 내용을 작성하면 된다. 주석문은 작성자가 나중에 R 프로그램을 다시 보거나 제 3자가 보았을 때 프로그램의 내용을 쉽게 이해할 수 있도록 해준다. 주석은 실행 명령문이 아니므로 R은 주석을 제외하고 실제 명령문만 실행한다.

명령문과 주석에 대해 다음을 기억하도록 하자.

- 일반적으로 R에서는 한 줄에 하나의 명령문을 입력한다.
- 한 줄 내에서 # 이후의 내용은 주석으로 간주하여 실행하지 않는다.

따라서 [코드 2-2]를 실행하면 어떠한 결과도 나타나지 않는다.

코드 2-2

```
# 2^3
```

실행 결과

```
>
```

2 산술연산 함수

R에서는 기본적으로 숫자와 산술연산자를 사용하여 산술연산을 할 수 있지만, 우리가 잘 알고 있는 산술연산 함수function를 사용할 수도 있다. [코드 2-3]을 R에서 실행해보자.

코드 2-3

```
log(10)+5                # 로그함수
sqrt(25)                 # 제곱근
max(5,3,2)               # 가장 큰 값
```

실행 결과

```
> log(10)+5              # 로그함수
[1] 7.302585
> sqrt(25)               # 제곱근
[1] 5
> max(5,3,2)             # 가장 큰 값
[1] 5
```

[코드 2-3]에서 로그함수, 제곱근, 가장 큰 값을 구하는 함수를 각각 사용해보았다. [표 2-2]는 R에서 자주 사용하는 산술연산 함수를 정리한 것이다.

표 2-2 산술연산 함수

함수	의미	사용 예
log()	로그함수	log(10), log(10, base=2)
sqrt()	제곱근	sqrt(36)
max()	가장 큰 값	max(3,9,5)
min()	가장 작은 값	min(3,9,5)
abs()	절댓값	abs(-10)
factorial()	팩토리얼	factorial(5)
sin(), cos(), tan()	삼각함수	sin(pi/2)

여기서 잠깐! **함수의 형태**

함수의 구조는 log(10)과 같이 '함수명+괄호' 형태로 되어 있다. R로 작성된 코드에서 이와 같은 형태의 문장을 보면 어떤 기능을 수행하는 함수로 이해하면 된다. 함수명 다음 괄호 안에 입력하는 값을 '매개변수값'이라고 한다.

02 변수

앞에서 살펴본 바와 같이 R에서의 간단한 계산은 직접 수식을 입력하여 결과를 얻을 수 있다. 하지만 데이터 분석 업무에서 이와 같은 단순 계산 작업은 많지 않다. 주로 수집한 데이터를 어딘가에 저장한 후 이를 이용하여 분석을 시행하는데, 이때 필요한 개념이 **변수**variable이다. 변수에 대해 알아보기 전에 [코드 2-4]를 실행하여 결과를 살펴보자.

코드 2-4

```
a <- 10
b <- 20
c <- a+b
print(c)
```

실행 결과

```
> a <- 10
> b <- 20
> c <- a+b
> print(c)
[1] 30
```

대략 어떻게 해서 30이라는 결과가 나오는지 감을 잡을 수 있다. [코드 2-4]의 명령문에서 a, b, c가 바로 변수이다. 그렇다면 변수가 무엇인지 더 자세히 알아보도록 하자.

1 변수의 개념

변수variable는 쉽게 말해 '어떤 값을 저장해 놓을 수 있는 저장소나 보관 박스'라고 생각하면 된다. [그림 2-1]을 보면 두 개의 보관 박스가 보이고, 박스에는 a, b라는 이름이 붙어 있다. 박스에 이름을 붙인 이유는 박스와 박스를 구분하기 위한 것이다. 여기에서 박스는 **변수**, 박스에 붙은 a, b는 **변수명**이다. 그림을 보면 10과 20이 각각 박스에 저장되는데, 이것을 **값**이라 할 수 있다. 정리하면 변수 a, b에 값 10과 20을 저장하는 것이다.

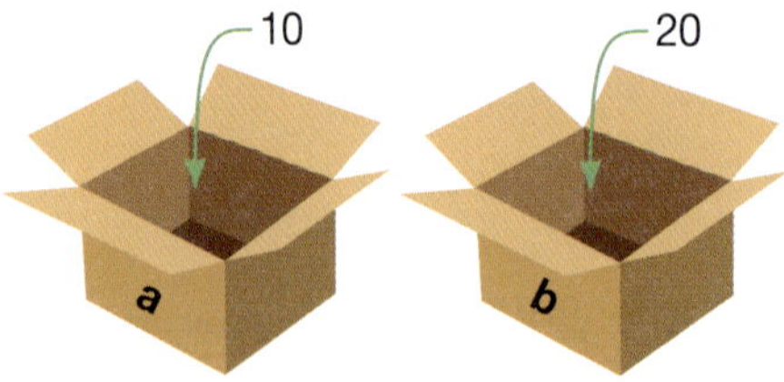

그림 2-1 **변수의 개념:** 변수, 변수명, 값

[그림 2-2]는 변수 a에 저장되어 있는 값과 변수 b에 저장되어 있는 값을 더하여 변수 c에 저장하는 과정을 표현한 것이다. 여기서 알 수 있는 것은 **변수와 변수의 연산은 변수에 저장된 값들의 연산으로 바뀌어 실행**된다는 것이다.

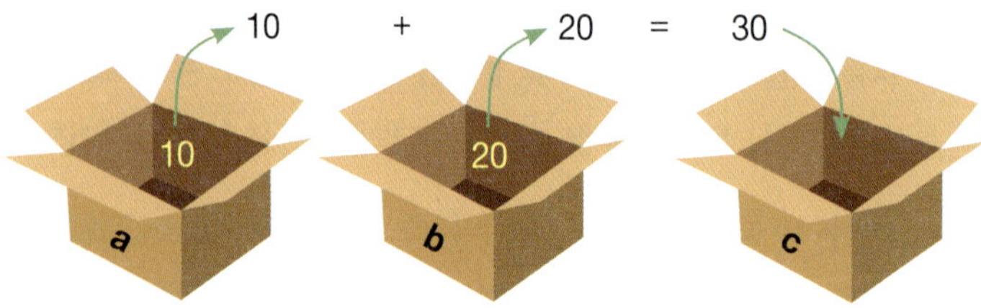

그림 2-2 c <- a + b의 실행 과정

[그림 2-1]과 [그림 2-2]를 보면 [코드 2-4]의 명령문이 어떻게 실행되는지 이해할 수 있을 것이다. 각 명령문의 의미를 살펴보면 다음과 같다.

- `a <- 10`
  10을 변수 a에 저장
- `b <- 20`
  20을 변수 b에 저장
- `c <- a+b`
  변수 a의 값과 변수 b의 값을 더하여 변수 c에 저장
- `print(c)`
  변수 c의 값을 출력('c'만 입력해도 된다)

2 변수명 지정

변수는 사용자가 변수명을 지정하고 그곳에 값을 저장하는 순간 만들어지며 컴퓨터는 이것을 기억하게 된다. 변수명이란 변수의 이름을 말한다. 변수명은 사용자가 임의로 만들어서 붙일 수 있지만, 다음의 규칙을 따라야 한다.

❶ 첫 글자는 영문자(알파벳)나 마침표(.)로 시작하는데, 일반적으로 영문자로 시작한다.

예 `avg`, `.avg`

예 `12th`는 숫자로 시작했기 때문에 변수명으로 사용 불가

❷ 두 번째 글자부터는 영문자, 숫자, 마침표(.), 밑줄(_)을 사용할 수 있다.

예 `v.1`, `a_sum`, `d10`

예 `this-data`, `this@data`는 변수명으로 사용 불가(@, - 같은 특수문자 사용 불가)

❸ 대문자와 소문자를 구분한다.

예 `var_A`와 `var_a`는 서로 다른 변수

❹ 변수명 중간에 빈칸을 넣을 수 없다.

예 `first ds`는 변수명으로 사용 불가

변수명은 저장되는 값이 무엇인지 알 수 있도록 의미 있는 단어를 사용하는 것이 좋다. 예를 들이, 중간 합계를 저장하는 변수라면 'abc'보다는 'mid.sum'이라고 변수명을 붙이는 것이 좋다.

TIP 한글도 변수명으로 사용이 가능하지만 일반적으로 사용하지는 않는다.

3 변수에 값 저장 및 확인

변수를 생성하는 방법은 다음과 같이 변수명을 정하고 변수에 어떤 값을 저장하는 것이다. 즉, 변수명에 어떤 값을 넣어주는 순간 변수가 만들어진다. 화살표 모양의 '<-'는 변수에 값을 저장하라는 연산자이다.

```
a <- 10
```

'<-' 대신 다음과 같이 '='을 사용하는 경우가 있는데, 대부분의 경우 '<-'와 결과가 같다. 큰 문제는 없지만 R에서는 '<-' 사용을 권장한다.

```
a = 10
```

변수에 어떤 값이 저장되어 있는지 알고 싶다면 [코드 2-5]의 2행처럼 단순히 변수명을 입력하거나 3행처럼 print( ) 함수를 사용하면 된다.

코드 2-5

```
a <- 125
a
print(a)
```

실행 결과

```
> a <- 125
> a
[1] 125
> print(a)
[1] 125
```

R스튜디오에서 변수의 내용을 확인하는 방법도 있다. [그림 2-3]과 같이 환경Environment 창을 보면 현재 만들어진 변수와 저장된 값을 확인할 수 있다.

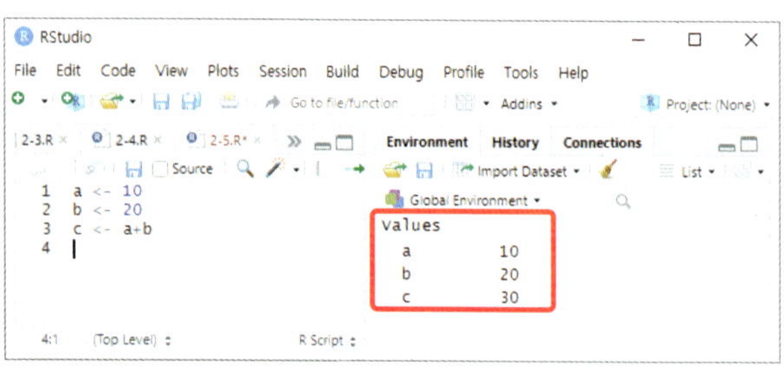

그림 2-3 R스튜디오의 환경 창에서 변수의 내용 확인하기

여기서 잠깐! <- 단축키

변수에 값을 저장하기 위해 '<-'를 입력하려면 2개의 문자를 입력해야 한다. '<-'를 좀 더 편리하게 입력하기 위해 R스튜디오에서는 단축키를 제공한다. 단축키 Alt + - 를 누르면 '<-'가 입력된다.

4 변수의 자료형

R에서는 데이터 분석을 위해 다양한 종류의 값을 사용할 수 있도록 지원하며, 이러한 값은 모두 변수에 저장할 수 있다. 변수에 저장할 수 있는 값의 종류를 **자료형**data type 이라고 한다. [표 2-3]은 R에서 사용할 수 있는 값의 자료형을 정리한 것이다.

표 2-3 R에서 사용할 수 있는 값의 자료형

자료형	사용 예	비고
숫자형	`1, 2, 3, -4, 12.8`	정수와 실수 모두 가능
문자형	`'Tom', "Jane"`	작은따옴표나 큰따옴표로 묶어서 표현
논리형	`TRUE, FALSE`	반드시 따옴표가 없는 대문자로 표기하며, T나 F로 줄여서 사용하는 것도 가능
특수값	`NULL`	정의되어 있지 않음을 의미하며, 자료형도 없고 길이도 0임
	`NA`	결측값(missing value)
	`NaN`	수학적으로 정의가 불가능한 값 예 `sqrt(-3)`
	`Inf, -Inf`	양의 무한대(`Inf`), 음의 무한대(`-Inf`)

특수한 값 중에서 NA는 'Not Applicable'의 약자로서 결측값 또는 누락된 값을 나타낼 때 사용한다. 예를 들어 5개 문항으로 구성된 설문조사에서 어떤 응답자가 3번 문항에 대한 응답을 하지 않았다면 `(1, 2, NA, 2, 4)`와 같이 NA로 표시한다. 이렇게 함으로써 3번 문항에 대한 응답은 알 수 없지만 전체적으로 설문 문항이 5개라는 사실을 표현할 수 있다.

R에서 변수를 생성하기 위해서는 변수명에 반드시 어떤 값을 넣어주어야 한다. `NULL`은 변수를 정의해야 하는데 초기값을 어떤 것으로 해야 할지 애매할 때 사용한다. 또한 프로그램의 실행 결과가 아무것도 없는 경우에도 결과가 `NULL`로 표시된다. `NaN`, `Inf`, `-Inf`는 데이터 분석 작업에서 접하기 어려운 값으로 수학 연산 시 주로 사용된다.

5 변수의 값 변경

'변수'라는 이름이 붙여진 이유는 변수에 저장된 값이 바뀔 수 있기 때문이다. 변수의 값을 바꾸면 어떻게 되는지 [코드 2-6]을 통해 살펴보자.

코드 2-6

```
a <- 10                    # a에 숫자 저장
b <- 20
a+b                        # a+b의 결과 출력
a <- "A"                   # a에 문자 저장
a+b                        # a+b의 결과 출력. 에러 발생
```

실행 결과

```
> a <- 10                  # a에 숫자 저장
> b <- 20
> a+b                      # a+b의 결과 출력
[1] 30
> a <- "A"                 # a에 문자 저장
> a+b                      # a+b의 결과 출력. 에러 발생
Error in a + b : non-numeric argument to binary operator
```

변수 a와 변수 b에 각각 10과 20을 저장한 후 a+b를 실행하면 30이 출력된다. 그런데 a+b의 실행은 변수 a와 변수 b에 저장된 값에 아무런 영향을 미치지 않는다. 다시 말해 a+b를 실행한 후에도 변수 a와 변수 b에는 각각 10과 20이 남아 있다는 뜻이다.

그렇다면 변수 a에 문자 A를 저장하면 먼저 저장되어 있었던 10은 어떻게 될까? 10은 사라지고 마지막에 저장한 문자 A가 남는다. 이 상태에서 a+b를 실행하면 에러가 발생하는데, 그 이유는 변수 a에 저장된 문자 A와 변수 b에 저장된 숫자 20을 더하려고 시도했기 때문이다. 문자와 숫자는 산술연산이 불가능하다.

[코드 2-6]에서 확인할 수 있는 것은 변수에 저장된 값은 언제든지 바뀔 수 있다는 것이다. 또한 숫자이든 문자이든 데이터의 종류에 상관없이 값을 넣는 대로 그 값이 저장된다. 이것은 매우 편리하기도 하지만 변수에 어떤 종류의 값을 유지할지에 대한 책임이 사용자에게 있기 때문에 변수에 어떤 값을 저장할 때 올바른 값을 넣을 수 있도록 신경을 써야 한다. 그렇지 않으면 예기치 않은 에러가 발생할 수도 있다.

현재 시점에서는 데이터 분석에서 왜 변수를 사용하는지 느끼기 어렵다. 하지만 이후의 내용들을 따라가다 보면 자신도 모르게 변수를 사용하고 있음을 발견하게 될 것이다.

03 벡터의 이해

1 벡터의 개념

데이터 분석 작업에서 접하게 되는 데이터는 대부분 1차원 배열 형태의 데이터이거나 2차원 배열 형태의 데이터이다.

1차원 배열 데이터는 다음과 같이 단일 주제에 대해 여러 값을 모아 놓은 데이터를 말한다.

- 1학년 학생들의 **몸무게** 자료
- 2학년 학생들의 **영어 성적** 자료
- 3학년 학생들의 **선호하는 색** 자료

1차원 배열 데이터는 [그림 2-4]와 같이 데이터가 일직선상에 저장된다.

몸무게	56	67	84	63	65	56	49	90

그림 2-4 1차원 배열 데이터의 예: 몸무게

2차원 배열 데이터는 다음과 같이 여러 주제에 대해 값을 모아 놓은 데이터를 말한다.

- 4학년 학생들의 전 과목 성적
- 국가별 GDP

2차원 배열 데이터는 외관상 [그림 2-5]와 같은 모양을 갖는다.

전 과목 성적

이름	국어	영어	수학	물리	음악	체육	미술
김철수	90	85	60	75	65	100	90
전혜련	95	90	85	85	90	85	85
강재국	85	70	75	90	85	65	75
최원식	70	65	80	100	75	85	65
정대열	80	80	85	90	100	90	80

그림 2-5 **2차원 배열 데이터의 예:** 전 과목 성적

R에서는 이러한 데이터를 저장하고 처리할 수 있는 방법을 제공한다. 이 중에서 **벡터**vector는 데이터 구조의 가장 기본적인 형태로, 1차원 배열 형태의 데이터를 저장할 수 있는 저장소이다. 앞에서 배운 변수에는 하나의 값이 저장되는데, 벡터에는 성격이 같은 여러 개의 값도 저장할 수 있다. [그림 2-6]을 보면 1개의 값이 저장된 변수 `total`과 여러 개의 값이 저장된 변수, 즉 벡터가 저장된 `score`의 차이를 알 수 있다.

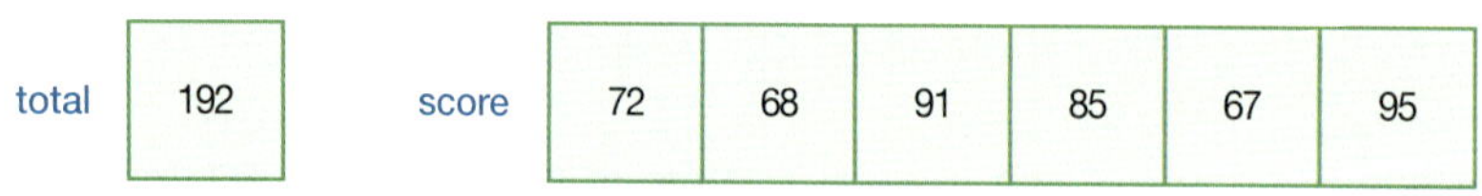

(a) 하나의 값이 저장된 변수 (b) 벡터가 저장된 변수

그림 2-6 **변수와 벡터**

여기서 잠깐! 벡터, 매트릭스, 데이터프레임

R에서는 분석하고자 하는 데이터의 형태에 맞게 저장할 수 있는 수단을 제공한다. 예를 들면 1차원 데이터는 벡터(vector)에, 2차원 데이터는 매트릭스(matrix) 또는 데이터프레임(data frame)에 저장할 수 있다. 1차원, 2차원, 3차원 데이터와 같은 데이터의 형태를 **자료구조(data structure)**라고 한다. 벡터, 매트릭스, 데이터프레임은 R에서 자료구조를 지원하는 수단이다.

2 벡터 만들기

이제 벡터를 생성하는 방법을 알아보자. [코드 2-7]은 `x`, `y`, `z`라는 이름의 벡터를 만들고 그곳에 저장된 내용을 출력하는 예이다.

코드 2-7

```
x <- c(1,2,3)                        # 숫자형 벡터
y <- c("a","b","c")                  # 문자형 벡터
z <- c(TRUE,TRUE, FALSE, TRUE)       # 논리형 벡터
x                                    # x에 저장된 값을 출력
y
z
```

실행 결과

```
> x <- c(1,2,3)                      # 숫자형 벡터
> y <- c("a","b","c")                # 문자형 벡터
> z <- c(TRUE,TRUE, FALSE, TRUE)     # 논리형 벡터
> x                                  # x에 저장된 값을 출력
[1] 1 2 3
> y
[1] "a" "b" "c"
> z
[1]  TRUE  TRUE FALSE  TRUE
```

[코드 2-7]과 같이 벡터를 생성하는 데 사용되는 함수는 c( )이다. 대문자 C가 아닌 소문자 c임에 주의하기 바란다. 함수 이름 c는 'combine'의 첫 자를 따온 것으로 알려져 있다. 함수 이름이 의미하는 바와 같이 c( ) 함수는 여러 개의 값을 묶어주는 역할을 한다. 실행 결과에서 알 수 있는 것처럼 하나의 벡터에 여러 개의 값이 저장된 것을 확인할 수 있다.

벡터를 생성할 때 주의할 점은 하나의 벡터에는 동일한 종류의 자료형이 저장되어야 한다는 것이다. 만약 문자와 숫자를 섞어서 벡터에 저장하면 [코드 2-8]과 같이 숫자가 모두 문자로 바뀌게 된다.

코드 2-8

```
w <- c(1,2,3, "a","b","c")
w
```

실행 결과

```
> w <- c(1,2,3, "a","b","c")
> w
[1] "1" "2" "3" "a" "b" "c"
```

벡터를 만들 때는 c() 함수를 이용하는 것이 일반적이지만, 다음과 같이 어떤 패턴이 있는 값들을 벡터에 저장할 때는 다양한 방법들을 사용할 수 있다.

연속적인 숫자로 이루어진 벡터의 생성

연속된 정수로 이루어진 벡터를 생성하기 위해서는 콜론(:)을 이용하면 된다. 이 기능은 c() 함수 안에서 사용하는 것도 가능하다.

코드 2-9

```
v1 <- 50:90
v1
v2 <- c(1,2,5, 50:90)
v2
```

실행 결과

```
> v1 <- 50:90
> v1
 [1] 50 51 52 53 54 55 56 57 58 59 60 61 62 63 64 65 66 67 68 69 70 71
[23] 72 73 74 75 76 77 78 79 80 81 82 83 84 85 86 87 88 89 90
> v2 <- c(1,2,5, 50:90)
> v2
 [1]  1  2  5 50 51 52 53 54 55 56 57 58 59 60 61 62 63 64 65 66 67 68
[23] 69 70 71 72 73 74 75 76 77 78 79 80 81 82 83 84 85 86 87 88 89 90
```

TIP 콘솔 창의 넓이에 맞춰서 결과값이 출력된다.

일정한 간격의 숫자로 이루어진 벡터 생성

일정한 간격의 숫자로 이루어진 벡터를 생성하기 위해서는 [코드 2-10]과 같이 seq(시작값,

종료값,간격) 함수를 이용하여 작성한다. 간격은 0.1과 같이 소수도 가능하다.

코드 2-10

```
v3 <- seq(1,101,3)
v3
v4 <- seq(0.1,1.0,0.1)
v4
```

실행 결과

```
> v3 <- seq(1,101,3)
> v3
 [1]   1   4   7  10  13  16  19  22  25  28  31  34  37  40  43  46  49  52
[19]  55  58  61  64  67  70  73  76  79  82  85  88  91  94  97 100
> v4 <- seq(0.1,1.0,0.1)
> v4
 [1] 0.1 0.2 0.3 0.4 0.5 0.6 0.7 0.8 0.9 1.0
```

반복된 숫자로 이루어진 벡터 생성

반복된 숫자로 이루어진 벡터를 생성하기 위해서는 **rep(반복대상값, 반복횟수)** 함수를 이용하여 작성할 수 있으며, 반복대상값은 하나의 값일 수도 있고, 여러 개의 값일 수도 있다. 또한, 매개변수 times 대신에 each를 쓰면 반복대상값 하나하나를 각각 정해진 횟수만큼 반복할 수 있다.

코드 2-11

```
v5 <- rep(1,times=5)           # 1을 5번 반복
v5
v6 <- rep(1:5,times=3)         # 1에서 5까지 3번 반복
v6
v7 <- rep(c(1,5,9), times=3)   # 1, 5, 9를 3번 반복
v7
v8 <- rep(c(1,5,9), each=3)    # 1, 5, 9를 각각 3번 반복
v8
```

실행 결과

```
> v5 <- rep(1,times=5)          # 1을 5번 반복
> v5
[1] 1 1 1 1 1
> v6 <- rep(1:5,times=3)        # 1에서 5까지 3번 반복
> v6
[1] 1 2 3 4 5 1 2 3 4 5 1 2 3 4 5
> v7 <- rep(c(1,5,9), times=3)  # 1, 5, 9를 3번 반복
> v7
[1] 1 5 9 1 5 9 1 5 9
> v8 <- rep(c(1,5,9), each=3)   # 1, 5, 9를 각각 3번 반복
> v8
[1] 1 1 1 5 5 5 9 9 9
```

3 벡터의 원소값에 이름 지정

벡터에 저장된 값들에 이름을 붙이면 데이터를 이해하기가 더 쉬어진다. 벡터의 값에 이름을 지정하기 위해서는 names( ) 함수를 사용한다. [코드 2-12]를 통해 알아보도록 하자.

코드 2-12

```
score <- c(90,85,70)                  # 성적
score
names(score)                          # score에 저장된 값들의 이름을 보이시오
names(score) <- c("John","Tom","Jane")    # 값들에 이름을 부여
names(score)                          # score에 저장된 값들의 이름을 보이시오
score                                 # 이름과 함께 값이 출력
```

[코드 2-12]의 실행 결과를 나누어서 설명하면 다음과 같다.

```
> score <- c(90,85,70)                # 성적
```

먼저 벡터 score에 3개의 값인 90, 85, 70을 저장한다. 벡터의 이름을 보면 성적임을 알 수 있지만 어떤 과목의 성적인지 또는 누구의 성적인지는 알 수가 없다.

```
> score
[1] 90 85 70
```

벡터 score에 저장된 값을 출력한다. 90, 85, 70이 출력된다.

```
> names(score)                    # score에 저장된 값들의 이름을 보이시오
NULL
```

names( ) 함수는 score에 저장된 값들의 이름을 출력하는 함수이다. 결과는 NULL인데, 이는 아무것도 없다는 의미이다.

```
> names(score) <- c("John","Tom","Jane")    # 값들에 이름을 부여
```

names( ) 함수를 이용하여 score의 값들에 이름을 부여한다. 값의 이름은 따옴표로 묶여진 문자열이어야 하고 이름의 개수는 값의 개수와 일치해야 한다. 또한 값들의 이름은 서로 달라야 한다. 같아도 에러는 발생하지 않지만 나중에 문제가 된다.

```
> names(score)                    # score에 저장된 값들의 이름을 보이시오
[1] "John" "Tom"  "Jane"
```

names( ) 함수를 이용하여 score에 저장된 값들의 이름을 출력한다. 이번에는 NULL이 아닌 값들에 부여한 이름이 출력되는 것을 확인할 수 있다.

```
> score                           # 이름과 함께 값이 출력
John  Tom Jane
  90   85   70
```

최종적으로 벡터 score에 저장된 값을 출력한다. 이번에는 score의 값들 위에 이름이 붙어서 나오는 것을 확인할 수 있다.

이렇게 벡터의 값들에 이름이 붙어 있으면 값들을 이해하는 것이 쉬워지고 나중에 데이터 분석 결과를 이해할 때도 도움이 된다. 기억해야 할 사실은 벡터의 값들에 지정한 이름은 산술

연산 과정에 아무 영향을 미치지 않는다는 것이다. 값들의 이름은 연산 시 일종의 주석이라고 생각하면 된다. R은 벡터에 대한 연산을 할 때 값들에 붙어 있는 이름은 무시한다.

4 벡터에서 원소값 추출

변수에 대해 어떤 연산을 하면 변수에 저장된 값이 연산에 사용된다고 배웠다. 벡터는 여러 개의 값을 저장하고 있는데, 벡터의 특정 위치에 저장된 값들을 하나 또는 여러 개 추출하여 계산에 이용하려면 어떻게 하면 될까? R에서는 벡터에 저장된 각각의 값들을 구별하기 위하여 앞쪽의 값부터 시작하여 순서값을 부여하는데, 이를 **인덱스**index라고 한다. 벡터를 생성하면 자동으로 인덱스도 생성된다.

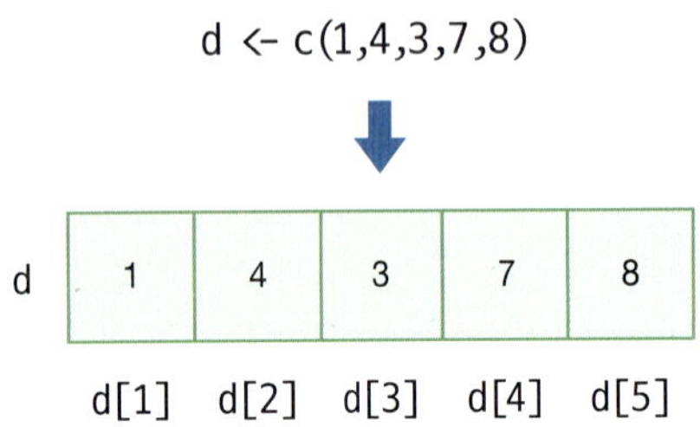

그림 2-7 벡터의 인덱스

[그림 2-7]에서 d[1]은 벡터 d에 저장된 값 중 첫 번째 값을 지칭하며, R에서 d[1]을 실행하면 1이 출력된다. d에 저장되어 있는 값을 인덱스를 이용하여 하나하나 출력하면 [코드 2-13]과 같다. d[6]에는 대응되는 값이 없으므로 결측값을 의미하는 NA가 출력된다.

코드 2-13

```
d <- c(1,4,3,7,8)
d[1]
d[2]
d[3]
d[4]
d[5]
d[6]
```

실행 결과

```
> d <- c(1,4,3,7,8)
> d[1]
[1] 1
> d[2]
[1] 4
> d[3]
[1] 3
> d[4]
[1] 7
> d[5]
[1] 8
> d[6]
[1] NA
```

벡터에서 여러 개의 값을 한 번에 추출하기

인덱스를 이용하면 벡터 내의 특정 위치에 있는 값을 알 수 있는데, 하나의 값도 알 수 있지만 여러 개의 값도 알아낼 수 있다. [코드 2-14]를 실행해보자.

코드 2-14

```
d <- c(1,4,3,7,8)
d[c(1,3,5)]                 # 1, 3, 5번째 값 출력
d[1:3]                      # 처음 세 개의 값 출력
d[seq(1,5,2)]               # 홀수 번째 값 출력
d[ 2]                       # 2번째 값 제외하고 출력
d[-c(3:5)]                  # 3~5번째 값은 제외하고 출력
```

[코드 2-14]의 실행 결과를 나누어서 설명하면 다음과 같다.

```
> d <- c(1,4,3,7,8)
```

벡터 d에 5개의 값인 1, 4, 3, 7, 8을 저장한다.

```
> d[c(1,3,5)]                    # 1, 3, 5번째 값 출력
[1] 1 3 8
```

여러 개의 인덱스를 한꺼번에 지정하여 값을 가져오는 가장 일반적인 방법이다. 벡터 d에서 가져오고 싶은 값들의 인덱스를 c( )로 묶어서 [ ] 안에 입력하면 해당 인덱스에 대응하는 값인 1, 3, 8을 출력할 수 있다.

```
> d[1:3]                         # 처음 세 개의 값 출력
[1] 1 4 3
```

이미 학습한 바 있는 콜론(:)을 이용하여 연속된 값을 출력하는 방법이다. 여기서는 첫 번째부터 세 번째 값인 1, 4, 3을 출력한다.

```
> d[seq(1,5,2)]                  # 홀수 번째 값 출력
[1] 1 3 8
```

seq(1,5,2)는 첫 번째부터 다섯 번째 값을 가져오되 2씩 건너뛰어서 가져오기 때문에 1, 3, 8이 출력된다. 결국 벡터 d에서 홀수 번째에 있는 값을 가져오는 것과 동일하다.

```
> d[-2]                          # 2번째 값 제외하고 출력
[1] 1 3 7 8
```

인덱스 부분에 '–'를 사용하면 그 의미는 '제외하고'이다. 즉, -2는 '두 번째 값을 제외하고' 나머지 값인 1, 3, 7, 8을 출력하라는 의미이다.

```
> d[-c(3:5)]                     # 3~5번째 값은 제외하고 출력
[1] 1 4
```

c(3:5)는 세 번째에서 다섯 번째 값을 의미하는데, 여기에 '–'가 붙었기 때문에 이 값들을 제외한 값인 1과 4를 출력한다.

벡터에서 이름으로 값을 추출하기

일반적으로 벡터에 저장된 값들 중 원하는 값을 가져오기 위해서는 대응하는 인덱스를 지정하면 되는데, 여기서 인덱스는 순서를 지정하는 숫자이다. 그런데 인덱스를 이용하지 않고 값에 붙여진 이름을 이용하여 원하는 값을 추출할 수 있다. [코드 2-15]를 살펴보자.

코드 2-15

```
GNP <- c(2090,2450,960)
GNP
names(GNP) <- c("Korea","Japan","Nepal")
GNP
GNP[1]
GNP["Korea"]
GNP[c("Korea","Nepal")]
```

[코드 2-15]의 실행 결과를 나누어서 설명하면 다음과 같다.

```
> GNP <- c(2090,2450,960)
> GNP
[1] 2090 2450  960
```

먼저 GNP 벡터에 3개의 값인 2090, 2450, 960을 저장하고, 2행에서 GNP의 값을 출력한다. 이 값들은 3개국의 GNP인데 어떤 나라의 자료인지 알 수 없는 상태이기 때문에 각 값에 대한 나라 이름을 지정해주는 것이 바람직하다.

```
> names(GNP) <- c("Korea","Japan","Nepal")
> GNP
Korea Japan Nepal
 2090  2450   960
```

GNP에 있는 세 개의 값에 나라의 이름을 지정한 후 GNP의 내용을 출력하면 각각의 값에 해당 나라의 이름이 붙은 것을 확인할 수 있다.

```
> GNP[1]
Korea
 2090
```

인덱스를 이용해서 GNP 벡터의 첫 번째 값을 가져온다. 결과값 위에도 이름이 붙어 있는 것을 확인할 수 있다.

```
> GNP["Korea"]
Korea
 2090
```

"Korea"라는 이름이 붙은 값을 가져오는 명령을 실행한다. 이와 같이 이름을 통해서도 벡터 안의 값을 추출할 수 있다.

```
> GNP[c("Korea","Nepal")]
Korea Nepal
 2090   960
```

벡터값의 이름으로 값을 가져오는 경우에도 c( ) 함수를 이용하여 한꺼번에 여러 개의 이름을 지정하여 값을 가져올 수 있다.

이와 같이 벡터의 값들에 이름을 붙여 놓으면 값의 의미를 잘 이해할 수 있을 뿐만 아니라, GNP["Korea"]와 GNP[c("Korea","Nepal")]과 같이 이름을 이용하여 값을 추출할 수 있는 장점이 있다.

여기서 잠깐! R에서 결과값의 줄 앞쪽에 있는 [1]은 무엇을 의미할까?

벡터의 값을 출력하거나 어떤 연산의 결과를 출력하면 결과의 줄 앞쪽에 [1]과 같은 숫자가 붙어 있는 것을 볼 수 있다. 이것은 무슨 의미일까?

```
> seq(1,100, 2)
 [1]  1  3  5  7  9 11 13 15 17 19 21 23 25 27 29 31
[17] 33 35 37 39 41 43 45 47 49 51 53 55 57 59 61 63
```

```
[33] 65 67 69 71 73 75 77 79 81 83 85 87 89 91 93 95
[49] 97 99
```

[17]은 두 번째 줄의 맨 앞에 있는 33이 전체 값 중에 17번째라는 것을 의미하며, [33]은 세 번째 줄의 맨 앞에 있는 65가 전체 값 중에 33번째, [49]는 네 번째 줄의 맨 앞에 있는 97이 전체 값 중에 49번째라는 것을 의미한다.

출력 결과값이 많을 때는 어떤 값이 전체에서 몇 번째에 있는지 알기가 어렵기 때문에 이와 같이 중간 중간의 값들에 대해 몇 번째인지를 표시해 놓는 것이다. 그러면 39는 전체에서 몇 번째 값일까? 20번째 값이다.

5 벡터에 저장된 원소값 변경

벡터에 저장된 값은 필요 시 다른 값으로 변경할 수 있다. [코드 2-16]을 따라하면서 벡터에 저장된 값의 변경 방법을 배워보도록 하자.

코드 2-16

```
v1 <- c(1,5,7,8,9)
v1
v1[2] <- 3                    # v1의 2번째 값을 3으로 변경
v1
v1[c(1,5)] <- c(10,20)        # v1의 1, 5번째 값을 각각 10, 20으로 변경
v1
```

실행 결과

```
> v1 <- c(1,5,7,8,9)
> v1
[1] 1 5 7 8 9
> v1[2] <- 3                  # v1의 2번째 값을 3으로 변경
> v1
[1] 1 3 7 8 9
> v1[c(1,5)] <- c(10,20)      # v1의 1, 5번째 값을 각각 10, 20으로 변경
> v1
[1] 10  3  7  8 20
```

04 벡터의 연산

앞의 3절에서는 벡터를 생성하는 방법과 벡터에 저장된 값들을 추출하는 방법에 대해서 설명하였다. 벡터의 목적을 다시 상기해보면 분석을 원하는 데이터가 1차원 배열의 형태일 때 이것을 벡터에 저장해 놓고 분석하기 위한 것이다. 벡터의 형태로 저장된 값들에 대해 다양한 산술연산뿐만 아니라 벡터 간의 연산도 가능하다. 이번 절에서는 이에 대해 알아보도록 하자.

1 벡터와 숫자값 연산

여러 개의 값이 저장된 어떤 벡터에 대해 3을 더하거나 곱하면 어떤 결과가 생길까? 결론부터 말하면 **벡터에 대한 산술연산은 벡터 안에 포함된 값들에 대한 연산으로 바뀌어 실행**된다. [코드 2-17]을 실행해보자.

코드 2-17

```
d <- c(1,4,3,7,8)
2*d
d-5
3*d+4
```

[코드 2-17]의 실행 결과를 나누어서 설명하면 다음과 같다.

```
> d <- c(1,4,3,7,8)
```

벡터 d에 5개의 값을 저장한다.

```
> 2*d
[1]  2  8  6 14 16
```

벡터 d에 2를 곱하면 d에 포함된 값들 하나하나에 대해 2를 곱하는 연산으로 바뀌어 실행된다. 여기서 주의할 점은 이 연산을 실행하고 난 뒤에도 d의 값들에는 변화가 없다. 이 연산은 단지 d에 2를 곱했을 때 어떤 결과를 가져오는지 보여줄 뿐이다. 만일 d에 포함된 모든 값들을 2배씩 증가시키고 싶다면 d <- 2*d와 같이 명령을 내려야 한다.

```
> d-5
[1] -4 -1 -2  2  3
> 3*d+4
[1]  7 16 13 25 28
```

두 개의 산술연산에 대한 실행 결과가 출력된다. 결과를 보면 벡터와 숫자값의 산술연산은 벡터 안에 있는 값들에 대한 산술연산으로 바뀌어 실행되는 것을 확인할 수 있다.

2 벡터와 벡터 간의 연산

벡터값과 숫자값 사이의 산술연산이 아닌 벡터와 벡터 사이의 산술연산은 어떤 결과를 가져올까? 이 경우 벡터 간 대응되는 위치에 있는 값들끼리의 연산으로 바뀌어 실행된다. [코드 2-18]의 실행 결과를 살펴보자.

코드 2-18

```
x <- c(1,2,3)
y <- c(4,5,6)
x+y                                # 대응하는 원소끼리 더하여 출력
x*y                                # 대응하는 원소끼리 곱하여 출력
z <- x + y                         # x, y를 더하여 z에 저장
z
```

[코드 2-18]의 실행 결과를 나누어서 설명하면 다음과 같다.

```
> x <- c(1,2,3)
> y <- c(4,5,6)
```

벡터 x와 y에 각각 3개의 값을 저장한다.

```
> x+y                          # 대응하는 원소끼리 더하여 출력
[1] 5 7 9
> x*y                          # 대응하는 원소끼리 곱하여 출력
[1]  4 10 18
```

벡터 x와 벡터 y의 합과 곱을 수행한다. 두 벡터 사이의 합과 곱의 결과를 보면 인덱스가 같은 위치에 있는 값끼리 연산이 이루어진 것을 확인할 수 있다. 즉 x+y는 x[1]+y[1], x[2]+y[2], x[3]+y[3]을 병렬로 계산하여 결과를 출력한다.

```
> z <- x + y                   # x, y를 더하여 z에 저장
> z
[1] 5 7 9
```

벡터 x와 y를 더하여 z에 저장한 후 z의 내용을 출력한다. 벡터와 벡터를 더한 결과인 z도 벡터임을 알 수 있다.

여기서 잠깐! 두 벡터의 길이가 다른 경우의 연산

벡터와 벡터를 연산하기 위해서는 두 벡터의 길이가 같아야 한다. 즉, 두 벡터가 포함하고 있는 값의 개수가 같아야 하는 것이다. 그런데 두 벡터의 길이가 달라도 에러 없이 연산이 되기는 한다. 하지만 이런 경우의 대부분은 우리가 원하는 결과가 아닐 가능성이 크다. 따라서 벡터 간의 연산을 하기 전에 두 벡터의 길이가 같은지를 먼저 확인하도록 하자.

3 벡터에 적용 가능한 함수

벡터를 입력값으로 사용해 결과를 도출하는 함수들이 많이 있다. 벡터에 포함되어 있는 값들의 합계를 계산해주는 sum( ) 함수를 포함하여 다양한 함수가 있는데, 데이터 분석에 많이 사용하는 함수를 정리해보면 [표 2-4]와 같다.

표 2-4 벡터에 적용 가능한 함수

함수명	설명
sum( )	벡터에 포함된 값들의 합
mean( )	벡터에 포함된 값들의 평균
median( )	벡터에 포함된 값들의 중앙값
max( ), min( )	벡터에 포함된 값들의 최댓값, 최솟값
var( )	벡터에 포함된 값들의 분산
sd( )	벡터에 포함된 값들의 표준편차
sort( )	벡터에 포함된 값들을 정렬(오름차순이 기본)
range( )	벡터에 포함된 값들의 범위(최솟값~최댓값)
length( )	벡터에 포함된 값들의 개수(길이)

[코드 2-19]를 통해 벡터에 적용할 수 있는 다양한 함수들의 실행 결과를 확인해보자. 함수의 의미는 [표 2-4]를 참고하도록 한다.

코드 2-19

```
d <- c(1,2,3,4,5,6,7,8,9,10)
sum(d)                              # d에 포함된 값들의 합
sum(2*d)                            # d에 포함된 값들에 2를 곱한 후 합한 값
length(d)                           # d에 포함된 값들의 개수
mean(d[1:5])                        # 1~5번째 값들의 평균
max(d)                              # d에 포함된 값들의 최댓값
min(d)                              # d에 포함된 값들의 최솟값
sort(d)                             # 오름차순 정렬
sort(d, decreasing = FALSE)         # 오름차순 정렬
sort(d, decreasing = TRUE)          # 내림차순 정렬

v1 <- median(d)
v1
v2 <- sum(d)/length(d)
v2
```

[코드 2-19]의 실행 결과를 나누어서 설명하면 다음과 같다.

```
> d <- c(1,2,3,4,5,6,7,8,9,10)
> sum(d)                        # d에 포함된 값들의 합
[1] 55
> sum(2*d)                      # d에 포함된 값들에 2를 곱한 후 합한 값
[1] 110
> length(d)                     # d에 포함된 값들의 개수
[1] 10
> mean(d[1:5])                  # 1~5번째 값들의 평균
[1] 3
> max(d)                        # d에 포함된 값들의 최댓값
[1] 10
> min(d)                        # d에 포함된 값들의 최솟값
[1] 1
> sort(d)                       # 오름차순 정렬
 [1]  1  2  3  4  5  6  7  8  9 10
> sort(d, decreasing = FALSE)   # 오름차순 정렬
 [1]  1  2  3  4  5  6  7  8  9 10
> sort(d, decreasing = TRUE)    # 내림차순 정렬
 [1] 10  9  8  7  6  5  4  3  2  1
```

먼저 벡터 d에 10개의 값을 저장한 후 그 다음 명령문에서 벡터에 적용할 수 있는 함수를 실행하였다. 여기에서 사용한 함수의 의미는 [표 2-4]나 코드의 주석을 참고하면 쉽게 파악할 수 있다. 마지막 부분에 나온 sort() 함수를 제외하면 모든 함수들의 입력 매개변수가 하나이다. sort() 함수의 경우 '정렬대상 벡터'와 '오름차순/내림차순 여부'라는 두 개의 매개변수가 필요하다. 여기서 decreasing을 '매개변수명'이라고 하고 FALSE, TRUE를 '매개변수값'이라고 한다. 함수와 매개변수에 대해서는 〈여기서 잠깐〉에 따로 설명하였다.

```
> v1 <- median(d)
> v1
[1] 5.5
> v2 <- sum(d)/length(d)
> v2
[1] 5.5
```

벡터 d의 중앙값을 구하여 변수 v1에 저장하는 명령문과, 벡터 d의 합계를 d의 길이(값의 개수)로 나누어 v2에 저장하는 명령문을 실행하였다. 그 결과 v2에는 5.5가 저장되었다.

이와 같이 R에서는 벡터와 숫자값, 벡터와 벡터 사이의 연산을 매우 손쉽게 할 수 있을 뿐만 아니라 다양한 함수를 활용하여 효율적으로 데이터를 다루고 분석하는 것이 가능하다.

여기서 잠깐! 함수와 매개변수

R은 데이터 분석에 특화된 언어이다. 그런데 R을 배운다고 하는 것은 R이 제공하는 다양한 함수들의 사용법을 배우는 것이다. 따라서 함수의 개념과 기본적인 사용법에 대해 이해할 필요가 있다.

함수는 수학 시간에 배운 함수와 동일한 개념이다. 즉 함수에 어떤 입력값(input)을 주면 일련의 과정을 거쳐서 계산된 결과값(output)을 내보내는 구조를 가지고 있다.

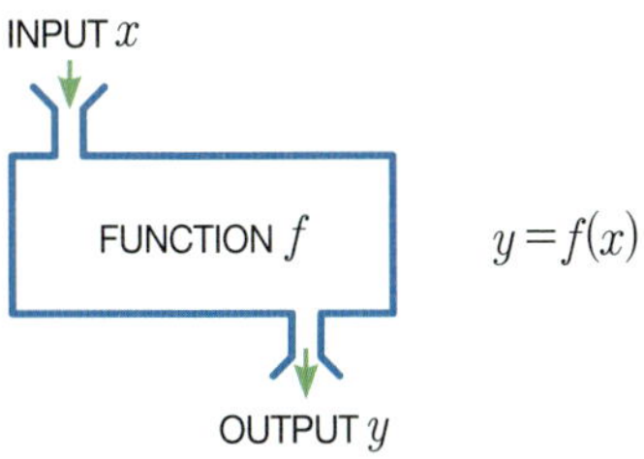

그림 2-8 함수의 개념

여기서 입력값을 다른 말로 **매개변수(parameter)**라고 한다. 또한 하나의 함수는 여러 개의 매개변수를 가질 수 있다. 어떤 함수가 어떤 종류의 매개변수값을 받아들일지에 대해서는 그 함수가 만들어질 때 정의된다. 함수의 정의에 맞추어 매개변수를 입력하면 정의된 결과값을 얻을 수 있다.

1. 매개변수의 입력

이제 R에서 제공하는 함수의 구조를 살펴보자. 앞에서 살펴본 `sort()` 함수를 이용하는 정식 문법은 다음과 같다.

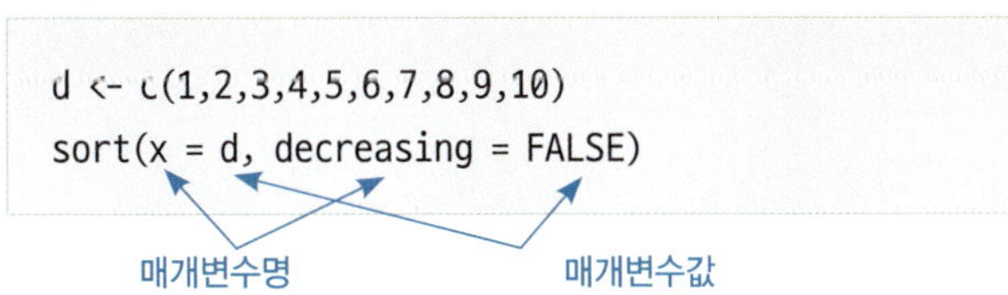

그림 2-9 함수와 매개변수

여기서 `sort`는 함수 이름이고 함수 이름 옆의 괄호() 안에 매개변수명과 매개변수값을 지정한다. 매개변수와 매개변수는 콤마(,)에 의해 구분된다. 또한 '매개변수명 = 매개변수값'과 같이 쌍으로 입력하는 것이 기본이다. 매개변수명이 있는 이유는 매개변수값이 무엇인지를 명확히 설명할 수 있기 때문이다. 예를 들면 `decresing = TRUE`에서 `TRUE`라는 매개변수값은 내림차순(decreasing)으로 정렬할지 말지를 결정하는 값이다. 만일 그

냥 TRUE라고만 입력하면 이것이 무엇을 의미하는지 알기 어려울 것이다.

함수의 매개변수는 '매개변수명 = 매개변수값'과 같이 쌍으로 입력하는 것이 기본이지만 매개변수명 없이 매개변수값만 입력해도 함수는 작동한다. 단, 그런 경우는 함수에 정의된 매개변수의 순서를 지켜야 한다.

```
> sort(x = d, decreasing = TRUE)      # 정상 작동
> sort(x = d, TRUE)                   # 정상 작동
> sort(d, TRUE)                       # 정상 작동
> sort(TRUE, d)                       # 오류 발생(매개변수의 순서가 잘못됨)
```

2. 매개변수의 생략

함수를 사용하기 위해서는 함수에 정의된 매개변수들에 대해 대응하는 입력값을 모두 설정해주어야 한다. 그런데 매개변수값을 생략할 수 있는 경우가 있다. 다음의 사례를 보면 오름차순 여부를 지정하는 매개변수가 생략되어 있음에도 정상적으로 작동된다. 그 이유는 사용자가 오름차순 여부를 지정하지 않으면 자동적으로 decreasing = FALSE가 적용되도록 함수에 미리 정의되어 있기 때문이다. 이렇게 사전에 정해진 매개변수값을 **초기값(default value)**이라고 한다.

```
> sort(d)                             # 정상 작동
```

3. 함수에 대한 도움말 확인

어떤 함수의 기능이 무엇이고 매개변수를 어떻게 지정해야 하는지 모두 외우는 것은 사실상 불가능하다. 따라서 R에서는 함수 사용 매뉴얼을 사용자에게 제공하는데, R스튜디오에서 도움말(Help) 창을 이용하면 내용을 확인할 수 있다. 예를 들어, [그림 2-10]과 같이 도움말(Help) 창의 검색 항목에 sort를 입력하면 sort() 함수의 사용 도움말을 볼 수 있다. 또는 편집 창에서 함수 이름을 드래그하여 선택한 뒤 F1을 눌러도 동일한 결과를 얻을 수 있다.

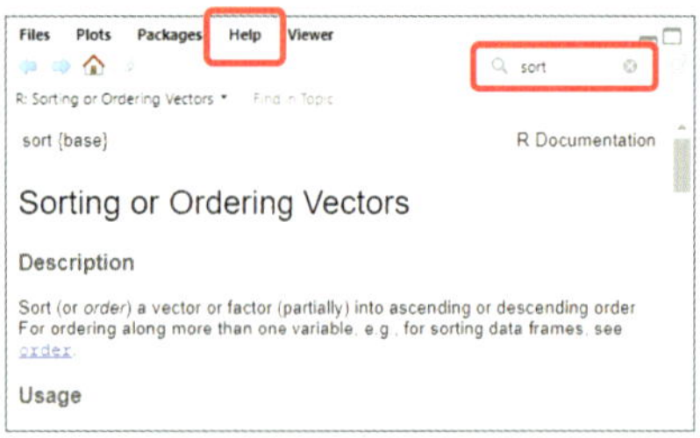

그림 2-10 R스튜디오의 도움말(Help) 창

TIP 함수의 사용 방법은 이 책의 본문에서 설명된 내용만으로도 충분하지만, 함수를 보다 자세히 이해하려면 도움말을 참조해 적절히 사용하도록 한다.

4 벡터에 논리연산자 적용

논리연산자는 연산의 결과가 TRUE 또는 FALSE로 출력되는 연산자를 말한다. 논리연산자를 정리하면 [표 2-5]와 같다.

표 2-5 논리연산자

연산자	사용 예	설명
<	A < B	B가 A 보다 크면 TRUE
<=	A <= B	B가 A 보다 크거나 같으면 TRUE
>	A > B	A가 B 보다 크면 TRUE
>=	A >= B	A가 B 보다 크거나 같으면 TRUE
==	A == B	A와 B가 같으면 TRUE
!=	A != B	A와 B가 같지 않으면 TRUE
¦	A ¦ B	A 또는 B 어느 한쪽이라도 TRUE면 TRUE
&	A & B	A와 B 모두 TRUE일 때만 TRUE

이러한 논리연산자를 벡터에 적용하면 조건에 맞는 값들을 추출할 수 있다. [코드 2-20]을 통해 논리연산자를 사용하는 방법을 알아보자.

코드 2-20

```
d <- c(1,2,3,4,5,6,7,8,9)
d>=5
d[d>5]                      # 5보다 큰 값
sum(d>5)                    # 5보다 큰 값의 개수를 출력
sum(d[d>5])                 # 5보다 큰 값의 합계를 출력
d==5

condi <- d > 5 & d < 8      # 조건을 변수에 저장
d[condi]                    # 조건에 맞는 값들을 선택
```

[코드 2-20]의 실행 결과를 나누어서 설명하면 다음과 같다.

```
> d <- c(1,2,3,4,5,6,7,8,9)
```

벡터 d에 9개의 값을 저장한다.

```
> d>=5
[1] FALSE FALSE FALSE FALSE  TRUE  TRUE  TRUE  TRUE  TRUE
```

앞에서 벡터에 대한 산술연산은 벡터에 포함된 각각의 값에 대한 연산으로 바뀌어 실행된다고 배웠다. 논리연산의 경우에도 동일한 원리가 적용된다. 따라서 d>=5는 벡터 d에 포함된 값들이 '5보다 크거나 같은지'를 판단하는 논리연산이 되고, 그 결과 벡터에 포함된 값 1, 2, 3, 4에 대해서는 FALSE가, 5, 6, 7, 8, 9에 대해서는 TRUE가 출력된다.

```
> d[d>5]                    # 5보다 큰 값
[1] 6 7 8 9
```

이 명령문을 보면 벡터의 인덱스를 지정하는 부분에 d>5라는 논리연산이 존재한다. 이런 경우는 d>5를 먼저 실행한 후 그 결과를 인덱스 부분에 입력한다. d>5를 실행한 결과는 다음과 같다.

```
[1] FALSE FALSE FALSE FALSE FALSE  TRUE  TRUE  TRUE  TRUE
```

이 결과를 인덱스에 적용하면 벡터 d에 저장된 값 중 TRUE에 대응하는 값들만 다음과 같이 추출된다.

```
d      :  [1]   1     2     3     4     5     6     7     8     9
d>5    :  [1] FALSE FALSE FALSE FALSE FALSE  TRUE  TRUE  TRUE  TRUE
d[d>5] :                                      6     7     8     9
```

따라서 d[d>5]의 의미는 **d에 저장된 값 중 5보다 큰 값들만 추출**하라는 것이다.

```
> sum(d>5)                  # 5 보다 큰 값의 개수를 출력
[1] 4
```

이 명령문도 앞의 예와 같이 d>5를 먼저 실행한 후 그 결과를 sum( ) 함수의 입력값으로 사용해 결과를 도출한다. d>5의 결과는 다음과 같다.

```
[1] FALSE FALSE FALSE FALSE FALSE  TRUE  TRUE  TRUE  TRUE
```

sum( ) 함수는 벡터에 저장된 값들의 합계를 구하는 함수인데 논리값에 대해서는 어떻게 합산을 할까? 논리값이 산술연산에 사용되면 FALSE는 0으로, TRUE는 1로 간주된다. TRUE+TRUE를 실행하면 결과가 2가 된다. 이 원리를 sum(d>5)에 적용하면 TRUE가 4개이기 때문에 결과가 4가 나온다. 결국 이 명령문의 의미는 **d에 저장된 값 중 5보다 큰 값들의 개수**를 구하는 것과 동일하다.

```
> sum(d[d>5])              # 5 보다 큰 값의 합계를 출력
[1] 30
```

명령문 안에 명령문이 중첩되어 있어서 다소 복잡해 보인다. 이렇게 중첩된 명령문은 안쪽부터 실행이 된다. 다시 말해서 d>5를 먼저 실행하고, 그 결과를 이용해 d[d>5]를 실행하고, 여기서 나온 결과를 sum( ) 함수에 입력값으로 넣는 것이다. 각 단계별 결과는 다음과 같다.

```
d>5          : [1] FALSE FALSE FALSE FALSE FALSE  TRUE  TRUE  TRUE  TRUE
d[d>5]       : [1] 6 7 8 9
sum(d[d>5])  : [1] 30
```

이제 왜 sum(d[d>5])의 결과가 30인지 알 수 있을 것이다(6+7+8+9=30). 따라서 이 연산의 의미는 **d에 저장된 값들 중 5보다 큰 값들의 합계**를 구하는 것이 된다.

```
condi <- d > 5 & d < 8          # 조건을 변수에 저장
```

이 명령문은 'd > 5 & d < 8'라는 조건문을 condi라는 이름의 변수에 저장하는 것이다. 조건문의 의미는 **d에 저장된 값 중 5보다 크고 8보다 작은 값**이다. 이와 같이 변수에는 조건문도 저장할 수 있다.

```
> d[condi]                    # 조건에 맞는 값들을 선택
[1] 6 7
```

벡터 d의 인덱스 지정 부분에 조건문이 저장된 변수 condi가 들어가 있다. 이 명령문의 의미는 condi에 저장된 조건문에 부합하는 값들만 추출하는 것이다. d[condi] 명령문은 d[d>5 & d<8]과 같은 결과이다.

이상에서 살펴본 것처럼 논리연산을 잘 활용하면 벡터에서 조건에 맞는 값들을 쉽게 추출할 수 있으니 충분히 연습하는 것이 필요하다.

여기서 잠깐! 여러 개의 벡터를 합쳐 새로운 벡터 만들기

여러 개의 벡터를 합쳐서 새로운 벡터를 만들려면 어떻게 하면 될까? 이 경우도 **c()** 함수를 이용하면 된다. 다음 코드를 보면 쉽게 이해할 수 있을 것이다.

```
> x <- c(1,2,3)
> y <- c(4,5)
> c(x,y)                      # 단순히 x, y를 연결하여 출력
[1] 1 2 3 4 5
> z <- c(x,y)                 # x, y를 연결하여 z에 저장
> z
[1] 1 2 3 4 5
```

05 리스트와 팩터

앞에서 벡터는 1차원 형태의 자료를 저장하는 수단으로, 동일한 자료형의 값들만 저장할 수 있다고 배웠다. 그런데 우리가 분석해야 할 1차원 데이터 중에는 특별한 형태를 갖는 것들이 있다. 이 절에서는 R에서 제공하는 자료구조 중 리스트와 팩터를 학습하면서 특별한 형태의 데이터들에 대해 이해해보자.

1 리스트

벡터가 동일한 자료형의 값들을 1차원 형태로 저장하는 수단이라면 **리스트**list는 서로 다른 자료형의 값들을 저장하고 다룰 수 있도록 해주는 수단이다. [코드 2-21]을 통해 리스트를 생성하는 방법과 리스트 안에 있는 값들의 추출 방법에 대해 알아보자.

코드 2-21

```
ds <- c(90, 85, 70, 84)
my.info <- list(name='Tom', age=60, status=TRUE, score=ds)
my.info                         # 리스트에 저장된 내용을 모두 출력
my.info[[1]]                    # 리스트의 첫 번째 값을 출력
my.info$name                    # 리스트에서 값의 이름이 name인 값을 출력
my.info[[4]]                    # 리스트의 네 번째 값을 출력
```

[코드 2-21]의 실행 결과를 나누어서 설명하면 다음과 같다.

```
> ds <- c(90, 85, 70, 84)
```

4과목의 점수가 저장된 벡터 ds를 생성한다.

```
> my.info <- list(name='Tom', age=60, status=TRUE, score=ds)
```

my.info라는 이름의 리스트를 생성한다. 리스트를 만드는 함수 이름은 list()이다. 괄호 안에 'Tom', 60, TRUE, ds가 리스트에 저장될 값이고, name, age, status, score가 저장될 값의 이름이다. 저장될 값들의 자료형을 보면 문자형, 숫자형, 논리형이 섞여 있고 심지어 벡터인 ds도 있음을 알 수 있다. 이와 같이 리스트는 1차원 자료구조이면서 다양한 자료형의 값을 저장할 수 있다.

```
> my.info                    # 리스트에 저장된 내용을 모두 출력
$name
[1] "Tom"

$age
[1] 60

$status
[1] TRUE

$score
[1] 90 85 70 84
```

리스트의 내용을 출력하면 벡터와는 달리 저장된 값들이 세로 방향으로 하나하나 출력된다.

```
> my.info[[1]]               # 리스트의 첫 번째 값을 출력
[1] "Tom"
> my.info$name               # 리스트에서 값의 이름이 name인 값을 출력
[1] "Tom"
> my.info[[4]]               # 리스트의 네 번째 값을 출력
[1] 90 85 70 84
```

리스트에 저장된 값을 추출하는 방법은 벡터와 비슷하다. 먼저 인덱스를 이용할 수 있는데 벡터와 다른 점은 인덱스 지정 부분에 [ ]가 아닌 [[ ]]를 사용한다는 것이다. 두 번째 방법은 값의 이름을 이용하는 것이다. '**리스트이름$값의이름**'의 형태로 지정하면 된다. my.info[[4]]의 결과를 보면 하나의 값이 아닌 4개의 값이 들어 있는 벡터임을 알 수 있다.

TIP 대괄호 [ ]를 사용해도 결과가 나오는데 이 경우는 결과값이 아닌 결과값이 포함된 또 다른 리스트가 출력된다.

2 팩터

팩터factor는 벡터의 일종으로, 범주형 자료를 저장하는 데 사용된다. 범주형 자료란 성별, 혈액형 등과 같이 범주로 구분할 수 있는 값으로 구성된 자료를 말한다. 팩터는 벡터를 만든 다음 factor( ) 함수를 이용하여 변환한다. 팩터에 저장되는 값의 종류가 정해지면 종류가 다른 값은 저장할 수 없다. 또한 팩터에 저장된 값은 숫자로 변환하여 사용할 수 있다.

코드 2-22

```
bt <- c('A', 'B', 'B', 'O', 'AB', 'A')       # 문자형 벡터 bt 정의
bt.new <- factor(bt)                         # 팩터 bt.new 정의
bt                                           # 벡터 bt의 내용 출력
bt.new                                       # 팩터 bt.new의 내용 출력
bt[5]                                        # 벡터 bt의 5번째 값 출력
bt.new[5]                                    # 팩터 bt.new의 5번째 값 출력
levels(bt.new)                               # 팩터에 저장된 값의 종류를 출력
as.integer(bt.new)                           # 팩터의 문자값을 숫자로 바꾸어 출력
bt.new[7] <- 'B'                             # 팩터 bt.new의 7번째에 'B' 저장
bt.new[8] <- 'C'                             # 팩터 bt.new의 8번째에 'C' 저장
bt.new                                       # 팩터 bt.new의 내용 출력
```

[코드 2-22]의 실행 결과를 나누어서 설명하면 다음과 같다.

```
> bt <- c('A', 'B', 'B', 'O', 'AB', 'A')     # 문자형 벡터 bt 정의
> bt.new <- factor(bt)                       # 팩터 bt.new 정의
```

6명의 혈액형 데이터가 저장된 문자형 벡터 bt를 생성하고, factor( ) 함수를 이용하여 팩터 bt.new를 생성한다.

```
> bt                                         # 벡터 bt의 내용 출력
[1] "A"  "B"  "B"  "O"  "AB" "A"
> bt.new                                     # 팩터 bt.new의 내용 출력
[1] A  B  B  O  AB A
Levels: A AB B O
```

벡터 bt의 내용을 출력하면 큰따옴표로 묶여 있는 문자값들이 출력된다. 그런데 팩터 bt.new를 출력하면 큰따옴표가 없는 문자값들이 출력된다. 이것이 문자형 벡터와 팩터의 첫 번째 차이점이다. 또한 bt.new의 결과에는 Levels: A AB B O가 붙어 있는데, 이것의 의미는 bt.new에 저장된 혈액형의 종류를 알려주는 것이다. 팩터의 목적이 어떤 종류를 나타내는 문자값을 저장하는 것이기 때문에 종류의 정보를 나타내주는 것이다.

```
> bt[5]                                        # 벡터 bt의 5번째 값 출력
[1] "AB"
> bt.new[5]                                    # 팩터 bt.new의 5번째 값 출력
[1] AB
Levels: A AB B O
```

팩터도 벡터의 일종이기 때문에 값을 추출하는 방법은 벡터와 같다. 인덱스를 이용하거나 값에 이름이 있다면 이름을 통해 값을 추출한다. 팩터는 하나의 값을 추출하여 출력하더라도 전체 팩터에 저장된 값들의 종류에 대한 정보를 함께 표시한다.

```
> levels(bt.new)                               # 팩터에 저장된 값의 종류를 출력
[1] "A"  "AB" "B"  "O"
```

levels() 함수는 팩터에 저장된 값들의 종류를 알아내는 함수이다. 팩터의 특징 중 하나는 저장된 문자값을 숫자로 바꾸어 분석 작업에 활용할 수 있다는 것이다.

```
> as.integer(bt.new)                           # 팩터의 문자값을 숫자로 바꾸어 출력
[1] 1 3 3 4 2 1
```

as.integer() 함수를 이용하여 문자값을 숫자로 바꾸었는데, 바꾸는 방법에는 정해진 규칙이 있다. levels() 함수를 통해 출력된 문자값들의 순서가 바로 변환될 숫자가 되는 것이다. 즉, Levels: A AB B O이므로 A는 1, AB는 2, B는 3, O은 4로 변환된다.

```
> bt.new[7] <- 'B'                             # 팩터 bt.new의 7번째에 'B' 저장
> bt.new[8] <- 'C'                             # 팩터 bt.new의 8번째에 'C' 저장
```

```
Warning message:
In `[<-.factor`(`*tmp*`, 8, value = "C") :
  invalid factor level, NA generated
> bt.new                                    # 팩터 bt.new의 내용 출력
[1] A    B    B    O    AB   A    B    <NA>
Levels: A AB B O
```

팩터의 역할 중 하나는 이미 지정된 값의 종류 외에 다른 값이 들어오는 것을 불가능하게 하는 것이다. 첫 번째 명령문은 정상 실행되는데 그 이유는 'B'가 Levels에 정해져 있는 값이기 때문이다. 하지만 두 번째 명령문을 실행하면 경고 메시지가 나타난다. 그 이유는 입력하려는 'C'가 Levels에 없는 값이기 때문이다. bt.new의 내용을 출력하면 8번 째 값은 C가 아닌 <NA>로 표시되어 있다. 이와 같이 팩터는 사전에 정의된 값 외에 다른 값을 입력하지 못하도록 한다.

리스트와 팩터는 벡터에 비해 사용 빈도가 적지만 중요한 자료구조 중의 하나이니 꼭 이해하고 있도록 하자.

요약

01 #은 **주석**comment으로 명령문의 의미를 보다 정확하게 설명하는 역할을 한다. # 다음에 주석의 내용을 작성한다.

02 **변수**variable는 프로그램에서 특정 값을 저장하는 공간의 이름을 뜻한다. 쉽게 말해 '어떤 값을 저장해 놓을 수 있는 저장소나 보관 박스'라고 생각하면 된다.

03 변수명의 규칙은 다음과 같다.

① 첫 글자는 영문자(알파벳)나 마침표(.)로 시작하는데, 일반적으로 영문자로 시작한다.

② 두 번째 글자부터는 영문자, 숫자, 마침표(.), 밑줄(_)을 사용할 수 있다.

③ 대문자와 소문자를 구분한다.

④ 변수명 중간에 빈칸을 넣을 수 없다.

04 화살표 모양의 '<-'는 변수에 값을 저장하는 연산자이다.

05 **자료형**data type은 변수가 어떤 형태의 데이터를 저장하는가를 나타내며 R에서는 숫자형, 문자형, 논리형으로 나누는데, 이러한 자료형에 포함되지 않는 특수한 값들이 있다.

06 **벡터**vector는 데이터 구조의 가장 기본적인 형태로 1차원 형태의 데이터를 저장할 수 있는 저장소이며, 저장되는 값들은 동일한 자료형을 가져야 한다.

07 R에서는 벡터에 저장된 각각의 값들을 구별하기 위하여 앞쪽의 값부터 시작하여 순서값을 부여하는데, 이를 **인덱스**index라고 한다.

08 **리스트**list는 벡터와 같이 1차원 형태의 자료를 저장하기 위한 것이나 벡터와는 달리 서로 다른 자료형의 값들을 저장하고 다룰 수 있도록 해주는 수단이다.

09 **팩터**factor는 문자형 데이터가 저장된 벡터의 일종으로 저장될 값의 종류가 정해져 있는 경우에 사용된다.

■ 함수 및 연산자 정리

산술연산자와 산술함수	
+, -, *, /	더하기, 빼기, 곱하기, 나누기
%%, ^	나머지, 제곱
log()	로그함수
sqrt()	제곱근
max(), min()	최댓값, 최솟값
abs()	절댓값
factorial()	팩토리얼
sin(), cos(), tan()	삼각함수
벡터 관련 연산자와 함수	
c()	벡터 생성
:	1:10과 같이 연속된 정수 벡터 생성
seq()	일정 간격으로 이루어진 숫자 벡터 생성
rep()	반복된 값으로 이루어진 벡터 생성
names()	벡터의 원소에 대한 이름을 확인하거나 이름을 지정할 때 사용
sum()	벡터 값들의 합계
mean(), median()	벡터 값들의 평균값, 중앙값
max(), min()	벡터 값들의 최댓값, 최솟값
var(), sd()	벡터 값들의 분산, 표준편차
sort()	벡터 값들을 정렬
range()	벡터 값들의 범위
length()	벡터의 길이(벡터 값들의 개수)

논리연산자(연산 결과는 TRUE 또는 FALSE)	
<, <=	오른쪽이 왼쪽보다 크다, 크거나 같다
>, >=	오른쪽이 왼쪽보다 작다, 작거나 같다
==	오른쪽 왼쪽의 값이 같다
!=	오른쪽 왼쪽의 값이 같지 않다
¦	또는(or)
&	그리고(and)

연습문제

01 R을 이용하여 다음 계산식의 코드를 작성하고 답을 구하시오.

(1) 25+99
(2) 456−123
(3) 2×(3+4)
(4) (3+5×6)÷7
(5) (7−4)×3
(6) 210+35
(7) 1256을 7로 나눈 나머지
(8) 184를 5로 나눈 나머지
(9) 1976÷24
(10) 16×25+186×5−67×22

02 R에서 사용하는 주석 처리 기호는 무엇인가?

03 R을 이용하여 다음의 내용을 코드로 작성하고 답을 구하시오.

> 변수 pi에 3.14를 저장한 후 pi를 이용하여 반지름이 10, 12, 15인 원의 면적을 각각 구한다.

04 R을 이용하여 다음의 내용을 코드로 작성하고 답을 구하시오.

> $y = \log_2 \sqrt{x}$ 에 대해 x가 각각 8, 12, 16일 때 y의 값을 각각 구한다.

05 100~200 사이의 짝수로 구성된 벡터 vc.2를 생성하고 vc.2의 내용을 출력하는 코드를 작성하시오.

06 20개의 TRUE로 구성된 vc.3를 생성하고 vc.3의 내용을 출력하는 코드를 작성하시오(rep 함수 사용).

07 100에서 200으로 구성된 벡터 d를 생성한 다음 각 문제를 수행하는 코드를 작성하고 답을 구하시오.

(1) d에 어떤 값이 저장되었는지 출력하시오.
(2) d의 10번째 값을 출력하시오.
(3) d의 끝에서 10개의 값을 잘라내어 출력하시오.
(4) d에서 홀수만 출력하시오.

(5) d에서 3의 배수만 출력하시오.

(6) d의 앞에서 20개의 값을 잘라내어 d.20에 저장하고 d.20의 값을 출력하시오.

(7) d.20의 5번째 값을 제외한 나머지 값들을 출력하시오.

(8) d.20에서 5, 7, 9번째 값을 제외한 나머지 값을 출력하시오.

08 월별 결석생 수 통계가 다음과 같을 때 이 자료를 absent 벡터에 저장하시오(결석생 수를 값으로 하고, 월 이름을 값의 이름으로 한다).

월	JAN	FEB	MAR	APR	MAY	JUN	JUL	AUG	SEP	OCT	NOV	DEC
결석생 수	10	8	14	15	9	10	15	12	9	7	8	7

(1) absent의 내용을 출력하시오.

(2) 5월(MAY)의 결석생 수를 출력하시오.

(3) 7월(JUL), 9월(SEP)의 결석생 수를 출력하시오.

(4) 상반기(1~6월) 결석생 수의 합계를 출력하시오.

(5) 하반기(7~12월) 결석생 수의 평균을 출력하시오.

09 벡터 d1, d2가 다음과 같을 때 각 문제를 수행하기 위한 코드를 작성하고 답을 구하시오.

```
d1 <- 1:50
d2 <- 51:100
```

(1) d1, d2의 값을 출력하시오.

(2) d2의 길이(원소의 개수)를 보이시오.

(3) d1+d2, d2-d1, d1*d2, d2/d1의 결과를 각각 출력하시오.

(4) d1, d2 값들의 합을 각각 출력하시오.

(5) d1, d2에 있는 모든 값들의 합을 출력하시오.

(6) d2에서 가장 큰 값과 가장 작은 값을 출력하시오.

(7) d2와 d1 값들의 평균값을 각각 구하고 두 평균의 차이를 출력하시오.

(8) d1의 값들을 큰 수에서 작은 수 순서로 정렬하여 출력하시오.

(9) d1과 d2에서 작은 수에서 큰 수 순서로 각각 10개씩 추출하여 d3에 저장하시오(결과적으로 d3에는 20개의 수가 저장).

10 다음과 같이 벡터 v1을 생성한 다음 각 문제를 수행하기 위한 코드를 작성하고 답을 구하시오(문제를 풀다 보면 v1의 내용이 변경되기도 하는데, 모든 문제는 최초의 v1을 대상으로 하여 해결할 것).

```
v1 <- 51:90
```

(1) v1에서 60보다 작은 수를 모두 출력하시오.

(2) v1에서 70보다 작은 수가 몇 개인지 출력하시오.

(3) v1에서 65보다 큰 수들의 합을 출력하시오.

(4) v1에서 60보다 크고 73보다 작은 수를 모두 출력하시오.

(5) v1에서 65보다 작거나 80보다 큰 수를 모두 출력하시오.

(6) v1에서 7로 나누었을 때 나머지가 3인 수를 모두 출력하시오.

(7) v1에서 7의 배수들의 값을 0으로 변경하시오.

(8) v1에서 짝수를 모두 합한 값을 출력하시오.

(9) v1에서 홀수이거나 80보다 큰 수를 모두 출력하시오.

(10) v1에서 3과 5의 공배수를 출력하시오.

(11) v1에서 짝수에 대해서만 2를 곱하여 저장하시오.

(12) v1에서 7의 배수들을 제거한 후 v1의 내용을 출력하시오.

11 R을 이용하여 다음의 내용을 people 리스트에 저장하시오.

name	age	gender	student	day
Bill	20	M	TRUE	Mon, Wed

12 **벡터 a가 다음과 같을 때 각 문제를 수행하기 위한 코드를 작성하고 답을 구하시오.**

```
a <- c('Korea', 'Japan', 'China', 'Korea', 'India', 'China', 'Korea')
```

(1) 벡터 a를 팩터 f로 만드시오.

(2) 팩터 f의 값을 출력하시오.

(3) 팩터 f의 4번째 값을 출력하시오.

(4) 팩터 f에 저장된 값의 종류를 출력하시오.

(5) 팩터 f의 문자값을 숫자로 바꾸어 출력하시오.

CHAPTER 03
매트릭스와 데이터프레임

PREVIEW

2장에서 벡터는 1차원 데이터를 저장하기 위해 사용한다고 배웠다. 그런데 데이터 분석에서는 1차원 데이터보다 2차원 데이터를 더 많이 접하게 된다. R에서 2차원 데이터는 매트릭스(matrix)와 데이터프레임(data frame)이라는 형태의 변수에 저장한 후 분석한다. 이번 장에서는 매트릭스와 데이터프레임을 만드는 방법과 여기에 저장된 데이터를 다루는 기초적인 방법에 대해 학습한다.

1절에서는 매트릭스의 개념에 대해 먼저 설명하고, R에서 매트릭스를 생성하는 방법에 대해 알아본다. 또한 매트릭스에서 특정 위치에 있는 값을 추출하는 방법과 매트릭스의 행과 열에 이름을 지정하는 방법에 대해 실습을 통해 학습한다.

2절에서는 데이터프레임의 개념을 알아보고, R에서 데이터프레임을 생성하는 방법에 대해 학습한다. 또한 R에서 기본적으로 제공하는 데이터셋인 iris를 활용하여 데이터프레임을 다루는 방법을 연습한다.

3절에서는 본격적으로 매트릭스와 데이터프레임을 다루는 방법에 대해 배운다. 정리된 데이터셋을 분석하기 전에 해당 데이터셋에 어떤 내용이 저장되었는지 기본 정보에 대해 확인하는 방법을 학습한다. 그리고 매트릭스와 데이터프레임에서 사용가능한 다양한 함수를 이용하여 두 자료구조를 다루는 방법을 실습한다. 또한 이 매트릭스와 데이터프레임을 확인하는 방법과 두 자료구조를 서로 변환하는 방법도 알아본다. 끝으로 데이터프레임에만 적용되는 열 데이터 추출 방법도 학습한다.

4절에서는 파일 형태로 존재하는 외부 데이터를 R로 불러와서 사용하는 방법에 대해 학습한다. csv 포맷의 파일을 R에서 읽는 방법을 살펴보고 R에서 작업한 결과를 csv 포맷의 파일로 저장하는 방법에 대해서도 학습한다.

01 매트릭스

1 매트릭스의 개념

만약 어떤 학생들의 몸무게 데이터를 수집하여 분석하고자 한다면 수집한 데이터를 벡터에 저장하고 작업하면 된다. 이렇게 몸무게 데이터와 같이 단일 주제의 데이터는 1차원 형태로 나타낼 수 있으며, R에서는 이를 [그림 3-1](a)와 같이 벡터 형태로 관리한다. 반면 키, 몸무게, 나이 데이터와 같이 한 사람에 대해 여러 주제의 데이터를 수집했다면 이는 [그림 3-1](b)와 같이 2차원 형태의 데이터로 나타낼 수 있다.

몸무게
62.4
65.3
59.8
46.5
49.8
58.7

(a) 1차원 데이터

키	몸무게	나이
168.4	62.4	29
169.5	65.3	27
172.1	59.8	26
185.2	46.5	25
173.7	49.8	26
175.2	58.7	28

(b) 2차원 데이터

그림 3-1 1차원 데이터와 2차원 데이터

2차원 데이터는 테이블 형태로 표현할 수 있는데, 이때 사용되는 몇 가지 용어들이 있다. 데이터 테이블에서 가로줄 방향은 **행**row 또는 **관측값**observation 이라고 부르고, 세로줄 방향은 **열**column 또는 **변수**variable 라고 부른다. 또한 행과 열의 상호 교차에 의해 만들어지는 사각형 영역을 **셀**cell 이라고 부른다.

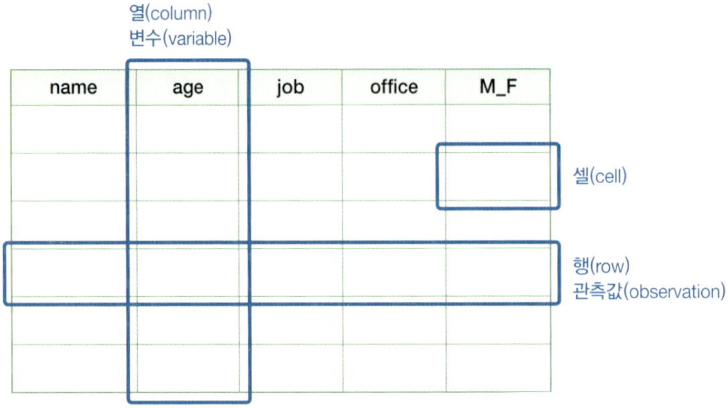

그림 3-2 데이터 테이블에서 사용되는 용어

R에서는 2차원 데이터를 다룰 수 있도록 **매트릭스**matrix와 **데이터프레임**data frame이라는 두 가지 형태의 자료구조를 제공한다. 일반적으로 매트릭스는 데이터 테이블의 모든 셀 값들이 동일한 자료형일 때 사용되고, 자료형이 다른 셀 값들로 구성된 데이터 테이블은 데이터프레임의 형태로 저장되고 활용된다. 먼저 매트릭스에 대해서 학습해보도록 하자.

2 매트릭스 만들기

앞에서 설명한 것처럼 **매트릭스**matrix는 2차원 테이블 형태의 자료구조로 매트릭스의 모든 셀에 저장되는 값은 동일한 자료형이어야 한다.

기본적인 매트릭스 만들기

[코드 3-1]은 1부터 20까지의 숫자값을 4행 5열의 매트릭스에 저장하는 명령문이다.

코드 3-1

```
z <- matrix(1:20, nrow=4, ncol=5)
z                              # 매트릭스 z의 내용을 출력
```

실행 결과

```
> z <- matrix(1:20, nrow=4, ncol=5)
> z                            # 매트릭스 z의 내용을 출력
```

```
     [,1] [,2] [,3] [,4] [,5]
[1,]    1    5    9   13   17
[2,]    2    6   10   14   18
[3,]    3    7   11   15   19
[4,]    4    8   12   16   20
```

[코드 3-1]과 같이 매트릭스는 matrix( ) 함수를 이용하여 만들 수 있다. 1행의 1:20은 매트릭스에 저장될 값(1~20)을 지정한 것이다. nrow=4는 매트릭스 행의 수, ncol=5는 매트릭스 열의 수를 의미한다. 따라서 1행의 명령문을 통해 1부터 20까지의 숫자값을 4행 5열의 매트릭스로 만들어 z에 저장한다. 2행에서 z를 출력하면 만들어진 매트릭스를 확인할 수 있다. 매트릭스의 내용을 살펴보면 1~20까지의 값이 열 방향으로 채워진 것을 알 수 있다.

매트릭스에 저장될 값들을 행 방향으로 채우기

[코드 3-2]는 매트릭스에 저장될 값들을 행 방향으로 채우는 방법을 소개한다. [코드 3-1]과 비교해보면 매개변수에 byrow=T가 추가되었다.

코드 3-2

```
z2 <- matrix(1:20, nrow=4, ncol=5, byrow=T)
z2                                  # 매트릭스 z2의 내용을 출력
```

실행 결과

```
> z2 <- matrix(1:20, nrow=4, ncol=5, byrow=T)
> z2                                # 매트릭스 z2의 내용을 출력
     [,1] [,2] [,3] [,4] [,5]
[1,]    1    2    3    4    5
[2,]    6    7    8    9   10
[3,]   11   12   13   14   15
[4,]   16   17   18   19   20
```

기존 매트릭스에 벡터를 추가하여 새로운 매트릭스 만들기

2차원 데이터를 저장하는 매트릭스는 벡터들을 여러 개 모아 놓은 형태라고 할 수 있다. 실제

로 벡터들을 여러 개 묶어서 매트릭스를 만들 수 있다. 또한 기존 매트릭스에 벡터를 추가하여 새로운 매트릭스를 만들 수도 있다. [코드 3-3]을 실행해보자.

코드 3-3

```
x <- 1:4                          # 벡터 x 생성
y <- 5:8                          # 벡터 y 생성
z <- matrix(1:20, nrow=4, ncol=5)  # 매트릭스 z 생성

m1 <- cbind(x,y)                  # x와 y를 열 방향으로 결합하여 매트릭스 생성
m1                                # 매트릭스 m1의 내용을 출력
m2 <- rbind(x,y)                  # x와 y를 행 방향으로 결합하여 매트릭스 생성
m2                                # 매트릭스 m2의 내용을 출력
m3 <- rbind(m2,x)                 # 매트릭스 m2와 벡터 x를 행 방향으로 결합
m3                                # 매트릭스 m3의 내용을 출력
m4 <- cbind(z,x)                  # 매트릭스 z와 벡터 x를 열 방향으로 결합
m4                                # 매트릭스 m4의 내용을 출력
```

[코드 3-3]의 실행 결과를 나누어서 설명하면 다음과 같다.

```
> x <- 1:4                          # 벡터 x 생성
> y <- 5:8                          # 벡터 y 생성
> z <- matrix(1:20, nrow=4, ncol=5) # 매트릭스 z 생성
```

벡터 x, 벡터 y, 매트릭스 z를 생성한다.

```
> m1 <- cbind(x,y)                  # x와 y를 열 방향으로 결합하여 매트릭스 생성
> m1                                # 매트릭스 m1의 내용을 출력
     x y
[1,] 1 5
[2,] 2 6
[3,] 3 7
[4,] 4 8
```

cbind( ) 함수는 두 개의 벡터를 열 방향으로 묶어주는 함수이다. 매트릭스 m1의 내용을 출력

하면 벡터 x와 벡터 y가 열 방향으로 묶인 2차원 매트릭스 m1이 만들어진 것을 확인할 수 있다.

```
> m2 <- rbind(x,y)                # x와 y를 행 방향으로 결합하여 매트릭스 생성
> m2                              # 매트릭스 m2의 내용을 출력
  [,1] [,2] [,3] [,4]
x    1    2    3    4
y    5    6    7    8
```

rbind( ) 함수는 두 개의 벡터를 행 방향으로 묶어주는 함수이다. 매트릭스 m2의 내용을 출력하면 벡터 x와 벡터 y가 행 방향으로 묶인 2차원 매트릭스 m2가 만들어진 것을 확인할 수 있다.

```
> m3 <- rbind(m2,x)               # 매트릭스 m2와 벡터 x를 행 방향으로 결합
> m3                              # 매트릭스 m3의 내용을 출력
  [,1] [,2] [,3] [,4]
x    1    2    3    4
y    5    6    7    8
x    1    2    3    4
```

rbind( ) 함수를 이용하여 매트릭스 m2와 벡터 x를 행 방향으로 결합하여 매트릭스 m3를 만들었다.

```
> m4 <- cbind(z,x)                # 매트릭스 z와 벡터 x를 열 방향으로 결합
> m4                              # 매트릭스 m4의 내용을 출력
                 x
[1,] 1 5  9 13 17 1
[2,] 2 6 10 14 18 2
[3,] 3 7 11 15 19 3
[4,] 4 8 12 16 20 4
```

cbind( ) 함수를 이용하여 매트릭스 z와 벡터 x를 열 방향으로 결합하여 매트릭스 m4를 만들었다.

R에서 cbind( ) 함수와 rbind( ) 함수를 이용하면 벡터와 벡터를 묶어줄 수 있을 뿐만 아니라 벡터와 매트릭스, 매트릭스와 매트릭스까지 묶어서 새로운 매트릭스를 생성할 수 있다.

3 매트릭스에서의 값 추출

이번에는 매트릭스에 있는 값을 추출하는 방법에 대해 알아보자.

인덱스값을 이용하여 매트릭스에서의 값 추출하기

매트릭스에는 2차원 형태로 값들이 저장되어 있다. 매트릭스에서 특정 위치에 있는 값을 추출하는 방법은 벡터와 유사하게 값들의 위치를 나타내는 인덱스를 사용하는데, 2차원상에서 위치를 지정하려면 인덱스가 2개 필요하다. 즉, '몇 번째 행, 몇 번째 열'을 지정하는 2개의 인덱스값이 필요한 것이다. [코드 3-4]를 통해 확인해보자.

코드 3-4

```
z <- matrix(1:20, nrow=4, ncol=5)    # 매트릭스 z 생성
z                                    # 매트릭스 z의 내용 출력

z[2,3]                               # 2행 3열에 있는 값
z[1,4]                               # 1행 4열에 있는 값
z[2,]                                # 2행에 있는 모든 값
z[,4]                                # 4열에 있는 모든 값
```

[코드 3-4]의 실행 결과를 나누어서 설명하면 다음과 같다.

```
> z <- matrix(1:20, nrow=4, ncol=5)  # 매트릭스 z 생성
> z                                  # 매트릭스 z의 내용 출력
     [,1] [,2] [,3] [,4] [,5]
[1,]    1    5    9   13   17
[2,]    2    6   10   14   18
[3,]    3    7   11   15   19
[4,]    4    8   12   16   20
```

먼저 매트릭스 z를 생성하고 2행에서 z의 내용을 출력한다.

```
> z[2,3]                             # 2행 3열에 있는 값
[1] 10
```

```
> z[1,4]                           # 1행 4열에 있는 값
[1] 13
```

매트릭스 안에 있는 값을 지정하려면 먼저 행의 위치를 지정하는 인덱스값과 열의 위치를 지정하는 인덱스값을 주면 된다. z[2,3]에서 2가 행의 위치, 3이 열의 위치를 나타내는 인덱스값이다. 마찬가지로 z[1,4]는 매트릭스 z에서 1행 4열에 위치한 값을 지정하는 명령어이다.

TIP 인덱스값의 순서가 바뀌면 안 된다는 점을 기억하자. 처음 공부할 때는 행이 먼저였는지 열이 먼저였는지 기억이 나지 않을 때가 있는데, 매트릭스를 우리말로 **행렬**이라고도 하니 명칭대로 **행**이 먼저, **열**이 나중이라고 기억하면 혼동되지 않을 것이다.

```
> z[2,]                            # 2행에 있는 모든 값
[1]  2  6 10 14 18
> z[,4]                            # 4열에 있는 모든 값
[1] 13 14 15 16
```

첫 번째 명령문을 보면 열의 위치를 지정하는 인덱스값이 생략되었다. 열의 위치를 지정하지 않으면 '모든 열의 값'을 의미하기 때문에 z[2,]는 **2행에 있는 모든 열의 값**을 의미한다. 마찬가지로 z[,4]는 행의 위치를 지정하는 인덱스가 생략되어 있는데, 이는 **4열에 있는 모든 행의 값**을 의미한다.

[그림 3-3]에 [코드 3-4]에서 생성한 매트릭스 z의 위치를 지정하는 예를 정리하였으니 다시 한번 확인하도록 한다.

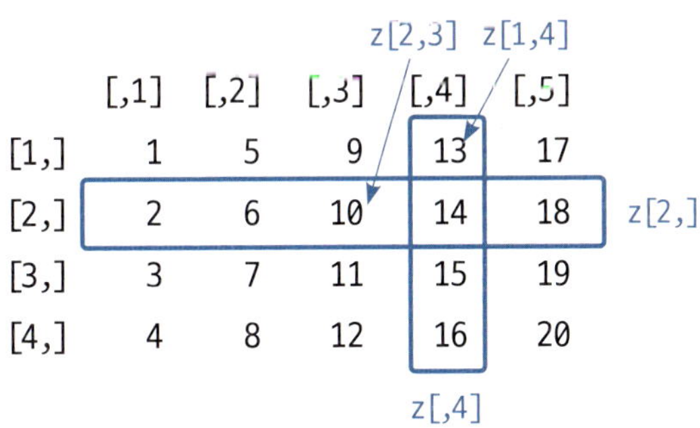

그림 3-3 매트릭스에서 값의 위치 지정

매트릭스에서 여러 개의 값을 동시에 추출하기

매트릭스에 있는 값들을 지정할 때 여러 개의 값을 동시에 지정할 수도 있다. [코드 3-5]를 보면 쉽게 이해할 수 있다.

코드 3-5

```
z <- matrix(1:20, nrow=4, ncol=5)      # 매트릭스 z 생성
z                                      # 매트릭스 z의 내용 출력

z[2,1:3]                               # 2행의 값 중 1~3열에 있는 값
z[1,c(1,2,4)]                          # 1행의 값 중 1, 2, 4열에 있는 값
z[1:2,]                                # 1~2행에 있는 모든 값
z[,c(1,4)]                             # 1, 4열에 있는 모든 값
```

실행 결과

```
> z <- matrix(1:20, nrow=4, ncol=5)    # 매트릭스 z 생성
> z                                    # 매트릭스 z의 내용 출력
     [,1] [,2] [,3] [,4] [,5]
[1,]    1    5    9   13   17
[2,]    2    6   10   14   18
[3,]    3    7   11   15   19
[4,]    4    8   12   16   20
>
> z[2,1:3]                             # 2행의 값 중 1~3열에 있는 값
[1]  2  6 10
> z[1,c(1,2,4)]                        # 1행의 값 중 1, 2, 4열에 있는 값
[1]  1  5 13
> z[1:2,]                              # 1~2행에 있는 모든 값
     [,1] [,2] [,3] [,4] [,5]
[1,]    1    5    9   13   17
[2,]    2    6   10   14   18
> z[,c(1,4)]                           # 1, 4열에 있는 모든 값
     [,1] [,2]
[1,]    1   13
[2,]    2   14
[3,]    3   15
[4,]    4   16
```

4 매트릭스의 행과 열에 이름 지정

벡터에 저장된 값들에 이름을 지정하면 나중에 데이터를 이해하는 데 도움이 된다고 배웠다. 마찬가지로 매트릭스 데이터에 대해서도 행과 열에 이름을 지정하면 데이터를 이해하는 데 도움이 되고, 이름을 이용해 값을 추출할 수도 있다.

매트릭스의 행과 열에 이름을 지정하는 방법

[코드 3-6]을 통해 매트릭스의 행과 열에 이름을 지정하는 방법을 알아보자.

코드 3-6

```
score <- matrix(c(90,85,69,78,
                  85,96,49,95,
                  90,80,70,60),
                  nrow=4, ncol=3)
score
rownames(score) <- c('John','Tom','Mark','Jane')
colnames(score) <- c('English','Math','Science')
score
```

[코드 3-6]의 실행 결과를 나누어서 설명하면 다음과 같다.

```
> score <- matrix(c(90,85,69,78,
+                   85,96,49,95,
+                   90,80,70,60),
+                   nrow=4, ncol=3)
> score
     [,1] [,2] [,3]
[1,]   90   85   90
[2,]   85   96   80
[3,]   69   49   70
[4,]   78   95   60
```

먼저 score라는 매트릭스를 생성한 후 score의 내용을 출력한다. score 매트릭스는 4행 3열의 구조를 갖는다는 것을 확인할 수 있지만 그 이상의 정보는 알 수가 없다.

```
> rownames(score) <- c('John','Tom','Mark','Jane')
> colnames(score) <- c('English','Math','Science')
```

매트릭스의 행과 열에 이름을 지정한다. rownames()는 행에 이름을 지정하거나 행 이름을 출력할 때 사용하고, colnames()는 열에 이름을 지정하거나 열 이름을 출력할 때 사용한다. 명령문을 보면 행에는 학생들의 이름이, 열에는 과목의 이름이 지정되었다.

```
> score
     English Math Science
John      90   85      90
Tom       85   96      80
Mark      69   49      70
Jane      78   95      60
```

score의 내용을 출력하면 행의 이름과 열의 이름이 함께 표시되기 때문에 데이터의 내용을 잘 이해할 수 있다. 즉, score는 3개 과목에 대한 학생들의 성적을 정리하여 저장한 매트릭스이다.

행과 열에 지정한 이름을 이용하여 매트릭스값 추출하기

매트릭스의 행과 열에 이름을 지정한 후 이름을 이용하여 매트릭스의 값들을 추출할 수 있다. [코드 3-7]을 통해 확인해보자. 단, 이 코드는 [코드 3-6]에 이어서 실행한다.

코드 3-7

```
score['John','Math']                # John의 수학 성적
score['Tom',c('Math','Science')]    # Tom의 수학, 과학 성적
score['Mark',]                      # Mark의 모든 과목 성적
score[,'English']                   # 모든 학생의 영어 성적
rownames(score)                     # score의 행의 이름
colnames(score)                     # score의 열의 이름
colnames(score)[2]                  # score의 열의 이름 중 두 번째 값
```

실행 결과

```
> score['John','Math']                       # John의 수학 성적
[1] 85
> score['Tom',c('Math','Science')]           # Tom의 수학, 과학 성적
   Math Science
     96      80
> score['Mark',]                             # Mark의 모든 과목 성적
English    Math Science
     69      49      70
> score[,'English']                          # 모든 학생의 영어 성적
John  Tom Mark Jane
  90   85   69   78
> rownames(score)                            # score의 행의 이름
[1] "John" "Tom"  "Mark" "Jane"
> colnames(score)                            # score의 열의 이름
[1] "English" "Math"    "Science"
> colnames(score)[2]                         # score의 열의 이름 중 두 번째 값
[1] "Math"
```

02 데이터프레임

1 데이터프레임의 개념

데이터프레임data frame은 숫자형 벡터, 문자형 벡터 등 서로 다른 형태의 데이터를 2차원 데이터 테이블 형태로 묶을 수 있는 자료구조이다. 데이터프레임은 매트릭스와 마찬가지로 2차원 형태의 데이터를 저장하고 분석하는 데 사용된다. 외관상으로는 매트릭스와 차이가 없지만 매트릭스에 저장되는 모든 값들이 동일한 자료형인 것과는 달리 데이터프레임에는 서로 다른 자료형의 값들이 함께 저장될 수 있다.

[그림 3-4](a)를 보면 저장된 모든 값들의 자료형이 숫자로 동일한 데 반해, [그림 3-4](b)는 키와 몸무게의 자료형은 숫자형이고, 성별은 문자형으로 저장되어 있다. 이와 같이 숫자형 데이터와 문자형 데이터가 결합되어 있는 형태가 데이터프레임이다. 정리하면 동일한 자료형을 갖는 2차원 형태의 데이터는 매트릭스에, 서로 다른 자료형을 갖는 2차원 형태의 데이터는 데이터프레임에 저장하여 분석하면 된다. 여기서 한 가지 주의할 점은 데이터프레임의 경우라도 특정 열을 잘라서 보았을 때는 값들의 자료형이 동일해야 한다. 예를 들면 [그림 3-4](b)에서 성별 열에 M, F라는 문자형 데이터와 1, 2와 같은 숫자형 데이터가 함께 저장될 수는 없다는 뜻이다.

키	몸무게
168.4	62.4
169.5	65.3
172.1	59.8
185.2	46.5
173.7	49.8
175.2	58.7

(a) 매트릭스의 예

키	몸무게	성별
168.4	62.4	M
169.5	65.3	F
172.1	59.8	F
185.2	46.5	M
173.7	49.8	M
175.2	58.7	F

(b) 데이터프레임의 예

그림 3-4 매트릭스와 데이터프레임의 예

2 데이터프레임 만들기

데이터프레임은 data.frame() 함수를 이용하여 만들 수 있으며, 보통 여러 개의 벡터를 결합하는 형태로 생성한다. [코드 3-8]을 통해 확인해보자.

코드 3-8

```
city <- c("Seoul","Tokyo","Washington")      # 문자로 이루어진 벡터
rank <- c(1,3,2)                              # 숫자로 이루어진 벡터
city.info <- data.frame(city, rank)           # 데이터프레임 생성
city.info                                     # city.info의 내용 출력
```

실행 결과

```
> city <- c("Seoul","Tokyo","Washington")    # 문자로 이루어진 벡터
> rank <- c(1,3,2)                            # 숫자로 이루어진 벡터
> city.info <- data.frame(city, rank)         # 데이터프레임 생성
> city.info                                   # city.info의 내용 출력
        city rank
1      Seoul    1
2      Tokyo    3
3 Washington    2
```

[코드 3-8]에서는 문자형으로 이루어진 city 벡터, 숫자형으로 이루어진 rank 벡터를 만드는 예를 보여준다. 또한 두 개의 벡터를 data.frame() 함수로 묶어서 city.info라는 데이터프레임을 생성하였다. 그리고 city.info의 내용을 출력하면 벡터들이 **열 방향으로 결합**된다는 것을 알 수 있다. 하나의 벡터는 데이터프레임상에서 하나의 열이 되는 것이다.

이렇게 데이터프레임을 만든 후에는 매트릭스와 동일한 방법으로 다룰 수 있다. 다시 말해서 동일한 방법으로 행의 이름과 열의 이름을 지정할 수 있고, 데이터프레임 안에 있는 값을 추출하는 방법도 매트릭스와 동일하다.

3 iris 데이터셋

데이터프레임을 다루는 방법을 연습하기 위해 R에서 제공하는 iris 데이터셋을 이용해보자. iris는 150그루의 붓꽃에 대해 4개 분야의 측정 데이터와 품종 정보를 결합하여 만든 데이

터셋으로, 데이터 분석 분야를 처음 공부할 때 자주 접하게 되는 데이터셋이다. iris는 R에 저장된 데이터셋이기 때문에 다른 곳에서 불러오는 과정 없이 바로 이용할 수 있다. iris의 내용을 출력하는 방법은 다음과 같이 iris라고 입력하면 된다.

```
> iris
  Sepal.Length Sepal.Width Petal.Length Petal.Width  Species
1          5.1         3.5          1.4         0.2   setosa
2          4.9         3.0          1.4         0.2   setosa
3          4.7         3.2          1.3         0.2   setosa
4          4.6         3.1          1.5         0.2   setosa
5          5.0         3.6          1.4         0.2   setosa
6          5.4         3.9          1.7         0.4   setosa
... (이하 생략)
```

iris 각 열의 이름별 의미와 자료형은 [표 3-1]과 같다.

표 3-1 iris 데이터셋

열 이름	의미	자료형
Sepal.Length	꽃받침의 길이	숫자형
Sepal.Width	꽃받침의 폭	숫자형
Petal.Length	꽃잎의 길이	숫자형
Petal.Width	꽃잎의 폭	숫자형
Species	붓꽃의 품종	문자형(팩터)

[표 3-1]에서 iris 데이터셋의 자료형을 보면 4개의 숫자형 열과 1개의 문자형 열이 결합되어 있다. 그래서 iris 데이터셋은 매트릭스가 아닌 데이터프레임이다.

iris 데이터셋에 대해 매트릭스에서 배운 데이터 추출 방법을 연습해보자. [코드 3-9]를 보면 매트릭스에서 배운 인덱스 지정 방법이 데이터프레임에도 동일하게 적용되는 것을 알 수 있다.

코드 3-9

```
iris[,c(1:2)]                           # 1~2열의 모든 데이터
iris[,c(1,3,5)]                         # 1, 3, 5열의 모든 데이터
iris[,c("Sepal.Length","Species")]      # 1, 5열의 모든 데이터
iris[1:5,]                              # 1~5행의 모든 데이터
iris[1:5,c(1,3)]                        # 1~5행의 데이터 중 1, 3열의 데이터
```

실행 결과

```
> iris[,c(1:2)]                         # 1~2열의 모든 데이터
  Sepal.Length Sepal.Width
1          5.1         3.5
2          4.9         3.0
3          4.7         3.2
...(생략)
> iris[,c(1,3,5)]                       # 1, 3, 5열의 모든 데이터
  Sepal.Length Petal.Length    Species
1          5.1          1.4     setosa
2          4.9          1.4     setosa
3          4.7          1.3     setosa
...(생략)
> iris[,c("Sepal.Length","Species")]    # 1, 5열의 모든 데이터
  Sepal.Length    Species
1          5.1     setosa
2          4.9     setosa
3          4.7     setosa
...(생략)
> iris[1:5,]                            # 1~5행의 모든 데이터
 Sepal.Length Sepal.Width Petal.Length Petal.Width Species
1         5.1         3.5          1.4         0.2  setosa
2         4.9         3.0          1.4         0.2  setosa
3         4.7         3.2          1.3         0.2  setosa
4         4.6         3.1          1.5         0.2  setosa
5         5.0         3.6          1.4         0.2  setosa
> iris[1:5,c(1,3)]                      # 1~5행의 데이터 중 1, 3열의 데이터
 Sepal.Length Petal.Length
1         5.1          1.4
```

```
2           4.9          1.4
3           4.7          1.3
4           4.6          1.5
5           5.0          1.4
```

03 매트릭스와 데이터프레임 다루기

매트릭스와 데이터프레임은 모두 2차원 형태의 데이터를 저장하는 자료구조이기 때문에 다루는 방법이 대부분 동일하다. 3절에서는 iris 데이터셋을 대상으로 연습하지만 여기서 배우는 내용은 매트릭스에도 동일하게 적용된다는 것을 기억하도록 하자. 다만 어떤 명령문이나 함수의 경우 매트릭스에는 적용되지 않고 데이터프레임에만 적용되는 것이 있는데, 이런 경우에 대해서는 뒷부분에 따로 정리하여 설명하기로 한다.

1 데이터셋의 기본 정보 확인

분석 대상이 되는 데이터셋을 정리했다면 분석하기 전에 해당 데이터셋에 어떤 내용이 저장되어 있는지 먼저 확인해보자.

iris 데이터셋의 기본 내용 확인하기

[코드 3-10]을 통해 iris 데이터셋의 기본 내용을 탐색해보자.

코드 3-10

```
dim(iris)                   # 행과 열의 개수 출력
nrow(iris)                  # 행의 개수 출력
ncol(iris)                  # 열의 개수 출력
colnames(iris)              # 열 이름 출력, names()와 결과 동일
head(iris)                  # 데이터셋의 앞부분 일부 출력
tail(iris)                  # 데이터셋의 뒷부분 일부 출력
```

[코드 3-10]의 실행 결과를 나누어서 설명하면 다음과 같다.

```
> dim(iris)                 # 행과 열의 개수 출력
[1] 150   5
```

dim() 함수는 데이터셋의 행과 열의 개수를 출력한다. 결과에서 150이 행의 개수, 5가 열의 개수이다. 즉, iris 데이터셋은 150행 5열의 크기를 갖는 데이터프레임이다.

```
> nrow(iris)                    # 행의 개수 출력
[1] 150
> ncol(iris)                    # 열의 개수 출력
[1] 5
```

nrow() 함수는 행의 개수를, ncol() 함수는 열의 개수를 출력하는 함수이다. 두 함수는 dim() 함수가 한 번에 제공하는 정보를 각각 나누어 제공한다.

```
> colnames(iris)                # 열 이름 출력, names()와 결과 동일
[1] "Sepal.Length" "Sepal.Width"  "Petal.Length" "Petal.Width"
[5] "Species"
```

colnames()는 데이터셋에 있는 열의 이름을 출력하는 함수이다. 5개의 열 이름을 확인할 수 있다.

```
> head(iris)                    # 데이터셋의 앞부분 일부 출력
  Sepal.Length Sepal.Width Petal.Length Petal.Width Species
1          5.1         3.5          1.4         0.2  setosa
2          4.9         3.0          1.4         0.2  setosa
3          4.7         3.2          1.3         0.2  setosa
4          4.6         3.1          1.5         0.2  setosa
5          5.0         3.6          1.4         0.2  setosa
6          5.4         3.9          1.7         0.4  setosa
```

head() 함수는 데이터셋에서 시작 부분에 있는 일부 데이터(보통 1~6행)의 내용을 출력한다. 앞에서 10개의 행을 출력하고 싶다면 head(iris,10)과 같이 입력하면 된다.

```
> tail(iris)                    # 데이터셋의 뒷부분 일부 출력
    Sepal.Length Sepal.Width Petal.Length Petal.Width   Species
145          6.7         3.3          5.7         2.5 virginica
```

```
146          6.7          3.0          5.2          2.3 virginica
147          6.3          2.5          5.0          1.9 virginica
148          6.5          3.0          5.2          2.0 virginica
149          6.2          3.4          5.4          2.3 virginica
150          5.9          3.0          5.1          1.8 virginica
```

tail() 함수는 데이터셋의 끝 부분에 있는 데이터 중 일부를 출력한다. 결과의 맨 왼쪽에는 행의 번호가 붙어 있는데 여기에서는 145~150행까지의 데이터가 출력된 것을 알 수 있다.

iris 데이터셋의 추가적인 내용 확인하기

지금까지 데이터셋에 저장된 내용을 확인하는 기본적인 함수에 대해 살펴보았다. 추가적으로 알아야 할 필수적인 함수를 몇 가지 더 알아보자.

코드 3-11

```
str(iris)                      # 데이터셋 요약 정보 보기
iris[,5]                       # 품종 데이터 보기
unique(iris[,5])               # 품종의 종류 보기(중복 제거)
table(iris[,"Species"])        # 품종의 종류별 행의 개수 세기
```

[코드 3-11]의 실행 결과를 나누어서 설명하면 다음과 같다.

```
> str(iris)                    # 데이터셋 요약 정보 보기
'data.frame':150 obs. of  5 variables:
 $ Sepal.Length: num  5.1 4.9 4.7 4.6 5 5.4 4.6 5 4.4 4.9 ...
 $ Sepal.Width : num  3.5 3 3.2 3.1 3.6 3.9 3.4 3.4 2.9 3.1 ...
 $ Petal.Length: num  1.4 1.4 1.3 1.5 1.4 1.7 1.4 1.5 1.4 1.5 ...
 $ Petal.Width : num  0.2 0.2 0.2 0.2 0.2 0.4 0.3 0.2 0.2 0.1 ...
 $ Species     : Factor w/ 3 levels "setosa","versicolor",..: 1 1 1 1 1 1 1 1
 1 1 ...
```

str() 함수는 데이터셋에 대한 전반적인 정보를 함수 하나로 알아낼 수 있기 때문에 자주 사용하는 함수 중 하나이다. 실행 결과에 대해 더 자세히 알아보면 다음과 같다.

- `'data.frame': 150 obs. of  5 variables`
  data.frame은 iris가 데이터프레임인 것을 나타낸다. 150 obs는 150개의 행을 포함하고 있음을 알려주는데, 5 variables는 열이 5개 있다는 것을 의미한다.

  TIP obs는 'observations'의 약자로 '관측치' 또는 '관측값'으로 번역되는 통계 용어이다. variables는 '변수'로 번역되는 통계 용어로 데이터셋의 열을 변수라고 부르기도 한다.

- `$ Sepal.Length: num  5.1 4.9 4.7 4.6 5 5.4 4.6 5 4.4 4.9 ...`
  5개의 열 중 첫 번째 열의 이름이 Sepal.length이고 저장된 자료형은 num으로 숫자형을 의미한다. 5.1 4.9 4.7 등은 Sepal.Length에 저장된 값들을 나타낸다.

  TIP num은 numeric의 약자로 수를 의미한다.

- `$ Species: Factor w/ 3 levels "setosa","versicolor",..: 1 1 1 1 1 1 1 1 1 1 ...`
  5개의 열 중 5번째 열 이름이 Species이고, 자료형은 Factor로 문자형을 의미한다. w/ 3 levels는 'with 3 levels'의 약자로 3가지 종류의 품종이 있다는 것을 나타내며, 각 품종의 이름은 "setosa", "versicolor" 등이다. 1 1 1은 품종의 이름을 숫자로 표현한 것이다.

```
> iris[,5]                          # 품종 데이터 보기
  [1] setosa     setosa     setosa     setosa     setosa     setosa
  [7] setosa     setosa     setosa     setosa     setosa     setosa
  ...(중간 생략)
 [49] setosa     setosa     versicolor versicolor versicolor versicolor
 [55] versicolor versicolor versicolor versicolor versicolor versicolor
 [61] versicolor versicolor versicolor versicolor versicolor versicolor
  ...(중간 생략)
 [97] versicolor versicolor versicolor versicolor virginica  virginica
[103] virginica  virginica  virginica  virginica  virginica  virginica
  ...(중간 생략)
[145] virginica  virginica  virginica  virginica  virginica  virginica
Levels: setosa versicolor virginica
```

먼저 iris 데이터셋의 5번째 열의 정보인 붓꽃의 품종 정보를 확인한다. 전체 150개의 값 중 3개의 품종이 존재한다.

```
> unique(iris[,5])                    # 품종의 종류 보기(중복 제거)
[1] setosa     versicolor virginica
Levels: setosa versicolor virginica
```

unique() 함수는 어떤 그룹을 나타내는 자료에서 중복된 값은 제거하여 보여줌으로써 어떤 종류의 값이 있는지 쉽게 확인할 수 있도록 한다.

```
> table(iris[,"Species"])             # 품종의 종류별 행의 개수 세기

    setosa versicolor  virginica
        50         50         50
```

table() 함수는 그룹을 나타내는 값이 포함된 자료에서 각 그룹별로 몇 개의 관측치가 존재하는지 출력한다. 결과를 보면 각 품종별로 50개의 값들이 있다는 것을 알 수 있다. 이와 같이 그룹별로 몇 개의 값이 있는지 정리한 것을 '도수분포표'라고 하며, 이후에 다시 학습하게 된다.

2 매트릭스와 데이터프레임에서 사용하는 함수

데이터 분석 업무에 R을 사용하는 이유 중의 하나는 저장된 데이터를 자유자재로 다룰 수 있는 다양한 함수들을 제공하기 때문이다. 매트릭스와 데이터프레임에서 자주 사용하는 함수들에 대해 알아보자.

행별, 열별 합계와 평균 계산

R은 매트릭스나 데이터프레임에서 행별, 열별로 합계와 평균을 계산할 수 있는 함수를 제공한다. [코드 3-12]를 통해 확인해보자.

코드 3-12

```
colSums(iris[,-5])                # 열별 합계
colMeans(iris[,-5])               # 열별 평균
rowSums(iris[,-5])                # 행별 합계
rowMeans(iris[,-5])               # 행별 평균
```

실행 결과

```
> colSums(iris[,-5])              # 열별 합계
Sepal.Length  Sepal.Width Petal.Length  Petal.Width
       876.5        458.6        563.7        179.9
> colMeans(iris[,-5])             # 열별 평균
Sepal.Length  Sepal.Width Petal.Length  Petal.Width
    5.843333     3.057333     3.758000     1.199333
> rowSums(iris[,-5])              # 행별 합계
  [1] 10.2  9.5  9.4  9.4 10.2 11.4  9.7 10.1  8.9  9.6 10.8 10.0
 [13]  9.3  8.5 11.2 12.0 11.0 10.3 11.5 10.7 10.7 10.7  9.4 10.6
  ...(중간 생략)
[133] 17.0 15.7 15.7 19.1 17.7 16.8 15.6 17.5 17.8 17.4 15.5 18.2
[145] 18.2 17.2 15.7 16.7 17.3 15.8
> rowMeans(iris[,-5])             # 행별 평균
  [1] 2.550 2.375 2.350 2.350 2.550 2.850 2.425 2.525 2.225 2.400
 [11] 2.700 2.500 2.325 2.125 2.800 3.000 2.750 2.575 2.875 2.675
  ...(중간 생략)
[131] 4.550 5.025 4.250 3.925 3.925 4.775 4.425 4.200 3.900 4.375
[141] 4.450 4.350 3.875 4.550 4.550 4.300 3.925 4.175 4.325 3.950
```

행과 열의 방향 전환

데이터 분석을 하다 보면 2차원 형태의 데이터에 대해 행과 열의 방향을 바꾸어야 하는 경우가 있다. 예를 들면 4행 5열의 매트릭스를 5행 4열의 매트릭스로 전환transpose하는 경우이다. 이때 사용하는 함수가 t( ) 함수이다.

코드 3-13

```
z <- matrix(1:20, nrow=4, ncol=5)
z
t(z)                              # 행과 열 방향 전환
```

실행 결과

```
> z <- matrix(1:20, nrow=4, ncol=5)
> z
```

```
     [,1] [,2] [,3] [,4] [,5]
[1,]    1    5    9   13   17
[2,]    2    6   10   14   18
[3,]    3    7   11   15   19
[4,]    4    8   12   16   20
> t(z)                            # 행과 열 방향 전환
     [,1] [,2] [,3] [,4]
[1,]    1    2    3    4
[2,]    5    6    7    8
[3,]    9   10   11   12
[4,]   13   14   15   16
[5,]   17   18   19   20
```

조건에 맞는 행과 열의 값 추출

2차원 형태로 저장된 데이터에 대해 특정한 조건에 맞는 값들을 추출해야 하는 경우가 많다. R에서는 다양한 방법으로 이러한 작업을 지원하는데, 간편하게 사용할 수 있는 subset() 함수에 대해 알아보자.

코드 3-14

```
IR.1 <- subset(iris, Species=="setosa")
IR.1
IR.2 <- subset(iris, Sepal.Length>5.0 &
                 Sepal.Width>4.0)
IR.2
IR.2[, c(2,4)]                    # 2, 4열의 값만 추출
```

[코드 3-14]의 실행 결과를 나누어서 설명하면 다음과 같다.

```
> IR.1 <- subset(iris, Species=="setosa")
> IR.1
   Sepal.Length Sepal.Width Petal.Length Petal.Width Species
1           5.1         3.5          1.4         0.2  setosa
```

```
2               4.9         3.0          1.4          0.2  setosa
3               4.7         3.2          1.3          0.2  setosa
  ...(중간 생략)
49              5.3         3.7          1.5          0.2  setosa
50              5.0         3.3          1.4          0.2  setosa
```

subset() 함수는 전체 데이터에서 조건에 맞는 행들만 추출하는 기능을 제공한다. subset() 함수에서 매개변수의 의미는 다음과 같다.

- `iris`
  데이터를 추출하는 대상이 iris 데이터셋이다.
- `Species=="setosa"`
  데이터를 추출할 조건을 지정하는 부분으로, 품종 열의 값이 "setosa"인 열만 추출하라는 의미이다.

subset() 함수의 실행 결과 IR.1에는 iris의 전체 150개의 행 중에서 조건에 맞는 50개의 행만 저장된다.

```
> IR.2 <- subset(iris, Sepal.Length>5.0 &
+                 Sepal.Width>4.0)
> IR.2
   Sepal.Length Sepal.Width Petal.Length Petal.Width Species
16          5.7         4.4          1.5         0.4  setosa
33          5.2         4.1          1.5         0.1  setosa
34          5.5         4.2          1.4         0.2  setosa
```

subset() 함수에서 조건을 지정하는 매개변수를 보면 2개의 조건을 &(and)로 연결하였다. 조건의 의미는 **Sepal.Length의 값이 5보다 크고 Sepal.Width의 값이 4보다 큰 행들을 추출**하라는 의미이다. 실행 결과 전체 150개의 행 중에서 16, 33, 34행만 이 조건을 만족하여 출력되었다.

여기서 잠깐! 명령문의 줄바꿈

일반적으로 하나의 명령문은 한 줄에 작성하지만 명령문이 길어지면 위의 예와 같이 여러 줄에 걸쳐서 작성할

수 있다. 그렇다면 어느 부분에서 줄바꿈을 하면 좋을지에 대한 문제가 생기는데, 콤마(,) and(&), or(|) 등과 같이 이후에 어떤 내용이 따라온다고 암시하는 기호 뒤에서 줄바꿈을 하는 것이 좋다.

```
> IR.2[, c(2,4)]                # 2, 4열의 값만 추출
   Sepal.Width Petal.Width
16         4.4         0.4
33         4.1         0.1
34         4.2         0.2
```

IR.2에서 2열과 4열의 값들만 추출하였다. 이와 같이 특정 조건에 맞는 행들을 추출한 후 다시 여기서 원하는 열들을 추출할 수 있다.

여기서 잠깐! subset() 함수

subset() 함수의 경우 매트릭스에서는 잘 적용되지 않고 데이터프레임에 대해서만 잘 적용되니 주의하도록 한다. 만일 매트릭스에 subset() 함수를 적용하고 싶다면 데이터프레임으로 변환한 후에 실행한다. 변환 방법은 123페이지의 '매트릭스와 데이터프레임의 자료구조 변환'을 참조한다.

매트릭스와 데이터프레임에 대한 산술연산

2장에서 벡터에 대한 연산은 벡터 안에 저장된 값들에 대한 연산으로 바뀌어 실행된다고 배웠다. 숫자로 구성된 매트릭스나 데이터프레임에 대해서도 같은 원리로 산술연산을 적용할 수 있다. [코드 3-15]에는 유사한 형태의 명령문이 많은데, 필요한 명령문의 실행 결과에 대해서만 설명하도록 한다.

코드 3-15

```
a <- matrix(1:20,4,5)
b <- matrix(21:40,4,5)
a
b

2*a                         # 매트릭스 a에 저장된 값들에 2를 곱하기
```

```
b-5
2*a + 3*b

a+b
b-a
b/a
a*b

a <- a*3
b <- b-5
```

[코드 3-15]의 실행 결과를 나누어서 설명하면 다음과 같다.

```
> a <- matrix(1:20,4,5)
> b <- matrix(21:40,4,5)
> a
     [,1] [,2] [,3] [,4] [,5]
[1,]    1    5    9   13   17
[2,]    2    6   10   14   18
[3,]    3    7   11   15   19
[4,]    4    8   12   16   20
> b
     [,1] [,2] [,3] [,4] [,5]
[1,]   21   25   29   33   37
[2,]   22   26   30   34   38
[3,]   23   27   31   35   39
[4,]   24   28   32   36   40
```

매트릭스 a와 b를 각각 생성한 후 a와 b의 내용을 출력한다. a와 b는 모두 4행 5열의 크기를 갖는다.

```
> 2*a                          # 매트릭스 a에 저장된 값들에 2를 곱하기
     [,1] [,2] [,3] [,4] [,5]
[1,]    2   10   18   26   34
```

```
[2,]    4   12   20   28   36
[3,]    6   14   22   30   38
[4,]    8   16   24   32   40
```

매트릭스 a에 2를 곱하는 명령문으로 a에 저장된 모든 값에 2가 곱해진 것을 알 수 있다. 이와 같이 매트릭스에 대한 산술연산은 매트릭스 안에 저장된 값들에 대한 연산으로 바뀌어 실행된다.

```
> a+b
     [,1] [,2] [,3] [,4] [,5]
[1,]   22   30   38   46   54
[2,]   24   32   40   48   56
[3,]   26   34   42   50   58
[4,]   28   36   44   52   60
```

매트릭스 a와 매트릭스 b를 더하는 연산으로 두 개의 매트릭스상에서 **동일 위치에 있는 값들끼리** 더하는 연산으로 바뀌어 실행된다. 따라서 매트릭스 간 산술연산을 하려면 두 매트릭스의 **크기(행과 열의 개수)가 같아야** 한다.

```
> a <- a*3
> b <- b-5
```

매트릭스에 대한 연산 2*a를 실행하면 a에 저장된 값들에 대해 2를 곱한 결과를 보여줄 뿐 실제로 a에 저장된 값이 변하는 것은 아니다. a에 있는 값들을 변경하려면 위와 같이 a에 산술연산을 적용한 결과를 다시 a에 저장해야 한다. 위의 명령문을 실행한 후 a, b를 출력하면 a, b에 저장된 값이 변경된 것을 알 수 있다.

3 매트릭스와 데이터프레임의 자료구조 확인

매트릭스와 데이터프레임은 모두 2차원 형태의 자료구조이므로 외관상으로는 어떤 것이 매트릭스이고 어떤 것이 데이터프레임인지 알 수 없는 경우가 많다. 따라서 이를 확인할 수 있는 수단이 필요하다. 또한 필요시 매트릭스를 데이터프레임으로, 데이터프레임을 매트릭스로 변환할 수 있어야 한다.

매트릭스와 데이터프레임의 자료구조 확인

[코드 3-16]을 통해 2차원 형태의 자료구조가 매트릭스인지 데이터프레임인지 확인하는 방법을 알아보자.

코드 3-16

```
class(iris)                   # iris 데이터셋의 자료구조 확인
class(state.x77)              # state.x77 데이터셋의 자료구조 확인
is.matrix(iris)               # 데이터셋이 매트릭스인지를 확인하는 함수
is.data.frame(iris)           # 데이터셋이 데이터프레임인지를 확인하는 함수
is.matrix(state.x77)
is.data.frame(state.x77)
```

[코드 3-16]의 실행 결과를 나누어서 설명하면 다음과 같다.

```
> class(iris)                 # iris 데이터셋의 자료구조 확인
[1] "data.frame"
> class(state.x77)            # state.x77 데이터셋의 자료구조 확인
[1] "matrix"
```

class( ) 함수를 이용하여 R에서 실습용으로 제공하는 2차원 데이터셋 iris와 state.x77에 대해 자료구조의 종류를 확인하는 명령문이다. 결과를 보면 iris는 데이터프레임이고, state.x77은 매트릭스임을 알 수 있다.

TIP state.x77은 R에서 제공하는 데이터셋으로 미국 50개 주에 대한 통계를 제공한다.

```
> is.matrix(iris)             # 데이터셋이 매트릭스인지를 확인하는 함수
[1] FALSE
> is.data.frame(iris)         # 데이터셋이 데이터프레임인지를 확인하는 함수
[1] TRUE
> is.matrix(state.x77)
[1] TRUE
```

```
> is.data.frame(state.x77)
[1] FALSE
```

class() 함수를 이용하면 자료구조를 바로 알 수 있지만, 위와 같이 is.matrix()와 is.data.frame()을 이용하면 자료구조가 매트릭스인지 데이터프레임인지의 여부를 확인할 수 있다.

매트릭스와 데이터프레임의 자료구조 변환

[코드 3-17]을 통해 매트릭스를 데이터프레임으로, 데이터프레임을 매트릭스로 변환하는 방법을 알아보자.

코드 3-17

```
# 매트릭스를 데이터프레임으로 변환
st <- data.frame(state.x77)
head(st)
class(st)

# 데이터프레임을 매트릭스로 변환
iris.m <- as.matrix(iris[,1:4])
head(iris.m)
class(iris.m)
```

[코드 3-17]의 실행 결과를 나누어서 설명하면 다음과 같다.

```
> # 매트릭스를 데이터프레임으로 변환
> st <- data.frame(state.x77)
> head(st)
           Population Income Illiteracy Life.Exp Murder HS.Grad Frost   Area
Alabama          3615   3624        2.1    69.05   15.1    41.3    20  50708
Alaska            365   6315        1.5    69.31   11.3    66.7   152 566432
Arizona          2212   4530        1.8    70.55    7.8    58.1    15 113417
Arkansas         2110   3378        1.9    70.66   10.1    39.9    65  51945
```

```
California    21198   5114        1.1    71.71   10.3    62.6    20 156361
Colorado       2541   4884        0.7    72.06    6.8    63.9   166 103766
> class(st)
[1] "data.frame"
```

매트릭스를 데이터프레임으로 변환하고 싶으면 2행과 같이 data.frame( ) 함수에 매트릭스를 입력값으로 넣으면 된다. class( ) 함수로 자료구조를 확인하면 데이터프레임으로 자료구조가 변환된 것을 알 수 있다.

```
> # 데이터프레임을 매트릭스로 변환
> iris.m <- as.matrix(iris[,1:4])
> head(iris.m)
     Sepal.Length Sepal.Width Petal.Length Petal.Width
[1,]          5.1         3.5          1.4         0.2
[2,]          4.9         3.0          1.4         0.2
[3,]          4.7         3.2          1.3         0.2
[4,]          4.6         3.1          1.5         0.2
[5,]          5.0         3.6          1.4         0.2
[6,]          5.4         3.9          1.7         0.4
> class(iris.m)
[1] "matrix" "array"
```

as.matrix( ) 함수는 데이터프레임 iris에서 문자형 열은 제외하고 숫자형 열로 된 부분만 따로 분리해 매트릭스 iris.m으로 변환 작업을 한다. class( ) 함수로 iris.m의 자료구조를 확인해보면 매트릭스로 확인된다. 데이터프레임을 매트릭스로 변환할 때에는 주의할 점이 있는데, 그것은 매트릭스에 저장되는 모든 값들의 자료형이 동일해야 한다는 것이다. 만일 변환 대상이 되는 데이터프레임에 서로 다른 자료형의 값들이 섞여 있으면 자료구조의 변환이 제대로 이루어지지 않는다.

4 데이터프레임의 열 추출

매트릭스와 데이터프레임은 모두 2차원 형태의 데이터를 저장하기 때문에 다루는 방법이 거의 동일하다. 그런데 열의 데이터를 추출하는 방법 중 데이터프레임에만 적용되는 방법도 있다.

코드 3-18

```
iris[,"Species"]          # 결과=벡터. 매트릭스와 데이터프레임 모두 가능
iris[,5]                  # 결과=벡터. 매트릭스와 데이터프레임 모두 가능
iris["Species"]           # 결과=데이터프레임. 데이터프레임만 가능
iris[5]                   # 결과=데이터프레임. 데이터프레임만 가능
iris$Species              # 결과=벡터. 데이터프레임만 가능
```

[코드 3-18]의 실행 결과를 나누어서 설명하면 다음과 같다.

```
> iris[,"Species"]        # 결과=벡터. 매트릭스와 데이터프레임 모두 가능
  [1] setosa     setosa     setosa     setosa     setosa     setosa     setosa
  [8] setosa     setosa     setosa     setosa     setosa     setosa     setosa
  ...(중간 생략)
[141] virginica  virginica  virginica  virginica  virginica  virginica  virginica
[148] virginica  virginica  virginica
Levels: setosa versicolor virginica
> iris[,5]                # 결과=벡터. 매트릭스와 데이터프레임 모두 가능
  [1] setosa     setosa     setosa     setosa     setosa     setosa     setosa
  [8] setosa     setosa     setosa     setosa     setosa     setosa     setosa
  ...(중간 생략)
[141] virginica  virginica  virginica  virginica  virginica  virginica  virginica
[148] virginica  virginica  virginica
Levels: setosa versicolor virginica
```

일반적으로 특정 열의 데이터를 추출하는 방법은 위와 같이 열의 이름을 지정하거나 인덱스 번호를 지정한다. 이 방법은 **매트릭스와 데이터프레임 모두** 적용 가능한 방법이다.

```
> iris["Species"]         # 결과=데이터프레임. 데이터프레임만 가능
     Species
1     setosa
2     setosa
3     setosa
...(이하 생략)
> iris[5]                 # 결과=데이터프레임. 데이터프레임만 가능
```

```
    Species
1      setosa
2      setosa
3      setosa
...(이하 생략)
```

2차원 형태 자료구조의 경우 행의 위치와 열의 위치를 지정해야 특정 데이터를 추출할 수 있다. 그런데 위의 명령문을 보면 인덱스 부분에 2개의 값이 아닌 1개의 값만 지정하였다. 즉 행, 열의 인덱스를 구분하는 콤마가 없다. 이러한 형태는 **데이터프레임에만 적용**할 수 있으며, 1개의 값은 열을 의미한다. 그리고 이런 방식으로 열을 추출하면 결과가 벡터가 아니라 열의 개수가 1개인 데이터프레임이 된다. 그래서 데이터들이 가로 방향이 아닌 세로 방향으로 나열된다. 정리하면 iris[,5]의 결과는 데이터값의 개수가 150개인 벡터, iris[5]의 결과는 데이터의 크기가 150×1인 데이터프레임이다.

```
> iris$Species              # 결과=벡터. 데이터프레임만 가능
  [1] setosa     setosa     setosa     setosa     setosa     setosa     setosa
  [8] setosa     setosa     setosa     setosa     setosa     setosa     setosa
...(이하 생략)
[134] virginica  virginica  virginica  virginica  virginica  virginica  virginica
[141] virginica  virginica  virginica  virginica  virginica  virginica  virginica
[148] virginica  virginica  virginica
Levels: setosa versicolor virginica
```

데이터셋의 이름 다음에 $를 붙인 후 열의 이름을 따옴표 없이 붙이는 방법은 **데이터프레임에만 적용**되며, 실행 결과는 벡터이다. iris$Species는 iris[,"Species"]와 동일한 결과를 출력한다. 자주 사용하는 방법이니 꼭 기억하도록 하자.

04 파일 데이터 읽기/쓰기

우리가 분석하려는 데이터는 R 코드상에서 직접 입력하는 경우보다 이미 외부에서 파일 형태로 만들어진 데이터를 불러와서 사용하는 경우가 대부분이다. 따라서 파일에 있는 데이터를 불러오거나 반대로 작업한 결과를 파일로 저장하는 방법에 대해 알아야 한다. 이번 절에서는 파일에 있는 데이터를 읽고, R에서 직접 파일에 데이터를 저장하는 방법에 대해 알아본다.

1 파일 형식 변환

[그림 3-5]와 같이 엑셀 파일로 된 '대기의 질' 데이터 파일(airquality.xlsx)이 있다고 하자.

	A	B	C	D	E	F
1	Ozone	Solar.R	Wind	Temp	Month	Day
2	41	190	7.4	67	5	1
3	36	118	8	72	5	2
4	12	149	12.6	74	5	3
5	18	313	11.5	62	5	4
6	NA	NA	14.3	56	5	5
7	28	NA	14.9	66	5	6
8	23	299	8.6	65	5	7
9	19	99	13.8	59	5	8

그림 3-5 대기의 질 데이터 파일

TIP 예제 소스 폴더에서 다운로드 받아서 사용한다.

R에서는 .xlsx 포맷의 엑셀 파일을 직접 읽어들일 수 있지만, 보통은 .csv 포맷의 엑셀 파일을 많이 이용하므로 이와 관련된 연습을 해보자. 엑셀에서 해당 데이터 파일을 열고 [파일] 메뉴에서 [다른 이름으로 저장]을 선택한 후, 저장할 [파일 형식]을 'CSV (쉼표로 분리)'로 바꾸고 [저장] 버튼을 클릭한다.

TIP .xlsx 포맷의 파일을 직접 읽으려면 474페이지의 [코드 13-1]에 있는 read_excel() 함수를 이용한다.

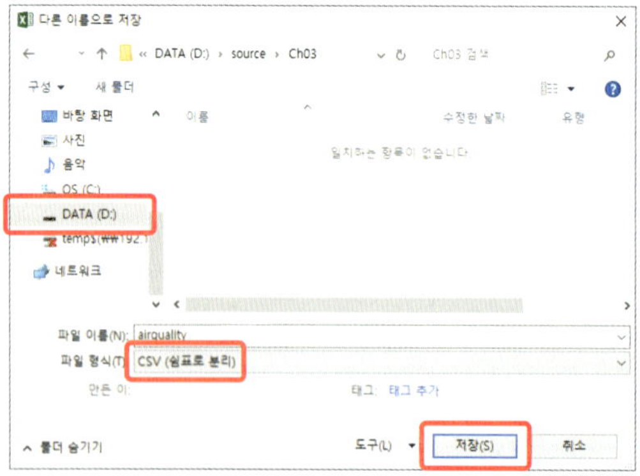

그림 3-6 CSV 형식으로 데이터셋 저장

2 파일 데이터 읽기

우리가 분석할 데이터가 D 드라이브의 source 폴더에 있는 'airquality.csv'라고 가정했을 때 데이터를 읽어오는 방법은 [코드 3-19]와 같다.

코드 3-19

```
setwd("D:/source")                                # 작업 폴더 지정
air <- read.csv("airquality.csv", header=T)       # .csv 파일 읽기
head(air)
```

[코드 3-19]의 실행 결과를 나누어서 설명하면 다음과 같다.

```
> setwd("D:/source")                              # 작업 폴더 지정
```

setwd( ) 함수는 'set work directory'의 약자로 작업할 폴더의 경로를 지정하는 역할을 한다. 작업 폴더로 지정되면 R은 작업 폴더에서 파일을 읽고, 작업 폴더에 파일을 저장한다. 1행은 'D:/source'를 작업 폴더로 지정한다는 의미이다.

TIP 여기서 주의할 점은 폴더 이름과 폴더 이름을 구분하는 구분자로 '/' 와 '\'(키보드에서 '₩')를 모두 쓸 수 있는데 '\'를 쓰는 경우는 '\\'와 같이 이중 표기를 해야 한다. 각자 편리하다고 생각되는 것을 사용하면 된다.

```
> air <- read.csv("airquality.csv", header=T)   # .csv 파일 읽기
```

read.csv( ) 함수를 이용하여 파일을 읽을 수 있는데, 작업 폴더에서 airquality.csv 파일을 읽어들여 air에 저장하는 명령문이다. 두 번째 매개변수인 header=T는 읽어올 파일의 첫 번째 줄은 값이 아닌 열의 이름이라는 뜻이다. 실제 데이터는 두 번째 줄부터이다. 만일 첫 번째 줄이 열의 이름이 아닌 값으로 시작을 한다면 header=F와 같이 지정하면 된다.

```
> head(air)
  Ozone Solar.R Wind Temp Month Day
1    41     190  7.4   67     5   1
2    36     118  8.0   72     5   2
3    12     149 12.6   74     5   3
4    18     313 11.5   62     5   4
5    NA      NA 14.3   56     5   5
6    28      NA 14.9   66     5   6
```

head( ) 함수를 통해서 파일의 내용을 정상적으로 읽어왔는지 확인한다.

3 파일 데이터 쓰기

R에서 작업한 결과를 파일에 저장할 때는 [코드 3-20]과 같은 방식으로 한다.

코드 3-20

```
setwd("D:/source")                              # 작업 폴더 지정
my.iris <- subset(iris, Species=='setosa')      # setosa 품종 데이터만 추출
write.csv(my.iris, "my_iris.csv", row.names=F)  # .csv 파일에 저장하기
```

[코드 3-20]의 실행 결과를 나누어서 설명하면 다음과 같다.

```
> setwd("D:/source")                            # 작업 폴더 지정
```

파일을 저장할 폴더를 지정한다. R을 시작한 후 앞에서 이 명령어를 실행하여 이미 작업 폴더

를 지정했다면 다시 지정할 필요는 없다.

```
> my.iris <- subset(iris, Species=='setosa')        # setosa 품종 데이터만 추출
```

iris 데이터셋에서 setosa 품종의 행들만 추출하여 my.iris에 저장한다.

```
> write.csv(my.iris, "my_iris.csv", row.names=F)  # .csv 파일에 저장하기
```

write.csv() 함수는 my.iris의 내용을 작업 폴더에 저장하는 명령문이며, 각 매개변수의 의미는 다음과 같다.

- **my.iris**
  저장할 데이터가 들어 있는 곳을 의미한다.
- **"my_iris.csv"**
  저장할 파일의 이름을 지정한다.
- **row.names=F**
  my.iris를 저장할 때 행 번호를 붙이지 말라는 의미이다.

여기서 잠깐! 파일을 읽어들이는 다른 방법

작업 폴더를 지정하지 않아도 읽어들일 파일의 전체 경로를 지정하면 파일 읽기가 가능하다. [코드 3-19]의 경우 setwd() 함수 없이 다음과 같이 실행하는 것도 가능하다.

```
air <- read.csv("D:/source/airquality.csv", header=T)
```

또한 읽어들일 파일의 경로를 기억하지 못한다면 다음과 같이 실행한다.

```
air <- read.csv(file.choose(), header=T)
```

이렇게 실행하면 파일 탐색기가 실행되고, 직접 원하는 파일을 찾아 지정하는 것으로 해당 파일을 읽어올 수 있다.

요약

01 **매트릭스** matrix는 2차원 테이블 형태의 자료구조이며 모든 셀에 저장되는 값이 동일한 자료형이다.

02 **데이터프레임** data frame은 2차원 테이블 형태의 자료구조이나 매트릭스와 달리 숫자형 벡터, 문자형 벡터 등 서로 다른 형태의 데이터를 묶을 수 있는 다중형 자료구조이다.

03 매트릭스와 데이터프레임에서는 행과 열을 나타내는 2개의 인덱스를 사용하여 특정 위치에 있는 값을 추출할 수 있다.

04 숫자로 구성된 매트릭스나 데이터프레임에 대한 연산은 저장된 값들에 대한 연산으로 바뀌어 실행된다.

05 R에서는 매트릭스를 데이터프레임으로, 데이터프레임을 매트릭스로 변환할 수 있다.

■ 함수 정리

2차원 자료구조의 생성	
matrix()	매트릭스를 생성한다.
data.frame()	데이터프레임을 생성한다.
cbind()	벡터, 매트릭스, 데이터프레임 등을 열 방향으로 묶는다.
rbind()	벡터, 매트릭스, 데이터프레임 등을 행 방향으로 묶는다.
매트릭스, 데이터프레임의 내용 확인	
rownames()	행의 이름을 출력한다.
colnames()	열의 이름을 출력한다.
dim()	행과 열의 개수를 출력한다.
nrow()	행의 개수를 출력한다.
ncol()	열의 개수를 출력한다.

head()	시작 부분에 있는 일부 데이터의 내용을 출력한다.
tail()	끝 부분에 있는 일부 데이터의 내용을 출력한다.
str()	매트릭스, 데이터프레임의 요약 정보를 출력한다.
unique()	그룹(종류)의 값이 저장된 벡터에서 중복을 제외하고 그룹을 확인한다.
table()	그룹(종류)의 값이 저장된 벡터에서 각 그룹별로 몇 개의 관측치가 존재하는지 출력한다(도수분포표).
매트릭스, 데이터프레임 다루기	
colSums()	열별 합계를 출력한다.
rowSums()	행별 합계를 출력한다.
colMeans()	열별 평균을 출력한다.
rowMeans()	행별 평균을 출력한다.
t()	행방향과 열방향을 변환한다.
subset()	조건에 맞는 행을 추출한다.
class()	자료구조를 확인한다.
is.matrix()	매트릭스 여부를 확인한다.
is.data.frame()	데이터프레임 여부를 확인한다.
파일 읽기/쓰기	
setwd()	파일 읽기/쓰기를 위한 작업 폴더를 지정한다.
read.csv()	csv 형태의 파일을 읽는다.
write.csv()	2차원 데이터를 csv 형태의 파일로 저장한다.

연습문제

01 **R을 이용하여 각 문제를 수행하기 위한 코드를 작성하시오.**

(1) 다음과 같은 내용의 매트릭스 z를 생성하시오.

```
> z
     [,1] [,2] [,3] [,4]
v1    12   11   10    9
v2     8    7    6    5
v3     4    3    2    1
```

(2) 매트릭스 z의 열 이름을 각각 a1, a2, a3, a4로 바꾸시오.

(3) 매트릭스 z에 1~7 사이의 홀수로 구성된 벡터 v4를 행 방향으로 추가하시오.

(4) 4행에 있는 모든 값을 출력하시오.

(5) 2~4행의 값 중 a1, a3 열에 있는 값을 출력하시오.

(6) 매트릭스 z의 세 번째 행의 이름을 출력하시오.

02 **R에서 제공하는 state.x77 데이터셋을 이용하여 코드를 작성하시오.**

(1) state.x77을 변환하여 st에 데이터프레임으로 저장하시오.
(st <- data.frame(state.x77))

(2) st의 내용을 출력하시오.

(3) st의 열 이름을 출력하시오.

(4) st의 행 이름을 출력하시오.

(5) st의 행의 개수와 열의 개수를 출력하시오.

(6) st의 요약 정보를 출력하시오.

(7) st의 행별 합계와 평균을 출력하시오.

(8) st의 열별 합계와 평균을 출력하시오.

(9) Florida 주의 모든 정보를 출력하시오.

(10) 50개 주의 수입(Income) 정보만 출력하시오.

(11) Texas 주의 면적(Area)을 출력하시오.

(12) Ohio 주의 인구(Population)와 수입(Income)을 출력하시오.

(13) 인구가 5,000 이상인 주의 데이터만 출력하시오.

(14) 수입이 4,500 이상인 주의 인구, 수입, 면적을 출력하시오.

(15) 수입이 4,500 이상인 주는 몇 개인지 출력하시오.

(16) 전체 면적(Area)이 100,000 이상이고, 결빙일수(Frost)가 120 이상인 주의 정보를 출력하시오.

(17) 인구(Population)가 2,000 미만이고, 범죄율(Murder)이 12 미만인 주의 정보를 출력하시오.

(18) 문맹률(Illiteracy)이 2.0 이상인 주의 평균 수입은 얼마인지 출력하시오.

(19) 문맹률(Illiteracy)이 2.0 미만인 주와 2.0 이상인 주의 평균 수입의 차이를 출력하시오.

(20) 기대수명(Life Exp)이 가장 높은 주는 어디인지 출력하시오.

(21) Pennsylvania 주보다 수입(Income)이 높은 주들을 출력하시오.

03 R을 이용하여 각 문제를 수행하기 위한 코드를 작성하시오.

name	age	gender	height	student
Tom	20	M	180	TRUE
Jane	23	F	160	TRUE
Nick	26	M	175	FALSE

(1) 위와 같은 내용으로 데이터프레임 human을 생성하시오.

(2) human에 ("Mary", 24, "F", 155, TRUE)를 추가하시오(list 함수 사용).

(3) 이 데이터셋 열들의 자료형을 보이시오.

(4) 평균 나이(age)와 평균 키(height)를 구하시오.

(5) 4번째 열을 제외한 human의 열 이름을 출력하시오.

(6) 성별(gender) 인원수를 보이시오.

04 **R에서 제공하는 airquality 데이터셋은 일별로 대기의 질을 측정한 자료를 포함하고 있다. 이 데이터셋에 대해서 다음 문제를 해결하기 위한 코드를 작성하시오.**

(1) 이 데이터셋의 자료구조를 보이시오.

(2) 이 데이터셋의 앞쪽 일부분의 내용만 보이시오.

(3) 기온(Temp)이 가장 높은 날은 언제인지 월(Month)과 일(Day)을 보이시오.

(4) 6월달에 발생한 가장 강한 바람(Wind)의 세기를 보이시오.

(5) 7월 달의 평균 기온(Temp)을 보이시오.

(6) NA값을 제외한 5월의 평균 오존(Ozone) 농도를 보이시오.

(7) 오존(Ozone) 농도가 100을 넘는 날은 며칠이나 되는지 보이시오.

05 **R에서 제공하는 swiss 데이터셋은 스위스 47개 주의 경제 자료를 포함하고 있다. 이 데이터셋에 대해서 다음 문제를 해결하기 위한 코드를 작성하시오.**

(1) 데이터셋의 요약 정보를 보이시오.

(2) 남성의 농업인 비율(Agriculture)이 가장 높은 주를 보이시오.

(3) 남성의 농업인 비율(Agriculture)을 내림차순으로 정렬하여 주의 이름과 함께 보이시오.

(4) 카톨릭 신자의 비율(Catholic)이 80% 이상인 주들의 남성의 농업인 비율(Agriculture)을 보이시오.

(5) 징집대상자 중 입대시험에서 높은 평가를 받은 사람들의 비율(Examination)이 20% 미만이고 남성의 농업인 비율(Agriculture)이 50% 미만인 주의 이름과 Examination, Agriculture 열의 값을 보이시오.

06 **R을 이용하여 각 문제를 수행하기 위한 코드를 작성하시오.**

(1) R에서 제공하는 state.x77 데이터셋에서 수입(Income)이 5,000 이상인 주의 수입(Income), 인구(Population), 면적(Area) 열의 값들만 추출하여 rich_state.csv에 저장하시오.

(2) (1)에서 만든 rich_state.csv 파일을 읽어서 ds 변수에 저장한 후 ds의 내용을 출력하시오.

CHAPTER 04

조건문, 반복문, 함수

PREVIEW

R을 이용한 데이터 분석은 대부분 R에서 제공하는 함수들을 사용하여 작업할 수 있지만 경우에 따라서는 프로그래밍 기법을 적용해야 가능한 경우도 있다. 이번 장에서는 프로그래밍의 기본이 되는 조건문, 반복문, 사용자 정의 함수에 대해 학습한다.

1절에서는 조건문에 대해 알아보고 if-else문을 이용하여 실습을 진행한다. 또한 논리연산자를 사용하여 조건문과 조건문을 연결하는 방법에 대해 학습하고, 실행할 명령문이 간단할 때 사용하면 편리한 ifelse문 사용 방법에 대해 알아본다.

2절에서는 반복문에 대해 알아보고, for문과 while문을 이용하여 반복문 수행 방법을 실습한다.

3절에서는 R에서 2차원 자료에 대해 for문이나 while문 대신에 사용할 수 있는 apply( ) 함수의 문법과 그 적용 방법에 대해 알아본다.

4절에서는 사용자들이 자신만의 함수를 만들어 사용할 수 있도록 사용자 정의 함수의 문법과 그 적용 방법에 대해 학습한다.

5절에서는 which( ), which.max( ), which.min( ) 함수를 이용하여 조건에 맞는 데이터의 위치 찾는 방법을 실습한다.

01 조건문

R은 데이터 분석을 위한 다양한 함수를 제공하며, 대부분의 분석 작업은 이러한 함수를 이용하여 해결 가능하다. 그런데 데이터 분석을 하다 보면 R에서 제공하는 함수만으로는 해결이 되지 않는 경우가 있다. 이러한 경우 소위 프로그래밍이라고 하는 기법의 적용이 필요하다.

프로그래밍programming이란 컴퓨터를 이용하여 문제를 해결하기 위해 주어진 절차를 문법에 맞게 작성하는 과정이다. 4장에서 프로그래밍의 기본이 되는 조건문과 반복문을 학습하는데, 우선 이번 절에서는 조건문에 대해 학습한다. 사실 프로그래밍은 오랜 시간의 학습과 반복 연습을 필요로 하기 때문에 이번 장을 공부한다고 해서 능숙하게 사용하기는 어렵다. 그렇지만 최소한 프로그래밍 문법이 무엇인지 알고 타인이 작성한 R 코드를 이해할 수 있으며, 간단히 프로그래밍을 응용할 수 있는 정도의 수준에는 도달할 수 있을 것이다.

1 if-else문

조건문conditional statement은 조건에 따라 특정 명령을 실행하도록 하는 프로그래밍 명령문이다. 다시 말해, 조건에 따라 실행할 명령문을 달리해야 하는 경우에 조건문을 사용한다. R에서는 조건문을 작성하기 위해 if, else 등의 명령 키워드를 사용한다. 먼저 if-else문에 대해 알아보자. if-else문의 기본 문법은 다음과 같다.

```
if(비교 조건) {
  조건이 참일 때 실행할 명령문(들)
} else {
  조건이 거짓일 때 실행할 명령문(들)
}
```

if-else문을 실습하면서 R에서 어떻게 조건문이 활용되는지 확인해보자.

기본 if-else문

어떤 회사에서 직원들의 보너스를 지급하는데, 직무 유형에 따라 A 직무를 하는 사원은 100만 원, B 직무를 하는 사원은 200만 원을 지급한다고 가정하자. 이를 if-else문을 이용하여 표현하면 [코드 4-1]과 같다.

코드 4-1

```
job.type <- 'A'

if(job.type == 'B') {
   bonus <- 200                # 직무 유형이 B일 때 실행
} else {
   bonus <- 100                # 직무 유형이 B가 아닌 나머지 경우 실행
}
print(bonus)
```

실행 결과

```
> job.type <- 'A'
>
> if(job.type == 'B') {
+   bonus <- 200               # 직무 유형이 B일 때 실행
+ } else {
+   bonus <- 100               # 직무 유형이 B가 아닌 나머지 경우 실행
+ }
> print(bonus)
[1] 100
```

위의 예제는 `job.type`(직무 유형)이 B이면 `bonus`(보너스)를 `200`으로 하고 나머지 경우는 `100`으로 하는 if문이다. 1행에서 `job.type`을 `'A'`로 했기 때문에 2~3행의 if문 비교 조건은 거짓이 되고, 4~5행의 else문에 있는 명령이 실행된다. 결국 `bonus`에는 `100`이 저장되어 출력된다.

else가 생략된 if문

[코드 4-2]를 보면서 else문이 생략된 if문에 대해 확인해보자.

코드 4-2

```
job.type <- 'B'
bonus <- 100

if(job.type == 'A') {
   bonus <- 200                     # 직무 유형이 A일 때 실행
}
print(bonus)
```

실행 결과

```
> job.type <- 'B'
> bonus <- 100
>
> if(job.type == 'A') {
+    bonus <- 200                   # 직무 유형이 A일 때 실행
+ }
> print(bonus)
[1] 100
```

조건문에서 if와 else가 항상 같이 사용되는 것은 아니다. [코드 4-2]와 같이 `if()` 함수만으로도 조건문이 성립한다. 이 코드에서는 `job.type`이 `'A'`인 경우에는 `bonus`를 `200`으로 하고, 아닌 경우는 아무 명령도 실행하지 않는다.

다중 if-else문

if-else문은 반복적으로 이어서 사용할 수 있다. [코드 4-3]은 시험 점수에 따른 학점을 결정하는 예이다.

코드 4-3

```
score <- 85

if (score > 90) {
   grade <- 'A'
} else if (score > 80) {
```

```
    grade <- 'B'
} else if (score > 70) {
    grade <- 'C'
} else if (score > 60) {
    grade <- 'D'
} else {
    grade <- 'F'
}

print(grade)
```

실행 결과

```
> score <- 85
...(중간 생략)
> print(grade)
[1] "B"
```

여기서 잠깐! 코드블록

if와 else 다음에 있는 중괄호 { }는 프로그래밍에서 **코드블록(code block)**이라고 부르는데, 코드블록은 여러 명령문을 하나로 묶어주는 역할을 한다. 아래 코드에서 if문 다음의 { }에는 명령문이 하나가 포함되어 있고, else 다음의 { }에는 명령문이 두 개 포함되어 있다. 코드블록에 의해 묶인 명령문은 조건에 의해 모두 실행되거나, 모두 실행되지 않는다. 예를 들면 `print(a*10)`는 실행이 되었는데, `print(a/10)`는 실행이 되지 않는 경우는 없다. 아래의 if-else문은 `a<5`라는 조건을 만족하면 `print(a)`가 실행이 되고, 만족하지 않으면 `print(a*10)`와 `print(a/10)`가 실행된다.

```
> a <- 10
> if(a<5) {
+   print(a)
+ } else {
+   print(a*10)
+   print(a/10)
+ }
[1] 100
[1] 1
```

조건문에서 논리연산자의 사용

if문에 논리연산자를 사용하면 복잡한 조건문을 작성할 수 있다. 대표적인 논리연산자는 &(and)와 ¦(or)이다. &로 연결되면 두 개의 조건이 모두 만족을 해야 '참(TRUE)'이 되고, ¦로 연결되면 두 개의 조건 중 어느 하나만 만족해도 '참(TRUE)'이 된다. [코드 4-4]를 확인해보자.

코드 4-4

```
a <- 10
b <- 20
if(a>5 & b>5) {                    # and 사용
  print (a+b)
}
if(a>5 | b>30) {                   # or 사용
  print (a*b)
}
```

실행 결과

```
> a <- 10
> b <- 20
> if(a>5 & b>5) {                  # and 사용
+   print (a+b)
+ }
[1] 30
> if(a>5 | b>30) {                 # or 사용
+   print (a*b)
+ }
[1] 200
```

2 ifelse문

if-else문을 작성할 때 조건에 따라 두 값 중 하나를 선택하는 경우라면 ifelse문을 이용하는 것이 편리하다. ifelse문의 문법은 다음과 같다.

```
ifelse(비교 조건, 조건이 참일 때 선택할 값, 조건이 거짓일 때 선택할 값)
```

[코드 4-5]는 동일한 결과를 도출하는 명령문을 앞에서 배운 if-else문과 ifelse문으로 작성한 코드이다. 코드가 훨씬 단순해진 것을 확인할 수 있다.

코드 4-5

```
a <- 10
b <- 20

if  (a>b) {
  c <- a
} else {
  c <- b
}
print(c)

a <- 10
b <- 20

c <- ifelse(a>b, a, b)
print(c)
```

실행 결과

```
> a <- 10
> b <- 20
...(중간 생략)
> print(c)
[1] 20
>
> a <- 10
> b <- 20
>
> c <- ifelse(a>b, a, b)
> print(c)
[1] 20
```

여기서 잠깐! if–else문에서 발생할 수 있는 오류

if–else문을 작성할 때 다음과 같이 사용하면 오류가 발생한다. else는 반드시 if문의 코드블록이 끝나는 부분에 있는 }와 같은 줄에 작성해야 한다.

```
job.type <- 'A'
if (job.type == 'B') {
  bonus <- 200
}
else {                    # 에러 발생, 윗 줄로 옮겨야 한다.
  bonus <- 100
}
```

또한 조건문을 작성할 때 자주 실수하는 것 중의 하나가 다음과 같이 =을 사용하는 것이다. 두 값이 같은지를 비교하는 연산자는 =이 아닌 ==이다.

```
if (job.type = 'B') {
  bonus <- 200
}
```

02 반복문

1 for문

반복문repetitive statement은 정해진 동작을 반복적으로 수행할 때 사용하는 명령문으로 동일 명령문을 여러 번 반복해서 수행할 때 사용한다. 반복문에는 for문과 while문이 있는데 먼저 for문에 대해 알아보도록 한다.

for문은 가장 많이 사용하는 기본적인 반복문으로 반복 범위를 지정하여 반복을 수행한다. for문의 기본 문법은 다음과 같다.

```
for(반복 변수 in 반복 범위) {
  반복할 명령문(들)
}
```

기본 for문

[코드 4-6]을 통해 for문을 사용하는 기본적인 문법에 대해 알아보자.

코드 4-6

```
for(i in 1:5) {
   print('*')
}
```

실행 결과

```
> for(i in 1:5) {
+   print('*')
+ }
[1] "*"
[1] "*"
```

```
[1] "*"
[1] "*"
[1] "*"
```

[코드 4-6]은 *를 5회 출력하는 for문이다. 먼저 반복 범위가 1:5로 설정되어 있는데, 이는 1, 2, 3, 4, 5를 의미한다. 이를 통해 5회 반복되는 것을 알 수 있다. 반복 변수 i는 반복이 어디까지 이루어졌는지에 대한 정보를 담고 있는 변수로 반복 범위에 있는 값을 취한다. 간단히 다음과 같이 표현할 수 있다. 이와 같이 i는 반복이 진행될 때마다 값이 변한다.

- 첫 번째 반복, i에 저장된 값은 1
- 두 번째 반복, i에 저장된 값은 2
- 세 번째 반복, i에 저장된 값은 3
- 네 번째 반복, i에 저장된 값은 4
- 다섯 번째 반복, i에 저장된 값은 5

for() 다음에 있는 코드블록 {}에는 반복할 명령문이 포함된다. 하나의 명령문이 반복될 수도 있고, 여러 명령문이 반복될 수도 있다.

반복 범위에 따른 반복 변수의 값 변화

[코드 4-7]은 반복 범위에 따라 반복 변수의 값이 어떻게 변하는지 출력하는 코드이다. 반복 범위로 지정한 값들이 하나하나 출력되는 것을 알 수 있다.

코드 4-7

```
for(i in 6:10) {
  print(i)
}
```

실행 결과

```
> for(i in 6:10) {
+     print(i)
+ }
```

```
[1] 6
[1] 7
[1] 8
[1] 9
[1] 10
```

반복 변수를 이용한 구구단 출력

반복 변수를 이용하면 다양한 작업을 할 수 있는데, 구구단에서 2단을 출력하는 작업을 for문을 이용하여 구현해보자.

코드 4-8

```
for(i in 1:9) {
   cat('2 *', i,'=', 2*i,'\n')
}
```

실행 결과

```
> for(i in 1:9) {
+     cat('2 *', i,'=', 2*i,'\n')
+ }
2 * 1 = 2
2 * 2 = 4
2 * 3 = 6
2 * 4 = 8
2 * 5 = 10
2 * 6 = 12
2 * 7 = 14
2 * 8 = 16
2 * 9 = 18
```

[코드 4-8]에서는 구구단을 출력하기 위해 `print()` 함수 대신에 `cat()` 함수를 사용하였다. `print()` 함수는 하나의 값을 출력할 때 사용하고, `cat()` 함수는 한 줄에 여러 개의 값을 결합하여 출력할 때 사용한다.

이 코드의 cat() 함수에서 '2 *', '='은 단순 문자열이기 때문에 반복이 진행되어도 동일한 값이 출력된다. 그런데 i와 2*i는 반복이 진행되면서 i 값이 반복 범위에 있는 값들로 차례차례 바뀌기 때문에 반복할 때마다 다른 값이 출력된다.

TIP '\n'은 줄바꿈을 하라는 특수문자이다.

for문 안에서 if문의 사용

[코드 4-9]는 for문과 if문을 함께 사용하여 1~20 사이의 숫자 중 짝수만 골라서 출력하는 코드이다.

코드 4-9

```
for(i in 1:20) {
  if(i%%2==0) {                    # 짝수인지 확인
    print(i)
  }
}
```

실행 결과

```
> for(i in 1:20) {
+     if(i%%2==0) {                # 짝수인지 확인
+         print(i)
+     }
+ }
[1] 2
[1] 4
[1] 6
[1] 8
[1] 10
[1] 12
[1] 14
[1] 16
[1] 18
[1] 20
```

[코드 4-9]는 for문과 if문을 함께 사용한 예이다. if문에서 `i%%2==0`은 `i`를 2로 나눈 나머지가 0인지를 확인하는 비교 조건이다. 이 비교 조건을 만족하면 짝수라는 의미이기 때문에 출력 결과를 확인하면 if문을 만족하는 짝수들만 출력된 것을 알 수 있다.

1~100 사이의 숫자의 합 출력

[코드 4-10]은 for문을 이용하여 1~100 사이에 있는 숫자의 합계를 출력하는 예이다.

코드 4-10

```
sum <- 0
for(i in 1:100) {
  sum <- sum + i                    # sum에 i 값을 누적
}
print(sum)
```

실행 결과

```
> sum <- 0
> for(i in 1:100) {
+     sum <- sum + i                # sum에 i 값을 누적
+ }
> print(sum)
[1] 5050
```

[코드 4-10]은 1~100의 값을 누적하기 위해 `sum`이라는 변수를 선언하고 초기값으로 `0`을 저장하였다. for문에서 `i` 값을 `sum`과 더하여 다시 `sum`에 저장하는 과정을 반복하여 1~100의 합계를 계산한다. 여기서 주의할 점은 for문을 실행하기 전에 반드시 `sum`을 선언하고 초기값을 저장해야 한다는 것이다. 그렇게 하지 않으면 `sum <- sum + i`에서 에러가 발생하는데, 그 이유는 `sum + i`를 계산하려고 할 때 `sum` 값이 무엇인지 알 수 없기 때문이다. 어떤 변수를 계산에 사용하려면 그 변수를 먼저 선언한 후에 사용해야 한다.

iris에서 꽃잎의 길이에 따른 분류 작업

이번에는 for문을 이용하여 `iris` 데이터셋에서 꽃잎의 길이(`Petal.Length`)에 따라 1.6 이

하이면 'L', 5.1 이상이면 'H', 나머지는 'M'으로 분류하여 레이블을 부여하는 작업을 해보도록 하자.

코드 4-11

```
norow <- nrow(iris)                                          # iris의 행의 수
mylabel <- c()                                               # 비어있는 벡터 선언
for(i in 1:norow) {
   if (iris$Petal.Length[i] <= 1.6) {                       # 꽃잎의 길이에 따라 레이블 결정
      mylabel[i] <- 'L'
   } else if (iris$Petal.Length[i] >= 5.1) {
      mylabel[i] <- 'H'
   } else {
      mylabel[i] <- 'M'
   }
}
print(mylabel)                                               # 레이블 출력
newds <- data.frame(iris$Petal.Length, mylabel)              # 꽃잎의 길이와 레이블 결합
head(newds)                                                  # 새로운 데이터셋 내용 출력
```

실행 결과

```
> norow <- nrow(iris)                                        # iris의 행의 수
> mylabel <- c()                                             # 비어있는 벡터 선언
> for(i in 1:norow) {
+     if (iris$Petal.Length[i] <= 1.6) {                     # 꽃잎의 길이에 따라 레이블 결정
+         mylabel[i] <- 'L'
+     } else if (iris$Petal.Length[i] >= 5.1) {
+         mylabel[i] <- 'H'
+     } else {
+         mylabel[i] <- 'M'
+     }
+ }
> print(mylabel)                                             # 레이블 출력
  [1] "L" "L" "L" "L" "L" "M" "L" "L" "L" "L" "L" "L" "L" "L" "L" "L" "L"
 [18] "L" "M" "L" "M" "L" "L" "M" "M" "L" "L" "L" "L" "L" "L" "L" "L" "L"
 [35] "L" "L" "L" "L" "L" "L" "L" "L" "L" "L" "M" "L" "L" "L" "L" "L" "M"
 [52] "M" "M" "M" "M" "M" "M" "M" "M" "M" "M" "M" "M" "M" "M" "M" "M"
```

```
 [69] "M" "M" "M" "M" "M" "M" "M" "M" "M" "M" "M" "M" "M" "M" "M" "H" "M"
 [86] "M" "M" "M" "M" "M" "M" "M" "M" "M" "M" "M" "M" "M" "M" "M" "H" "H"
[103] "H" "H" "H" "H" "M" "H" "H" "H" "H" "H" "H" "M" "H" "H" "H" "H" "H"
[120] "M" "H" "M" "H" "M" "H" "H" "M" "M" "H" "H" "H" "H" "H" "H" "H" "H"
[137] "H" "H" "M" "H" "H" "H" "H" "H" "H" "H" "M" "H" "H" "H"
> newds <- data.frame(iris$Petal.Length, mylabel) # 꽃잎의 길이와 레이블 결합
> head(newds)                                     # 새로운 데이터셋 내용 출력
  iris.Petal.Length mylabel
1               1.4       L
2               1.4       L
3               1.3       L
4               1.5       L
5               1.4       L
6               1.7       M
```

[코드 4-11]의 for문을 보면 `iris$Petal.Length`의 `i`번째 값에 따라 `mylabel`의 `i`번째 값이 `'L'`, `'H'`, `'M'` 중의 하나로 결정되는 것을 알 수 있다. `mylabel`은 처음에는 비어 있는 벡터였는데 for문의 반복이 한 번 실행될 때마다 값들이 하나씩 추가되어 for문이 종료되면 150개의 레이블 값을 가지게 된다.

2 while문

지금까지 for문의 사용 방법에 대해 알아보았는데, for문과 유사한 기능을 하는 반복문으로 while문이 있다. while문은 for문에 비해 사용 빈도가 적기 때문에 문법을 이해하는 수준에서 간단히 학습하기로 한다.

while문은 어떤 조건이 만족하는 동안 코드블록을 수행하고, 해당 조건이 거짓일 경우 반복을 종료하는 명령문이다. 조건문과 반복문이 결합한 형태라고 보면 된다. while문의 기본 문법은 다음과 같다.

```
while(비교조건) {
  반복할 명령문(들)
}
```

while문은 비교 조건을 만족하는 동안 코드블록 { } 안의 명령문들을 반복 수행한다. 따라서 while문은 for문과 달리 몇 번이나 반복이 실행될지 쉽게 알 수 없다.

[코드 4-12]는 1~100까지 숫자의 합계를 계산하는 작업을 while문을 이용하여 구현한 것이다.

코드 4-12

```
sum <- 0
i <- 1
while(i <=100) {
   sum <- sum + i                    # sum에 i 값을 누적
   i <- i + 1                        # i 값을 1 증가시킴
}
print(sum)
```

실행 결과

```
> sum <- 0
> i <- 1
> while(i <=100) {
+     sum <- sum + i                 # sum에 i 값을 누적
+     i <- i + 1                     # i 값을 1 증가시킴
+ }
> print(sum)
[1] 5050
```

[코드 4-12]에서 주목할 점은 `while`문을 실행하기 전에 `sum`과 `i`를 먼저 선언한 것과 코드블록 안에서 반복 변수에 해당하는 `i` 값을 1씩 증가시키는 부분이다. 만약 `i <- i + 1`이 없으면 `i` 값에 변화가 일어나지 않고 while문의 조건인 `i <=100`이 계속 만족되어 while문이 무한대로 실행되는 결과를 초래한다. 이와 같이 무한대로 실행되는 반복문을 **무한 루프**infinite loop라고 하는데, 프로그램이 무한 루프에 빠지면 컴퓨터 작동이 멈출 수도 있으니 주의해야 한다.

여기서 잠깐! STOP 아이콘

R스튜디오에서 현재 실행 중인 작업을 중단하려면 콘솔 창 상단 오른쪽에 있는 빨간색 STOP 아이콘( )을

클릭하면 된다. 무한 루프에 빠진 경우에도 이 기능을 사용하면 실행 중인 작업을 중단할 수 있다.

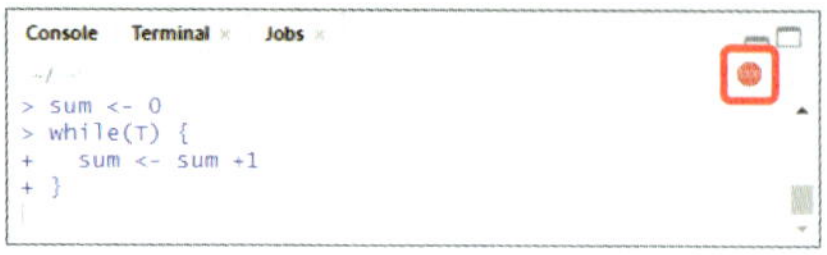

그림 4-1 **콘솔(Console) 창의 STOP 아이콘**

반복문인 for문과 while문 중 어느 것을 사용할지에 대해서는 정해진 규칙이 없다. 그러나 어떤 작업의 반복 횟수가 정해져 있다면 for문을 사용하고, 반복 횟수가 가변적이라면 while문을 사용하는 것이 편리하다.

3 break와 next

반복문과 관련된 명령어로 break와 next가 있다. break는 반복문을 중단시키는 역할을 하고 next는 반복문의 시작 지점으로 되돌아가는 역할을 한다.

break

[코드4-13]을 통해 break부터 살펴보도록 하자.

코드 4-13

```
sum <- 0
for(i in 1:10) {
  sum <- sum + i
  if (i>=5) break
}
sum
```

실행 결과

```
> sum <- 0
> for(i in 1:10) {
+   sum <- sum + i
+   if (i>=5) break
```

```
+ }
> sum
[1] 15
```

[코드 4-13]은 1~10까지의 합계를 계산하는 코드이다. 그런데 for문을 보면 i가 5가 되면 break를 만나서 for문을 중단하도록 되어 있다. 그 결과 1~10까지의 합계가 아닌 1~5까지의 합계만 계산이 된다.

next

이번에는 next가 포함된 [코드 4-14]를 실행해보자.

코드 4-14

```
sum <- 0
for(i in 1:10) {
  if (i%%2==0) next
  sum <- sum + i
}
sum
```

실행 결과

```
> sum <- 0
> for(i in 1:10) {
+     if (i%%2==0) next
+     sum <- sum + i
+ }
> sum
[1] 25
```

[코드 4-14] 역시 1~10까지의 합계를 구하는데 i가 짝수이면 next가 실행되어 sum <- sum + i를 실행하지 않고 다음 반복으로 넘어간다. 따라서 최종 결과에는 홀수들의 합계가 저장이 된다.

TIP break와 next는 for문뿐만 아니라 while문에도 적용된다.

03 apply( ) 함수

1 apply( ) 함수의 개념

반복 작업이 필요한 경우에는 반복문을 적용하면 되는데, 반복 작업의 대상이 매트릭스나 데이터프레임의 행row 또는 열column인 경우는 for문이나 while문 대신에 `apply()` 함수를 이용하는 것이 좋다. 사실 R에서 대규모의 2차원 데이터를 분석하는 경우에는 처리 속도의 문제 때문에 되도록 for문이나 while문 사용을 권장하지 않고 있다. 이때 `apply()` 함수를 이용하면 처리 속도를 향상시킬 수 있다.

`apply()` 함수는 매트릭스나 데이터프레임에 있는 행들이나 열들을 하나하나 차례로 꺼내어 평균이나 합계 구하기 등과 같은 작업을 수행하고자 할 때 유용하다. `apply()` 함수의 문법은 다음과 같다.

```
apply(데이터셋, 행/열 방향 지정, 적용 함수)
```

`apply()` 함수의 문법에 나오는 매개변수의 의미는 다음과 같다.

- **데이터셋**
  반복 작업을 적용할 대상 매트릭스나 데이터프레임의 이름을 입력한다.
- **행/열 방향 지정**
  행 방향 작업의 경우 1, 열 방향 작업의 경우 2를 지정한다.
- **적용 함수**
  반복 작업의 내용을 알려주는 것으로, R 함수나 다음 절에서 배울 사용자 정의 함수를 지정한다.

2 apply( ) 함수의 적용

[코드 4-15]를 통해 `apply()` 함수의 사용법에 대해 알아보자.

코드 4-15

```
apply(iris[,1:4], 1, mean)        # row 방향으로 함수 적용
apply(iris[,1:4], 2, mean)        # col 방향으로 함수 적용
```

[코드 4-15]의 실행 결과를 나누어서 설명하면 다음과 같다.

```
> apply(iris[,1:4], 1, mean)        # row 방향으로 함수 적용
  [1] 2.550 2.375 2.350 2.350 2.550 2.850 2.425 2.525 2.225
 [10] 2.400 2.700 2.500 2.325 2.125 2.800 3.000 2.750 2.575
 [19] 2.875 2.675 2.675 2.675 2.350 2.650 2.575 2.450 2.600
 [28] 2.600 2.550 2.425 2.425 2.675 2.725 2.825 2.425 2.400
 [37] 2.625 2.500 2.225 2.550 2.525 2.100 2.275 2.675 2.800
 ...(중간 생략)
[136] 4.775 4.425 4.200 3.900 4.375 4.450 4.350 3.875 4.550
[145] 4.550 4.300 3.925 4.175 4.325 3.950
```

apply(iris[,1:4], 1, mean) 명령문은 iris 데이터셋에서 행 방향으로 진행을 하면서 각 행의 평균mean을 계산하여 출력한다. iris 데이터셋에는 150개의 행이 있기 때문에 이 명령문의 실행 결과는 150개 행에 대한 행별 평균값이다.

Sepal.Length	Sepal.Width	Petal.Length	Petal.Width	
5.1	3.5	1.4	0.2	mean()
4.9	3.0	1.4	0.2	mean()
4.7	3.2	1.3	0.2	
4.6	3.1	1.5	0.2	
5.0	3.6	1.4	0.2	
5.4	3.9	1.7	0.4	
4.6	3.4	1.4	0.3	
5.0	3.4	1.5	0.2	
4.4	2.9	1.4	0.2	
4.9	3.1	1.5	0.1	
5.4	3.7	1.5	0.2	
4.8	3.0	1.4	0.1	
4.8	3.4	1.6	0.1	
4.3	3.0	1.1	0.1	
5.8	4.0	1.2	0.2	mean()

그림 4-2 apply(iris[,1:4], 1, mean)

```
> apply(iris[,1:4], 2, mean)          # col 방향으로 함수 적용
Sepal.Length  Sepal.Width Petal.Length  Petal.Width
    5.843333     3.057333     3.758000     1.199333
```

apply(iris[,1:4], 2, mean) 명령문은 iris 데이터셋에서 열 방향으로 진행을 하면서 각 열의 평균mean을 계산하여 출력한다. 그 결과 4개의 열에 대한 평균이 출력된 것을 확인할 수 있다.

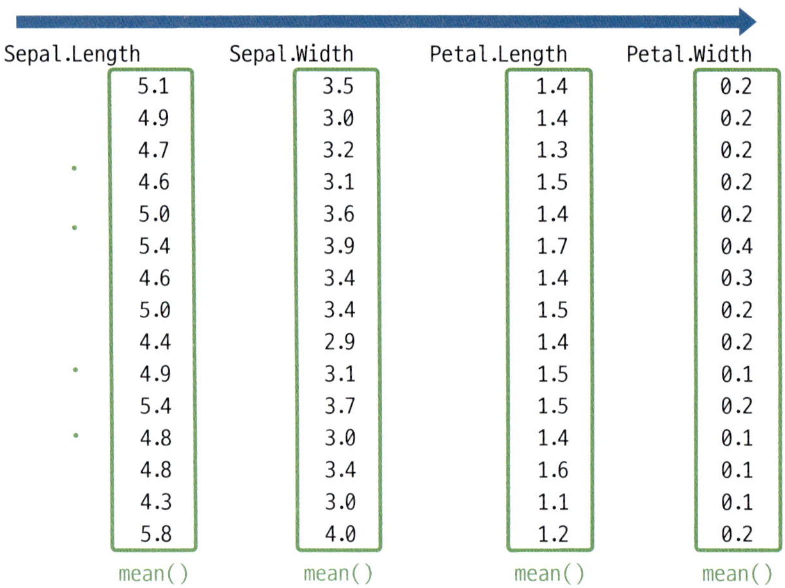

그림 4-3 apply(iris[,1:4], 2, mean)

apply( ) 함수와 유사한 함수로 lapply( ), sapply( ), tapply( ), mapply( ) 함수 등이 있는데 apply( ) 함수를 이해하면 나머지 함수들도 쉽게 사용할 수 있다.

04 사용자 정의 함수

R은 데이터 분석에 사용할 수 있는 수많은 함수들을 제공한다. 또한 사용자들 스스로 자신만의 함수를 만들어 사용할 수 있는 기능을 제공하는데, 이를 **사용자 정의 함수**라고 부른다. 우리가 자주 사용하는 R 코드를 함수 형태로 저장해 놓으면 함수를 호출하는 것만으로도 복잡한 작업을 손쉽게 처리할 수 있다.

1 사용자 정의 함수 만들기

사용자가 함수를 정의하기 위한 문법은 다음과 같다.

```
함수명 <- function(매개변수 목록) {
  실행할 명령문(들)
  return(함수의 실행 결과)
}
```

사용자 정의 함수 만들고 사용하기

[코드 4-16]을 통해 사용자 정의 함수의 문법에 맞추어 두 개의 값을 입력받아 둘 중에서 큰 수를 결과값으로 돌려주는 함수를 작성해보자.

코드 4-16

```
mymax <- function(x,y) {
  num.max <- x
  if (y > x) {
    num.max <- y
  }
  return(num.max)
}
```

만들고자 하는 함수의 이름은 mymax이고, 이 함수가 입력받는 매개변수는 x와 y이다. 코드블록 { } 안에 있는 앞의 2개 명령문은 x와 y 중 큰 값을 num.max에 저장하는 역할을 한다. 그리고 return(num.max)를 통해 num.max를 호출한 곳으로 되돌려주는데, 결과적으로 x와 y 중 큰 값이 반환return 되는 것이다. 이렇게 작성된 함수는 작성 코드 자체를 한 번 실행해주어야 한다. 그 결과 R은 mymax 함수를 기억하게 되고 언제든 필요할 때 호출해서 사용할 수 있다.

TIP R을 종료했다가 다시 시작하면 함수 작성 코드를 다시 실행해서 재기억시켜야 한다.

[코드 4-17]은 [코드 4-16]에서 만든 mymax( ) 함수를 사용하는 예인데, 우리가 알고 있는 sum( ), mean( ) 함수의 사용법과 다르지 않다.

코드 4-17

```
mymax(10,15)
a <- mymax(20,15)
b <- mymax(31,45)
print(a+b)
```

실행 결과

```
> mymax(10,15)
[1] 15
> a <- mymax(20,15)
> b <- mymax(31,45)
> print(a+b)
[1] 65
```

사용자 정의 함수 매개변수에 초기값 설정하기

사용자 정의 함수에서도 매개변수에 초기값default value을 설정할 수 있다. [코드 4-18]은 두 개의 매개변수 x와 y를 입력받아 x/y의 결과값을 반환하는데, 사용자가 y 값을 입력하지 않으면 초기값 y=2를 자동 적용시키는 경우를 보여준다.

코드 4-18

```
mydiv <- function(x,y=2) {
```

```
  result <- x/y
  return(result)
}

mydiv(x=10,y=3)              # 매개변수 이름과 매개변수값을 쌍으로 입력
mydiv(10,3)                  # 매개변수값만 입력
mydiv(10)                    # x에 대한 값만 입력(y 값이 생략됨)
```

실행 결과

```
> mydiv <- function(x,y=2) {
+   result <- x/y
+   return(result)
+ }
>
> mydiv(x=10,y=3)            # 매개변수 이름과 매개변수값을 쌍으로 입력
[1] 3.333333
> mydiv(10,3)                # 매개변수값만 입력
[1] 3.333333
> mydiv(10)                  # x에 대한 값만 입력(y 값이 생략됨)
[1] 5
```

함수가 반환하는 결과값이 여러 개일 때

함수는 일반적으로 결과값을 하나만 **반환**return한다. 여러 개의 값을 반환해야 하는 경우에는 list( ) 함수를 이용하여 여러 개의 결과값을 하나로 묶고, 이것을 반환하면 된다.

[코드 4-19]는 x, y를 입력받아 두 변수의 합과 곱을 list( ) 함수로 묶어서 반환하는 myfunc( ) 함수와 이 함수를 사용한 예를 보여준다.

코드 4-19

```
myfunc <- function(x,y) {
  val.sum <- x+y
  val.mul <- x*y
  return(list(sum=val.sum, mul=val.mul))
```

```
}

result <- myfunc(5,8)
s <- result$sum                 # 5, 8의 합
m <- result$mul                 # 5, 8의 곱
cat('5+8=', s, '\n')
cat('5*8=', m, '\n')
```

실행 결과

```
> myfunc <- function(x,y) {
+   val.sum <- x+y
+   val.mul <- x*y
+   return(list(sum=val.sum, mul=val.mul))
+ }
>
> result <- myfunc(5,8)
> s <- result$sum               # 5, 8의 합
> m <- result$mul               # 5, 8의 곱
> cat('5+8=', s, '\n')
5+8= 13
> cat('5*8=', m, '\n')
5*8= 40
```

2 사용자 정의 함수의 저장 및 호출

사용자 정의 함수의 사용 절차를 정리하면 다음과 같다.

❶ 함수를 작성

❷ 함수를 실행하여 R에 함수를 등록

❸ 필요한 곳에서 함수를 호출

자주 사용하게 될 사용자 정의 함수는 파일에 따로 모아두었다가 필요시 호출하여 사용하는데, 이 과정에 대해 알아본다. 먼저 다음과 같은 함수를 작성한 후 'myfunc.R'이라고 저장하자. 저장 폴더는 D 드라이브에 있는 source 폴더라고 가정한다.

```
mydiv <- function(x,y=2) {
  result <- x/y
  return(result)
}
```

TIP myfunc.R 코드는 소스 파일로 제공한다.

[코드 4-20]은 'myfunc.R'에 저장된 mydiv() 함수를 사용하는 과정이다.

코드 4-20

```
setwd("d:/source")              # myfunc.R이 저장된 폴더
source("myfunc.R")              # myfunc.R 안에 있는 함수 실행

# 함수 사용
a <- mydiv(20,4)                # 함수 호출
b <- mydiv(30,4)                # 함수 호출
a+b
mydiv(mydiv(20,2),5)            # 함수 호출
```

실행 결과

```
> setwd("d:/source")            # myfunc.R이 저장된 폴더
> source("myfunc.R")            # myfunc.R 안에 있는 함수 실행

# 함수 사용
> a <- mydiv(20,4)              # 함수 호출
> b <- mydiv(30,4)              # 함수 호출
> a+b
[1] 12.5
> mydiv(mydiv(20,2),5)          # 함수 호출
[1] 2
```

mydiv() 함수를 호출하기 위해서는 먼저 파일에 있는 mydiv() 함수를 실행해야 하는데 그 명령어가 source("myfunc.R")이다. 이 명령문의 의미는 myfunc.R 파일에 저장되어 있는 함수나 명령문들을 실행하라는 것이다. setwd("d:/source")는 myfunc.R 파일이 위치하는

폴더를 작업 폴더로 지정한다. source("myfunc.R")를 실행하면 mydiv( ) 함수를 사용할 준비가 되는 것이므로 이후에는 필요한 곳에서 호출하여 사용하면 된다.

05 조건에 맞는 데이터의 위치 찾기

조건문, 반복문, 함수 등 프로그래밍 문법을 이용하면 복잡하거나 섬세한 데이터 분석도 가능해진다. 그런데 데이터 분석을 하다 보면 자신이 원하는 데이터가 벡터나 매트릭스, 데이터프레임 안에서 어디에 위치하고 있는지를 알고 싶을 때가 있다. 예를 들어, 50명의 학생 성적이 저장된 벡터가 있는데 가장 성적이 좋은 학생은 몇 번째에 있는지를 알고 싶은 경우이다. 이런 경우 편리하게 사용할 수 있는 함수가 which(), which.max(), which.min() 함수이다.

예제 코드를 통해서 이 함수들의 사용법을 알아보도록 하자. 먼저 [코드 4-21]을 살펴보자.

코드 4-21

```
score <- c(76, 84, 69, 50, 95, 60, 82, 71, 88, 84)
which(score==69)              # 성적이 69인 학생은 몇 번째에 있나
which(score>=85)              # 성적이 85 이상인 학생은 몇 번째에 있나
max(score)                    # 최고 점수는 몇 점인가
which.max(score)              # 최고 점수는 몇 번째에 있나
min(score)                    # 최저 점수는 몇 점인가
which.min(score)              # 최저 점수는 몇 번째에 있나
```

실행 결과

```
> score <- c(76, 84, 69, 50, 95, 60, 82, 71, 88, 84)
> which(score==69)            # 성적이 69인 학생은 몇 번째에 있나
[1] 3
> which(score>=85)            # 성적이 85 이상인 학생은 몇 번째에 있나
[1] 5 9
> max(score)                  # 최고 점수는 몇 점인가
[1] 95
> which.max(score)            # 최고 점수는 몇 번째에 있나
[1] 5
> min(score)                  # 최저 점수는 몇 점인가
```

```
[1] 50
> which.min(score)              # 최저 점수는 몇 번째에 있나
[1] 4
```

[코드 4-21]에서 보는 것처럼 `which()` 함수는 조건에 맞는 값이 벡터 안에서 몇 번째에 위치하고 있는지 알아내는 함수이다. 벡터 안에서 어떤 값의 위치를 인덱스index라고 하는데, `which()`는 찾고자 하는 값의 인덱스를 알아내는 함수이다. 조건에 맞는 값이 여러 개인 경우는 인덱스값도 여러 개 반환된다. `which.max()`는 벡터 안에서 최댓값의 인덱스, `which.min()`은 최솟값의 인덱스를 알아내는 함수이다.

원하는 값들의 인덱스를 알아내면 [코드 4-22]와 같이 여러 가지 작업을 할 수 있다.

코드 4-22

```
score <- c(76, 84, 69, 50, 95, 60, 82, 71, 88, 84)
idx <- which(score<=60)          # 성적이 60 이하인 값들의 인덱스
score[idx] <- 61                 # 성적이 60 이하인 값들은 61점으로 성적 상향 조정
score                            # 상향 조정된 성적 확인

idx <- which(score>=80)          # 성적이 80 이상인 값들의 인덱스
score.high <- score[idx]         # 성적이 80 이상인 값들만 추출하여 저장
score.high                       # score.high의 내용 확인
```

실행 결과

```
> score <- c(76, 84, 69, 50, 95, 60, 82, 71, 88, 84)
> idx <- which(score<=60)        # 성적이 60 이하인 값들의 인덱스
> score[idx] <- 61               # 성적이 60 이하인 값들은 61점으로 성적 상향 조정
> score                          # 상향 조정된 성적 확인
[1] 76 84 69 61 95 61 82 71 88 84
>
> idx <- which(score>=80)        # 성적이 80 이상인 값들의 인덱스
> score.high <- score[idx]       # 성적이 80 이상인 값들만 추출하여 저장
> score.high                     # score.high의 내용 확인
[1] 84 95 82 88 84
```

여기서 잠깐! subset() 함수 활용

[코드 4-22]에서 조건에 맞는 값을 추출하였는데, 이 작업은 subset() 함수를 이용할 수도 있다.

```
score <- c(76, 84, 69, 50, 95, 60, 82, 71, 88, 84)
idx <- which(score>=80)
score.high <- score[idx]
```

다음은 subset() 함수를 이용하여 동일한 결과를 도출하는 코드이다.

```
score <- c(76, 84, 69, 50, 95, 60, 82, 71, 88, 84)
score.high <- subset(score, score>=80)
```

which() 함수는 벡터뿐만 아니라 [코드 4-23]과 같이 매트릭스나 데이터프레임에 적용하여 조건에 맞는 행row의 인덱스를 알아내는 데도 사용된다.

코드 4-23

```
idx <- which(iris$Petal.Length>5.0)          # 꽃잎의 길이가 5.0 이상인 값들의 인덱스
idx
iris.big <- iris[idx,]                       # 인덱스에 해당하는 값만 추출하여 저장
iris.big
```

실행 결과

```
> idx <- which(iris$Petal.Length>5.0)        # 꽃잎의 길이가 5.0 이상인 값들의 인덱스
> idx
 [1]  84 101 102 103 104 105 106 108 109 110 111 112 113 115 116 117 118
[18] 119 121 123 125 126 129 130 131 132 133 134 135 136 137 138 140 141
[35] 142 143 144 145 146 148 149 150
> iris.big <- iris[idx,]                     # 인덱스에 해당하는 값만 추출하여 저장
> iris.big
    Sepal.Length Sepal.Width Petal.Length Petal.Width    Species
84           6.0         2.7          5.1         1.6 versicolor
101          6.3         3.3          6.0         2.5  virginica
102          5.8         2.7          5.1         1.9  virginica
```

```
...(중간 생략)
148          6.5         3.0          5.2         2.0  virginica
149          6.2         3.4          5.4         2.3  virginica
150          5.9         3.0          5.1         1.8  virginica
```

which( ) 함수를 이용하여 매트릭스와 데이터프레임 안에 있는 특정 값의 행과 열의 위치를 알고 싶으면 [코드 4-24]와 같이 arr.ind =TRUE 매개변수를 추가한다.

코드 4-24

```
# 1~4열의 값 중 5보다 큰 값의 행과 열의 위치
idx <- which(iris[,1:4]>5.0, arr.ind =TRUE)
idx
```

실행 결과

```
> idx <- which(iris[,1:4]>5.0, arr.ind =TRUE )
> idx
       row col
  [1,]   1   1
  [2,]   6   1
  [3,]  11   1
  [4,]  15   1
  [5,]  16   1
  [6,]  17   1
  [7,]  18   1
...(중간 생략)
[155,] 144   3
[156,] 145   3
[157,] 146   3
[158,] 148   3
[159,] 149   3
[160,] 150   3
```

요약

01 **프로그래밍**programming이란 컴퓨터를 이용하여 문제를 해결하기 위해 주어진 절차를 문법에 맞게 작성하는 과정이다.

02 **조건문**conditional statement은 조건에 따라 특정 동작을 하도록 하는 프로그래밍 명령문이다. 다시 말해, 조건문은 조건에 따라 실행할 명령문을 달리해야 하는 경우에 사용한다. R에서는 if~else문이 대표적이다.

03 if~else문을 작성할 때 조건에 따라 실행할 명령문이 각각 하나씩이면 ifelse문을 이용하는 것이 편리하다.

04 **반복문**repetitive statement은 정해진 동작을 반복적으로 실행하는 역할을 한다. 즉, 명령문을 여러 번 반복해서 실행할 때 사용한다. 반복문에는 for문과 while문이 대표적이다.

05 반복 횟수가 정해져 있는 경우는 for문을, 정해져 있지 않은 경우는 while문을 사용하는 것이 편리하다.

06 2차원 데이터에 반복문을 적용하는 경우는 for문이나 while문보다 `apply()` 함수의 이용을 권장한다.

07 R은 사용자들이 자신만의 함수를 만들어 사용할 수 있는 기능을 제공하는데, 이를 **사용자 정의 함수**라고 부른다.

■ 문법 및 함수 정리

조건문	

if~else	if(비교 조건) {
	  조건이 참일 때 실행할 명령문(들)
	} else {
	  조건이 거짓일 때 실행할 명령문(들)
	}

ifelse	ifelse(비교 조건, 조건이 참일 때 선택할 값, 조건이 거짓일 때 선택할 값)
반복문	

for	for(반복 변수 in 반복 범위) {
	  반복할 명령문(들)
	}

while	while(비교조건) {
	  반복할 명령문(들)
	}

apply문	
apply	apply(데이터셋, 행/열 방향 지정, 적용 함수)
사용자 정의 함수	

function	함수명 <- function(매개변수 목록) {
	  실행할 명령문(들)
	  return(함수의 실행 결과)
	}

조건에 맞는 데이터의 위치를 찾을 때	
which()	찾고자 하는 값의 인덱스를 알아낸다.
which.max()	벡터 안에서 최댓값의 인덱스를 알아낸다.
which.min()	벡터 안에서 최솟값의 인덱스를 알아낸다.

연습문제

01 다음의 각 문제를 해결하기 위한 R 코드를 작성하시오.

(1) 1~100 사이의 정수 중 3의 배수들의 합과 개수를 구하시오.

(2) 101~200 사이의 숫자 중 3과 4의 공배수를 출력하시오.

(3) 24의 약수를 출력하시오.

(4) 10!을 출력하시오(단, `factorial()` 함수를 이용하지 않는다).

02 for문을 이용하여 다음과 같은 패턴을 출력하는 R 코드를 작성하시오.

```
*
**
***
****
*****
******
```

03 while문을 이용하여 $1^2+2^2+3^2+\cdots+9^2$의 값을 출력하는 R 코드를 작성하시오.

04 다음의 R 코드를 ifelse문으로 재작성하시오.

```
score <- 80
if (score > 60) {
  result <- 'Pass'
} else {
  result <- 'Fail'
}
print(result)
```

05 소수(prime number)는 1과 자기 자신 외에는 나누어 떨어지지 않는 수를 말한다. 2~1,000 사이의 소수를 출력하는 R 코드를 작성하시오.

06 0, 1, 1, 2, 3, 5, 8, 13, 21…… 형태의 수열, 즉 첫 번째 항의 값은 0이고 두 번째 항의 값은 1일 때 이후의 항들은 이전의 두 항을 더한 값으로 만들어지는 수열을 '피보나치 수열'이라고 한다. 0에서부터 시작하여 40개의 피보나치 수열을 출력하는 R 코드를 작성하시오.

07 R의 apply( ) 함수를 이용하여 다음 문제를 해결하는 R 코드를 작성하시오.

(1) iris 데이터셋의 행별 합계를 출력하시오(5번째 열은 제외).

(2) iris 데이터셋의 열별 최댓값을 출력하시오(5번째 열은 제외).

08 R의 apply( ) 함수를 이용하여 다음 문제를 해결하는 R 코드를 작성하시오.

(1) mtcars 데이터셋의 열별 합계를 출력하시오.

(2) mtcars 데이터셋의 열별 최댓값을 출력하시오.

(3) mtcars 데이터셋의 열별 표준편차를 출력하시오.

09 다음과 같이 두 정수를 입력하면 두 수의 최대공약수를 찾아서 반환(return)하는 R 함수 lgm( )을 만들고 테스트하시오.

```
> result <- lgm(10,8)
> result
[1] 2
> result <- lgm(10,20)
> result
[1] 10
```

10 다음과 같이 벡터를 입력하면 벡터의 최댓값과 최솟값을 반환(return)하는 R 함수 maxmin()을 만들고 테스트하시오(반환값이 list임).

```
> v1 <- c(7,1,2,8,9)
> result <- maxmin(v1)
> result$max ; result$min
[1] 9
[1] 1
> result <- maxmin(iris[,1])
> result$max ; result$min
[1] 7.9
[1] 4.3
```

11 10명의 몸무게를 저장한 벡터가 다음과 같을 때 질문을 해결하기 위한 R코드를 작성하시오.

```
weight <- c(69, 50, 55, 71, 89, 64, 59, 70, 71, 80)
```

(1) 몸무게가 가장 큰 값은 몇 번째에 있나?

(2) 몸무게가 가장 작은 값은 몇 번째에 있나?

(3) 몸무게가 61에서 69 사이인 값들은 몇 번째에 있나?

(4) 몸무게가 60 이하인 값들만 추출하여 weight.2에 저장하고 내용을 보이시오.

12 다음의 문제를 해결하기 위한 R 코드를 작성하시오(which() 함수 사용).

(1) mtcars 데이터셋에서 연비(mpg)가 가장 좋은 관측값(행)의 내용을 보이시오.

(2) mtcars 데이터셋에서 자동차 중량(wt)이 2~3 사이인 관측값(행)들의 내용을 보이시오.

(3) mtcars 데이터셋에서 gear의 수가 3인 자동차 모델의 연비(mpg) 평균값을 구하시오.

(4) mtcars 데이터셋에서 자동차 중량(wt)이 5 이상인 자동차 모델 연비(mpg)의 최댓값을 구하시오.

CHAPTER 05

단일변수 자료의 탐색

PREVIEW

분석의 대상이 되는 자료(data)는 그 특징에 따라 다양하게 분류될 수 있다. 이번 장에서는 자료의 종류에는 어떤 것이 있는지 살펴본다. 그리고 가장 단순한 형태의 자료인 단일변수로 구성된 질적자료와 양적자료에 대해서 분석하는 방법을 학습한다.

1절에서는 자료를 그 특성에 따라 분류한 범주형 자료와 연속형 자료, 변수의 개수에 따라 분류한 단일변수 자료와 다중변수 자료에 대해 알아본다.

2절에서는 단일변수 범주형 자료를 탐색하기 위한 도수분포표, 막대그래프, 원그래프의 작성 방법에 대해 R을 통하여 실습한다.

3절에서는 단일변수 연속형 자료를 탐색하기 위해 평균, 중앙값, 절사평균, 사분위수, 산포를 구하는 방법에 대해 R을 이용하여 학습한다. 또한, 히스토그램과 상자그림을 작성하는 방법도 실습한다. 마지막으로 단일변수 자료 중에 그룹 정보가 포함되어 있는 자료를 상자그림으로 표현하는 방법도 알아본다.

01 자료의 종류

데이터 분석에 관한 서적들을 살펴보면 대부분의 경우 분석 대상이 되는 자료data를 분류하는 설명으로 시작한다. 그 이유는 자료의 종류에 따라서 적용할 수 있는 분석 방법이 달라지기 때문이다. 따라서 분석을 해야 할 자료를 가지고 있을 때 1차적으로 해야 할 일은 그 자료가 어떤 분류에 속하는지 파악하는 일이다.

1 자료의 특성에 따른 분류

[그림 5-1]에서 보는 바와 같이 분석 대상이 되는 자료의 특성에 따라 범주형 자료와 연속형 자료로 분류할 수 있다.

범주형 자료(categorical data)	**연속형 자료(numerical data)**
질적자료(qualitative data)	양적자료(quantitative data)

그림 5-1 자료의 특성에 따른 분류

범주형 자료

범주형 자료categorical data는 질적자료qualitative data라고도 부르며, 성별과 같이 범주 또는 그룹으로 구분될 수 있는 값으로 구성된 자료를 말한다. 범주형 자료의 값들은 기본적으로 숫자로는 표현할 수 없고, 대소大小 비교나 산술연산이 적용되지 않는다. 범주형 자료의 예는 [표 5-1]과 같다.

표 5-1 범주형 자료의 예

범주형 자료	범주형 자료의 표현
성별	M, F, F, M, M, M, F
혈액형	A, B, O, AB, B, A, O

선호하는 색	빨강, 파랑, 노랑, 빨강, 초록, 검정
찬성 여부	YES, NO, NO, YES, NO

[표 5-1]에서 보는 바와 같이 범주형 자료는 대체로 문자형 값을 갖는다. 위의 값들을 이용해 산술연산을 할 수 없다는 사실은 금방 이해가 될 것이다. 그런데 어떤 경우에는 다음과 같이 범주형 자료를 숫자로 표현하는 경우가 있다.

- 성별 : 0, 1
- 혈액형 : 1, 2, 3, 4

성별을 나타낼 때 남성은 0, 여성은 1로 표현하기도 하는데 0과 1이 숫자라고 해서 산술연산을 적용할 수 있는 것은 아니다. 예를 들어 10명의 성별을 0과 1로 표현한 자료가 있다고 했을 때 평균을 계산해서 3.5라는 값을 얻을 수는 있지만, 이 값은 아무 의미도 없는 값이다. 따라서 범주형 자료를 숫자로 표기했다고 해서 계산이 가능한 연속형 자료가 되는 것은 아니다.

연속형 자료

연속형 자료numerical data는 양적자료quantitative data라고도 부르며, 크기가 있는 숫자들로 구성된 자료를 말한다. 연속형 자료의 예는 [표 5-2]와 같다.

표 5-2 연속형 자료의 예

연속형 자료	연속형 자료의 표현
몸무게	57.4, 64.1, 71.0, 65.1, 90.1
키	162, 180, 174, 171, 181, 167
일평균 온도	19.1, 20.5, 20.5, 21.1, 22.0
자녀의 수	0, 2, 1, 3, 0, 1, 2

연속형 자료의 값들은 대소大小 비교가 가능하고, 평균, 최댓값, 최솟값과 같은 산술연산이 가능하기 때문에 다양한 분석 방법이 존재한다.

통계학에서는 범주형 자료와 연속형 자료를 보다 세분화하여 분류하는데, 입문 단계에서는 두 가지만 분류할 수 있어도 충분하다.

TIP 앞으로 특정한 주제로 값을 모아 놓은 것 전체는 **자료**(data), 자료에 포함된 값들을 가리킬 때는 **관측값**이라고 부르기로 한다.

2 변수의 개수에 따른 분류

변수의 개수에 따른 분류를 설명하기 이전에 앞에서 나온 **변수**variable라는 용어를 다시 한번 이해할 필요가 있다. 통계학에서 말하는 변수는 우리가 R에서 배운 변수와는 의미상 다소 차이가 있다. 통계학에서의 변수는 우리가 **연구, 조사, 관찰하고 싶은 대상의 특성**을 말하며, 키, 몸무게, 혈액형, 매출액, 습도, 미세먼지 농도 등이 이에 속한다.

[그림 5-2]에서 보는 바와 같이 변수의 개수에 따라 **단일변수 자료**와 **다중변수 자료**로 분류할 수 있다.

단일변수 자료(univariate data)	**다중변수 자료(multivariate data)**
일변량 자료	다변량 자료

그림 5-2 변수의 개수에 따른 분류

단일변수 자료univariate data는 하나의 변수로만 구성된 자료를 말하며, '일변량 자료'라고도 부른다. **다중변수 자료**multivariate data는 두 개 이상의 변수로 구성된 자료를 말하며, '다변량 자료'라고도 부른다. 특별히 두 개의 변수로 구성된 자료를 '이변량 자료bivariate data'라고 한다. [그림 5-3]은 단일변수 자료와 다중변수 자료의 예를 보여준다.

몸무게
62.4
65.3
59.8
46.5
49.8
58.7

(a) 단일변수 자료

키	몸무게	성별
168.4	62.4	M
169.5	65.3	F
172.1	59.8	F
185.2	46.5	M
173.7	49.8	M
175.2	58.7	F

(b) 다중변수 자료

그림 5-3 단일변수 자료와 다중변수 자료

[그림 5-3]은 학생 6명의 정보를 수집해 놓은 것이다. [그림 5-3](a)는 '몸무게'라고 하는 하나의 주제에 대한 값을 모아 놓았고, [그림 5-3](b)는 '키', '몸무게', '성별'이라는 3개의 주제에 대한 값을 모아 놓은 것을 알 수 있다. R에서는 **단일변수 자료는 벡터에, 다중변수 자료는 매트릭스 또는 데이터프레임에 저장**하여 분석을 진행한다. 앞으로 매트릭스 또는 데이터프레임 형태의 자료를 보게 되면 하나의 열column이 하나의 변수를 나타낸다고 보면 된다. 따라서 '열의 개수 == 변수의 개수'가 성립한다.

TIP 통계학 서적이나 데이터 분석에 관련된 서적에서는 단일변수 자료, 다중변수 자료라는 용어보다는 일변량 자료, 다변량 자료라는 용어가 많이 사용된다. 본 교재는 입문서임을 고려하여 보다 이해가 쉬운 단일변수 자료, 다중변수 자료라는 용어를 사용하기로 한다.

데이터의 특성에 따른 분류와 변수의 개수에 따른 분류를 조합하면 [그림 5-4]와 같이 4가지의 경우의 수가 존재하며, 각각 서로 다른 분석 방법들이 있다. 앞으로 하나하나의 경우에 대한 분석 방법을 알아보도록 하자.

그림 5-4 **변수의 개수와 자료의 특성에 따른 분류**

02 단일변수 범주형 자료의 탐색

앞 절에서 학습한 바와 같이 단일변수 범주형 자료(또는 일변량 질적자료)는 특성이 하나이면서 자료의 특성이 범주형인 자료를 말한다. 범주형 자료는 크기를 갖지 않기 때문에 평균을 계산하거나 대소를 비교하는 등의 연산을 할 수가 없다. 범주형 자료에 대해서 할 수 있는 기본적인 작업은 자료에 포함된 **관측값들의 종류별로 개수를 세는 것**이다. 그러면 종류별로 비율을 알 수 있고, 이 결과를 이용하여 막대그래프나 원그래프를 작성할 수 있다.

다음의 예시 자료는 학생 10명이 선호하는 계절을 조사한 결과이다. 이 자료는 '선호 계절'이라는 단일 특성에 대해 자료를 수집했기 때문에 **단일변수 자료**이고, SPRING, SUMMER, FALL, WINTER는 크기를 측정할 수 없기 때문에 **범주형 자료**이다. 이 자료를 분석해보자.

WINTER	SUMMER	SPRING	SUMMER	SUMMER
FALL	FALL	SUMMER	SPRING	SPRING

1 도수분포표의 작성

위와 같은 형태의 자료를 분석하기 위해서는 먼저 종류별로 개수를 세고, 종류별 비율을 계산해야 한다. [코드 5-1]은 이 작업을 수행하는 R 코드이다.

코드 5-1

```
favorite <- c('WINTER', 'SUMMER', 'SPRING', 'SUMMER', 'SUMMER',
              'FALL', 'FALL', 'SUMMER', 'SPRING', 'SPRING')
favorite                              # favorite의 내용 출력
table(favorite)                       # 도수분포표 계산
table(favorite)/length(favorite)      # 비율 출력
```

[코드 5-1]의 실행 결과를 나누어 설명하면 다음과 같다.

```
> favorite <- c('WINTER', 'SUMMER', 'SPRING', 'SUMMER', 'SUMMER',
+               'FALL', 'FALL', 'SUMMER', 'SPRING', 'SPRING')
> favorite
 [1] "WINTER" "SUMMER" "SPRING" "SUMMER" "SUMMER" "FALL"   "FALL"
 [8] "SUMMER" "SPRING" "SPRING"
```

자료를 분석하기 위해 favorite이라는 이름의 벡터에 자료를 저장한다. 이와 같이 단일변수 자료는 벡터에 저장하여 분석하는 것이 일반적이다. 10개의 자료값이 favorite에 저장되어 있음을 알 수 있다.

```
> table(favorite)                        # 도수분포표 계산
favorite
  FALL SPRING SUMMER WINTER
     2      3      4      1
```

table() 함수는 벡터에 저장된 범주형 자료에 대해 자료값의 종류별로 도수분포표를 계산해 주는 함수이다. 실행 결과에서 favorite은 자료가 저장된 벡터의 이름이고, 아래쪽은 4계절에 대해 선호 빈도를 계산해서 나타낸 것이다. 선호 빈도를 보면 SUMMER가 4명으로 가장 많고, WINTER가 1명으로 가장 적다. 이와 같이 도수분포는 각 자료의 종류별로 빈도를 파악할 수 있도록 해준다.

```
> table(favorite)/length(favorite)   # 비율 출력
favorite
  FALL SPRING SUMMER WINTER
   0.2    0.3    0.4    0.1
```

이 명령어는 각 관측값의 종류별 비율을 계산하는 작업을 수행한다. 도수분포표에 있는 각 빈도를 자료의 전체 개수 length(favorite)로 나누면 비율을 계산할 수 있다. 실행 결과에서 0.2는 20%, 0.4는 40%와 같이 백분율을 의미한다. SUMMER를 좋아하는 사람은 전체의 40%, WINTER를 좋아하는 사람은 전체의 10%임을 알 수 있다.

❷ 막대그래프의 작성

도수분포표를 작성하는 것만으로도 단일변수 범주형 자료가 포함하고 있는 정보를 파악할 수 있지만, 이 결과를 이용해 막대그래프를 작성하여 정보를 시각화하면 정보의 파악이 더욱 쉬워진다. 선호 계절에 대한 도수분포표의 내용을 막대그래프로 나타내어 보자. [코드 5-1]에 이어 [코드 5-2]를 실행한다.

코드 5-2

```
ds <- table(favorite)
ds
barplot(ds, main='favorite season')
```

[코드 5-2]의 실행 결과를 나누어 설명하면 다음과 같다.

```
> ds <- table(favorite)
> ds
favorite
  FALL SPRING SUMMER WINTER
     2      3      4      1
```

table() 함수를 통해 계산한 도수분포표를 ds라는 이름의 변수에 저장하는 명령어이다. ds의 내용을 확인해보면 도수분포표가 들어 있음을 알 수 있다.

```
> barplot(ds, main='favorite season')
```

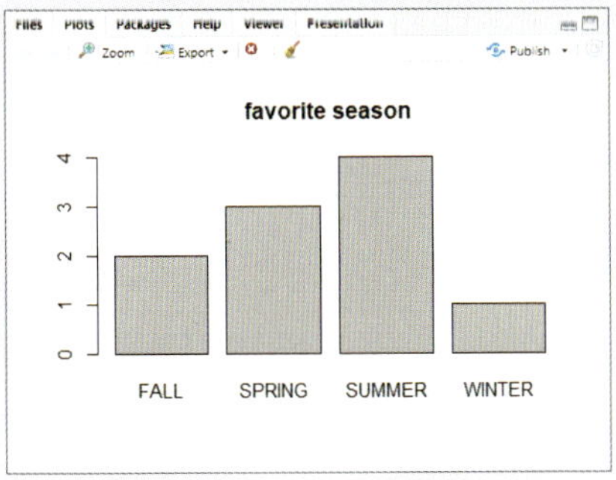

barplot() 함수는 막대그래프를 작성하는 함수로 도수분포표를 기본적인 입력 매개변수로 받아들인다. main은 막대그래프 상단에 표시된 타이틀을 지정하는 매개변수로, [코드 5-2]의 경우 'favorite season' 문자열을 입력값으로 하고 있다. 이 함수의 실행 결과로 출력되는 막대그래프는 R스튜디오 우측 하단의 플롯Plots 창에서 확인할 수 있다. 그래프를 보면 x축에는 관측값의 종류를 나타내는 4계절의 이름이 나타나고, y축은 선호 빈도를 나타낸다. barplot() 함수는 다양한 매개변수를 가질 수 있으며, 매개변수값에 따라 막대의 색을 다르게 하거나 x축, y축의 레이블을 지정할 수도 있다. R스튜디오에서 플롯 창의 크기가 너무 작으면 그래프가 출력되지 않고 에러 메시지가 나타나는 경우가 있으니, 그래프가 출력될 수 있을 만큼 플롯 창을 충분히 크게 조정한다.

여기서 잠깐! 도수분포표 데이터의 순서 정렬

도수분포표에 있는 계절 이름의 순서를 보면 알파벳 순서로 정렬되어 있다. 그런데 이 데이터의 순서를 봄, 여름, 가을, 겨울 순으로 바꾸려면 어떻게 하면 될까? 다음과 같이 실행하면 된다.

```
> ds
favorite
  FALL SPRING SUMMER WINTER
     2      3      4      1
> ds.new <- ds[c(2,3,1,4)]
> ds.new
favorite
SPRING SUMMER   FALL WINTER
     3      4      2      1
```

ds[c(2,3,1,4)]는 ds 벡터에 있는 자료값을 두 번째, 세 번째, 첫 번째, 네 번째의 순서로 새로운 벡터를 만들어주는 명령어이다. 이와 같은 방식으로 도수분포표의 데이터 순서를 정렬할 수 있다.

3 원그래프의 작성

원그래프는 하나의 원 안에서 각 자료값이 차지하는 비율을 넓이로 나타낸 그래프이다. R에서는 도수분포표로부터 쉽게 원그래프를 작성할 수 있다. [코드 5-3]을 실행해보자.

코드 5-3

```
ds <- table(favorite)
ds
pie(ds, main='favorite season')
```

실행 결과

```
> ds <- table(favorite)
> ds
favorite
  FALL SPRING SUMMER WINTER
     2      3      4      1
> pie(ds, main='favorite season')
```

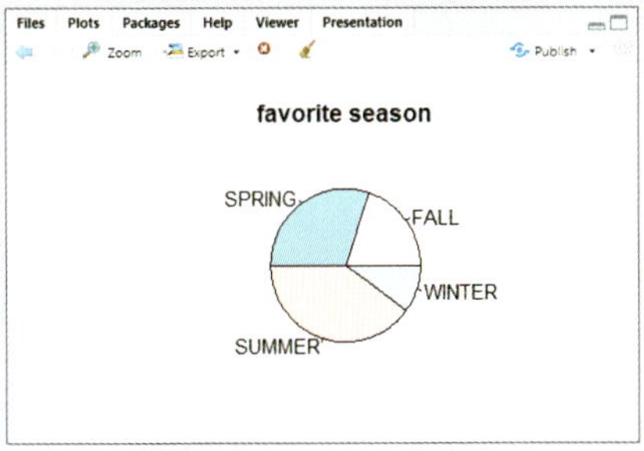

원그래프를 그리는 함수 이름은 pie()이며 실행 방법은 barplot() 함수와 유사하다. 이 함수의 실행 결과로 출력되는 원그래프는 R스튜디오 우측 하단의 플롯 창에서 확인할 수 있다.

4 숫자로 표현된 범주형 자료

범주형 자료는 성별을 나타내는 M, F와 같이 문자 또는 문자열로 관측값이 표현되지만, 이것을 숫자로 표현하는 경우도 있다. 예를 들어 남성은 1, 여성은 2로 표현할 수 있는데, 이렇게 표현한 자료는 외관상으로는 숫자 데이터이지만 연산이나 대소 비교는 의미가 없다. 1<2이면 남성<여성인데 이것은 아무 의미 없는 비교라고 할 수 있다. 따라서 숫자 형태의 범주형 자료도 문자 형태의 범주형 자료와 마찬가지로 도수분포를 계산한 후 막대그래프와 원그래프를 그려서 자료의 내용을 확인하면 된다.

다음은 학생 15명이 선호하는 색을 조사한 자료이다.

```
2, 3, 2, 1, 1, 2, 2, 1, 3, 2, 1, 3, 2, 1, 2
(1=초록, 2=빨강, 3=파랑)
```

위에서 조사한 자료를 [코드 5-4]에서 단순 막대그래프, 색을 지정한 막대그래프, 색을 지정한 원그래프로 시각화하여 분석해보자.

코드 5-4

```
favorite.color <- c(2, 3, 2, 1, 1, 2, 2, 1, 3, 2, 1, 3, 2, 1, 2)
ds <- table(favorite.color)
ds
barplot(ds, main='favorite color')
colors <- c('green', 'red', 'blue')
names(ds) <- colors                # 자료값 1,2,3을 green, red, blue로 변경
ds
barplot(ds, main='favorite color', col=colors)      # 색 지정 막대그래프
pie(ds, main='favorite color', col=colors)          # 색 지정 원그래프
```

실행 결과

```
> favorite.color <- c(2, 3, 2, 1, 1, 2, 2, 1, 3, 2, 1, 3, 2, 1, 2)
> ds <- table(favorite.color)
> ds
favorite.color
1 2 3
5 7 3
> barplot(ds, main='favorite color')
```

```
> colors <- c('green', 'red', 'blue')
> names(ds) <- colors          # 자료값 1,2,3을 green, red, blue로 변경
> ds
green   red  blue
    5     7     3
> barplot(ds, main='favorite color', col=colors)     # 색 지정 막대그래프
```

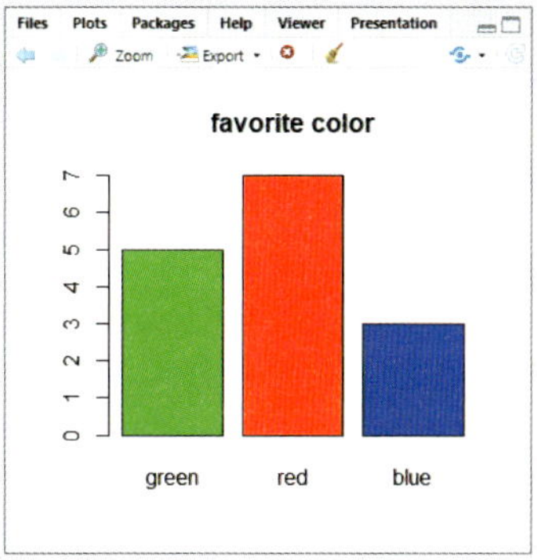


```
> pie(ds, main='favorite color', col=colors)          # 색 지정 원그래프
```

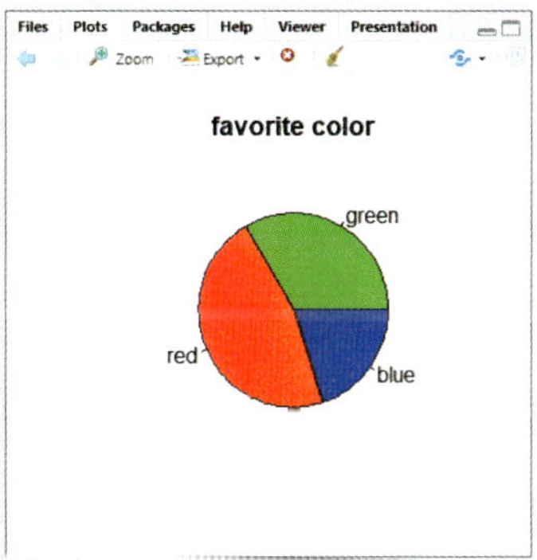

2절에서는 단일변수 범주형 자료를 분석하는 방법에 대해 살펴보았다. 범주형 자료의 값은 크기를 갖지 않기 때문에 도수분포를 계산한 다음 이를 막대그래프나 원그래프로 시각화하여 자료의 내용을 파악하면 된다.

여기서 잠깐! 플롯 창의 Zoom 아이콘과 Export 아이콘

R스튜디오에서 그래프를 그리면 그래프가 R스튜디오 화면 안에 출력된다. 여기서 플롯(Plots) 창에 있는 Zoom 아이콘을 클릭하면 팝업창에 독립적으로 그래프가 나타나며, 이 팝업창의 크기도 조절할 수 있다.

Export 아이콘을 클릭하면 그래프를 이미지 파일이나 PDF 파일 형태로 저장할 수 있으며, 클립보드에 복사했다가 파워포인트(.pptx)나 아래한글(.hwp)과 같은 파일 안으로 붙여 넣을 수도 있다.

그림 5-5 Zoom 아이콘의 활용

03 단일변수 연속형 자료의 탐색

연속형 자료는 관측값들이 크기를 가지기 때문에 범주형 자료에 비해 다양한 분석 방법이 존재한다. 연속형 자료 분석의 기초가 되는 단일변수 자료 탐색에 대해 살펴보도록 하자.

1 평균과 중앙값

여러분이 학교 선생님이라면 중간고사나 기말고사 시험의 채점이 끝나고 나서 제일 먼저 하는 일이 과목의 평균 점수가 얼마나 되는지 계산하는 일일 것이다. 그런데 왜 평균을 제일 먼저 계산할까? 그것은 평균을 알면 해당 시험이 학생들에게 어려웠는지 쉬웠는지 판가름할 수 있고, 학생들의 학업 성취도가 어느 정도인지를 가늠할 수 있기 때문이다. 또한 학급별로 성취도 차이를 비교할 수도 있다. 이와 같이 평균은 하나의 값으로 전체 학생들의 성적을 **대표할 수 있는 값**이기 때문에 중요한 의미를 갖는다.

평균mean을 계산하는 방법은 매우 간단하다. 다음 식과 같이 자료의 값들을 모두 합산한 후 값들의 개수로 나누면 된다.

$$\bar{x} = \frac{1}{n} \cdot \sum_{i=1}^{n} x_i$$

평균과 유사한 것으로 중앙값이 있다. **중앙값**median은 자료의 값들을 크기순으로 일렬로 줄 세웠을 때 가장 중앙에 위치하는 값이 중앙값이 된다. 평균과 중앙값은 같을 수도 있지만 대부분의 경우는 다르다.

다음의 예를 보면서 평균과 중앙값의 특징을 알아보자. [그림 5-6]은 7명 학생들의 몸무게 자료이다. 평균을 구하면 72.6으로 오른쪽으로 매우 치우친 결과를 보인다. 그 이유는 7명의 학생들 중에 몸무게가 120인 학생이 한 명 있어서, 이 학생의 영향을 크게 받아 전체 평균이 높아진 것이다. 이와 같이 평균은 일부 큰 값이나 작은 값들에 영향을 많이 받는다. 7명 학생의 몸무게가 비슷하다면 평균 몸무게가 전체를 대표하는 값으로 의미가 있지만, 특이한 값이 있으면 평균이 치우치게 되고 전체를 대표하기가 어려워진다. 평균을 보고 7명의 학생들 몸무게가 대체로 72.6kg이라고 판단하는 것은 옳지 못하다. 이런 경우 유용한 것이 바로 중앙값이다. 중앙값은 [그림 5-6]에서 보는 것처럼 특이한 값에 크게 영향을 받지 않는다. 따라서 [그림 5-6]과 같은 경우라면 중앙값이 평균보다 전체를 대표하는 데 더 적합할 수 있다.

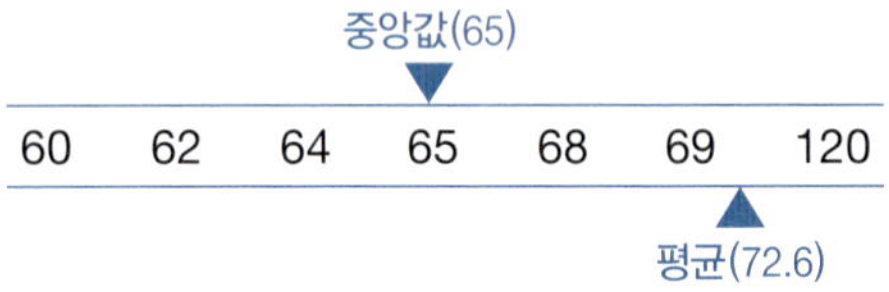

그림 5-6 평균과 중앙값

평균이 자료 내에 있는 너무 작거나 큰 관측값의 영향을 받는 것을 완화시키기 위해 **절사평균**이 제안되었다. **절사평균**trimmed mean은 자료의 관측값들 중에서 작은 값들의 하위 n%와 큰 값들의 상위 n%를 제외하고 중간에 있는 나머지 값들만 평균을 계산하는 방식이다.

이와 같이 평균, 절사평균, 중앙값은 각각 특징이 있으므로 본인이 분석하고자 하는 자료에 어떤 방법을 적용하는 것이 좋을지 스스로 판단할 필요가 있다. 세 가지 방법을 모두 적용하여 그 결과를 비교하는 것도 의미가 있다. [코드 5-5]를 보면서 R이 제공하는 평균 관련 함수들을 학습해보자.

코드 5-5

```
weight <- c(60, 62, 64, 65, 68, 69)
weight.heavy <- c(weight, 120)
weight
weight.heavy

mean(weight)                     # 평균
mean(weight.heavy)               # 평균

median(weight)                   # 중앙값
median(weight.heavy)             # 중앙값

mean(weight, trim=0.2)           # 절사평균(상하위 20% 제외)
mean(weight.heavy,trim=0.2)      # 절사평균(상하위 20% 제외)
```

[코드 5-5]의 실행 결과를 나누어 설명하면 다음과 같다.

```
> weight <- c(60, 62, 64, 65, 68, 69)
> weight.heavy <- c(weight, 120)
> weight
[1] 60 62 64 65 68 69
> weight.heavy
[1]  60  62  64  65  68  69 120
```

비슷한 값들이 저장되어 있는 벡터 weight와 weight.heavy를 생성하고 내용을 출력한다. weight.heavy에 특이값 120이 포함되어 있는 것을 제외하면 weight와 weight.heavy는 동일한 값들이 저장되어 있다.

```
> mean(weight)                          # 평균
[1] 64.66667
> mean(weight.heavy)                    # 평균
[1] 72.57143
```

두 개의 벡터에 저장된 값들의 평균이 큰 차이가 나는데, 이는 weight.heavy에 있는 값 120의 영향 때문이다.

```
> median(weight)                        # 중앙값
[1] 64.5
> median(weight.heavy)                  # 중앙값
[1] 65
```

두 벡터의 중앙값에는 큰 차이가 없음을 알 수 있다. 즉, 중앙값은 특이값의 영향을 덜 받는다.

```
> mean(weight, trim=0.2)                # 절사평균(상하위 20% 제외)
[1] 64.75
> mean(weight.heavy,trim=0.2)           # 절사평균(상하위 20% 제외)
[1] 65.6
```

매개변수 `trim`은 상하위 값들을 몇 % 정도 제외하고 평균을 구할 것인지 지정하는 역할을 한다. `trim=0.2`는 상하위 각 20%를 제외하고 평균을 구하라는 의미이다. 절사평균은 특이값을 제외하고 나머지 값들로 평균을 구하기 때문에 두 벡터의 절사평균값은 큰 차이가 없다.

2 사분위수

사분위수quartile란 주어진 자료에 있는 값들을 크기순으로 나열했을 때 이것을 4등분하는 지점에 있는 값들을 의미한다. 자료에 있는 값들을 4등분하면 등분점이 3개 생기는데, 앞에서부터 '1사분위수(Q1)', '2사분위수(Q2)', '3사분위수(Q3)'라고 부르며, 2사분위수(Q2)는 중앙값과 동일하다. 전체 자료를 4개로 나누었기 때문에 4개의 구간에는 각각 25%의 자료가 존재한다. [그림 5-7]은 사분위수의 예를 보여준다.

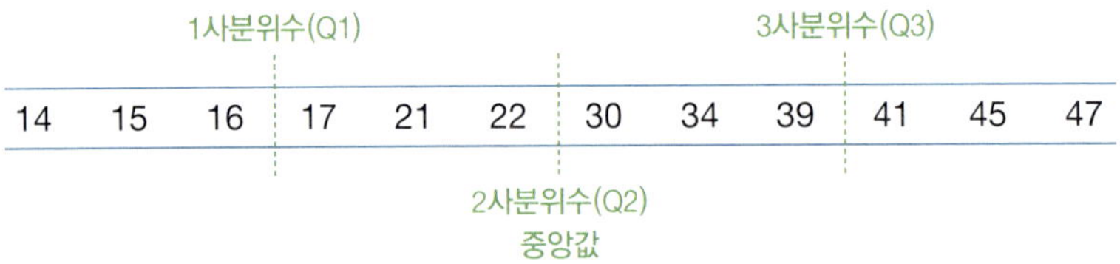

그림 5-7 사분위수의 예

평균이나 중앙값이 하나의 값으로 전체의 특성을 추정해볼 수 있는 도구인 것처럼 사분위수는 세 개의 값으로 전체의 특성을 추정하는 데 사용되며, 하나의 값 보다는 세 개의 값으로 전체의 특성을 추정하기 때문에 보다 많은 정보를 줄 수 있다.

예를 들어, 100명의 학생을 대상으로 영어 시험을 본 결과에 대해 사분위수를 구하였더니 Q1=60, Q2=80, Q3=90이라고 가정해보자. 이 결과로부터 유추할 수 있는 사실은 다음과 같다.

- 25명의 학생은 성적이 60점 미만이다.
- 25명의 학생은 성적이 60점~80점 사이이다.
- 25명의 학생은 성적이 80점~90점 사이이다.
- 25명의 학생은 성적이 90점 이상이다.
- 90점 이상인 학생이 25명이나 되기 때문에 이번 영어 시험은 매우 쉬웠다.

• 전체 50%의 학생이 80점 이상의 성적을 받았다.

이와 같이 평균이나 중앙값에 비해 사분위수는 보다 풍부한 해석이 가능하다. [코드 5-6]을 통해 R에서 제공하는 사분위수 함수를 실습해보자.

코드 5-6

```
mydata <- c(60, 62, 64, 65, 68, 69, 120)
quantile(mydata)
quantile(mydata, (0:10)/10)          # 10% 단위로 구간을 나누어 계산
summary(mydata)
```

[코드 5-6]의 실행 결과를 나누어 설명하면 다음과 같다.

```
> mydata <- c(60, 62, 64, 65, 68, 69, 120)
> quantile(mydata)
   0%   25%   50%   75%  100%
 60.0  63.0  65.0  68.5 120.0
```

mydata에 7개의 값을 저장하고 quantile() 함수를 통해 사분위수를 구한다. 25%, 50%, 75%에 해당하는 값이 사분위수이고, 0%는 mydata의 최솟값, 100%는 mydata의 최댓값을 나타낸다.

```
> quantile(mydata, (0:10)/10)          # 10% 단위로 구간을 나누어 계산
   0%   10%   20%   30%   40%   50%   60%   70%   80%   90%  100%
 60.0  61.2  62.4  63.6  64.4  65.0  66.8  68.2  68.8  89.4 120.0
```

quantile() 함수의 매개변수 중 (0:10)/10 부분이 구간을 몇 개로 나눌지 지정하는 것이다. 사분위수는 전체 자료를 네 개의 구간으로 나누지만 경우에 따라 더 세분화하여 나눌 필요가 있을 수 있다. (0:10)/10의 의미는 0~10의 정수를 10으로 나누라는 것이고, 결과는 0.1~1.0까지의 값이 되는데 이것을 백분율로 환산하면 10%~100%가 된다. 그렇기 때문에 10% 단위로 구간을 나누어 결과값이 출력된다.

```
> summary(mydata)
   Min. 1st Qu.  Median    Mean 3rd Qu.    Max. 
  60.00   63.00   65.00   72.57   68.50  120.00 
```

사분위수를 구할 때 가장 일반적으로 사용되는 함수가 summary( ) 함수이다. summary( ) 함수는 사분위수(1st Qu., Median, 3rd Qu.)에 최댓값(Max.), 최솟값(Min.), 평균(Mean)을 함께 출력하기 때문에 편리하다.

3 산포

산포distribution란 주어진 자료에 있는 값들이 퍼져 있는 정도(흩어져 있는 정도)를 말하며, 자료를 파악할 수 있는 중요한 특징 중의 하나이다. 산포는 수학 시간에 배운 **분산**variance과 **표준편차**standard deviation를 이용해 파악할 수 있다. 다음과 같이 분산(s^2)은 주어진 자료의 각각의 값(X_i)들이 평균($\bar{x}$)으로부터 떨어져 있는 정도를 계산하여 합산한 후 값들의 개수로 나누어 계산하고, 표준편차(s)는 분산의 제곱근으로 계산한다.

$$s^2 = \frac{1}{n-1}\sum_{i=1}^{n}(X_i - \bar{X})^2$$

$$s = \sqrt{s^2}$$

어떤 자료의 분산과 표준편차가 작다는 의미는 자료의 관측값들이 평균값 부근에 모여 있다는 뜻이고, 분산과 표준편차가 크다는 의미는 자료의 관측값들이 평균값으로부터 멀리 흩어져서 분포한다는 것을 의미한다. [코드 5-7]을 통해 R에서 제공하는 산포 관련 함수들을 학습해보자.

코드 5-7

```
mydata <- c(60, 62, 64, 65, 68, 69, 120)
var(mydata)                          # 분산
sd(mydata)                           # 표준편차
range(mydata)                        # 값의 범위
diff(range(mydata))                  # 최댓값, 최솟값의 차이
```

[코드 5-7]의 실행 결과를 나누어 설명하면 다음과 같다.

```
> var(mydata)                  # 분산
[1] 447.2857
> sd(mydata)                   # 표준편차
[1] 21.14913
```

var() 함수는 분산을, sd() 함수는 표준편차를 계산하는 함수이다.

```
> range(mydata)                # 값의 범위
[1] 60 120
```

range() 함수는 자료의 관측값들이 어떤 범위에 있는지 보여주는 함수로, 최솟값(60)과 최댓값(120)을 출력한다.

```
> diff(range(mydata))          # 최댓값, 최솟값의 차이
[1] 60
```

diff() 함수는 두 값 사이의 차이를 알려주는 함수이다. range(mydata)가 최솟값과 최댓값을 포함하므로 위 명령문은 자료에서 최댓값과 최솟값의 차이를 보여준다. 이 값이 의미 있는 이유는 최댓값과 최솟값의 차이가 크면 관측값들이 넓게 퍼져 있다는 의미가 되고, 차이가 작으면 좁게 모여 있다는 뜻이기 때문이다.

4 히스토그램

히스토그램histogram은 외관상 막대그래프와 비슷한 그래프로 연속형 자료의 분포를 시각화할 때 사용한다. 막대그래프를 그리려면 값의 종류별로 개수를 셀 수 있어야 하는데, 키와 몸무게 등의 자료는 값의 종류라는 개념이 없어서 종류별로 개수를 셀 수 없다. 대신에 연속형 자료에서는 구간을 나누고 구간에 속하는 값들의 개수를 세는 방법을 사용한다. 예를 들어, 키의 경우 구간을 160 미만, 161~170, 171~180, 180 이상 등과 같이 나누고 각각의 구간에 해당하는 값들이 몇 개씩 있는지 세어서 이를 바탕으로 그래프를 그리는 방식이다. R에서는 hist() 함수를 이용하여 히스토그램을 작성하는데, [코드 5-8]을 통해 확인해보자.

코드 5-8

```
dist <- cars[,2]                          # 자동차 제동거리
hist(dist,                                # 자료(data)
     main="Histogram for 제동거리",       # 제목
     xlab ="제동거리",                    # x축 레이블
     ylab="빈도수",                       # y축 레이블
     border="blue",                       # 막대 테두리색
     col="green",                         # 막대 색
     las=2,                               # x축 글씨 방향(0~3)
     breaks=5)                            # 막대 개수 조절
```

실행 결과

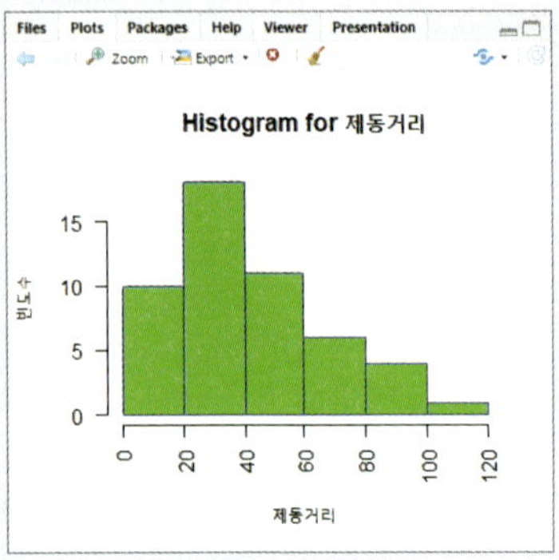

hist( ) 함수에서 매개변수 las는 x축에 표시되는 값들(0, 20, 40, 60, 80, 100, 120)의 출력 방향을 조절하는 역할을 한다. 출력을 가로 방향, 세로 방향 등으로 조절할 수 있는데 las=2일 때 글씨는 세로 방향으로 출력된다. 매개변수 breaks는 구간을 몇 개로 나눌지(막대를 몇 개로 할지)를 조절한다. breaks의 값이 커지면 구간의 개수도 늘어나고, breaks의 값이 작아지면 구간의 개수도 줄어든다.

hist( ) 함수의 결과를 보면 제동거리가 20~40 사이에 있는 것이 대략 18개 정도로 가장 빈도수가 높은 것을 알 수 있다. 이와 같이 히스토그램은 관측값들이 어느 구간에 분포하는지 쉽게 파악할 수 있도록 해준다.

여기서 잠깐! 막대그래프와 히스토그램 비교

히스토그램은 외관상 막대그래프와 유사하다. 일반적으로 막대 사이에 간격이 있으면 막대그래프, 간격 없이 막대들이 붙어 있으면 히스토그램으로 생각하여 구분할 수 있다. 또한 막대그래프에서는 막대의 면적이 의미가 없지만 히스토그램에서는 막대의 면적도 의미가 있다.

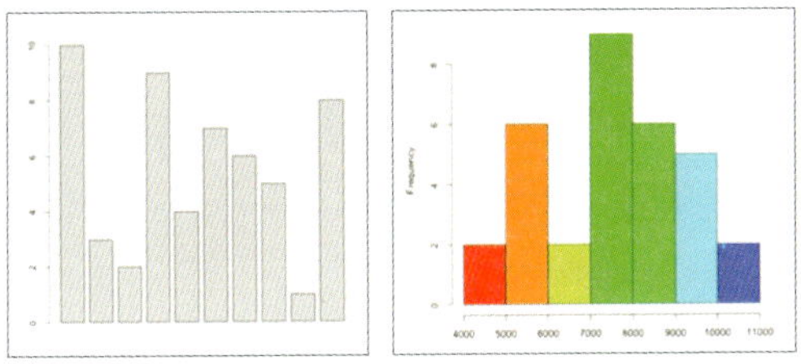

(a) 막대그래프 (b) 히스토그램

그림 5-8 막대그래프와 히스토그램

5 상자그림

상자그림 box plot은 상자 수염 그림 box and whisker plot으로도 부르며, 사분위수를 시각화하여 그래프 형태로 나타낸 것이다. 상자그림은 하나의 그래프로 데이터의 분포 형태를 포함한 다양한 정보를 전달하기 때문에 단일변수 수치형 자료를 파악하는 데 자주 사용된다. [그림 5-9]는 상자그림의 구성 요소에 대한 설명이다.

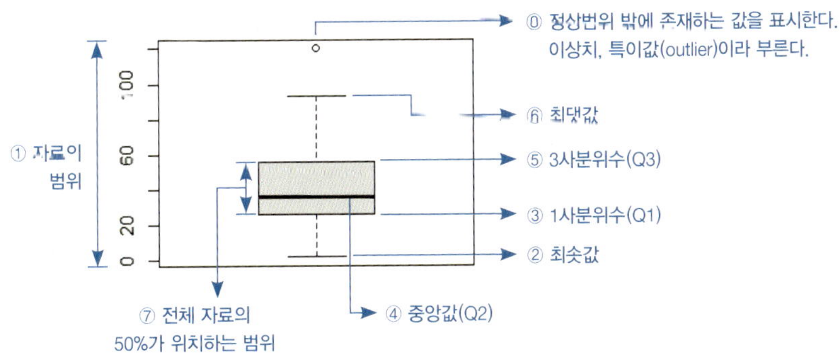

그림 5-9 상자그림의 구성 요소

상자그림은 상자가 세로 방향으로 표현되는데, 자료의 관측값들이 작은 값부터 큰 값 순으로 아래에서 위쪽으로 세워져 있다고 생각하면 쉽게 이해가 된다. 먼저 상자그림에서 ①에 해당하는 y축은 자료의 전체 관측값들이 갖는 범위를 등간격 눈금으로 나타낸 것이다. 그리고 ②~⑥은 아래에서부터 차례로 최솟값, 1사분위수(Q1), 중앙값(Q2), 3사분위수(Q3), 최댓값을 표시한다. 여기서의 최솟값과 최댓값은 **정상범위에 있는 관측값들 중에서 최솟값과 최댓값**을 의미한다. 다른 말로 표현하면 특이값을 제외한 값들 중에서 최솟값과 최댓값이다.

1사분위수와 3사분위수 사이가 상자로 표현되어 있는데(⑦) 이것은 전체 자료의 50%가 위치하는 구간임을 나타낸다. 즉, 전체를 대표할만한 주류 데이터가 분포하는 구간이라는 의미이다. 마지막으로 최솟값과 최댓값 범위 밖에 있는 값을 이상치, 특이값outlier이라고 하며, 작은 동그라미로 표현된다(⑧). 동그라미 하나는 값 하나를 의미한다.

상자그림에서 모든 정보는 세로 방향으로 표현되어 있기 때문에 가로 방향은 별 의미가 없다. 상자의 면적도 의미를 갖지 않는다. 또한 상자그림에서 '상자'는 바깥쪽의 테두리 상자를 말하는 것이 아니라 안쪽의 작은 상자를 말한다.

[코드 5-9]를 통해 R에서 제공하는 `boxplot()` 함수를 이용하여 상자그림을 만들고, 그 내용을 살펴보도록 하자.

코드 5-9

```
dist <- cars[,2]                    # 자동차 제동거리(단위: 피트)
boxplot(dist, main="자동차 제동거리")
```

실행 결과

```
> dist <- cars[,2]                  # 자동차 제동거리(단위: 피트)
> boxplot(dist, main="자동차 제동거리")
```

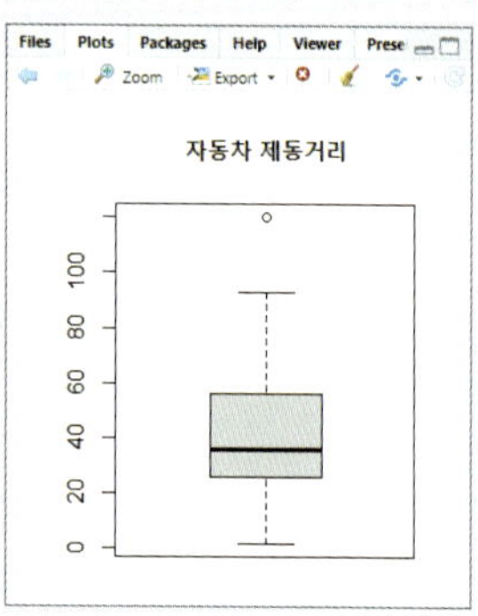

dist 벡터에는 자동차의 제동거리 자료가 저장되어 있다. [코드 5-9]를 실행하면 상자그림이 그려진다. 먼저 상자그림의 y축은 눈금이 20 단위로 그려져 있고, 제동거리 값이 0~120 범위에 있다. 이 중 정상범위의 제동거리는 대략 1~95 사이이다. 정상범위 내에서는 상자가 아래쪽으로 치우쳐 있는데, 전체의 50%에 해당하는 값들이 아래쪽(대략 22~58)에 분포됨을 알려준다. 상자그림에서 상자 위쪽으로 특이값 1개가 관찰되는데, 다른 경우에 비해 제동거리가 매우 긴 경우를 의미한다.

상자그림은 자료의 전반적인 분포를 이해하는 데 도움이 되지만 구체적으로 최솟값, 최댓값, 중앙값 등을 정확히 알기는 어렵다. 이를 위해서는 boxplot.stats() 함수를 사용하면 되는데 실행 결과는 리스트list 형태로 출력된다. [코드 5-9]에 이어서 [코드 5-10]을 실행해보자.

코드 5-10

```
boxplot.stats(dist)
```

```
> boxplot.stats(dist)
$stats
[1]  2 26 36 56 93

$n
[1] 50

$conf
[1] 29.29663 42.70337

$out
[1] 120
```

먼저 $stats에는 정상범위 자료의 4분위수에 해당하는 값들이 표시된다. 5개의 값은 차례로 최솟값, 1사분위수, 중앙값, 3사분위수, 최댓값을 의미한다. $n의 값은 자료에 있는 관측값들의 개수로, 총 50개의 관측값을 저장하고 있다는 것을 의미한다. $conf는 중앙값에 관련된 신뢰 구간을 의미한다. $out은 특이값의 목록을 알려준다. 만일 특이값들만 출력하려면 boxplot.stats(dist)$out과 같은 명령문을 사용한다. boxplot.stats()에 나타난 값들을 boxplot()의 상자그림과 대응시키면 [그림 5-10]과 같은 내용이 될 것이다.

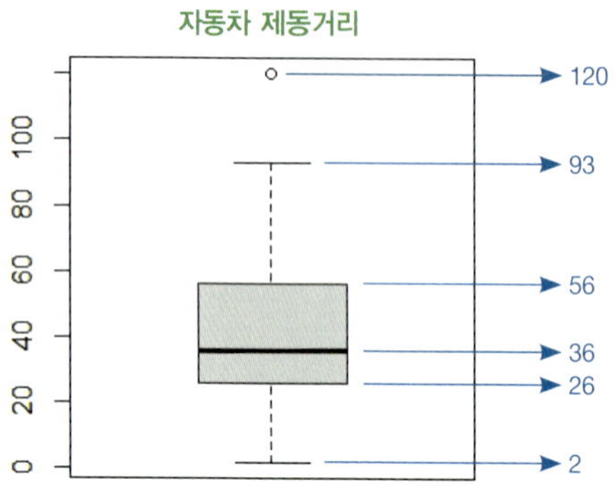

그림 5-10 자동차 제동거리에 관한 상자그림과 대응되는 통계값

6 그룹이 있는 자료의 상자그림

단일변수 자료 중에는 그룹 정보가 포함되어 있는 자료도 있다. 예를 들어 iris 데이터셋에서 꽃잎과 꽃받침에 대한 측정값들은 품종Species에 의해 3개의 그룹으로 나눌 수 있다. 이런 경우는 자료의 관측값들을 품종별로 나눈 후, 품종 그룹별로 상자그림을 그려보면 품종 간에 자료의 분포가 어떻게 다른지를 확인할 수 있어서 매우 유용하다. iris 데이터셋에서 꽃잎의 길이(Petal.Length) 자료를 품종별로 나누어 상자그림을 그리는 코드는 [코드 5-11]과 같다.

코드 5-11

```
boxplot(Petal.Length~Species, data=iris, main="품종별 꽃잎의 길이")
```

```
> boxplot(Petal.Length~Species, data=iris, main="품종별 꽃잎의 길이")
```

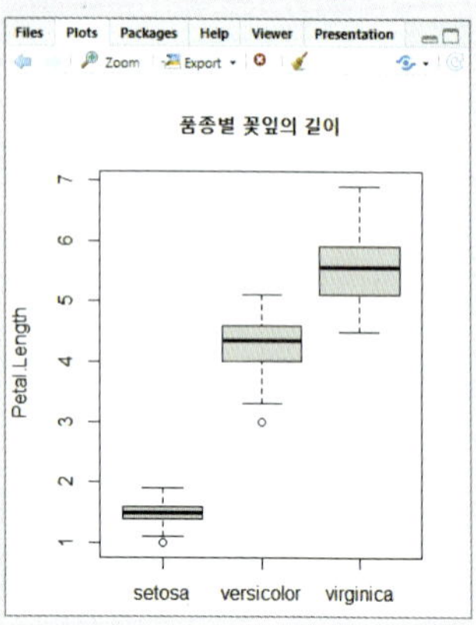

boxplot( ) 함수의 매개변수에서 Petal.Length~Species는 꽃잎의 길이(Petal.Length) 자료를 품종(Species)별로 나누어 상자그림을 그리라는 의미이며, 반드시 그룹 정보가 저장되어 있는 변수가 뒤에 따라와야 한다. 매개변수 data=iris는 Petal.Length와 Species를 포함하고 있는 데이터셋이 iris임을 알려준다.

boxplot( ) 함수의 실행 결과를 보면 3개의 품종에 대한 상자그림이 함께 만들어진 것을 알 수 있다. 여기서 관찰할 수 있는 사실은 setosa 품종이 꽃잎의 길이가 가장 작고 virginica 품종에 대한 꽃잎의 길이가 전반적으로 가장 크다는 것이다. 또한 setosa 품종은 값들이 좁은 지역에 모여 있는데, 이는 setosa 품종의 꽃들은 꽃잎의 길이가 비슷함을 알려준다. 반면 versicolor와 virginica 품종의 꽃들은 자료의 분포가 넓게 퍼져 있다.

TIP 다음과 같이 실행해도 [코드 5-11]과 동일한 결과를 얻을 수 있다. 상자그림을 그릴 대상 자료와 그룹의 정보 자료가 동일한 데이터셋에 있지 않을 때는 다음과 같은 문법을 사용하면 된다.

```
boxplot(iris$Petal.Length~iris$Species, main="품종별 꽃잎의 길이")
```

여기서 잠깐! 한 화면에 그래프 여러 개 출력하기

R을 이용하여 그래프를 그리다 보면 한 번에 하나씩만 그래프가 출력된다. 그런데 여러 개의 그래프를 한 화면에 출력하고 싶을 때는 어떻게 하면 될까? R에서는 화면을 여러 개로 가상 분할한 후 각각의 분할된 화면에 여러 개의 그래프를 출력하는 기능을 제공한다. 다음 코드를 실행해보자.

```
par(mfrow=c(1,3))              # 1x3 가상화면 분할
barplot(table(mtcars$carb),
        main="Barplot of Carburetors",
        xlab="#of carburetors",
        ylab="frequency",
        col="blue")
barplot(table(mtcars$cyl),
        main="Barplot of Cylender",
        xlab="#of cylender",
        ylab="frequency",
        col="red")
barplot(table(mtcars$gear),
```

```
        main="Barplot of Gear",
        xlab="#of gears",
        ylab="frequency",
        col="green")
par(mfrow=c(1,1))              # 가상화면 분할 해제
```

위의 코드에서 가상화면을 분할하는 부분은 par(mfrow=c(1,3))이다. 여기서 1은 가상화면의 행(row)의 수, 3은 가상화면의 열(column)의 수이며, 화면을 1행 3열의 화면으로 분할하라는 의미이다. 결과적으로는 화면을 가로 방향의 3개로 분할한 후 분할된 창에 맞게 막대그래프 3개를 차례로 출력한다. 최종 출력 결과는 [그림 5-11]과 같다.

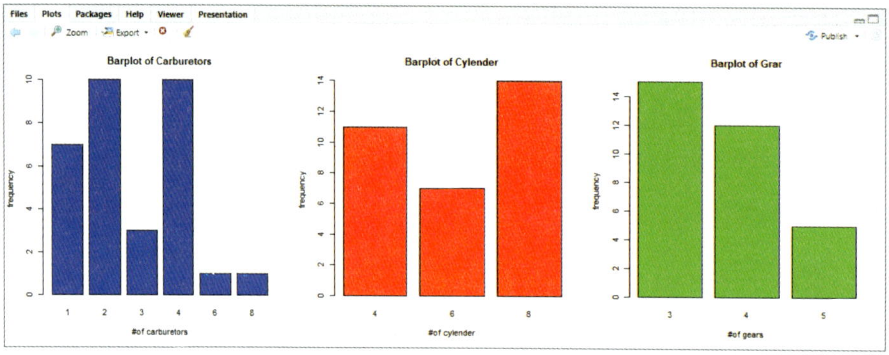

그림 5-11 한 화면에 여러 개의 그래프 출력

실전 분석

문제

R에서 제공하는 quakes 데이터셋은 피지섬 근처에서 발생한 지진에 대한 정보를 담고 있다. 경도(long)가 180 미만인 지역과 180 이상인 지역으로 나누어 지진 진도(mag)의 분포를 비교하시오.

01 quakes 데이터셋을 temp에 복사하고 내용을 확인한다.

```
temp <- quakes
head(temp)
```

02 temp에 group열을 추가하고 경도 180을 기준으로 지역을 A와 B로 구분하여 저장한다.

```
temp$group <- 'A'
temp$group[temp$long>=180] <- 'B'
head(temp)
```

03 group을 기준으로 지진의 진도에 대한 분포를 상자그림으로 작성한다.

```
boxplot(mag~group, data=temp, main="경도별 진도 분포")
```

결과

경도 180 이전 지역이 이후 지역 보다 지진의 진도가 다소 높은 것을 알 수 있다.

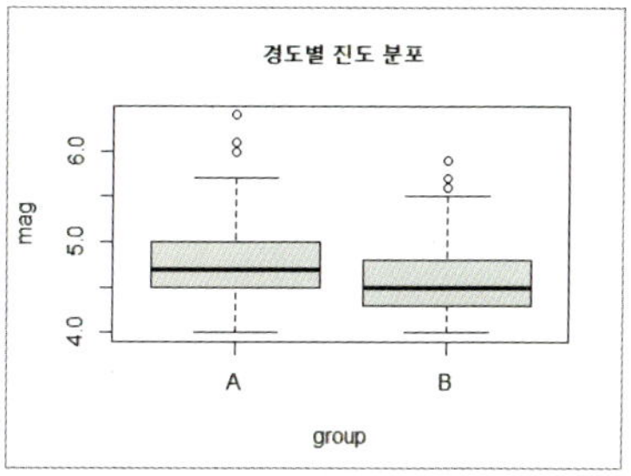

요약

01 자료는 분석 대상이 되는 자료의 특성에 따라 **범주형 자료**와 **연속형 자료**로 분류할 수 있다.

- **범주형 자료** categorical data: 질적자료 qualitative data 라고도 부르며, 성별과 같이 범주 또는 그룹으로 구분할 수 있는 값으로 구성된 자료를 말한다. 범주형 자료는 성별을 나타내는 M, F와 같이 문자 또는 문자열로 관측값이 표현되지만, 이것을 숫자로 표현하는 경우도 있다.
- **연속형 자료** numerical data: 양적자료 quantitative data 라고도 부르며, 크기가 있는 숫자들로 구성된 자료를 말한다.

02 자료는 변수의 개수에 따라 **단일변수 자료**와 **다중변수 자료**로 분류할 수 있다.

- **단일변수 자료** univariate data: 하나의 변수로만 구성된 자료를 말하며, 일변량 자료라고도 부른다.
- **다중변수 자료** multivariate data: 두 개 이상의 변수로 구성된 자료를 말하며, 다변량 자료라고도 부른다.

03 **도수분포표**는 단일변수 범주형 자료 정보를 요약하여 설명한다. 도수분포표로부터 막대그래프와 원그래프를 작성하여 정보를 시각화할 수 있다.

04 **평균** mean 은 하나의 값으로 전체 자료의 값을 **대표할 수 있는 값**이기 때문에 중요한 의미를 갖는다. **중앙값** median 은 자료의 값들을 크기순으로 일렬로 줄 세웠을 때 가장 중앙에 위치하는 값이다.

05 **절사평균** trimmed mean 은 자료의 관측값들 중에서 작은 값들의 하위 n%와 큰 값들의 상위 n%를 제외하고 중간에 있는 나머지 값들만 평균을 계산하는 방식이다.

06 **사분위수** quartile 란 주어진 자료에 있는 값들을 크기순으로 나열했을 때 이것을 4등분하는 지점에 있는 값들을 의미한다.

07 **산포**distribution란 주어진 자료에 있는 값들이 퍼져 있는 정도(흩어져 있는 정도)를 말하며, 자료를 파악할 수 있는 중요한 특징 중의 하나이다. 분산과 표준편차로 산포를 파악할 수 있다.

08 **히스토그램**histogram은 외관상 막대그래프와 비슷한 그래프로 연속형 자료의 분포를 시각화할 때 사용한다.

09 **상자그림**box plot은 상자 수염 그림box and whisker plot으로도 부르며, 사분위수를 시각화하여 그래프 형태로 나타낸 것이다.

■ 함수 정리

단일변수 범주형 자료	
table()	단일변수 범주형 자료에 대해 도수분포표를 작성한다.
barplot()	막대그래프를 작성한다.
pie()	원그래프를 작성한다.
단일변수 연속형 자료	
mean()	평균을 구한다.
median()	중앙값을 구한다.
quantile(), summary()	사분위수를 구한다.
var()	분산을 구한다.
sd()	표준편차를 구한다.
range()	값의 범위를 보여준다.
diff()	값의 차이를 알려준다.
hist()	히스토그램을 작성한다.
boxplot()	상자그림을 작성한다.

연습문제

01 R에서 제공하는 esoph 데이터셋에 대해 다음 문제를 해결하기 위한 R 코드를 작성하시오.

(1) esoph 데이터셋의 tobgp 열(column)에는 각각의 사람이 하루에 섭취하는 담배 소비량이 범주형 자료 형태로 저장되어 있다. esoph 데이터셋의 tobgp 열의 값을 잘라내어 tabaco에 저장한 후, tabaco의 값을 출력하시오.

(2) tabaco에 있는 값들의 중복을 제거하고 출력하시오.

(3) tabaco에 있는 값들에 대해 도수분포표를 작성하여 출력하시오.

(4) tabaco에 있는 값들에 대해 막대그래프를 작성하여 출력하시오.

02 어떤 학급 학생들의 시험 통과 여부가 다음과 같을 때 주어진 문제를 해결하기 위한 R 코드를 작성하시오.

P	P	F	P	F	P	F	P	P	F

(1) 위의 자료를 result에 저장하시오.

(2) result에 있는 값들에 대해 도수분포표를 작성하여 출력하시오.

(3) result에 있는 값들에 대해 막대그래프를 작성하여 출력하시오.

(4) result에 있는 값들에 대해 원그래프를 작성하여 출력하시오.

03 좋아하는 계절에 대한 조사 결과가 다음과 같을 때 주어진 문제를 해결하기 위한 R 코드를 작성하시오.

여름	겨울	봄	가을	여름	가을	겨울	여름	여름	가을

(1) 위의 자료를 season 벡터에 저장하시오.

(2) season에 있는 값들에 대해 도수분포표를 작성하여 출력하시오.

(3) season에 있는 값들에 대해 막대그래프를 작성하여 출력하시오.

(4) season에 있는 값들에 대해 원그래프를 작성하여 출력하시오.

04 **학생 A의 과목별 성적이 다음과 같을 때 각 문제를 해결하기 위한 R 코드를 작성하시오.**

KOR	ENG	ATH	HIST	SOC	MUSIC	BIO	EARTH	PHY	ART
90	85	73	80	85	65	78	50	68	96

(1) 위 데이터를 score 벡터에 저장하시오(과목명은 데이터 이름으로 저장).

(2) score 벡터의 내용을 출력하시오.

(3) 전체 성적의 평균과 중앙값을 각각 구하시오.

(4) 전체 성적의 표준편차를 출력하시오.

(5) 가장 성적이 높은 과목의 이름을 출력하시오.

(6) 성적에 대한 상자그림을 작성하고, 이상치에 해당하는 과목이 있으면 출력하시오.

(7) 다음 조건을 만족하는 위 성적에 대한 히스토그램을 작성하시오(그래프 제목: 학생 성적, 막대 색: 보라색).

05 **R에서 제공하는 mtcars 데이터셋에 대해 다음 문제를 해결하기 위한 R 코드를 작성하시오.**

(1) 중량(wt)의 평균값, 중앙값, 절사평균값(절사범위: 15%), 표준편차를 각각 구하시오.

(2) 중량(wt)에 대해 summary( ) 함수의 적용 결과를 출력하시오.

(3) 실린더수(cyl)에 대해 도수분포표를 출력하시오.

(4) 앞에서 구한 도수분포표를 막대그래프로 출력하시오.

(5) 중량(wt)의 히스토그램을 출력하시오.

(6) 중량(wt)에 대해 상자그림을 출력하시오(단, 상자그림으로부터 관찰할 수 있는 정보를 함께 출력하시오).

(7) 배기량(disp)에 대한 상자그림을 출력하시오(단, 상자그림으로부터 관찰할 수 있는 정보를 함께 출력하시오).

(8) 기어수(gear)를 그룹 정보로 하여 연비(mpg) 자료에 대해 상자그림을 작성하고, 각 그룹의 상자그림을 비교하여 관찰할 수 있는 것이 무엇인지 나타내시오.

06 R에서 제공하는 trees 데이터셋에 대해 다음 문제를 해결하기 위한 R 코드를 작성하시오.

(1) trees 데이터셋의 앞쪽 일부 데이터만 출력하시오.

(2) 나무 지름(Girth)의 평균값, 중앙값, 절사평균값(절사범위: 15%), 표준편차를 각각 구하시오.

(3) 나무 지름(Girth)에 대해 히스토그램을 작성하시오.

(4) 나무 지름(Girth)에 대해 상자그림을 작성하시오.

(5) 나무 높이(Height)의 평균값, 중앙값, 절사평균값(절사범위: 15%), 표준편차를 각각 구하시오.

(6) 나무 높이(Height)에 대해 히스토그램을 작성하시오.

(7) 나무 높이(Height)에 대해 상자그림을 작성하시오.

07 R에서 제공하는 Orange 데이터셋에 대해 다음 문제를 해결하기 위한 R 코드를 작성하시오.

(1) Orange 데이터셋의 앞쪽 일부 데이터만 출력하시오.

(2) 나무 연령(age)의 평균값, 중앙값, 절사평균값(절사범위: 15%), 표준편차를 각각 구하시오.

(3) 나무 연령(age)에 대해 히스토그램을 작성하시오.

(4) 나무 연령(age)에 대해 상자그림을 작성하되 그룹(Tree)을 구분하여 작성하시오.

(5) 나무 둘레(circumference)의 평균값, 중앙값, 절사평균값(절사범위: 15%), 표준편차를 각각 구하시오(단, 그룹(Tree) 번호 2는 제외하시오).

(6) 나무 둘레(circumference)에 대해 히스토그램을 작성하시오(단, 그룹(Tree) 번호 2는 제외하시오).

(7) 나무 둘레(circumference)에 대해 상자그림을 작성하되 그룹(Tree)을 구분하여 작성하시오.

CHAPTER 06

다중변수 자료의 탐색

PREVIEW

다중변수 자료는 여러 주제의 자료를 하나로 모아 놓은 형태로 단일변수 자료들의 집합으로 볼 수 있다. 이번 장에서는 다중변수 자료를 파악하는 데 가장 기본이 되는 산점도와 상관분석에 대해 학습하고 다중변수 자료에 대한 탐색 사례를 살펴보도록 한다.

1절에서는 두 변수로 구성된 자료의 분포를 알아보는 그래프인 산점도에 대해 학습한다. R을 이용하여 두 변수 사이의 산점도, 여러 변수들 간의 산점도, 그룹 정보가 있는 두 변수의 산점도를 작성하는 방법에 대해 실습한다.

2절에서는 두 변수 간의 선형성을 수치상으로 나타내는 방법인 상관분석에 대해 알아본다. 또한, 선형성의 정도를 나타내는 척도로 사용되는 상관계수를 계산하는 방법에 대해 실습한다.

3절에서는 선그래프를 작성하는 방법을 알아본다. R을 이용하여 하나의 선뿐만 아니라 복수의 선도 나타낼 수 있는데, 이에 대해 실습한다.

4절에서는 5, 6장에 걸쳐서 배운 방법들을 활용하여 실제 자료를 통해 탐색적 데이터 분석을 실습한다. 실습을 위해 BostonHousing 데이터셋을 이용한다.

01 산점도

다중변수 자료(또는 다변량 자료)는 변수가 2개 이상인 자료를 말한다. 예를 들어, 사람들의 키와 몸무게가 서로 관계가 있는지 알아본다고 하면 '키'와 '몸무게'라고 하는 2개의 변수가 서로 관련되어 있다. 따라서 다중변수 자료는 2차원 형태를 나타내며, 이는 매트릭스나 데이터프레임에 저장하여 분석하는 것이 가능하다.

앞에서 배운 `iris` 데이터셋은 5개의 변수로 구성된 데이터셋이다. 다중변수 자료에서 변수는 열로 표현되고, 개별 관측값들이 행으로 이루어진다.

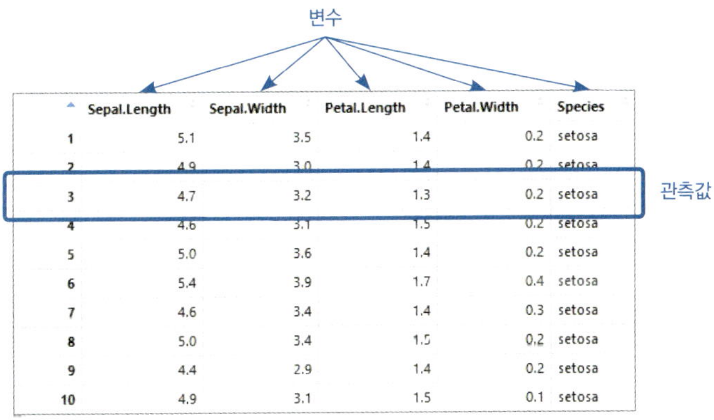

	Sepal.Length	Sepal.Width	Petal.Length	Petal.Width	Species
1	5.1	3.5	1.4	0.2	setosa
2	4.9	3.0	1.4	0.2	setosa
3	4.7	3.2	1.3	0.2	setosa
4	4.6	3.1	1.5	0.2	setosa
5	5.0	3.6	1.4	0.2	setosa
6	5.4	3.9	1.7	0.4	setosa
7	4.6	3.4	1.4	0.3	setosa
8	5.0	3.4	1.5	0.2	setosa
9	4.4	2.9	1.4	0.2	setosa
10	4.9	3.1	1.5	0.1	setosa

그림 6-1 다중변수 자료인 iris 데이터셋

TIP 다중변수 자료를 분석할 때에는 여러 가지 분석 기법을 사용할 수 있는데, 대체로 고급 기법에 속하는 기법들이 많기 때문에 이번 장에서는 2개의 변수에 대해 기본적인 탐색 기법에 속하는 산점도와 회귀분석에 대해서 학습하고, 고급 탐색 기법에 속하는 분석 기법들은 이후에 다시 학습하도록 한다.

1 두 변수 사이의 산점도

산점도scatter plot란 2개의 변수로 구성된 자료의 분포를 알아보는 그래프로, 관측값들의 분포를 통해 2개의 변수 사이의 관계를 파악할 수 있는 기법이다. [코드 6-1]을 통해 R에서 제공하는 `mtcars` 데이터셋에서 자동차의 중량(`wt`)과 연비(`mpg`) 사이의 관계를 산점도로 나타내는 방법을 알아보자.

코드 6-1

```
wt <- mtcars$wt                     # 중량 자료
mpg <- mtcars$mpg                   # 연비 자료
plot(wt, mpg,                       # 2개의 변수(x축, y축)
     main="중량-연비 그래프",        # 제목
     xlab="중량",                    # x축 레이블
     ylab="연비(MPG)",               # y축 레이블
     col="red",                     # point의 color
     pch=19)                        # point의 종류
```

실행 결과

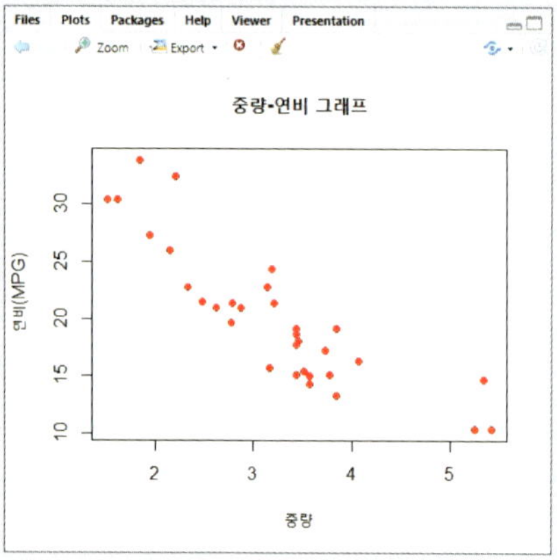

산점도는 두 변수의 데이터 분포를 나타내는 것이기 때문에 두 개의 변수에 대한 자료가 필요하다. wt와 mpg에 각각 중량과 연비 자료를 저장한 후에 plot( ) 함수를 이용하여 산점도를 나타낸다. plot( ) 함수의 첫 번째, 두 번째 매개변수가 산점도를 작성하고자 하는 2개의 변수 wt와 mpg인데, wt가 그래프에서 x축, mpg는 y축이 된다. plot( ) 함수의 매개변수 pch는 점의 모양을 지정하기 위한 것으로 pch 값에 따른 점의 모양은 [그림 6-2]와 같다.

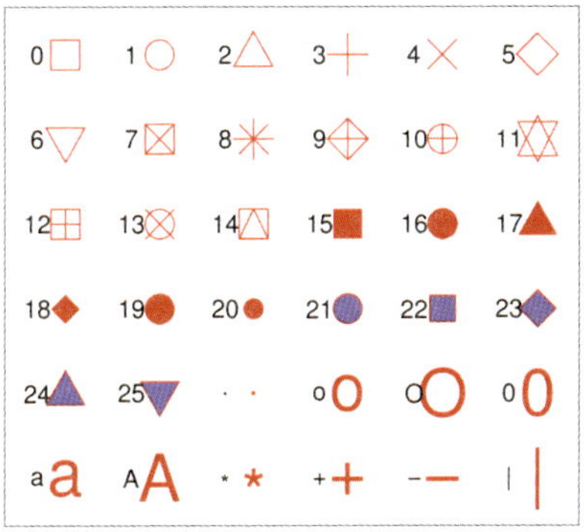

그림 6-2 pch 값에 따른 점의 모양 © R 그래픽스(http://rgraphics.limnology.wisc.edu/pch.php)

plot() 함수로 작성된 산점도를 살펴보면 중량이 증가할수록 연비는 감소하는 경향을 볼 수 있다. 차가 무거울수록 연료 소모가 많다는 것을 생각하면 자연스러운 결과라고 할 수 있다. 이와 같이 산점도는 관측값들의 분포를 보면서 두 변수 사이의 관련성을 확인하는 데 사용된다.

여기서 잠깐! plot() 함수의 매개변수 지정

[코드 6-1]의 plot() 함수에서 첫 번째와 두 번째 매개변수를 지정하는 다양한 방법들이 존재한다. 다음의 표현 방식들은 모두 동일한 결과를 얻을 수 있다(생략된 '..' 부분은 [코드 6-1]과 동일하다).

```
plot(mtcars$wt, mtcars$mpg,
..)
```

```
plot(mtcars[,c("wt", "mpg")],
..)
```

```
plot(mpg~wt, data=mtcars,
..)
```

2 여러 변수들 간의 산점도

산점도는 기본적으로 두 개의 변수에 대해서 작성하는 것이기 때문에 변수가 여러 개인 자료의 경우 두 개씩 짝을 지어 산점도를 작성해야 하는 불편함이 있다. 이를 해결하기 위해 [코드 6-2]에서 여러 개의 변수를 짝지어 한 번에 산점도를 그리는 pairs( ) 함수에 대해 알아보자.

코드 6-2

```
vars <- c("mpg","disp","drat","wt")        # 대상 변수
target <- mtcars[,vars]
head(target)
pairs(target,                               # 대상 데이터
      main="Multi Plots")
```

[코드 6-2]의 실행 결과를 나누어 설명하면 다음과 같다.

```
> vars <- c("mpg","disp","drat","wt")      # 대상 변수
> target <- mtcars[,vars]
> head(target)
                   mpg disp drat    wt
Mazda RX4         21.0  160 3.90 2.620
Mazda RX4 Wag     21.0  160 3.90 2.875
Datsun 710        22.8  108 3.85 2.320
Hornet 4 Drive    21.4  258 3.08 3.215
Hornet Sportabout 18.7  360 3.15 3.440
Valiant           18.1  225 2.76 3.460
```

mtcars 데이터셋에는 11개의 변수가 있는데 이 중 4개의 변수인 mpg(연비), disp(배기량), drat(리어액슬기어비), wt(중량)만 선택하여 target 데이터셋으로 만들어 출력한 과정이다.

```
> pairs(target,                             # 대상 데이터
+       main="Multi Plots")
```

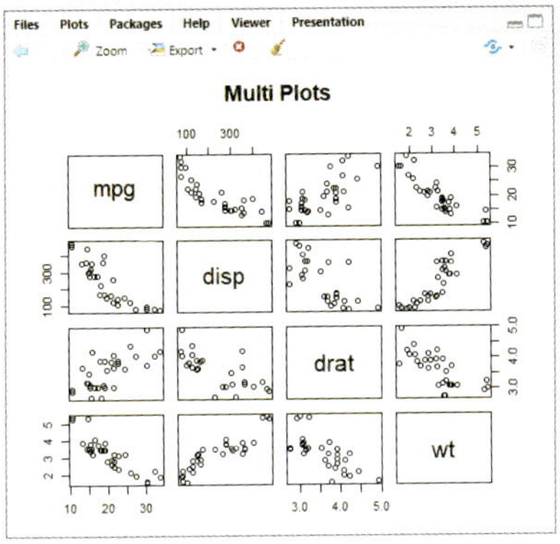

pairs( ) 함수를 이용하여 4개의 변수에 대한 다중 산점도를 작성하였다. [코드 6-2]의 다중 산점도에는 4개의 변수가 대각선에 표기되어 있고, 두 변수가 만나는 지점에 두 변수의 산점도가 나타난다. 다중 산점도는 대각선을 기준으로 오른쪽 위의 산점도들과 왼쪽 아래의 산점도들이 대칭을 이룬다(동일한 산점도인데 x축과 y축이 바뀌어 있다). 이 다중 산점도를 살펴보면 (disp, wt) 산점도의 경우는 한 쪽이 증가하면 다른 쪽도 증가하고, (drat, wt) 산점도의 경우는 한 쪽이 증가하면 다른 쪽이 감소하는 추세를 볼 수 있다. 이와 같이 다중 산점도는 여러 변수들 간의 추세를 한눈에 파악할 수 있어서 편리하다.

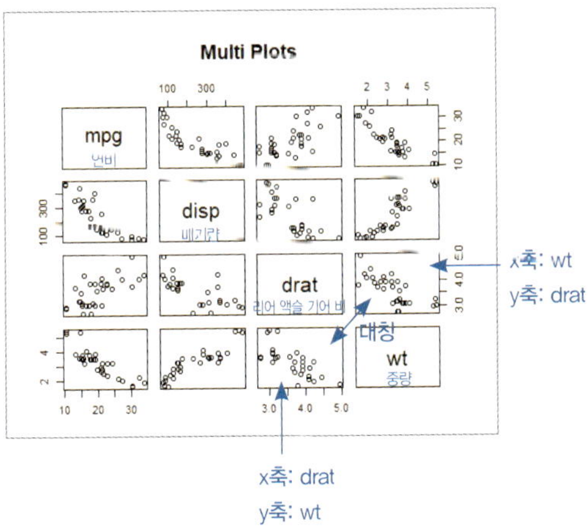

그림 6-3 다중 산점도의 예

TIP 여러 개의 변수를 짝지어 산점도를 한 번에 그릴 때는 pairs( ) 함수를 이용하지만 앞에서 배운 plot( ) 함수도 사용 가능하다. 즉, plot(iris[,1:4])의 결과는 pairs(iris[,1:4])의 결과와 동일하다.

3 그룹 정보가 있는 두 변수의 산점도

두 개의 변수에 대한 산점도를 작성할 때 만일 그룹 정보를 알고 있다면 산점도 작성 시 각 그룹별 관측값들에 대해 서로 다른 색과 점의 모양으로 표시할 수 있다. 이렇게 작성된 산점도는 두 변수 간의 관계뿐만 아니라 그룹 간의 관계도 파악할 수 있어서 편리하다. [코드 6-3]을 통해 알아보자.

코드 6-3

```
iris.2 <- iris[,3:4]                      # 데이터 준비
point <- as.numeric(iris$Species)         # 점의 모양
point                                     # point 내용 출력
color <- c("red","green","blue")          # 점의 컬러
plot(iris.2,
     main="Iris plot",
     pch=c(point),
     col=color[point])
```

[코드 6-3]의 실행 결과를 나누어 설명하면 다음과 같다.

```
> iris.2 <- iris[,3:4]                    # 데이터 준비
```

iris 데이터셋에서 세 번째와 네 번째 열의 값들만 추출하여 새로운 데이터셋 iris.2를 생성한다(3, 4번째 열은 Petal.Length와 Petal.Width이다).

```
> point <- as.numeric(iris$Species)       # 점의 모양
> point                                   # point 내용 출력
  [1] 1 1 1 1 1 1 1 1 1 1 1 1 1 1 1 1 1 1 1 1 1 1 1 1 1 1 1 1 1 1 1
 [32] 1 1 1 1 1 1 1 1 1 1 1 1 1 1 1 1 1 1 1 2 2 2 2 2 2 2 2 2 2 2 2
 [63] 2 2 2 2 2 2 2 2 2 2 2 2 2 2 2 2 2 2 2 2 2 2 2 2 2 2 2 2 2 2 2
 [94] 2 2 2 2 2 2 2 3 3 3 3 3 3 3 3 3 3 3 3 3 3 3 3 3 3 3 3 3 3 3 3
[125] 3 3 3 3 3 3 3 3 3 3 3 3 3 3 3 3 3 3 3 3 3 3 3 3 3 3
```

iris에는 3개의 품종이 있으며, 각각의 품종은 Species 열에 저장되어 있다. 품종별로 점의 모양을 지정하려면 앞의 [그림 6-2]를 참고하여 pch를 숫자로 지정하여야 한다.

as.numeric(iris$Species)는 팩터 타입으로 되어 있는 iris$Species를 숫자로 바꾸는 역할을 한다. 그 결과 setosa, versicolor, virginica 품종이 각각 1, 2, 3으로 변환된 것을 알 수 있다.

```
> color <- c("red","green","blue")          # 점의 컬러
```

이 명령은 3개의 품종에 대해 서로 다른 색의 점을 표시하려는 것으로, setosa는 red, versicolor는 green, virginica는 blue 색으로 바뀐다.

```
> plot(iris.2,
+      main="Iris plot",
+      pch=c(point),
+      col=color[point])
```

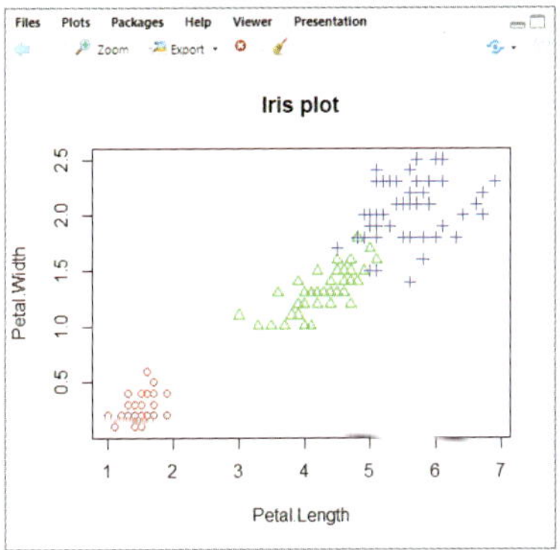

plot( ) 함수를 이용하여 산점도를 작성하는 명령이다. 매개변수에서 점의 모양(pch)은 품종을 나타내는 point 벡터에서 선택하고, 점의 색(col)은 color 벡터에 있는 값에서 선택한다. 만일 point 값이 1이면 color[1]이 되어 red가 지정된다.

이와 같이 실행한 결과를 보면 꽃잎의 길이(Petal.Length)가 길수록 꽃잎의 폭(Petal.Width)도 커지는 것을 알 수 있다. 또한 setosa 품종은 다른 두 품종에 비해 꽃잎의 길이와 폭이 확연히 작은 것을 알 수 있다. virginica 품종은 다른 두 품종에 비해 꽃잎의 길이와 폭이 제일 크다는 것도 관찰할 수 있다. 이와 같이 산점도를 그릴 때 그룹 정보를 표시하면 변수 간의 관계와 그룹 간의 관계를 함께 관찰할 수 있다.

02 상관분석

1 상관분석과 상관계수

[그림 6-4]는 1절에서 살펴본 것처럼 자동차의 중량과 연비 간의 관계를 나타낸다. 자동차의 중량이 커지면 연비는 감소하는 추세를 보여주는데, 추세의 모양이 선線, line이어서 중량과 연비는 '선형적 관계'에 있다고 표현한다. 그런데 [그림 6-4](a)는 관측값들의 분포가 [그림 6-4](b)에 비해 선에 좀 더 가까운 것을 확인할 수 있다. 즉, 선형적 관계라고 해도 강한 선형적 관계가 있고 약한 선형적 관계도 있다. 그래서 얼마나 선형성을 보이는지 수치상으로 나타낼 수 있는 방법이 있어야 하는데, 그 방법이 바로 **상관분석**correlation analysis 이다.

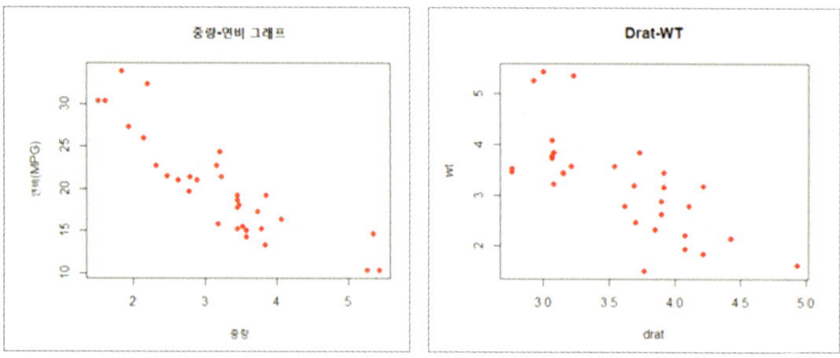

(a) (b)

그림 6-4 선형적 관계에 있는 두 변수

상관분석은 두 변수 x 와 y 사이의 선형성 정도를 측정하는 방법으로 다음과 같이 정의된다.

$$r = \frac{\sum_{i=1}^{n}((x_i - \bar{x})(y_i - \bar{y}))}{\sqrt{\sum_{i=1}^{n}(x_i - \bar{x})^2 \sum_{i=1}^{n}(y_i - \bar{y})^2}}$$

여기서 r을 **피어슨 상관계수**Pearson's correlation coefficient, 또는 간단히 줄여서 **상관계수**correlation coefficient 라고 부른다. 상관계수는 선형성의 정도를 나타내는 척도로 사용된다.

상관계수 r은 다음과 같은 성질이 있다.

- -1 ≤ r ≤ 1
- r > 0: 양의 상관 관계(x가 증가하면 y도 증가)
- r < 0: 음의 상관 관계(x가 증가하면 y는 감소)
- r이 1이나 -1에 가까울수록 x, y의 상관성이 높다.

[그림 6-5]는 상관계수값에 따른 관측값들의 분포를 보여준다. 상관계수값이 1이나 -1에 가까울수록 관측값들의 분포가 직선에 가까워진다는 것을 알 수 있다.

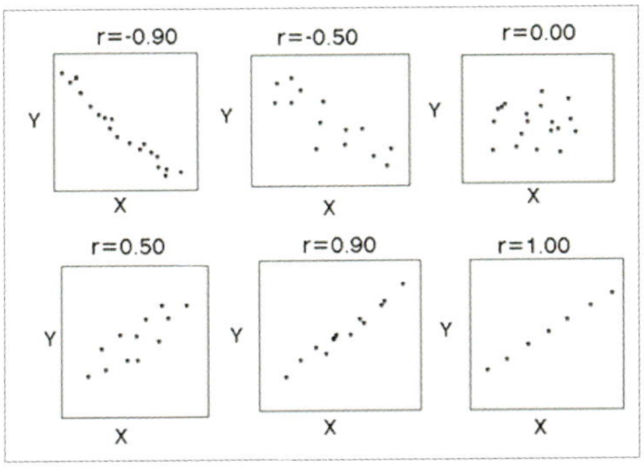

그림 6-5 상관계수값에 따른 관측값들의 분포

2 R을 이용한 상관계수의 계산

이제 R의 함수를 이용하여 상관계수를 계산하는 방법에 대해 알아보자. 다음은 음주 정도와 혈중알콜농도가 상관성이 있는지 알아보는 예시 자료이다. 다음 자료는 10명의 실험자에 대해 맥주를 마신 잔 수beers와 혈중알콜농도bal에 대한 측정 자료이다.

beers	5	2	9	8	3	7	3	5	3	5
bal	0.10	0.03	0.19	0.12	0.04	0.095	0.07	0.06	0.02	0.05

[코드 6-4]는 음주 정도와 혈중알콜농도에 대한 상관분석 과정을 보여준다.

코드 6-4

```
beers = c(5,2,9,8,3,7,3,5,3,5)                   # 자료 입력
bal <- c(0.1,0.03,0.19,0.12,0.04,0.0095,0.07,    # 자료 입력
       0.06,0.02,0.05)
tbl <- data.frame(beers,bal)                     # 데이터프레임 생성
tbl
plot(bal~beers,data=tbl)                         # 산점도
res <- lm(bal~beers,data=tbl)                    # 회귀식 도출
abline(res)                                      # 회귀선 그리기
cor(beers,bal)                                   # 상관계수 계산
```

[코드 6-4]의 실행 결과를 나누어 설명하면 다음과 같다.

```
> beers <- c(5,2,9,8,3,7,3,5,3,5)                # 자료 입력
> bal <- c(0.1,0.03,0.19,0.12,0.04,0.0095,0.07,  # 자료 입력
+        0.06,0.02,0.05)
```

beers와 bal에 음주 정도와 혈중알콜농도 자료를 입력한다.

```
> tbl <- data.frame(beers,bal)                   # 데이터프레임 생성
> tbl
   beers    bal
1      5 0.1000
2      2 0.0300
3      9 0.1900
4      8 0.1200
5      3 0.0400
6      7 0.0095
7      3 0.0700
8      5 0.0600
9      3 0.0200
10     5 0.0500
```

입력된 자료를 묶어서 tbl이라는 데이터프레임을 만들고 tbl의 값을 출력한다.

```
> plot(bal~beers,data=tbl)                        # 산점도
```

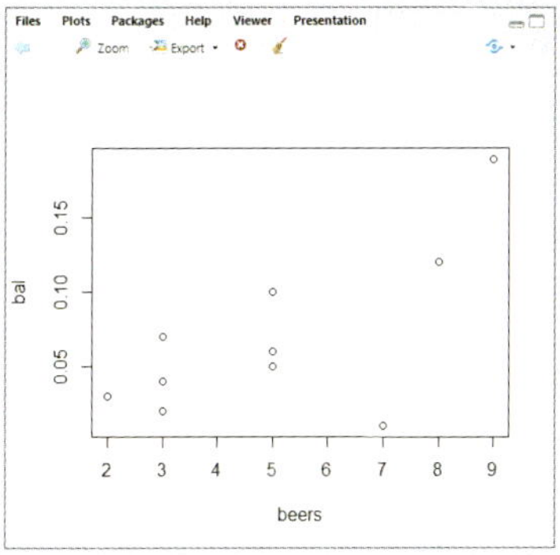

산점도를 작성하여 관측값들의 분포를 확인한다. 음주 정도가 높으면 혈중알콜농도도 높아지는 추세를 확인할 수 있다.

```
> res=lm(bal~beers,data=tbl)                      # 회귀식 도출
> abline(res)                                     # 회귀선 그리기
```

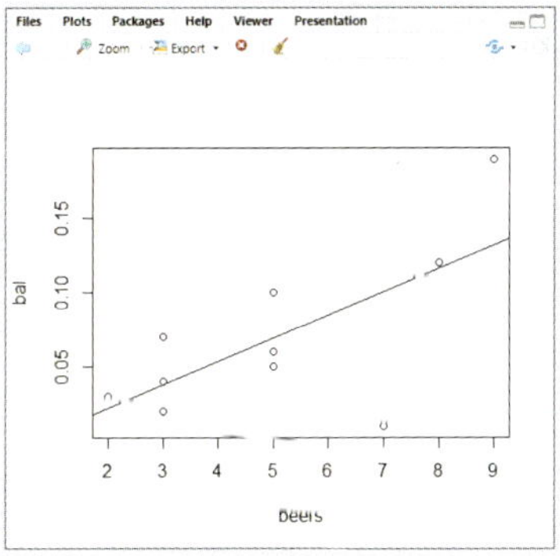

lm( ) 함수는 두 변수의 선형 관계를 가장 잘 나타낼 수 있는 선의 식(이것을 회귀식이라고 한다)을 자동으로 찾는 역할을 한다. 이 식은 'y=ax+b' 형태의 1차식이다. abline( ) 함수는 회귀식을 이용하여 산점도 위에 선(회귀선)을 그리는 함수이다. 회귀선은 관측값들의 추세를 가장 잘 나타낼 수 있는 선이다.

```
> cor(beers,bal)                                  # 상관계수 계산
[1] 0.6797025
```

cor() 함수는 상관계수를 구하는 역할을 한다. 상관계수값은 반올림하여 약 0.68이 나오는데, 이 정도면 두 변수 사이의 상관성이 상당히 높다고 말할 수 있다.

여기서 잠깐! 상관계수값과 두 변수의 상관성

상관계수값이 어느 정도 되어야 두 변수가 상관성이 있다고 판단할 수 있을까? 이와 관련해서 정해진 기준은 없다. 다만 상관계수값이 0.5보다 크거나 -0.5보다 작으면 두 변수의 상관성이 높다고 판단할 수 있다.

cor() 함수는 두 변수 사이의 상관계수를 구하는 역할을 하지만, 여러 개의 변수를 입력하면 여러 개의 변수 사이의 상관계수값을 테이블 형태로 나타낸다. [코드 6-5]는 iris 데이터셋의 4개의 변수에 대해 상호 간의 상관계수를 구한 예이다.

코드 6-5

```
cor(iris[,1:4])                    # 4개 변수 간 상관성 분석
```

실행 결과

```
> cor(iris[,1:4])                  # 4개 변수 간 상관성 분석
             Sepal.Length Sepal.Width Petal.Length Petal.Width
Sepal.Length    1.0000000  -0.1175698    0.8717538   0.8179411
Sepal.Width    -0.1175698   1.0000000   -0.4284401  -0.3661259
Petal.Length    0.8717538  -0.4284401    1.0000000   0.9628654
Petal.Width     0.8179411  -0.3661259    0.9628654   1.0000000
```

실행 결과를 보면 4개의 변수가 x축, y축 방향으로 나열되어 있고, 두 변수가 만나는 지점에 두 변수의 상관계수가 표시되어 있다. 예를 들면 Petal.Length와 Sepal.Width의 상관계수값은 -0.4284401이다. 이 결과를 보면 가장 상관성이 높은 변수는 Petal.Length와 Petal.Width인데, 상관계수 값이 무려 0.9628654로 거의 1에 가깝다.

03 선그래프

다중변수 자료의 변수 중 하나가 연월일과 같이 시간을 나타내는 값을 갖는 경우 x축을 시간축으로 하여 선그래프를 그리면 시간의 변화에 따른 자료의 증감 추이를 쉽게 확인할 수 있다. 시간의 변화에 따라 자료를 수집한 경우 이를 **시계열 자료**times series data라고 한다. 시계열 자료를 분석할 때에는 다양한 분석 방법이 존재하는데 여기에서는 단순히 선그래프를 통해서 증감 추이를 확인하는 방법만 학습하도록 한다.

1 선그래프의 작성

다음은 어떤 학급의 월별 지각생 통계를 나타낸 것이다.

month	1	2	3	4	5	6	7	8	9	10	11	12
late	5	8	7	9	4	6	12	13	8	6	6	4

R에서 자료를 입력하고 선그래프를 작성하는 방법에 대해 [코드 6-6]을 통해 알아보자.

코드 6-6

```
month = 1:12                                # 자료 입력
late  = c(5,8,7,9,4,6,12,13,8,6,6,4)        # 자료 입력
plot(month,                                 # x data
     late,                                  # y data
     main="지각생 통계",                     # 제목
     type= "l",                             # 그래프의 종류 선택(알파벳)
     lty=1,                                 # 선의 종류(line type) 선택
     lwd=1,                                 # 선의 굵기 선택
     xlab="Month",                          # x축 레이블
     ylab="Late cnt"                        # y축 레이블
)
```

[코드 6-6]의 실행 결과를 나누어 설명하면 다음과 같다.

```
> month = 1:12                                # 자료 입력
> late  = c(5,8,7,9,4,6,12,13,8,6,6,4)        # 자료 입력
```

month와 late에 월과 월별 지각생 자료를 입력한다.

```
> plot(month,                                 # x data
+      late,                                  # y data
+      main="지각생 통계",                     # 제목
+      type= "l",                             # 그래프의 종류 선택(알파벳)
+      lty=1,                                 # 선의 종류(line type) 선택
+      lwd=1,                                 # 선의 굵기 선택
+      xlab="Month",                          # x축 레이블
+      ylab="Late cnt"                        # y축 레이블
+ )
```

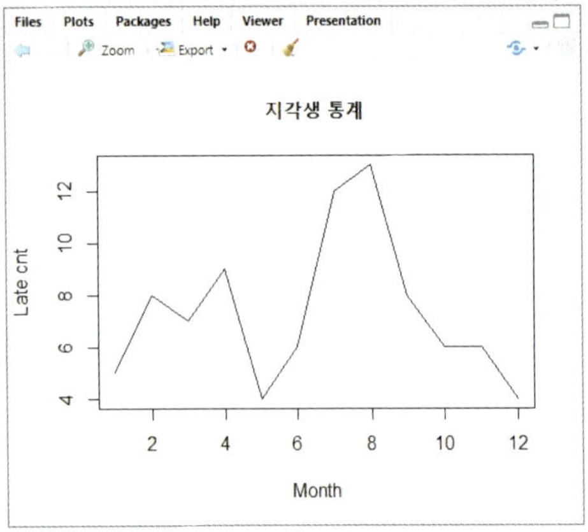

선그래프를 작성하는 함수는 산점도를 작성할 때 사용한 plot() 함수이다. plot() 함수에서 매개변수 type의 값을 "l"로 하면 선그래프가 작성된다. type의 값은 숫자가 아니라 알파벳이다. type의 값에 따른 선그래프의 종류는 [그림 6-6]과 같다.

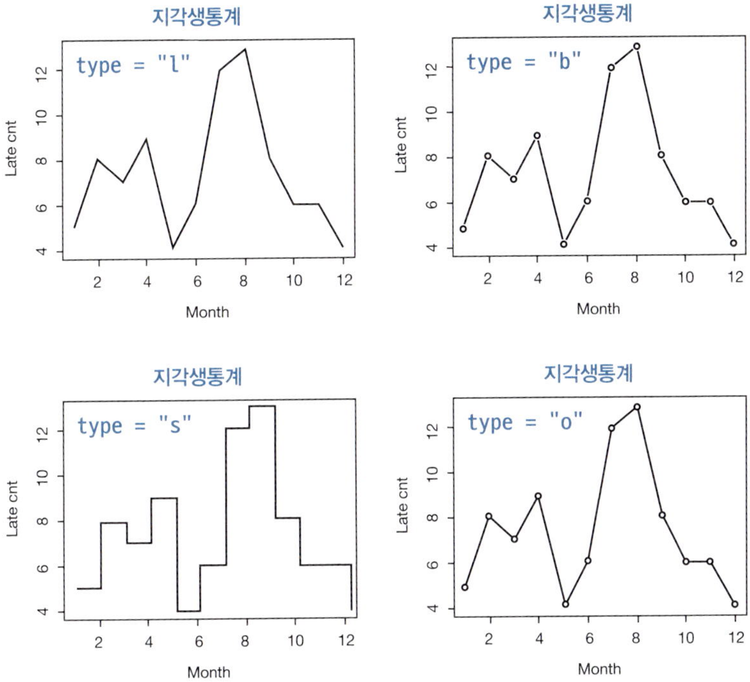

그림 6-6 매개변수 타입에 따른 다양한 선그래프

매개변수에서 `lty`는 선의 종류를 지정하는 데 사용되며, 매개변수값에 따른 선의 종류는 [그림 6-7]과 같다.

그림 6-7 선그래프에서의 선의 종류 © https://www.statmethods.net/advgraphs/parameters.html

[코드 6-6]의 결과 그래프를 보면 지각생 수가 5월에 급감했다가 7, 8월에는 급증하는 것을 알 수 있다. 이러한 관찰 결과를 바탕으로 7, 8월에 왜 지각생이 급증하는지 원인을 파악해보고 지각생을 줄이기 위한 방안을 수립하는 것이 이 데이터를 분석한 이유라고 할 수 있다.

2 복수의 선그래프 작성

선그래프는 하나의 선뿐만 아니라 복수의 선도 나타낼 수 있다. 다음은 2개 반의 지각생 통계 자료를 나타낸 것이다.

month	1	2	3	4	5	6	7	8	9	10	11	12
late1	5	8	7	9	4	6	12	13	8	6	6	4
late2	4	6	5	8	7	8	10	11	6	5	7	3

위 통계 자료를 바탕으로 반별 지각생 추이를 선그래프로 작성해보자.

코드 6-7

```
month = 1:12
late1  = c(5,8,7,9,4,6,12,13,8,6,6,4)
late2  = c(4,6,5,8,7,8,10,11,6,5,7,3)
plot(month,                           # x data
     late1,                           # y data
     main="Late Students",
     type= "b",                       # 그래프의 종류 선택(알파벳)
     lty=1,                           # 선의 종류(line type) 선택
     col="red",                       # 선의 색 선택
     xlab="Month ",                   # x축 레이블
     ylab="Late cnt",                 # y축 레이블
     ylim=c(1, 15)                    # y축 값의 (하한, 상한)
)
lines(month,                          # x data
     late2,                           # y data
     type = "b",                      # 선의 종류(line type) 선택
     col = "blue")                    # 선의 색 선택
```

[코드 6-7]의 실행 결과를 나누어 설명하면 다음과 같다.

```
> month = 1:12
```

```
> late1  = c(5,8,7,9,4,6,12,13,8,6,6,4)
> late2  = c(4,6,5,8,7,8,10,11,6,5,7,3)
```

month에는 월 자료, late1과 late2에는 2개 반의 월별 지각생 자료를 각각 입력한다.

```
> plot(month,                              # x data
+      late1,                              # y data
+      main="Late Students",
+      type= "b",                          # 그래프의 종류 선택(알파벳)
+      lty=1,                              # 선의 종류(line type) 선택
+      col="red",                          # 선의 색 선택
+      xlab="Month ",                      # x축 레이블
+      ylab="Late cnt",                    # y축 레이블
+      ylim=c(1, 15)                       # y축 값의 (하한, 상한)
+ )
```

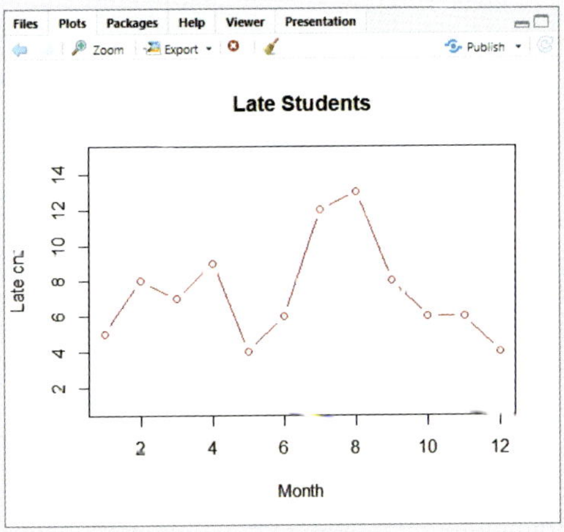

1반의 데이터인 late1로 plot( ) 함수를 사용하여 선그래프를 작성한다.

```
> lines(month,                             # x data
+       late2,                             # y data
+       type = "b",                        # 선의 종류(line type) 선택
+       col = "blue")                      # 선의 색 선택
```

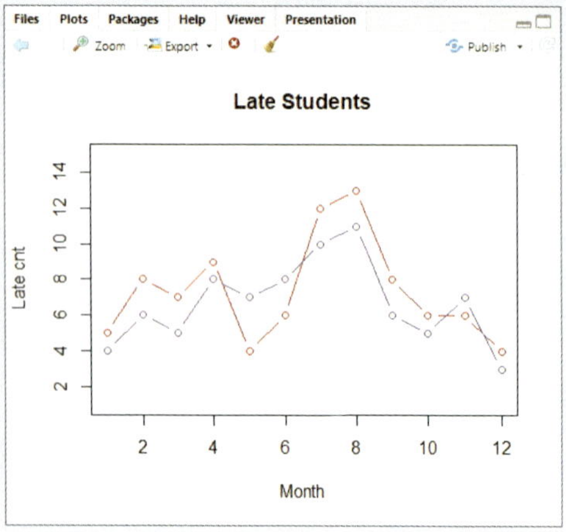

lines() 함수는 plot() 함수로 작성한 그래프 위에 선을 겹쳐서 그리는 역할을 한다. 이때 사용한 자료는 2반 자료인 late2이다. 이와 같이 코드를 작성하면 여러 개의 선이 겹쳐진 그래프를 그릴 수 있다.

04 자료의 탐색 실습

지금까지 5, 6장에 걸쳐서 단일변수 자료와 다중변수 자료를 탐색하는 기본적인 방법에 대해 학습하였다. 다음 단계로 넘어가기 전에 이번 절에서는 지금까지 배운 방법들을 활용하여 실제 자료에 대해 탐색적 데이터 분석을 실시하도록 한다.

1 BostonHousing 데이터셋 소개

이번에 데이터 분석을 할 대상 자료는 `mlbench` 패키지에서 제공하는 `BostonHousing` 데이터셋이다. `BostonHousing` 데이터셋은 미국 보스턴 지역의 주택 가격 정보와 주택 가격에 영향을 미치는 여러 요소들에 대한 정보를 담고 있다. 총 14개의 변수로 구성되어 있는데, 여기서는 5개의 변수만 선택하여 분석하기로 한다. [표 6-1]은 이번 절에서 분석할 변수의 이름과 설명이다.

표 6-1 BostonHousing 데이터셋의 변수 설명

변수	설명
crim	지역의 1인당 범죄율
rm	주택 1가구당 방의 개수
dis	보스턴의 5개 직업 센터까지의 거리
tax	재산세율
medv	주택 가격

2 탐색적 데이터 분석 과정

앞에서 소개한 `BostonHousing` 데이터셋을 바탕으로 탐색적 데이터 분석을 실습해보자.

1단계: 분석 대상 데이터셋 준비

먼저 분석 대상이 되는 데이터셋을 준비해보자. mlbench 패키지가 설치되어 있지 않다면 먼저 mlbench 패키지를 설치하고, 다음 명령어를 실행한다.

```
> library(mlbench)
> data("BostonHousing")
> myds <- BostonHousing[,c("crim","rm","dis","tax","medv")]
```

여기서 잠깐! mlbench 패키지 설치

1장에서 패키지를 설치하는 방법에 대해 배웠지만 여기서 한 번 더 설명하도록 한다. mlbench 패키지를 설치하기 위해 [Packages] 탭에서 [Install]을 클릭하고, 설치를 위한 Install Packages 대화상자가 열리면 [Packages] 입력창에 'mlbench'를 입력한다. 여기서 'mlbench' 패키지 목록을 선택하고 [Install] 버튼을 클릭하면 mlbench 패키지가 설치된다.

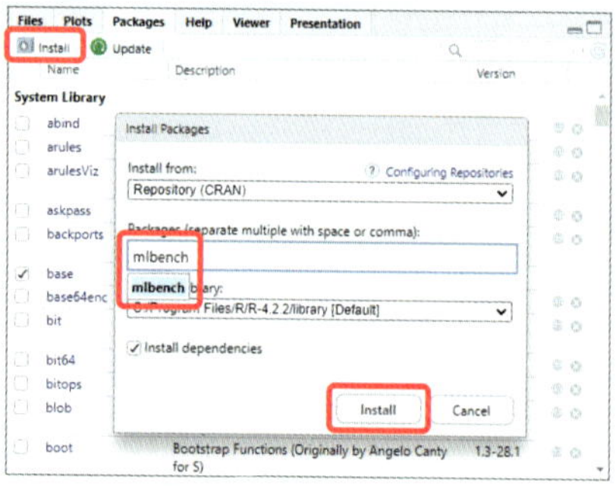

그림 6-8 mlbench 패키지 설치

2단계: grp 변수 추가

myds가 앞으로 우리가 탐색할 데이터셋인데 여기에 grp라는 변수를 하나 더 추가하려고 한다. grp는 주택 가격을 상(H), 중(M), 하(L)로 분류한 것으로 25.0 이상이면 상(H), 17.0 이하이면 하(L), 나머지를 중(M)으로 분류한다.

```
> grp <- c()
> for (i in 1:nrow(myds)) {                    # myds$medv 값에 따라 그룹 분류
```

```
+     if (myds$medv[i] >= 25.0) {
+       grp[i] <- "H"
+     } else if (myds$medv[i] <= 17.0) {
+       grp[i] <- "L"
+     } else {
+       grp[i] <- "M"
+     }
+ }
> grp <- factor(grp)                          # 문자 벡터를 팩터 타입으로 변경
> grp <- factor(grp, levels=c("H","M","L"))    # 레벨의 순서를 H, L, M -> H, M, L

> myds <- data.frame(myds, grp)               # myds에 grp 열 추가
```

grp <- factor(grp) 명령문으로 문자열 벡터 grp를 팩터로 변환하면 레벨이 알파벳 순서에 의해 H, L, M으로 지정이 되는데, 그래프를 그리면 결과가 이 순서대로 나오기 때문에 보기가 불편하다. 따라서 우리가 원하는 순서인 H, M, L로 변경해야 한다. grp <- factor(grp, levels=c("H","M","L")) 명령문이 이 작업을 수행한다.

3단계: 데이터셋의 형태와 기본적인 내용 파악

데이터셋이 준비되었으니 데이터셋의 형태와 기본적인 내용을 파악해보자.

```
> str(myds)
'data.frame':506 obs. of  6 variables:
 $ crim: num  0.00632 0.02731 0.02729 0.03237 0.06905 ...
 $ rm  : num  6.58 6.42 7.18 7 7.15 ...
 $ dis : num  4.09 4.97 4.97 6.06 6.06 ...
 $ tax : num  296 242 242 222 222 222 311 311 311 311 ...
 $ medv: num  24 21.6 34.7 33.4 36.2 28.7 22.9 27.1 16.5 18.9 ...
 $ grp : Factor w/ 3 levels "H","L","M": 3 3 1 1 1 1 3 1 2 3 ...
> head(myds)
     crim    rm    dis tax medv grp
1 0.00632 6.575 4.0900 296 24.0   M
2 0.02731 6.421 4.9671 242 21.6   M
3 0.02729 7.185 4.9671 242 34.7   H
```

```
4 0.03237 6.998 6.0622 222 33.4    H
5 0.06905 7.147 6.0622 222 36.2    H
6 0.02985 6.430 6.0622 222 28.7    H
> table(myds$grp)                              # 주택 가격 그룹별 분포

  H   M   L
132 247 127
```

먼저 str( ) 함수의 결과를 보면 myds 데이터셋은 데이터프레임이고, 506개의 주택에 대한 정보를 담고 있으며 6개의 변수로 구성되어 있음을 알 수 있다. 6개의 변수 중 grp는 팩터 타입이고 나머지는 모두 숫자 타입의 변수이다.

head( ) 함수를 통해서 데이터가 어떤 형태로 저장되어 있는지 확인한다. grp는 그룹 정보를 담고 있기 때문에 각 그룹별 관측값들의 개수를 알아보는 것이 필요하다. table( ) 함수를 통해 도수분포표를 작성하면 가격이 상위인 주택이 132채, 중간이 247채, 하위가 127채임을 알 수 있다.

4단계: 히스토그램에 의한 관측값의 분포 확인

그룹 정보(grp)를 제외한 나머지 5개 변수에 대해 관측값들의 분포를 확인해보자.

```
> par(mfrow=c(2,3))                    # 2x3 가상화면 분할
> for(i in 1:5) {
+   hist(myds[,i], main=colnames(myds)[i], col="yellow")
+ }
```

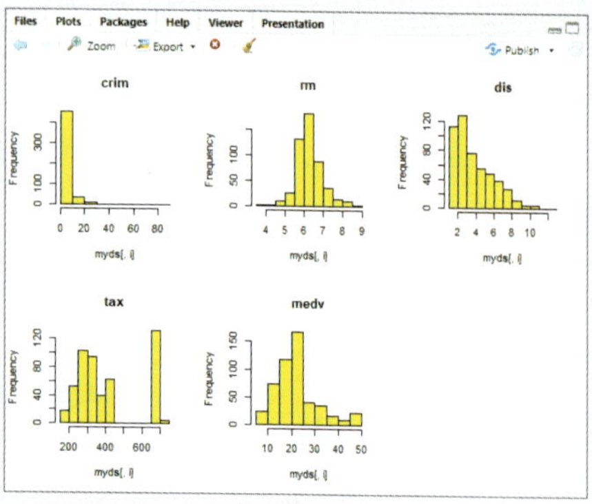

```
> par(mfrow=c(1,1))                    # 2x3 가상화면 분할 해제
```

결과를 보면 rm, mdev 변수만 종 모양의 정규분포에 가깝고, crim, dis는 관측값들이 한쪽으로 쏠려서 분포함을 알 수 있다. tax는 중간에 관측값이 없는 빈 구간이 존재하는 특징을 보인다. 관측값들의 분포가 종 모양의 정규분포가 아니면 분포에 대한 해석이 필요한데, 상세 분석을 진행할 때 주택시장에 대한 지식이 있는 전문가와 함께 분석을 진행할 필요가 있음을 시사한다.

5단계: 상자그림에 의한 관측값의 분포 확인

이번에는 그룹 정보(grp)를 제외한 나머지 5개 변수에 대해 boxplot() 함수를 작성하여 분포를 확인해보자.

```
> par(mfrow=c(2,3))                    # 2x3 가상화면 분할
> for(i in 1:5) {
+   boxplot(myds[,i], main=colnames(myds)[i])
+ }
> par(mfrow=c(1,1))                    # 2x3 가상화면 분할 해제
```

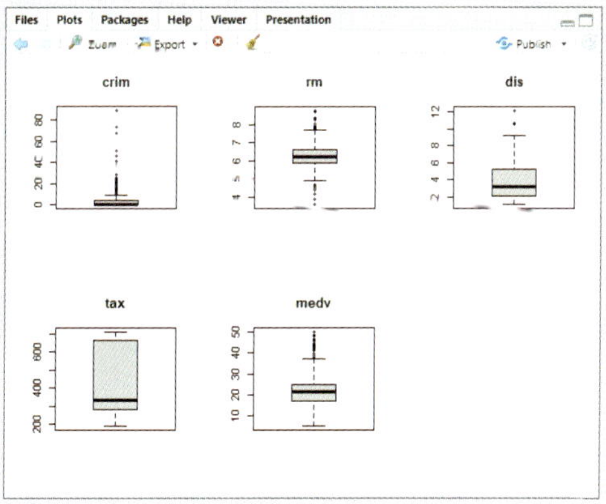

결과를 보면 1인당 범죄율(crim)은 관측값들이 좁은 지역에 밀집되어 있고(관측값들의 편차가 매우 작다), 재산세율(tax)은 넓게 퍼져 있는 것(관측값들의 편차가 비교적 크다)을 확인할 수 있다.

6단계: 그룹별 관측값 분포의 확인

이제 그룹 정보를 이용하여 각 변수별로 그룹별 분포를 확인해보자.

```
> boxplot(myds$crim~myds$grp, main="1인당 범죄율")
```

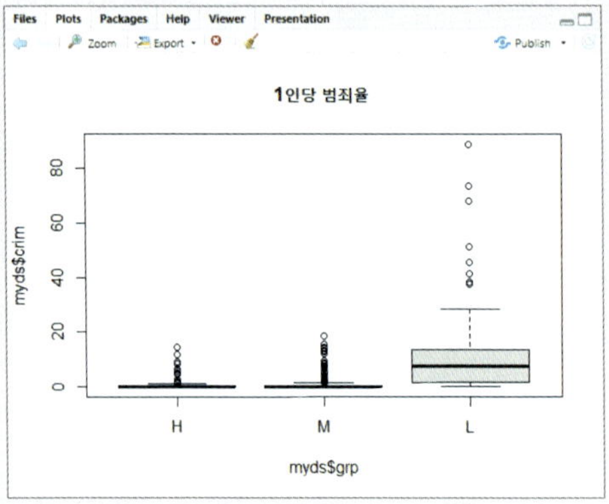

범죄율(crim)을 주택 가격별 그룹으로 살펴보면 흥미 있는 사실이 관찰되는데, 주택 가격이 높은 지역이나 중간 지역의 범죄율은 낮고, 주택 가격이 낮은 지역의 범죄율이 높게 나타난다. 이것은 우리가 충분히 예상할 수 있는 결과이다.

```
> boxplot(myds$rm~myds$grp, main="방의 개수")
```

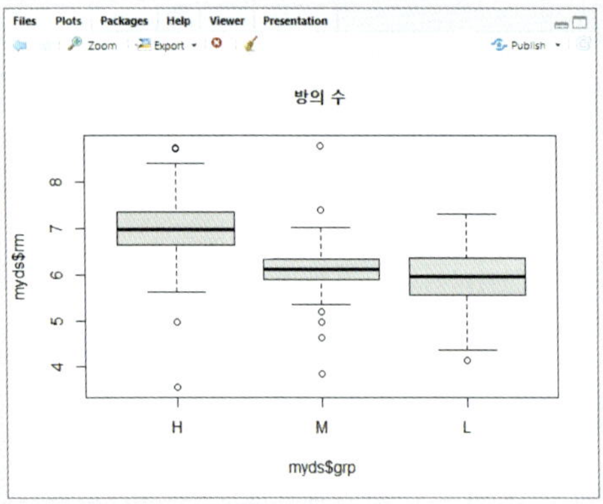

그룹별로 주택의 방의 개수를 비교해보면 주택 가격이 높으면 방의 개수도 많다는 것을 알 수 있다. 주택 가격이 중간인 지역과 하위인 지역에 있어서 방의 개수의 평균은 큰 차이가 나지 않지만, 중간 그룹의 방의 개수가 5.2~6.8 사이로 비교적 균일한 반면 하위 그룹의 방의 개

수는 4.5~7.2 사이로 넓게 퍼져 있는 것을 알 수 있다. 나머지 변수에 대해서도 각자 그룹별 분포를 작성하고 관찰해보자.

7단계: 다중 산점도를 통한 변수 간 상관 관계의 확인

이제 변수별로 자료 분포의 확인이 끝났으니 변수 간 상관 관계를 다중 산점도를 통해 알아보도록 하자.

```
> pairs(myds[,-6])
```

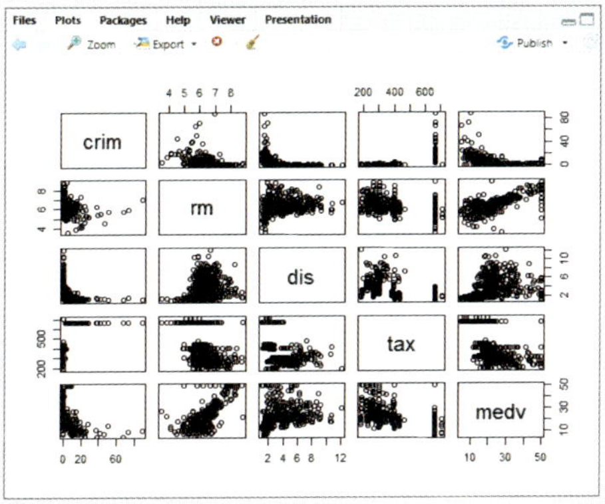

결과를 보면 BostonHousing 데이터셋의 중심 주제인 medv(주택 가격)와 양의 상관성이 있는 변수는 rm(가구당 방의 개수)으로 파악이 되고, crim(1인당 범죄율)은 주택 가격과 음의 상관성이 있는 것으로 보인다. 가구당 방의 개수가 많으면 집이 크다는 의미이니 주택 가격이 높아질 것이고, 범죄율이 높은 지역은 주택 가격이 떨어진다는 의미로 해석할 수 있다.

8단계: 그룹 정보를 포함한 변수 간 상관 관계의 확인

그룹 정보를 포함하여 다중 산점도를 작성하고 시사점이 있는지 확인해본다.

```
> point <- as.integer(myds$grp)                # 점의 모양 지정
> color <- c("red","green","blue")             # 점의 색 지정
> pairs(myds[,-6], pch=point, col=color[point])
```

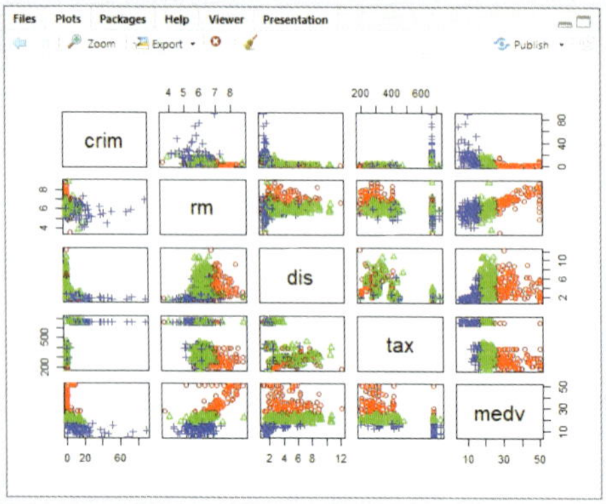

결과를 관찰해 보면 (crim-medv), (rm-medv), (dis-medv), (tax-medv) 산점도에서 그룹별로 분포 위치가 뚜렷하게 구분되는 것을 알 수 있다. 또한 주택 가격 중간 그룹(녹색점들)은 상위 그룹(빨간색), 하위 그룹(파란색)에 비해 주택 가격의 변동폭이 좁다는 사실도 관찰할 수 있다.

9단계: 변수 간 상관계수의 확인

변수 간 상관 관계에 대해 상관계수를 이용하여 알아보도록 하자.

```
> cor(myds[,-6])
           crim         rm        dis        tax       medv
crim  1.0000000 -0.2192467 -0.3796701  0.5827643 -0.3883046
rm   -0.2192467  1.0000000  0.2052462 -0.2920478  0.6953599
dis  -0.3796701  0.2052462  1.0000000 -0.5344316  0.2499287
tax   0.5827643 -0.2920478 -0.5344316  1.0000000 -0.4685359
medv -0.3883046  0.6953599  0.2499287 -0.4685359  1.0000000
```

medv(주택 가격)를 기준으로 보았을 때 상관계수가 가장 높은 것은 rm(가구당 방의 개수)으로 0.6953599이다. 산점도상에서 음의 상관성이 높은 것으로 보였던 crim(1인당 범죄율)은 상관계수가 -0.3883046으로, 실제로도 상관도가 높지 않다는 것을 알 수 있다.

분석 코드 정리

이상의 탐색을 통해서 우리는 각 변수들의 분포와 변수들의 관계, 그리고 주택 가격대별 그룹

분포의 특징에 대해 관찰할 수 있었다. 이러한 관찰을 기반으로 보다 심화된 분석을 어떤 내용으로 진행할지 계획을 세울 수 있다. [코드 6-8]은 지금까지 진행한 탐색적 데이터 분석 코드를 모아서 정리한 것이다.

코드 6-8

```
## (1) Prepare Data ----------------------
library(mlbench)
data("BostonHousing")
myds <- BostonHousing[,c("crim","rm","dis","tax","medv")]

## (2) Add new column ----------------------
grp <- c()
for (i in 1:nrow(myds)) {                    # myds$medv 값에 따라 그룹 분류
  if (myds$medv[i] >= 25.0) {
    grp[i] <- "H"
  } else if (myds$medv[i] <= 17.0) {
    grp[i] <- "L"
  } else {
    grp[i] <- "M"
  }
}
grp <- factor(grp)                           # 문자벡터를 팩터 타입으로 변경
grp <- factor(grp, levels=c("H","M","L"))    # 레벨의 순서를 H,L,M -> H,M,L

myds <- data.frame(myds, grp)                # myds에 grp 컬럼 추가

## (3) Add new column ----------------------
str(myds)
head(myds)
table(myds$grp)                              # 주택 가격 그룹별 분포

## (4) histogram ----------------------
par(mfrow=c(2,3))                            # 2x3 가상화면 분할
for(i in 1:5) {
  hist(myds[,i], main=colnames(myds)[i], col="yellow")
}
```

```
par(mfrow=c(1,1))                          # 2x3 가상화면 분할 해제

## (5) boxplot ----------------------
par(mfrow=c(2,3))                          # 2x3 가상화면 분할
for(i in 1:5) {
  boxplot(myds[,i], main=colnames(myds)[i])
}
par(mfrow=c(1,1))                          # 2x3 가상화면 분할 해제

## (6) boxplot by group -----------------
boxplot(myds$crim~myds$grp, main="1인당 범죄율")
boxplot(myds$rm~myds$grp, main="방의  수")
boxplot(myds$dis~myds$grp, main="직업센터까지의 거리")
boxplot(myds$tax~myds$grp, main="재산세")

## (7) scatter plot -----------------
pairs(myds[,-6])

## (8) scatter plot with group -----------------
point <- as.integer(myds$grp)              # 점의 모양 지정
color <- c("red","green","blue")           # 점의 색 지정
pairs(myds[,-6], pch=point, col=color[point])

## (9) correlation coefficient -----------------
cor(myds[,-6])
```

실전 분석

문제

R에서 제공하는 airquality 데이터셋에는 대기질에 대한 측정 데이터를 포함하고 있다. 월(Month)과 일(Day)을 제외한 4개의 변수(열)에 대해 산점도와 상관계수를 구하여 어떤 변수들의 상관계수가 가장 높은지 확인하고, 상관계수가 가장 큰 변수들의 상관계수와 산점도를 나타내시오(Ozone–평균 오존량, Solar.R–태양 복사, wind–평균 풍속, Temp–최대 온도).

01 앞에서 4개의 변수만 취하여 새로운 데이터셋 tmp를 만든다.

```
tmp <- airquality[,1:4]
```

02 tmp에는 결측값이 포함되어 있으므로 결측값이 포함된 행을 제외시킨다.

```
tmp <- tmp[complete.cases(tmp),]
```

03 tmp의 내용을 확인하고, 4개의 변수에 대한 산점도와 상관계수를 구한다.

```
head(tmp)
plot(tmp)
cor(tmp)
```

04 가장 상관계수값이 높은 오존과 온도의 상관계수, 산점도를 나타낸다.

```
cor(tmp$Ozone, tmp$Temp)
plot(tmp$Ozone, tmp$Temp, main="오존-온도")
```

결과

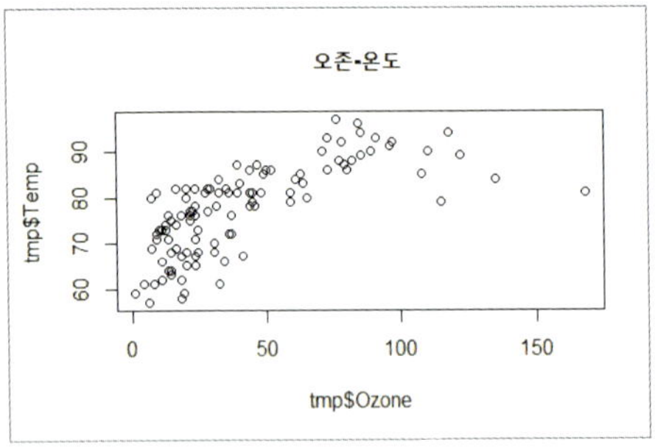

요약

01 **산점도**scatter plot란 2개의 변수로 구성된 자료의 분포를 알아보는 그래프로, 관측값들의 분포를 통해 2개의 변수 사이의 관계를 시각적으로 파악할 수 있는 기법이다.

02 두 변수가 어느 정도의 선형적 관계가 있는지를 시각적 방법이 아닌 수치상으로 나타낼 수 있는 방법이 **상관분석**correlation analysis이다.

03 상관분석에서는 다음과 같이 두 변수 x와 y 사이의 **상관계수**Pearson's correlation coefficient를 구한다.

$$r = \frac{\sum_{i=1}^{n}((x_i - \bar{x})(y_i - \bar{y}))}{\sqrt{\sum_{i=1}^{n}(x_i - \bar{x})^2 \sum_{i=1}^{n}(y_i - \bar{y})^2}}$$

$r < 0$ 이면 두 변수가 음의 상관 관계에 있고, $r > 0$ 이면 두 변수가 양의 상관 관계에 있다.

04 시간의 변화에 따라 자료를 수집한 경우, 이를 **시계열 자료**times series data라고 한다. 시계열 자료를 분석할 때에는 다양한 분석 방법이 존재하며, 대표적인 방법으로 선그래프가 있다. 선그래프는 하나의 선뿐만 아니라 복수의 선도 나타낼 수 있다.

■ 함수 정리

함수	설명
`plot()`	① 두 변수 사이의 산점도를 작성한다. ② 선그래프를 작성한다.
`pairs()`	변수들을 2개씩 짝지어 산점도를 작성한다.
`cor()`	두 변수 간, 여러 개의 변수에 대한 상관계수를 계산한다.

연습문제

01 R에서 제공하는 cars 데이터셋을 이용하여 속도(speed)와 제동거리(dist)에 대한 산점도를 작성하고, 두 변수 간의 상관 관계를 설명하시오(x축: speed, y축: dist).

02 R에서 제공하는 pressure 데이터셋을 이용하여 온도(temperature)와 기압(pressure)에 대한 산점도를 작성하고, 두 변수 간의 상관 관계를 설명하시오(x축: temperature, y축: pressure).

03 R에서 제공하는 swiss 데이터셋에서 출산율(Fertility), 남성 농업인 비율(Agriculture), 입대시험 고득점자 비율(Examination), 징집대상자 초등 이상 교육 이수 비율(Education) 변수 간의 산점도를 작성하고, 상관 관계를 관찰하시오(pairs( ) 함수 이용).

04 R에서 제공하는 iris 데이터셋에서 품종(Species) 정보에 따른 꽃잎 길이(Petal.Length)와 꽃잎 폭(Petal.Width)의 분포에 대해 산점도를 통해 알아보시오.

05 다음은 직장인 10명의 수입과 교육받은 기간을 조사한 자료이다. 산점도와 상관계수를 구하고, 수입과 교육기간 사이에 어떤 상관 관계가 있는지 설명하시오.

수입	121	99	25	35	40	30	150	24	50	60
교육기간	19	20	16	16	18	12	24	12	16	17

06 다음은 10일간의 습도와 자전거 대여량을 조사한 자료이다. 산점도와 상관계수를 구하고, 습도와 자전거 대여량 사이에 어떤 상관 관계가 있는지 설명하시오.

습도	56	67	89	91	53	41	46	71	80	92
자전거 대여량	92510	74801	27168	33929	89807	92153	92045	75328	48756	21875

07 R에서 제공하는 state.x77 데이터셋에서 Income과 다른 변수들 간의 상관계수를 구하시오. 어느 변수가 Income과 가장 상관성이 높은지 산점도와 함께 설명하시오.

08 다음은 2015년부터 2026년도까지의 예상 인구수 추계 자료이다. 연도를 x축으로 하여 선그래프를 작성하시오.

연도	총인구 (천명)	연도	총인구 (천명)
2015	51014	2021	52123
2016	51245	2022	52261
2017	51446	2023	52388
2018	51635	2024	52504
2019	51811	2025	52609
2020	51973	2026	52704

09 다음은 2014년 4분기부터 2017년 3분기까지 남녀경제활동참가율을 나타낸 통계자료이다. 연도를 x축으로 하고 남녀를 각각 다른 선과 색으로 표시하는 그래프를 작성하시오(2014년 4분기는 20144, 2015년 1분기는 20151과 같은 형식으로 입력).

연도	남자	여자	연도	남자	여자
2014년 4분기	73.9	51.4	2016년 2분기	74.2	52.6
2015년 1분기	73.1	50.5	2016년 3분기	74.5	52.7
2015년 2분기	74.4	52.4	2016년 4분기	73.8	52.2
2015년 3분기	74.2	52.4	2017년 1분기	73.1	51.5
2015년 4분기	73.5	51.9	2017년 2분기	74.5	53.2
2016년 1분기	73	50.9	2017년 3분기	74.2	53.1

10 R에서 제공하는 trees 데이터셋에 대해 다음 문제를 해결하기 위한 R 코드를 작성하시오.

(1) 나무의 지름(`Girth`)과 높이(`Height`)에 대해 산점도와 상관계수를 보이시오.

(2) `trees` 데이터셋에 존재하는 3개의 변수 간의 산점도와 상관계수를 보이시오.

11 **R에서 제공하는 Orange 데이터셋에서 나무의 연령(age)과 나무의 둘레(circumference)에 대해 산점도를 그룹(Tree) 번호별로 점의 색을 달리하여 작성하시오.**

12 **mlbench 패키지에서 제공하는 Glass 데이터셋에 대해 다음의 문제를 해결하기 위한 R 코드를 작성하시오.**

(1) 다음과 같이 Glass 데이터셋을 myds에 저장하시오.

```
library(mlbench)
data("Glass")
myds <- Glass
```

(2) myds에서 Type을 제외한 변수들 간의 분포를 산점도를 통해 보이시오.

(3) myds에서 Type을 제외한 변수들 간의 분포를 상관계수를 통해 확인하시오.

(4) myds에서 Type을 제외한 변수들 간의 분포를 산점도를 통해 보이되 Type을 그룹으로 하여 그룹별로 점의 색을 달리 하시오.

13 **mlbench 패키지에서 제공하는 Ionosphere 데이터셋에 대해 다음의 문제를 해결하기 위한 R 코드를 작성하시오.**

(1) 다음과 같이 Ionosphere 데이터셋을 myds에 저장하시오.

```
library(mlbench)
data("Ionosphere")
myds <- Ionosphere[,3:12]
```

(2) myds에서 선형 관계가 가장 강한 두 변수를 찾아서 각각 산점도와 상관계수를 보이시오.

14 R에서 제공하는 LakeHuron 데이터셋은 호수의 연도별 평균 수위 정보가 저장되어 있다. 다음과 같이 연도(years)와 수위(hlevel) 벡터를 생성한 후 연도를 x축으로 하여 선그래프를 작성하시오 (단, 선의 색은 파랑, 그래프의 이름은 'LakeHuron', y축 레이블은 '수위'로 한다).

```
years <- 1875:1972
hlevel <- as.vector(LakeHuron)
```

15 R에서 제공하는 AirPassengers 데이터셋은 1949년~1960년 사이의 항공 승객수를 월별로 나타낸 것이다. AirPassengers 데이터셋에서 1949, 1955, 1960년의 월별 승객수를 선그래프로 작성하는데, 3개년도의 선의 색을 다르게 하시오(현재는 AirPassengers 데이터셋에서 직접 데이터를 추출할 수 없으니 AirPassengers 데이터셋을 보고 필요한 자료를 입력하여 사용한다).

16 R에서 제공하는 USAccDeaths 데이터셋은 1973년~1978년 사이의 사고 사망자 숫자를 월별로 나타낸 것이다. USAccDeaths 데이터셋에서 1973, 1975, 1977년의 월별 사망자 숫자를 선그래프로 작성하는데, 3개년도의 선의 색을 다르게 하시오.

CHAPTER 07
데이터 전처리

PREVIEW

데이터 분석을 수행하려면 잘 정돈된 데이터셋이 갖추어져야 한다. 그런데 분석을 위해 확보한 초기 데이터는 대부분 분석에 적합한 형태가 아닌 경우가 많다. 이러한 데이터를 분석에 적합한 형태로 변환하는 과정을 데이터 전처리data preprocessing라고 하는데, 이번 장에서는 데이터 전처리 과정에서 필요한 다양한 기법들에 대해 학습한다.

1절에서는 결측값에 대해 알아본다. R을 이용하여 결측값이 있는지 여부를 파악하고, 결측값을 대체하거나 제외시키는 방법을 실습한다.

2절에서는 데이터의 정상 분포 범위 밖에 위치하는 특이값에 대해 살펴본다. R에서 상자그림을 이용하여 특이값을 추출하고 추출한 특이값을 제거하는 방법을 실습한다.

3절에서는 데이터를 주어진 기준에 따라 크기순으로 재배열하는 과정에 해당하는 데이터 정렬에 대해 알아본다.

4절에서는 데이터셋을 여러 개의 데이터셋으로 분리하거나 데이터셋으로부터 조건에 맞는 행들을 추출하는 방법을 실습한다.

5절에서는 주어진 값들이 있을 때 임의의 개수의 값들을 추출하는 작업인 샘플링에 대해 알아보고, 데이터값들 중에서 몇 개씩 짝을 지어 추출하는 작업인 조합에 대해 학습한다.

6절에서는 R을 이용하여 데이터를 집계하고 병합하는 방법에 대해 각각 실습을 통해 알아본다.

01 결측값

우리는 지금까지 잘 정리된 데이터셋을 대상으로 데이터를 분석하는 방법을 학습하였다. 그런데 정작 현실에서는 그렇게 잘 정리된 데이터셋을 얻기가 쉽지 않다. 그렇기 때문에 실제로 데이터 분석을 제대로 하기 위해서는 초기에 확보한 데이터를 정제하고 가공해서 분석에 적합한 데이터를 확보해야 한다. 이러한 과정을 **데이터 전처리**data preprocessing라고 한다.

1장에서 살펴본 바와 같이 데이터 전처리는 전체 분석 과정 중에서 매우 오랜 시간을 차지하기 때문에 이를 효과적으로 처리하는 방법을 아는 것은 매우 중요하다. 이번 장에서는 데이터 전처리가 이루어질 때 자주 사용하는 몇 가지 기법들에 대해 학습하게 될 것이다. 먼저 이번 절에서는 **결측값**을 처리하는 방법에 대해 알아본다.

1 결측값의 개념

결측값missing value은 데이터를 수집하고 저장하는 과정에서 저장할 값을 얻지 못하는 경우 발생한다. 예를 들어, 통계조사를 실시한다고 가정해보자. 통계조사 응답자가 어떤 문항에 대해 응납을 하지 않았다고 하면 그 문항의 데이터값은 결측값이 된다. 만약 데이터셋에 결측값이 섞여 있으면 데이터 분석 시 여러 가지 문제를 야기한다. 예를 들어, 성적 자료에 결측값이 포함되어 있다면 성적 자료에 대한 합계나 평균 등의 계산 작업이 불가능해진다.

이러한 결측값을 처리하는 방법은 다음의 두 가지 방법이 있다.

- 결측값을 제거하거나 제외시킨 다음 데이터를 분석한다.
- 결측값을 추정하여 적당한 값으로 치환한 후 데이터를 분석한다.

2 벡터의 결측값 처리

R을 이용하여 결측값이 있는지 여부를 파악하고, 결측값을 대체하거나 제외시키는 방법에 대해 알아보도록 하자. R에서는 결측값을 다루기 위해 NA라고 하는 특별한 데이터값을 제공하는

데, NA는 숫자형, 문자형, 논리형 데이터 어디에서나 결측값을 나타내는 용도로 사용할 수 있다.

결측값의 특성과 존재 여부 확인

[코드 7-1]을 통하여 결측값의 특성을 알아보고, 결측값의 존재 여부를 확인하는 방법에 대해 실습한다.

코드 7-1

```
z <- c(1,2,3,NA,5,NA,8)        # 결측값이 포함된 벡터 z
sum(z)                         # 정상 계산이 안 됨
is.na(z)                       # NA 여부 확인
sum(is.na(z))                  # NA의 개수 확인
sum(z, na.rm=TRUE)             # NA를 제외하고 합계를 계산
```

[코드 7-1]의 실행 결과를 나누어 설명하면 다음과 같다.

```
> z <- c(1,2,3,NA,5,NA,8)      # 결측값이 포함된 벡터 z
```

실습을 위해 2개의 NA 값이 포함된 벡터 z를 생성한다.

```
> sum(z)                       # 정상 계산이 안 됨
[1] NA
```

NA를 포함한 상태에서 sum() 함수를 실행하면 정상적으로 합계가 계산되지 않고 NA가 출력된다. '모르는 값 + 3 = 모르는 값'과 같은 이치이다.

```
> is.na(z)                     # NA 여부 확인
[1] FALSE FALSE FALSE  TRUE FALSE  TRUE FALSE
```

is.na() 함수는 벡터 z에 있는 각각의 값이 NA인지를 확인하는 함수이다. NA가 아닌 값은 FALSE, NA인 값은 TRUE로 출력된다.

```
> sum(is.na(z))              # NA의 개수 확인
[1] 2
```

TRUE, FALSE가 계산에 사용되면 TRUE는 1, FALSE는 0으로 변환된다. 따라서 위의 명령문은 is.na(z)에 포함된 TRUE의 개수를 세는 역할을 한다. 일반적으로 어떤 벡터에 NA가 있는지 알아볼 때는 이 명령문을 사용하면 된다.

```
> sum(z, na.rm=TRUE)         # NA를 제외하고 합계를 계산
[1] 19
```

sum( ) 함수의 매개변수 중에는 na.rm이 있는데, NA 값을 제외하고 계산을 할지 여부를 지정하는 매개변수이다. 매개변수값으로 TRUE 또는 줄여서 T를 지정하면 NA를 제외하고 합계를 계산할 수 있다. 대부분의 계산 함수가 na.rm 매개변수를 제공하니 필요할 때 사용하도록 하자.

결측값 대체 및 제거

[코드 7-2]는 NA를 다른 값으로 대체하는 방법과 NA를 제거하는 방법을 나타낸다.

코드 7-2

```
z1 <- c(1,2,3,NA,5,NA,8)     # 결측값이 포함된 벡터 z1
z2 <- c(5,8,1,NA,3,NA,7)     # 결측값이 포함된 벡터 z2
z1[is.na(z1)] <- 0           # NA를 0으로 치환
z1
z3 <- as.vector(na.omit(z2)) # NA를 제거하고 새로운 벡터 생성
z3
```

실행 결과

```
> z1 <- c(1,2,3,NA,5,NA,8)     # 결측값이 포함된 벡터 z1
> z2 <- c(5,8,1,NA,3,NA,7)     # 결측값이 포함된 벡터 z2
> z1[is.na(z1)] <- 0           # NA를 0으로 치환
> z1
[1] 1 2 3 0 5 0 8
> z3 <- as.vector(na.omit(z2)) # NA를 제거하고 새로운 벡터 생성
```

```
> z3
[1] 5 8 1 3 7
```

3 매트릭스와 데이터프레임의 결측값 처리

지금까지 벡터에 포함된 NA 값을 다루는 방법에 대해 살펴보았다. 이제 매트릭스나 데이터프레임에 포함된 NA 값을 다루는 방법을 살펴보도록 하자.

결측값이 포함된 데이터프레임 생성

우선 [코드 7-3]과 같이 실행하여 NA가 포함된 데이터프레임을 생성한다.

코드 7-3

```
# NA를 포함하는 test 데이터 생성
x <- iris
x[1,2]<- NA; x[1,3]<- NA
x[2,3]<- NA; x[3,4]<- NA
head(x)
```

실행 결과

```
> head(x)
  Sepal.Length Sepal.Width Petal.Length Petal.Width Species
1          5.1          NA           NA         0.2  setosa
2          4.9         3.0           NA         0.2  setosa
3          4.7         3.2          1.3          NA  setosa
4          4.6         3.1          1.5         0.2  setosa
5          5.0         3.6          1.4         0.2  setosa
6          5.4         3.9          1.7         0.4  setosa
```

데이터프레임의 열별 결측값 확인

[코드 7-4]는 앞에서 생성한 데이터프레임 x의 열column별 결측값이 몇 개인지 알아보는 명령문이다. [코드 7-3]에 이어서 [코드 7-4]를 실행한다.

코드 7-4

```
# for문을 이용한 방법
for (i in 1:ncol(x)) {
  this.na <- is.na(x[,i])
  cat(colnames(x)[i], "\t", sum(this.na), "\n")
}

# apply를 이용한 방법
col_na <- function(y) {
  return(sum(is.na(y)))
}

na_count <-apply(x, 2, FUN=col_na)
na_count
```

실행 결과

```
> # for문을 이용한 방법
> for (i in 1:ncol(x)) {
+   this.na <- is.na(x[,i])
+   cat(colnames(x)[i], "\t", sum(this.na), "\n")
+ }
Sepal.Length  0
Sepal.Width   1
Petal.Length  2
Petal.Width   1
Species       0
>
> # apply를 이용한 방법
> col_na <- function(y) {
+   return(sum(is.na(y)))
+ }
>
> na_count <-apply(x, 2, FUN=col_na)
> na_count
Sepal.Length  Sepal.Width Petal.Length  Petal.Width      Species
           0            1            2            1            0
```

for문을 이용하는 방법을 살펴보면 is.na() 함수를 통해 각 열column별로 NA의 개수를 파악한 후 cat() 함수를 통해 열 이름과 NA의 개수를 출력한다. cat() 함수에서 "\t"는 탭tab을 나타내는 특수 문자로 앞의 문자열에서 일정 간격을 띄우는 역할을 한다.

apply() 함수를 이용하는 방법을 살펴보면 먼저 열column별로 NA의 값을 파악하는 함수 col_na() 함수를 정의한다. 그리고 apply() 함수에서 각 열별로 col_na() 함수를 적용하여 결과를 얻는다.

데이터프레임의 행별 결측값 확인

[코드 7-5]는 앞에서 생성한 데이터프레임 x의 행row별 NA의 개수를 파악하는 코드이다. [코드 7-4]에 이어서 [코드 7-5]를 실행한다.

코드 7-5

```
rowSums(is.na(x))              # 행별 NA의 개수
sum(rowSums(is.na(x))>0)       # NA가 포함된 행의 개수

sum(is.na(x))                  # 데이터셋 전체에서 NA 개수
```

실행 결과

```
> rowSums(is.na(x))            # 행별 NA 개수
  [1] 2 1 1 0 0 0 0 0 0 0 0 0 0 0 0 0 0 0 0 0 0 0 0 0 0 0 0 0 0 0 0 0 0 0 0 0 0 0 0 0 0 0
 [43] 0 0 0 0 0 0 0 0 0 0 0 0 0 0 0 0 0 0 0 0 0 0 0 0 0 0 0 0 0 0 0 0 0 0 0 0 0 0 0 0 0 0
 [85] 0 0 0 0 0 0 0 0 0 0 0 0 0 0 0 0 0 0 0 0 0 0 0 0 0 0 0 0 0 0 0 0 0 0 0 0 0 0 0 0 0 0
[127] 0 0 0 0 0 0 0 0 0 0 0 0 0 0 0 0 0 0 0 0 0 0 0 0
> sum(rowSums(is.na(x))>0)     # NA가 포함된 행의 개수
[1] 3
>
> sum(is.na(x))                # 데이터셋 전체에서 NA 개수
[1] 4
```

결측값을 제외하고 새로운 데이터셋 만들기

이번에는 NA가 포함된 행을 제외시킨 새로운 데이터셋을 만들어보자. 이 작업을 위해

complete.cases() 함수가 사용되는데, 이 함수는 어떤 데이터셋에서 NA를 포함하지 않은 완전한complete 행들을 찾아준다(정확히 말하면 완전한 행들의 인덱스 값을 찾는다).

코드 7-6

```
head(x)
x[!complete.cases(x),]              # NA가 포함된 행들 출력
y <- x[complete.cases(x),]          # NA가 포함된 행들 제거
head(y)                             # 새로운 데이터셋 y의 내용 확인
```

[코드 7-6]의 실행 결과를 나누어 설명하면 다음과 같다.

```
> head(x)
  Sepal.Length Sepal.Width Petal.Length Petal.Width Species
1          5.1          NA           NA         0.2  setosa
2          4.9         3.0           NA         0.2  setosa
3          4.7         3.2          1.3          NA  setosa
4          4.6         3.1          1.5         0.2  setosa
5          5.0         3.6          1.4         0.2  setosa
6          5.4         3.9          1.7         0.4  setosa
```

먼저 x의 내용을 확인하면 1~3행에 NA 값이 포함된 것을 알 수 있다.

```
> x[!complete.cases(x),]              # NA가 포함된 행들 출력
  Sepal.Length Sepal.Width Petal.Length Petal.Width Species
1          5.1          NA           NA         0.2  setosa
2          4.9         3.0           NA         0.2  setosa
3          4.7         3.2          1.3          NA  setosa
```

!는 부정not을 의미하는 논리연산자이기 때문에 !complete.cases(x)는 완전하지 않은 행들, 즉 NA를 포함한 행들을 의미한다. NA가 포함된 1~3행이 출력된다.

```
> y <- x[complete.cases(x),]          # NA가 포함된 행들 제거
> head(y)                             # 새로운 데이터셋 y의 내용 확인
```

```
  Sepal.Length Sepal.Width Petal.Length Petal.Width Species
4          4.6         3.1          1.5         0.2  setosa
5          5.0         3.6          1.4         0.2  setosa
6          5.4         3.9          1.7         0.4  setosa
7          4.6         3.4          1.4         0.3  setosa
8          5.0         3.4          1.5         0.2  setosa
9          4.4         2.9          1.4         0.2  setosa
```

x에서 NA가 포함된 행들을 제거하고 생성한 새로운 데이터셋 y는 NA를 포함하지 않고 있다는 것을 확인할 수 있다.

여기서 잠깐! NA 값이 많은 데이터 처리

어떤 데이터셋은 NA 값을 포함한 행이 많아 이를 모두 제거하면 남는 것이 별로 없어서 데이터를 분석하기 어려운 경우가 있다. 만약 NA 값이 특정 열에 몰려 있다면 그 열은 제외하고 데이터를 분석한다. 또한 NA 값이 여러 열에 흩어져 있는 경우는 NA 값을 적당한 값으로 추정하여 대체한 후 분석한다.

여기서 잠깐! 결측값 추정을 위한 추천 패키지

결측값 추정을 위해서는 여러 패키지를 사용할 수 있는데, 그중 mice 패키지가 대표적이다. 이렇게 추정된 값을 이용하여 분석을 하면 아무래도 분석 결과의 신뢰도가 떨어질 수밖에 없지만 아무런 분석도 하지 못하는 것보다는 낫다.

02 특이값

1 특이값의 개념

특이값outlier은 정상적이라고 생각되는 데이터의 분포 범위 밖에 위치하는 값들을 말하며, '이상치'라고도 부른다. 특이값은 입력 오류에 의해 발생하기도 하고, 일반인의 몸무게 자료에 씨름 선수의 몸무게가 합쳐진 경우처럼 실제로 특이한 값일 수도 있다. 이러한 특이값의 성질은 제조 공정에서 불량 제품을 선별하거나 은행 거래 시스템에서 사기 거래를 탐지할 때 사용하기도 한다.

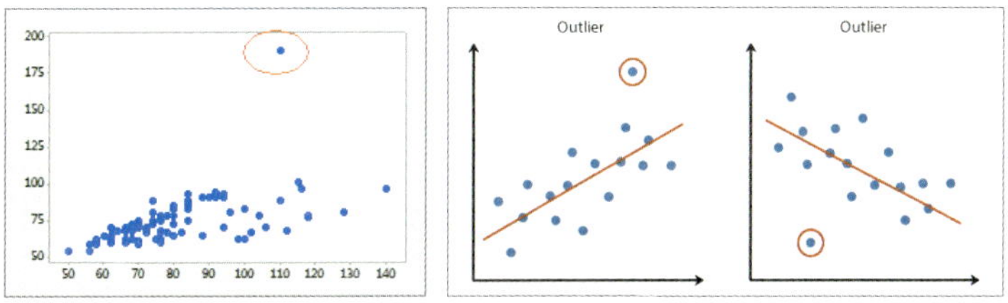

그림 7-1 특이값의 사례 © Minitap와 Richanchor blog

데이터 분석에서는 특이값을 포함한 채 평균 등을 계산하면 전체 데이터의 양상을 파악하는 데 왜곡을 가져올 수 있으므로 분석할 때 특이값을 제외하는 경우가 많다.

데이터셋에 특이값이 포함되어 있는지 여부는 다음과 같은 기준을 통해 찾을 수 있다.

❶ 논리적으로 있을 수 없는 값이 있는지 찾아본다.

예 좋아하는 색을 1~5로 표시하기로 했는데 7이 존재함

예 몸무게에 마이너스 값이 있음

❷ 상식을 벗어난 값이 있는지 찾아본다.

예 나이가 120살 이상인 사람

❸ 상자그림boxplot을 통해 찾아본다.

예 정상범위 밖에 동그라미 표시가 있으면 특이값을 의미

위 사례 중 ❶의 경우는 해당 값을 찾아주는 특별한 방법이 없기 때문에 분석자가 각 열column의 특성을 이해한 후 특이값이 포함되어 있는지를 직접 탐색해야 한다.

2 특이값 추출 및 제거

R에서 상자그림을 이용하여 특이값을 추출하고, 추출한 특이값을 제거해보자.

상자그림을 통한 특이값 확인

상자그림을 이용하여 특이값을 찾을 때는 먼저 **boxplot()** 함수를 실행하여 특이값이 존재하는지 확인한 후, 특이값이 존재한다면 **boxplot.stats()** 함수를 이용하여 특이값이 어떤 것인지 특정한다. [코드 7-7]을 통해 특이값을 확인해보자.

코드 7-7

```
st <- data.frame(state.x77)
boxplot(st$Income)
boxplot.stats(st$Income)$out
```

[코드 7-7]의 실행 결과를 나누어 설명하면 다음과 같다.

```
> st <- data.frame(state.x77)
> boxplot(st$Income)
```

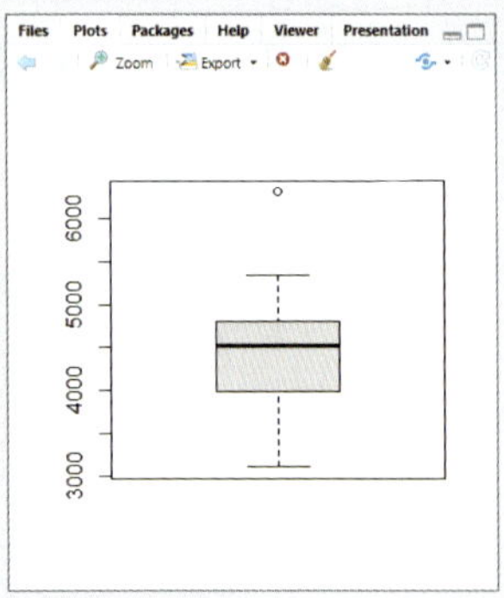

상자그림을 보면 Income 열에서 특이값을 확인할 수 있다.

```
> boxplot.stats(st$Income)$out
[1] 6315
```

boxplot.stats() 함수는 리스트 형태로 여러 개의 결과값을 반환하는데 그중에서 out은 특이값을 의미한다. 여기에서는 6315가 boxplot() 함수에서 확인한 특이값이다.

특이값을 포함한 행 제거

이번에는 특이값을 포함하는 행을 제거해보자. 일반적으로 특이값을 포함하는 행을 제거할 때는 특이값을 NA로 바꾸고 NA를 포함한 행을 제거하는 방식으로 진행한다. [코드 7-7]에 이어서 [코드 7-8]을 실행한다.

코드 7-8

```
out.val <- boxplot.stats(st$Income)$out          # 특이값 추출
st$Income[st$Income %in% out.val] <- NA           # 특이값을 NA로 대체
head(st)
newdata <- st[complete.cases(st),]                # NA가 포함된 행 제거
head(newdata)
```

[코드 7-8]의 실행 결과를 나누어 설명하면 다음과 같다.

```
> out.val <- boxplot.stats(st$Income)$out        # 특이값 추출
```

특이값을 추출하여 out.val에 저상한다.

```
> st$Income[st$Income %in% out.val] <- NA         # 특이값을 NA로 대체
```

Income 열에서 Income 값이 out.val에 포함되면 Income 값을 NA로 대체하는 명령문이다. st$Income == out.val로 명령을 내리지 않은 이유는 out.val이 하나의 값이 아니라 여러 개의 특이값을 포함한 벡터일 수도 있기 때문이다. 어떤 벡터에 비교하고자 하는 값이 포함되어 있는지를 알고 싶을 때는 ==가 아닌 %in%를 사용한다.

```
> head(st)
           Population Income Illiteracy Life.Exp Murder HS.Grad Frost   Area
Alabama          3615   3624        2.1    69.05   15.1    41.3    20  50708
Alaska            365     NA        1.5    69.31   11.3    66.7   152 566432
Arizona          2212   4530        1.8    70.55    7.8    58.1    15 113417
Arkansas         2110   3378        1.9    70.66   10.1    39.9    65  51945
California      21198   5114        1.1    71.71   10.3    62.6    20 156361
Colorado         2541   4884        0.7    72.06    6.8    63.9   166 103766
```

두 번째 행에 있는 Income 값이 NA로 바뀐 것을 확인할 수 있다.

```
> newdata <- st[complete.cases(st),]          # NA가 포함된 행 제거
> head(newdata)
            Population Income Illiteracy Life.Exp Murder HS.Grad Frost   Area
Alabama           3615   3624        2.1    69.05   15.1    41.3    20  50708
Arizona           2212   4530        1.8    70.55    7.8    58.1    15 113417
Arkansas          2110   3378        1.9    70.66   10.1    39.9    65  51945
California       21198   5114        1.1    71.71   10.3    62.6    20 156361
Colorado          2541   4884        0.7    72.06    6.8    63.9   166 103766
Connecticut       3100   5348        1.1    72.48    3.1    56.0   139   4862
```

complete.cases() 함수를 이용하여 NA를 포함한 행을 제거한다. 실행 결과 NA를 포함한 행이 제거되었다.

03 데이터 정렬

1 벡터의 정렬

정렬sort은 데이터를 주어진 기준에 따라 크기순으로 재배열하는 과정을 말하며, 데이터 분석 과정에서 빈번하게 수행하는 작업 중 하나이다. 벡터 정렬의 경우 이미 학습한 바 있지만 [코드 7-9]를 통해 한 번 더 확인해보자.

코드 7-9

```
v1 <- c(1,7,6,8,4,2,3)
order(v1)
v1 <- sort(v1)                    # 오름차순
v1
v2 <- sort(v1, decreasing=T)      # 내림차순
v2
```

실행 결과

```
> v1 <- c(1,7,6,8,4,2,3)
> order(v1)
[1] 1 6 7 5 3 2 4
> v1 <- sort(v1)                  # 오름차순
> v1
[1] 1 2 3 4 6 7 8
> v2 <- sort(v1, decreasing=T)    # 내림차순
> v2
[1] 8 7 6 4 3 2 1
```

2 매트릭스와 데이터프레임의 정렬

매트릭스나 데이터프레임에 저장된 데이터는 특정 열의 값을 기준으로 행들을 재배열하는 형

태로 정렬하는 경우가 많다. [코드 7-10]은 iris 데이터셋을 꽃잎의 길이(Sepal.Length)를 기준으로 행들을 재정렬하는 과정을 나타낸 것이다.

코드 7-10

```
head(iris)
order(iris$Sepal.Length)
iris[order(iris$Sepal.Length),]                    # 오름차순으로 정렬
iris[order(iris$Sepal.Length, decreasing=T),]      # 내림차순으로 정렬
iris.new <- iris[order(iris$Sepal.Length),]        # 정렬된 데이터를 저장
head(iris.new)
iris[order(iris$Species, -iris$Petal.Length, decreasing=T),]  # 정렬 기준이 2개
```

[코드 7-10]의 실행 결과를 나누어 설명하면 다음과 같다.

```
> head(iris)
  Sepal.Length Sepal.Width Petal.Length Petal.Width Species
1          5.1         3.5          1.4         0.2  setosa
2          4.9         3.0          1.4         0.2  setosa
3          4.7         3.2          1.3         0.2  setosa
4          4.6         3.1          1.5         0.2  setosa
5          5.0         3.6          1.4         0.2  setosa
6          5.4         3.9          1.7         0.4  setosa
```

head( ) 함수를 실행한 결과를 보면 각 행들의 맨 앞에 1, 2, 3, 4, 5, 6 숫자가 있는데, 이것이 행들의 순서를 나타내는 값이다. 입력된 순서대로 번호가 붙여진다.

```
> order(iris$Sepal.Length)
  [1]  14   9  39  43  42   4   7  23  48   3  30  12  13  25  31  46   2  10  35  38  58
 [22] 107   5   8  26  27  36  41  44  50  61  94   1  18  20  22  24  40  45  47  99  28
 [43]  29  33  60  49   6  11  17  21  32  85  34  37  54  81  82  90  91  65  67  70  89
 [64]  95 122  16  19  56  80  96  97 100 114  15  68  83  93 102 115 143  62  71 150  63
 [85]  79  84  86 120 139  64  72  74  92 128 135  69  98 127 149  57  73  88 101 104 124
[106] 134 137 147  52  75 112 116 129 133 138  55 105 111 117 148  59  76  66  78  87 109
```

```
[127] 125 141 145 146  77 113 144  53 121 140 142  51 103 110 126 130 108 131 106 118 119
[148] 123 136132
```

order( ) 함수는 주어진 열의 값들에 대해 순서를 붙이는데, 값의 크기를 기준으로 작은 값부터 시작해서 번호를 붙인다. 실행 결과 첫 번째 값 14는 iris 데이터셋의 14번째에 있는 행이다. 이 행의 Sepal.Length 값 4.3이 Sepal.Length 기준으로 가장 작은 값임을 나타낸다. 두 번째 값 9는 iris 데이터셋의 9번째에 있는 행으로 이 행의 Sepal.Length 값 4.4가 두 번째로 작은 값임을 나타낸다.

```
> iris[order(iris$Sepal.Length),]                    # 오름차순으로 정렬
    Sepal.Length Sepal.Width Petal.Length Petal.Width    Species
14           4.3         3.0          1.1         0.1     setosa
9            4.4         2.9          1.4         0.2     setosa
39           4.4         3.0          1.3         0.2     setosa
43           4.4         3.2          1.3         0.2     setosa
42           4.5         2.3          1.3         0.3     setosa
4            4.6         3.1          1.5         0.2     setosa
...(중간 생략)
123          7.7         2.8          6.7         2.0  virginica
136          7.7         3.0          6.1         2.3  virginica
132          7.9         3.8          6.4         2.0  virginica
```

order( ) 함수를 이용하여 Sepal.Length 값을 오름차순으로 정렬한 결과이다. Sepal.Length 열을 보면 값들이 정렬된 것을 확인할 수 있다. 행들의 순서 번호를 보면 14, 9, 39, 43 등과 같이 나타나는데, 첫 번째 행의 번호 14는 첫 번째 행이 정렬되기 전에는 14번째에 있었음을 의미한다. 즉 14번째 행에 있다가 첫 번째 행으로 이동한 것이다.

```
> iris[order(iris$Sepal.Length, decreasing=T),]      # 내림차순으로 정렬
    Sepal.Length Sepal.Width Petal.Length Petal.Width    Species
132          7.9         3.8          6.4         2.0  virginica
118          7.7         3.8          6.7         2.2  virginica
119          7.7         2.6          6.9         2.3  virginica
123          7.7         2.8          6.7         2.0  virginica
```

```
136          7.7         3.0          6.1         2.3 virginica
106          7.6         3.0          6.6         2.1 virginica
131          7.4         2.8          6.1         1.9 virginica
...(중간 생략)
39           4.4         3.0          1.3         0.2    setosa
43           4.4         3.2          1.3         0.2    setosa
14           4.3         3.0          1.1         0.1    setosa
```

행들을 내림차순으로 정렬할 때는 order( ) 함수의 매개변수 decreasing을 T(TRUE)로 설정한다.

```
> iris.new <- iris[order(iris$Sepal.Length),]          # 정렬된 데이터를 저장
> head(iris.new)
   Sepal.Length Sepal.Width Petal.Length Petal.Width Species
14          4.3         3.0          1.1         0.1  setosa
9           4.4         2.9          1.4         0.2  setosa
39          4.4         3.0          1.3         0.2  setosa
43          4.4         3.2          1.3         0.2  setosa
42          4.5         2.3          1.3         0.3  setosa
4           4.6         3.1          1.5         0.2  setosa
```

iris 데이터셋에 order( ) 함수를 적용하면 정렬되었을 때 어떤 모양인지를 보여줄 뿐 실제 iris 데이터셋이 정렬되는 것은 아니다. 정렬된 결과를 유지하기 위해서는 위와 같이 정렬 결과를 어떤 변수(iris.new)에 저장해야 한다.

```
> iris[order(iris$Species, -iris$Petal.Length, decreasing=T),] # 정렬 기준이 2개
    Sepal.Length Sepal.Width Petal.Length Petal.Width    Species
107          4.9         2.5          4.5         1.7 virginica
127          6.2         2.8          4.8         1.8 virginica
139          6.0         3.0          4.8         1.8 virginica
122          5.6         2.8          4.9         2.0 virginica
124          6.3         2.7          4.9         1.8 virginica
128          6.1         3.0          4.9         1.8 virginica
...(중간 생략)
```

```
21          5.4         3.4          1.7         0.2     setosa
24          5.1         3.3          1.7         0.5     setosa
25          4.8         3.4          1.9         0.2     setosa
45          5.1         3.8          1.9         0.4     setosa
```

iris 데이터셋을 품종별(Species)로 내림차순으로 정렬하고, 같은 품종 내에서는 꽃잎의 길이(Petal.Length)를 기준으로 오름차순으로 정렬하는 명령문이다. iris$Petal.Length 앞에 붙은 (-)기호는 decreasing에서 선언한 순서와 반대로 하라는 뜻으로, decreasing=T인 경우는 오름차순의 의미가 된다. 이와 같이 order( ) 함수 안에 정렬 기준이 되는 열의 이름을 여러 개 나열하는 것도 가능하다.

04 데이터 분리와 선택

하나의 데이터셋을 열 값을 기준으로 여러 개의 데이터셋으로 분리할 때는 split() 함수를 이용하고, 데이터셋으로부터 조건에 맞는 행row들을 추출할 때는 subset() 함수를 이용한다. subset() 함수는 앞에서 학습하였지만 한 번 더 살펴보기로 한다.

1 데이터 분리

[코드 7-11]에서는 하나의 데이터셋을 split() 함수를 이용하여 열 값을 기준으로 여러 개의 데이터셋으로 분리하는 예를 보여준다.

코드 7-11

```
sp <- split(iris, iris$Species)          # 품종별로 데이터 분리
sp                                       # 분리 결과 확인
summary(sp)                              # 분리 결과 요약
sp$setosa                                # setosa 품종의 데이터 확인
```

[코드 7-11]의 실행 결과를 나누어 설명하면 다음과 같다.

```
> sp <- split(iris, iris$Species)        # 품종별로 데이터 분리
```

split() 함수를 이용하여 품종(Species) 열 값을 기준으로 iris 데이터셋의 데이터를 분리하여 sp에 저장한다.

```
> sp                                     # 분리 결과 확인
$setosa
   Sepal.Length Sepal.Width Petal.Length Petal.Width Species
1           5.1         3.5          1.4         0.2  setosa
```

```
2          4.9         3.0          1.4         0.2  setosa
3          4.7         3.2          1.3         0.2  setosa
4          4.6         3.1          1.5         0.2  setosa
5          5.0         3.6          1.4         0.2  setosa
...(중간 생략)
$versicolor
    Sepal.Length Sepal.Width Petal.Length Petal.Width    Species
51           7.0         3.2          4.7         1.4 versicolor
52           6.4         3.2          4.5         1.5 versicolor
53           6.9         3.1          4.9         1.5 versicolor
54           5.5         2.3          4.0         1.3 versicolor
55           6.5         2.8          4.6         1.5 versicolor
...(중간 생략)
$virginica
    Sepal.Length Sepal.Width Petal.Length Petal.Width    Species
101          6.3         3.3          6.0         2.5  virginica
102          5.8         2.7          5.1         1.9  virginica
103          7.1         3.0          5.9         2.1  virginica
104          6.3         2.9          5.6         1.8  virginica
105          6.5         3.0          5.8         2.2  virginica
...(이하 생략)
```

sp의 내용을 확인해보면 3가지 품종의 데이터가 분리되어 sp에 저장된 것을 확인할 수 있다. 저장된 형태로 볼 때 sp는 벡터가 아닌 리스트list 이다.

```
> summary(sp)                      # 분리 결과 요약
           Length Class      Mode
setosa     5      data.frame list
versicolor 5      data.frame list
virginica  5      data.frame list
```

summary( ) 함수를 이용하여 분리 결과의 요약 내용을 확인하면 3개의 데이터셋으로 분리된 것을 알 수 있다. 실행 결과 중 Length는 분리된 데이터에서 열의 개수를 의미한다.

```
> sp$setosa                                    # setosa 품종의 데이터 확인
  Sepal.Length Sepal.Width Petal.Length Petal.Width Species
1          5.1         3.5          1.4         0.2  setosa
2          4.9         3.0          1.4         0.2  setosa
3          4.7         3.2          1.3         0.2  setosa
4          4.6         3.1          1.5         0.2  setosa
5          5.0         3.6          1.4         0.2  setosa
...(중간 생략)
48         4.6         3.2          1.4         0.2  setosa
49         5.3         3.7          1.5         0.2  setosa
50         5.0         3.3          1.4         0.2  setosa
```

sp$setosa 명령문을 통해 3개의 분리된 데이터 중 setosa 품종의 데이터만 추출하여 출력한다.

2 데이터 선택

[코드 7-12]에서는 subset() 함수를 이용하여 데이터셋으로부터 조건에 맞는 행들을 추출하는 예를 보여준다.

코드 7-12

```
subset(iris, Species == "setosa")
subset(iris, Sepal.Length > 7.5)
subset(iris, Sepal.Length > 5.1 &
           Sepal.Width > 3.9)

subset(iris, Sepal.Length > 7.6,
      select=c(Petal.Length,Petal.Width))
```

[코드 7-12]의 실행 결과를 나누어 설명하면 다음과 같다.

```
> subset(iris, Species == "setosa")
  Sepal.Length Sepal.Width Petal.Length Petal.Width Species
```

```
1          5.1         3.5          1.4          0.2  setosa
2          4.9         3.0          1.4          0.2  setosa
3          4.7         3.2          1.3          0.2  setosa
4          4.6         3.1          1.5          0.2  setosa
5          5.0         3.6          1.4          0.2  setosa
...(중간 생략)
48         4.6         3.2          1.4          0.2  setosa
49         5.3         3.7          1.5          0.2  setosa
50         5.0         3.3          1.4          0.2  setosa
```

subset( ) 함수를 이용하여 iris 데이터셋에서 품종이 setosa인 행들만 추출한다.

```
> subset(iris, Sepal.Length > 7.5)
    Sepal.Length Sepal.Width Petal.Length Petal.Width   Species
106          7.6         3.0          6.6         2.1 virginica
118          7.7         3.8          6.7         2.2 virginica
119          7.7         2.6          6.9         2.3 virginica
123          7.7         2.8          6.7         2.0 virginica
132          7.9         3.8          6.4         2.0 virginica
136          7.7         3.0          6.1         2.3 virginica
```

iris 데이터셋에서 꽃받침의 길이(Sepal.Length)가 7.5보다 큰 행들만 추출한다.

```
> subset(iris, Sepal.Length > 5.1 &
+          Sepal.Width > 3.9)
   Sepal.Length Sepal.Width Petal.Length Petal.Width Species
15          5.8         4.0          1.2         0.2  setosa
16          5.7         4.4          1.5         0.4  setosa
33          5.2         4.1          1.5         0.1  setosa
34          5.5         4.2          1.4         0.2  setosa
```

iris 데이터셋에서 꽃받침의 길이(Sepal.Length)가 5.1보다 크고 꽃받침의 폭(Sepal.Width)이 3.9보다 큰 행들만 추출한다.

```
> subset(iris, Sepal.Length > 7.6,
+        select=c(Petal.Length,Petal.Width))
    Petal.Length Petal.Width
118          6.7         2.2
119          6.9         2.3
123          6.7         2.0
132          6.4         2.0
136          6.1         2.3
```

iris 데이터셋에서 꽃받침의 길이(Sepal.Length)가 7.6보다 큰 행들만 추출한 뒤 Petal.Length 열과 Petal.Width 열의 값들만 추출한다. select 매개변수는 추출할 열을 지정하는 역할을 한다.

05 데이터 샘플링과 조합

1 데이터 샘플링

샘플링sampling은 통계 용어로 주어진 값들이 있을 때 그중에서 임의의 개수의 값들을 추출하는 작업을 의미한다. 만약, 1부터 10까지 쓰여 있는 10개의 쪽지들이 추첨함 안에 있고 4개의 쪽지를 임의로 추출한다고 할 때, 한 번 추출한 쪽지는 다시 추첨함에 넣지 않는 방식으로 추출하는 것을 **비복원추출**, 추출한 쪽지의 내용을 확인하고 다시 추첨함에 넣은 후 새로운 쪽지를 추출하는 방식을 **복원추출**이라고 한다. 데이터 분석에서는 주로 비복원추출을 많이 이용한다.

샘플링이 필요한 경우는 데이터셋의 크기가 너무 커서 데이터 분석에 시간이 많이 걸릴 때 일부의 데이터만 샘플링하여 대략의 결과를 미리 확인하고자 할 때 사용한다.

숫자를 임의로 추출하기

[코드 7-13]은 100개의 숫자 중 10개를 임의로 추출하는 코드로 비복원추출 방식이다.

코드 7-13

```
x <- 1:100
y <- sample(x, size=10, replace = FALSE)      # 비복원추출
y
```

실행 결과

```
> x <- 1:100
> y <- sample(x, size=10, replace = FALSE)     # 비복원추출
> y
 [1] 57 90 20 86 50 85 49  1 60 38
```

sample( ) 함수에서 size는 추출할 값의 개수를 지정하는 매개변수이고, replace = FALSE

는 비복원추출을 의미한다.

행을 임의로 추출하기

[코드 7-14]는 iris 데이터셋에서 50개의 행을 임의로 추출하는 코드이다.

코드 7-14

```
idx <- sample(1:nrow(iris), size=50,
              replace = FALSE)
iris.50 <- iris[idx,]               # 50개의 행 추출
dim(iris.50)                        # 행과 열의 개수 확인
head(iris.50)
```

[코드 7-14]의 실행 결과를 나누어 설명하면 다음과 같다.

```
> idx <- sample(1:nrow(iris), size=50,
+               replace = FALSE)
```

nrow( ) 함수는 행의 개수를 알아내는 함수이다. nrow(iris)의 결과값은 150이다. 따라서 이 명령문은 1~150 사이의 숫자 중 50개를 임의로 추출하여 idx에 저장하라는 의미이다.

```
> iris.50 <- iris[idx,]             # 50개의 행 추출
> dim(iris.50)                      # 행과 열의 개수 확인
[1] 50  5
> head(iris.50)
    Sepal.Length Sepal.Width Petal.Length Petal.Width    Species
74           6.1         2.8          4.7         1.2 versicolor
37           5.5         3.5          1.3         0.2     setosa
62           5.9         3.0          4.2         1.5 versicolor
8            5.0         3.4          1.5         0.2     setosa
54           5.5         2.3          4.0         1.3 versicolor
131          7.4         2.8          6.1         1.9  virginica
```

idx 값에 따라 50개의 행을 추출하여 iris.50에 저장한다. iris.50의 행과 열의 개수는 각

각 50과 5이다. iris.50의 결과를 보면 행 번호가 일정한 규칙이 없는데, 이것은 임의로 추출되었음을 의미한다.

set.seed( ) 함수 이해하기

이번에는 [코드 7-15]를 통해 set.seed( ) 함수의 역할을 이해해보자.

코드 7-15

```
sample(1:20, size=5)
sample(1:20, size=5)
sample(1:20, size=5)

set.seed(100)
sample(1:20, size=5)
set.seed(100)
sample(1:20, size=5)
set.seed(100)
sample(1:20, size=5)
```

실행 결과

```
> sample(1:20, size=5)
[1]  3  9  8  1 17
> sample(1:20, size=5)
[1] 11 14  7 12 13
> sample(1:20, size=5)
[1]  2 14 16 20 13
>
> set.seed(100)
> sample(1:20, size=5)
[1]  7  5 10  1  8
> set.seed(100)
> sample(1:20, size=5)
[1]  7  5 10  1  8
> set.seed(100)
> sample(1:20, size=5)
[1]  7  5 10  1  8
```

sample( ) 함수는 임의로 샘플을 추출하는 방식이기 때문에 함수를 실행할 때마다 매번 그 결과가 다르다. 경우에 따라서는 임의 추출을 하되 다음 번에 다시 추출해도 동일한 결과가 나오도록 해야 할 경우가 있다. 이런 경우는 set.seed( ) 함수를 sample( ) 함수 실행 전에 먼저 실행하면 된다. set.seed( ) 함수의 매개변수 값이 같으면 sample( ) 함수의 결과도 같다.

2 데이터 조합

조합 combination은 글자 그대로 주어진 데이터값들 중에서 몇 개씩 짝을 지어 추출하는 작업을 말한다. R에서는 combn( ) 함수를 사용하는데, 결과에서 각 열이 하나의 조합을 의미한다. [코드 7-16]을 보면 쉽게 이해할 수 있다.

코드 7-16

```
combn(1:5,3)                          # 1~5에서 3개를 뽑는 조합

x = c("red","green","blue","black","white")
com <- combn(x,2)                     # x의 원소를 2개씩 뽑는 조합
com

for(i in 1:ncol(com)) {               # 조합을 출력
  cat(com[,i], "\n")
}
```

실행 결과

```
> combn(1:5,3)                        # 1~5에서 3개를 뽑는 조합
     [,1] [,2] [,3] [,4] [,5] [,6] [,7] [,8] [,9] [,10]
[1,]    1    1    1    1    1    1    2    2    2     3
[2,]    2    2    2    3    3    4    3    3    4     4
[3,]    3    4    5    4    5    5    4    5    5     5
>
> x = c("red","green","blue","black","white")
> com <- combn(x,2)                   # x의 원소를 2개씩 뽑는 조합
> com
     [,1]  [,2]  [,3]  [,4]  [,5]    [,6]    [,7]    [,8]   [,9]   [,10]
[1,] "red" "red" "red" "red" "green" "green" "green" "blue" "blue" "black"
```

```
[2,] "green" "blue"  "black" "white" "blue"  "black"  "white" "black"  "white" "white"
>
> for(i in 1:ncol(com)) {                    # 조합을 출력
+   cat(com[,i], "\n")
+ }
red green
red blue
red black
red white
green blue
green black
green white
blue black
blue white
black white
```

06 데이터 집계와 병합

1 데이터 집계

매트릭스와 데이터프레임과 같은 2차원 데이터는 데이터 그룹에 대해 합계나 평균을 계산해야 하는 일이 많다. 이와 같은 작업을 **집계** aggregation 라고 하며 R에서는 aggregate( ) 함수를 통해서 작업이 가능하다. R을 이용한 데이터 집계 방법을 다양한 R 코드를 통해 알아보자.

iris 데이터셋에서 각 변수의 품종별 평균 출력

[코드 7-17]은 aggregate( ) 함수를 이용하여 iris 데이터셋에서 각 품종별로 꽃잎 꽃받침의 폭과 길이의 평균을 출력하기 위한 코드이다.

코드 7-17

```
agg <- aggregate(iris[,-5], by=list(iris$Species),
                 FUN=mean)
agg
```

실행 결과

```
> agg <- aggregate(iris[,-5], by=list(iris$Species),
+                  FUN=mean)
> agg
     Group.1 Sepal.Length Sepal.Width Petal.Length Petal.Width
1     setosa        5.006       3.428        1.462       0.246
2 versicolor        5.936       2.770        4.260       1.326
3  virginica        6.588       2.974        5.552       2.026
```

aggregate( ) 함수의 각 매개변수에 대한 의미는 다음과 같다.

- **iris[,-5]**
  집계 작업을 수행할 대상이 되는 데이터셋을 의미한다.
- **by=list(iris$Species)**
  집계 작업의 기준이 품종(Species) 열의 값을 의미한다.
- **FUN=mean**
  집계 작업의 내용이 평균(mean) 계산임을 의미한다.

집계 작업의 결과를 보면 첫 번째 열(Group.1)이 집계의 기준이 되는 품종값이다. 품종값을 기준으로 iris 데이터셋에서 4개의 열 평균값이 계산되었다. 집계 기준이 되는 열의 이름을 Group.1이 아니라 '품종'이라고 변경하고 싶으면 다음과 같이 코드를 변경한다(붉은색 부분).

```
> agg <- aggregate(iris[,-5], by=list(품종=iris$Species),
+                  FUN=mean)
> agg
        품종 Sepal.Length Sepal.Width Petal.Length Petal.Width
1     setosa        5.006       3.428        1.462       0.246
2 versicolor        5.936       2.770        4.260       1.326
3  virginica        6.588       2.974        5.552       2.026
```

iris 데이터셋에서 각 변수의 품종별 표준편차 출력

[코드 7-18]은 aggregate( ) 함수를 이용하여 iris 데이터셋에서 각 품종별로 꽃잎 꽃받침의 폭과 길이의 표준편차를 출력하기 위한 코드이다.

코드 7-18

```
agg <- aggregate(iris[,-5], by=list(표준편차=iris$Species),
                 FUN=sd)
agg
```

실행 결과

```
> agg <- aggregate(iris[,-5], by=list(표준편차=iris$Species),
```

```
+             FUN=sd)
> agg
   표준편차 Sepal.Length Sepal.Width Petal.Length Petal.Width
1     setosa    0.3524897   0.3790644    0.1736640   0.1053856
2 versicolor    0.5161711   0.3137983    0.4699110   0.1977527
3  virginica    0.6358796   0.3224966    0.5518947   0.2746501
```

mtcars 데이터셋에서 각 변수의 최댓값 출력

[코드 7-19]는 aggregate( ) 함수를 이용하여 mtcars 데이터셋에서 cyl과 vs를 기준으로 다른 열들의 최댓값을 출력하는 코드이다.

코드 7-19

```
head(mtcars)
agg <- aggregate(mtcars, by=list(cyl=mtcars$cyl,
                vs=mtcars$vs),FUN=max)
agg
```

실행 결과

```
> head(mtcars)
                   mpg cyl disp  hp drat    wt  qsec vs am gear carb
Mazda RX4         21.0   6  160 110 3.90 2.620 16.46  0  1    4    4
Mazda RX4 Wag     21.0   6  160 110 3.90 2.875 17.02  0  1    4    4
Datsun 710        22.8   4  108  93 3.85 2.320 18.61  1  1    4    1
Hornet 4 Drive    21.4   6  258 110 3.08 3.215 19.44  1  0    3    1
Hornet Sportabout 18.7   8  360 175 3.15 3.440 17.02  0  0    3    2
Valiant           18.1   6  225 105 2.76 3.460 20.22  1  0    3    1
> agg <- aggregate(mtcars, by=list(cyl=mtcars$cyl,
+                 vs=mtcars$vs),FUN=max)
> agg
  cyl vs  mpg cyl  disp  hp drat    wt  qsec vs am gear carb
1   4  0 26.0   4 120.3  91 4.43 2.140 16.70  0  1    5    2
2   6  0 21.0   6 160.0 175 3.90 2.875 17.02  0  1    5    6
3   8  0 19.2   8 472.0 335 4.22 5.424 18.00  0  1    5    8
```

```
4  4  1 33.9   4 146.7 113 4.93 3.190 22.90  1  1    5    2
5  6  1 21.4   6 258.0 123 3.92 3.460 20.22  1  0    4    4
```

2 데이터 병합

데이터 분석을 위해 자료를 모으다 보면 연관된 정보가 여러 파일에 흩어져 있는 경우가 있다. 예를 들면 학생의 성적 정보는 파일 A에, 주소 및 연락처는 파일 B에 저장되어 있는 경우다. 이런 경우 분석을 위해 파일 A와 파일 B에 대해 학번을 기준으로 **병합**merge하는 작업이 필요하다.

데이터의 병합에 대한 이해를 위해 [그림 7-2]와 같이 파일 x와 파일 y가 있다고 가정해보자.

name	math
a	90
b	80
c	40

(a) 파일 x

name	korean
a	75
b	60
d	90

(b) 파일 y

그림 7-2 **병합이 필요한 x, y 파일**

x와 y는 name을 공통 열로 갖고 있어서 name을 중심으로 두 파일을 병합할 수 있다. 우선 x와 y를 R에서 처리하기 위해 [코드 7-20]과 같이 데이터프레임으로 생성한다.

코드 7-20

```
x <- data.frame(name=c("a","b","c"), math=c(90,80,40))
y <- data.frame(name=c("a","b","d"), korean=c(75,60,90))
x
y
```

실행 결과

```
> x <- data.frame(name=c("a","b","c"), math=c(90,80,40))
> y <- data.frame(name=c("a","b","d"), korean=c(75,60,90))
```

```
> x
  name math
1    a   90
2    b   80
3    c   40
> y
  name korean
1    a     75
2    b     60
3    d     90
```

두 개의 데이터프레임 x와 y를 name을 기준으로 병합하기 위해 merge() 함수를 사용한다. [코드 7-20]에 이어서 [코드 7-21]을 실행해보자.

코드 7-21

```
z <- merge(x,y, by=c("name"))
z
```

실행 결과

```
> z <- merge(x,y, by=c("name"))
> z
  name math korean
1    a   90     75
2    b   80     60
```

merge() 함수의 매개변수에 대한 의미는 다음과 같다.

- **x, y**
  병합할 대상 데이터셋이다.
- **by=c("name")**
  병합의 기준이 되는 열이 name임을 의미한다.

병합 결과를 보면 x와 y에서 name 열의 값이 일치하는 행들이 연결된 것을 알 수 있다. name 열의 값이 c 또는 d의 경우는 다른 데이터셋에 대응하는 값이 없기 때문에 병합에서 제외되었다. 병합하는 두 데이터셋의 병합 기준이 되는 열의 이름이 같다면 z <- merge(x,y)와 같이 병합의 기준이 되는 열의 이름을 생략해도 된다.

다음은 병합의 기준이 되는 열의 값이 일치되지 않는 경우에도 출력되도록 하는 여러 가지 경우를 나타낸다. [코드 7-21]에 이어 [코드 7-22]를 실행해보자.

코드 7-22

```
merge(x,y, all.x=T)          # 첫 번째 데이터셋의 행들은 모두 표시되도록
merge(x,y, all.y=T)          # 두 번째 데이터셋의 행들은 모두 표시되도록
merge(x,y, all=T)            # 두 데이터셋의 모든 행들이 표시되도록
```

[코드 7-22]의 실행 결과를 나누어 설명하면 다음과 같다.

```
> merge(x,y, all.x=T)        # 첫 번째 데이터셋의 행들은 모두 표시되도록
  name math korean
1    a   90     75
2    b   80     60
3    c   40     NA
```

merge( ) 함수에서 all.x=T의 의미는 첫 번째 데이터셋의 행들을 일단 모두 출력하고, 이 행들과 대응되는 행이 두 번째 데이터셋에 있으면 병합해서 출력하고, 없으면 NA로 출력하라는 의미이다.

```
> merge(x,y, all.y=T)        # 두 번째 데이터셋의 행들은 모두 표시되도록
  name math korean
1    a   90     75
2    b   80     60
3    d   NA     90
```

merge( ) 함수에서 all.y=T의 의미는 두 번째 데이터셋의 행들을 일단 모두 출력하고, 이 행들과 대응되는 행이 첫 번째 데이터셋에 있으면 병합해서 출력하고, 없으면 NA로 출력하라는

의미이다.

```
> merge(x,y, all=T)           # 두 데이터셋의 모든 행들이 표시되도록
  name math korean
1    a   90     75
2    b   80     60
3    c   40     NA
4    d   NA     90
```

merge() 함수에서 all=T의 의미는 두 데이터셋에서 공통 열의 값들이 어느 쪽에 있더라도 모두 출력하고, 두 데이터셋에서 대응되는 행들이 있으면 병합, 없으면 NA로 출력하라는 의미이다.

마지막으로 [코드 7-23]은 병합의 기준이 되는 열의 이름이 서로 다른 경우에 병합하는 방법이다.

코드 7-23

```
x <- data.frame(name=c("a","b","c"), math=c(90,80,40))
y <- data.frame(sname=c("a","b","d"), korean=c(75,60,90))
x                              # 병합 기준 열의 이름이 name
y                              # 병합 기준 열의 이름이 sname
merge(x,y, by.x=c("name"), by.y=c("sname"))
```

실행 결과

```
> x <- data.frame(name=c("a","b","c"), math=c(90,80,40))
> y <- data.frame(sname=c("a","b","d"), korean=c(75,60,90))
> x                            # 병합 기준 열의 이름이 name
  name math
1    a   90
2    b   80
3    c   40
> y                            # 병합 기준 열의 이름이 sname
  sname korean
1     a     75
```

```
2     b     60
3     d     90
> merge(x,y, by.x=c("name"), by.y=c("sname"))
  name math korean
1    a   90     75
2    b   80     60
```

merge( ) 함수에서 매개변수 by.x에 두 개의 데이터셋 중에서 첫 번째 데이터셋의 병합 기준 열의 이름을 지정하고, by.y에 두 번째 데이터셋의 병합 기준 열의 이름을 지정한다.

실전 분석

문제

mlbench 패키지에 포함된 Vehicle 데이터셋에는 여러 자동차에 대한 측정 데이터를 포함하고 있다. 차량 유형(Class)을 기준으로 차량의 종횡비(Max.L.Ra) 평균을 구하고, 유형별 차량의 종횡비를 막대그래프로 표시하시오.

01 mlbench 패키지와 그 안에 포함된 Vehicle 데이터셋을 불러온다.

```
library(mlbench)
data(Vehicle)
```

02 Vehicle 데이터셋의 내용을 확인한다.

```
head(Vehicle)
```

03 차량 유형(Class)을 기준으로 차량의 종횡비(Max.L.Ra) 평균을 집계한다.

```
agg <- aggregate(Vehicle[,'Max.L.Ra'], by=list(차량타입=Vehicle$Class),
                 FUN=mean)
agg
```

04 그래프로 차량 유형(Class)별 평균 종횡비를 확인한다.

```
barplot(agg$x, names.arg=agg$차량타입, main='차량유형별 종횡비')
```

결과

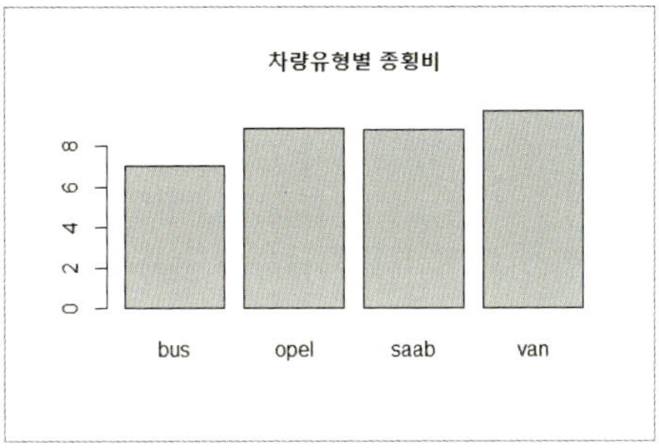

요약

01 초기에 확보한 데이터를 정제하고 가공하여 분석에 적합한 데이터를 얻는 과정을 **데이터 전처리** data preprocessing라고 한다.

02 **결측값** missing value은 데이터를 수집하고 저장하는 과정에서 저장할 값을 얻지 못하는 경우 발생한다.

03 결측값을 처리하는 방법은 다음의 두 가지 방법이 있다.

- 결측값을 제거하거나 제외시킨 다음 데이터를 분석한다.
- 결측값을 추정하여 적당한 값으로 치환한 후 데이터를 분석한다.

04 R에서는 결측값을 표현하기 위해 `NA`라고 하는 특별한 값을 제공하는데, `NA`는 숫자형, 문자형, 논리형 데이터 어디에서나 결측값을 나타내는 용도로 사용할 수 있다.

05 **특이값** outlier은 정상적이라고 생각되는 데이터의 분포 범위 밖에 위치하는 값들을 말하며, '이상치'라고도 부른다.

06 데이터셋에 특이값이 포함되어 있는지의 여부는 다음과 같은 기준을 가지고 찾는다.

① 논리적으로 있을 수 없는 값이 있는지 찾아본다.

② 상식을 벗어난 값이 있는지 찾아본다.

③ 상자그림 boxplot을 통해 찾아본다.

07 **정렬** sort은 데이터를 주어진 기준에 따라 크기순으로 재배열하는 과정을 말한다.

08 데이터셋의 열 값을 기준으로 여러 개의 데이터셋으로 분리할 때는 `split()` 함수를 이용하고, 데이터셋으로부터 조건에 맞는 행 row들을 추출할 때는 `subset()` 함수를 이용한다.

09 **샘플링**sampling은 주어진 값들이 있을 때 그중에서 임의의 개수의 값들을 추출하는 작업을 의미한다.

10 **조합**combination은 주어진 데이터값 중에서 몇 개씩 짝을 지어 추출하는 작업을 말한다. R에서는 `combn()` 함수를 사용하는데, 결과에서 각 열이 하나의 조합을 의미한다.

11 2차원 데이터셋에서 데이터 그룹에 대해 합계나 평균 등을 계산해야 하는 작업을 **집계**aggregation 라고 하며 R에서는 `aggregate()` 함수를 통해서 작업 가능하다.

12 여러 파일에 흩어져 있는 자료를 공통 열을 연결 고리로 하여 하나로 합치는 작업을 **병합**merge이라고 한다.

■ 함수 정리

전처리 관련 함수

`is.na()`	벡터 값들에 대해 결측값 여부를 확인한다.
`complete.cases()`	데이터프레임에서 결측값이 없는 행들의 번호를 반환한다.
`boxplot.stats()$out`	벡터에 포함된 특이값을 반환한다.
`order()`	벡터 값들이 크기순으로 몇 번째인지를 알려준다.
`sort()`	벡터 값들을 크기순으로 정렬한다.
`split()`	벡터, 데이터프레임을 기준(열의) 값에 의해 분리한다.
`subset()`	데이터프레임에서 기준에 맞는 행들만 추출한다.
`sample()`	주어진 값들에서 임의의 개수의 값을 추출한다.
`set.seed()`	`sample()` 함수가 일정한 결과를 도출하도록 설정한다.
`combn()`	주어진 값들에서 n개의 값을 짝지어 추출한다.
`aggregate()`	2차원 데이터를 그룹값에 의해 집계한다.
`merge()`	2개의 데이터프레임을 공통 열에 의해 연결하여 하나의 데이터프레임을 생성한다.

연습문제

※ sample( ) 함수를 사용하는 경우 set.seed(100)을 먼저 실행하시오.

01 다음과 같이 결측값이 포함된 데이터셋 ds를 생성한 후, 다음 문제를 해결하기 위한 R 코드를 작성하시오.

```
ds <- mtcars
ds[2,3] <- NA; ds[3,1] <- NA; ds[2,4] <- NA; ds[4,3] <- NA
```

(1) 각 열별로 결측값이 몇 개인지 출력하시오.

(2) 결측값이 포함된 행들의 데이터를 출력하시오.

(3) 결측값이 포함된 행은 몇 개인지 출력하시오.

(4) 결측값이 포함된 행들을 제외하고 새로운 데이터셋 ds.new를 만들어보시오.

02 다음과 같이 mtcars 데이터셋을 mt에 저장한 후 다음 문제를 해결하기 위한 R 코드를 작성하시오.

```
mt <- data.frame(mtcars)
```

(1) mt의 각 변수(열)들에 대해 특이값이 존재하는지 상자그림을 그려 확인하시오.

(2) 특이값이 존재하는 경우 이상치를 NA로 대체하여 저장하시오.

(3) mt에서 NA가 존재하는 행들을 제거하여 mt2에 저장하시오.

03 R에서 제공하는 airquality 데이터셋에 대해 다음의 문제를 해결하기 위한 R 코드를 작성하시오.

(1) airquality를 AQ에 저장하시오.

(2) AQ에서 열별로 NA의 개수를 출력하시오.

(3) AQ에서 행별로 NA의 개수를 출력하시오.

(4) AQ에서 NA를 포함하지 않은 행들만 출력하시오.

(5) AQ에서 NA를 NA가 속한 열의 평균값으로 치환하여 AQ2로 저장하고, AQ2의 내용을 출력하시오.

04 **R에서 제공하는 state.x77 데이터셋에 대하여 다음 문제를 해결하기 위한 R 코드를 작성하시오.**

(1) `state.x77` 데이터셋을 `Population`(인구수)을 기준으로 오름차순 정렬하시오.

(2)`state.x77` 데이터셋을 `Income`(소득)을 기준으로 내림차순 정렬하시오.

(3) `Illiteracy`(문맹률)가 낮은 상위 10개 주의 이름과 문맹률을 출력하시오.

05 **R에서 제공하는 mtcars 데이터셋에 대하여 다음 문제를 해결하기 위한 R 코드를 작성하시오.**

(1) `mtcars` 데이터셋을 `gear`(기어)의 개수에 따라 그룹을 나누어 `mt.gear`에 저장하시오(단, `split()` 함수를 사용하시오).

(2) `mt.gear`에서 `gear`(기어)의 개수가 4인 그룹의 데이터를 출력하시오.

(3) `mt.gear`에서 `gear`(기어)의 개수가 3인 그룹과 5인 그룹의 데이터를 합쳐서 `mt.gear.35`에 저장하고 내용을 출력하시오.

(4) `mtcars` 데이터셋에서 `wt`(중량)가 1.5~3.0 사이인 행들을 추출하여 출력하시오.

06 **mlbench 패키지에서 제공하는 Glass 데이터셋에 대해 다음의 문제를 해결하기 위한 R 코드를 작성하시오.**

(1) 다음과 같이 `Glass` 데이터셋을 `myds`에 저장하시오.

```
library(mlbench)
data("Glass")
myds <- Glass
```

(2) `myds`에서 `Type` 열의 값을 그룹으로 하여 `RI`, `Na`, `Mg`, `Al`, `Si` 열 값들의 평균을 구하시오(주의: 집계 작업시 팩터 타입의 열은 제외해야 한다).

07 **mlbench 패키지에서 제공하는 Ionosphere 데이터셋에 대해 다음의 문제를 해결하기 위한 R 코드를 작성하시오.**

(1) 다음과 같이 Ionosphere 데이터셋을 myds에 저장하시오.

```
library(mlbench)
data("Ionosphere")
myds <- Ionosphere
```

(2) myds에서 class와 V1 열 값을 그룹으로 하여 V3~V10 열 값들의 표준편차를 출력하시오 (주의: 집계 작업시 팩터 타입의 열은 제외해야 한다).

08 **mtcars 데이터셋에서 10개의 행을 임의로 추출하여 mt10에 저장하고, 나머지 행들은 mt.other에 저장하시오. 그리고 mt10과 mt.other의 내용을 출력하시오.**

09 **iris 데이터셋에서 각 품종별로 10개의 행을 임의로 추출하여 iris.10에 저장하고, iris.10의 내용을 출력하시오**(품종 정보와 품종별 행의 개수를 알고 있다고 가정한다)**.**

10 **sample( ) 함수를 이용하여 cars 데이터셋 행들의 순서를 임의로 바꾸어서(셔플링하여) 출력하시오.**

11 **iris 데이터셋에서 3개의 Species(품종)를 2개씩 짝지어 출력하시오.**

12 **banana, apple, melon, peach, mango를 3개씩 짝지어 출력하시오.**

13 **state.x77 데이터셋에서 Area(면적)가 Alabama 주보다 크고 California 주보다 작은 주의 이름과 Population(인구 수), Income(소득), Area(면적)를 출력하시오.**

14 **다음 문제를 해결하기 위한 R 코드를 작성하시오.**

(1) 제공된 파일 중 subway.csv와 subway_latlong.csv 파일을 읽은 후 병합하여 subway.tot에 저장하시오(병합 기준 열은 STATION_CD와 station).

(2) subway.tot에서 역 이름과 날짜를 기준으로 on_tot(탑승 인원)와 off_tot(하차 인원)를 집계(합계)하여 출력하시오.

(3) subway.tot에서 2011년도에 대해서만 역 이름을 기준으로 on_tot(탑승 인원)와 off_tot(하차 인원)를 집계(합계)하여 출력하시오.

(4) subway.tot에서 2011년도에 대해서 LINE_NUM(호선)별 on_tot(탑승 인원)와 off_tot(하차 인원)를 집계(합계)하여 출력하시오.

15 **다음의 문제를 해결하기 위한 R 코드를 작성하시오.**

(1) 다음과 같이 데이터프레임 authors와 books를 생성하고 authors와 books의 내용을 출력하시오.

```
authors <- data.frame(
    surname = c("Twein", "Venables", "Tierney", "Ripley", "McNeil"),
    nationality = c("US", "Australia", "US", "UK", "Australia"),
    retired = c("yes", rep("no", 4)))
books <- data.frame(
    name = c("Johns", "Venables", "Tierney", "Ripley", "Ripley",
             "McNeil"),
    title = c("Exploratory Data Analysis",
             "Modern Applied Statistics ...",
             "LISP-STAT",
             "Spatial Statistics", "Stochastic Simulation",
              "Interactive Data Analysis"),
    other.author = c(NA, "Ripley", NA, NA, NA, NA))
```

(2) surname과 name을 공통 열로 하여 authors와 books를 병합하여 출력하시오(두 데이터프레임에서 공통 열의 값이 일치하는 것들만 병합).

(3) surname과 name을 공통 열로 하여 authors와 books를 병합하여 출력하되 authors의 행들이 모두 표시되도록 하시오.

(4) surname과 name을 공통 열로 하여 authors와 books를 병합하여 출력하되 books의 행들은 모두 표시되도록 하시오.

(5) surname과 other.author를 공통 열로 하여 authors와 books를 병합하여 출력하시오.

CHAPTER 08
데이터 시각화

PREVIEW

이번 장에서는 데이터 자체 또는 데이터를 분석한 결과를 시각화하는 방법에 대해 학습한다. 시각화란 문자 그대로 데이터를 숫자 형태가 아닌 눈으로 파악하기 쉬운 이미지 형태로 표현하는 것을 말한다. 데이터를 시각화하면 데이터가 가지고 있는 정보나 의미가 보다 쉽고 명확하게 전달된다.

1절에서는 데이터 시각화의 개념에 대해 알아보고, 실제로 많이 사용하는 데이터 시각화 기법인 트리맵, 버블 차트, 모자이크 플롯의 구현 방법에 대해 R을 통해 실습한다.

2절에서는 R에서 보다 미적인 그래프를 작성하기 위해 이용하는 ggplot 패키지에 대해 알아본다. 또한 막대그래프, 히스토그램, 산점도, 상자그림, 선그래프를 ggplot을 이용하여 작성하는 방법을 실습한다.

3절에서는 고차원 데이터를 2차원 데이터나 3차원 데이터로 축소하여 시각화하는 차원 축소 방법에 대해 학습한다.

01 데이터 시각화 기법

1 데이터 시각화의 중요성

데이터 분석 과정에서 중요한 기술 중의 하나가 바로 데이터 시각화이다. **데이터 시각화**data visualization는 숫자 형태의 데이터를 그래프나 그림 등의 형태로 표현하는 것이다. 인간은 시각을 통한 정보 습득에 익숙하기 때문에 데이터를 시각화하면 데이터가 담고 있는 정보나 의미를 보다 쉽게 파악할 수 있고, 경우에 따라서는 시각화 결과로부터 중요한 영감을 얻기도 한다.

따라서 데이터 시각화는 데이터 분석의 중요한 분야로 다루어져 왔고, 독립적인 교육 과정이 존재하기도 한다. 이번 절에서는 실제로 많이 쓰이는 데이터 시각화 기법인 트리맵, 버블 차트, 모자이크 플롯에 대해 학습하고, 다음 절에서 미적인 그래프를 작성할 수 있도록 지원하는 ggplot에 대해 알아본다.

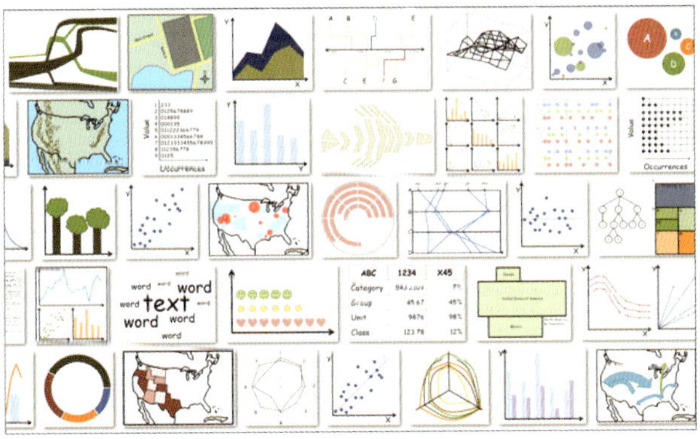

그림 8-1 다양한 데이터 시각화의 사례들 © Harvard John A.Paulson School of Engineering and Applied Sciences

2 트리맵

먼저 살펴볼 데이터 시각화 도구인 **트리맵**tree map은 사각 타일 형태로 구성되어 있으며, 각 타일의 크기와 색으로 데이터에 담긴 정보를 표현한다. 또한 각각의 타일은 계층 구조로 되어 있어서 데이터에 존재하는 계층 구조도 표현할 수 있다.

GNI2014 데이터셋으로 트리맵 작성하기

R에서 트리맵을 작성하기 위해서는 먼저 treemap 패키지를 설치해야 한다. 트리맵을 그리기 위해 예제로 사용할 데이터셋은 treemap 패키지 안에 포함된 GNI2014이다. GNI2014는 2014년도의 전 세계 국가별 인구, 국민총소득(GNI), 소속 대륙의 정보를 담고 있다. [코드 8-1]은 GNI2014 데이터셋을 이용해 트리맵 만드는 과정을 나타낸다. 패키지Packages 창에서 treemap 패키지를 설치한 후 [코드 8-1]을 실행해보자.

코드 8-1

```
library(treemap)                       # treemap 패키지 불러오기
data(GNI2014)                          # 데이터 불러오기
head(GNI2014)                          # 데이터 내용보기
treemap(GNI2014,
        index=c("continent","iso3"), # 계층구조 설정(대륙-국가)
        vSize="population",          # 타일의 크기
        vColor="GNI",                # 타일의 컬러
        type="value",                # 타일 컬러링 방법
        title="World's GNI")         # 트리맵 제목
```

[코드 8-1]의 실행 결과를 나누어서 설명하면 다음과 같다.

```
> library(treemap)                     # treemap 패키지 불러오기
> data(GNI2014)                        # 데이터 불러오기
> head(GNI2014)                        # 데이터 내용보기
  iso3         country     continent population    GNI
3  BMU         Bermuda North America      67837 106140
4  NOR          Norway        Europe    4676305 103630
5  QAT           Qatar          Asia     833285  92200
6  CHE     Switzerland        Europe    7604467  88120
7  MAC Macao SAR, China          Asia     559846  76270
8  LUX      Luxembourg        Europe     491775  75990
```

library(treemap)으로 트리맵을 그리기 위해 필요한 treemap 패키지를 불러온 후

data(GNI2014)로 실습에 필요한 GNI2014 데이터를 불러온다. GNI2014 데이터셋에 포함된 각 열의 의미는 [표 8-1]과 같다.

표 8-1 GNI2014 데이터셋에 포함된 각 열의 의미

열의 이름	의미
iso3	국가를 식별하는 표준 코드
country	국가명
continent	국가가 속한 대륙명
population	국가의 인구
GNI	국가의 국민총소득

```
> treemap(GNI2014,
+         index=c("continent","iso3"),  # 계층구조 설정(대륙-국가)
+         vSize="population",           # 타일의 크기
+         vColor="GNI",                 # 타일의 컬러
+         type="value",                 # 타일 컬러링 방법
+         title="World's GNI")          # 트리맵 제목
>
```

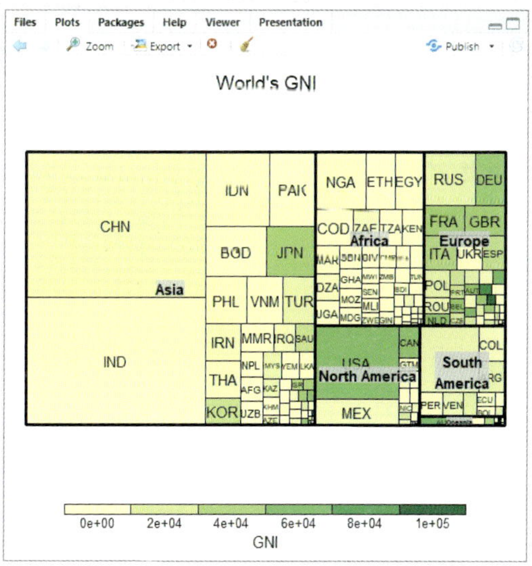

출력된 트리맵의 각 타일에는 국가를 나타내는 코드가 표시되어 있다(CHN, IND, IDN 등등). 타일의 면적은 인구수와 비례한다. 타일의 색은 GNI를 의미하는데, 소득이 높을수록 진한 초록색에 가깝고 낮을수록 노란색에 가깝다. 타일들은 굵은 테두리선에 의해 대륙으로 묶여져 있다. 트리맵의 내용을 살펴보면 Asia(아시아)의 인구가 타 대륙에 비해 압도적으로 많은 것을 알 수 있다. 그중에서도 CHN(중국)과 IND(인도)의 인구가 아시아 인구의 절반을 차지한다. 또한, 소득의 측면을 보면 잘 사는 나라들이 Europe(유럽)과 North America(북아메리카)에 몰려 있음을 알 수 있다. 그리고 Asia(아시아)에서 소득이 높은 나라로 JPN(일본)과 KOR(한국)이 눈에 띈다.

이와 같이 트리맵은 하나의 그림을 통해 많은 정보를 함축적으로 전달할 수 있는 도구이다. 트리맵을 작성하는 treemap( ) 함수에 대한 매개변수의 의미는 다음과 같다.

- `GNI2014`
  트리맵을 그릴 대상이 되는 데이터셋이다. 데이터프레임 형태여야 한다.
- `index=c("continent","iso3")`
  트리맵상에서 타일들이 대륙(continent) 안에 국가(iso3)의 형태로 배치되는 것을 지정한다.
- `vSize="population"`
  타일의 크기를 결정하는 열을 지정하는데, 여기서는 인구수(population)로 지정하였다.
- `vColor="GNI"`
  타일의 색을 결정하는 열을 지정하는데, 여기서는 소득(GNI)으로 지정하였다.
- `type="value"`
  타일의 컬러링 방법을 지정하는 것으로 "value"는 vColor에서 지정한 열에 저장된 값의 크기에 의해 색이 결정됨을 의미한다. "value" 외에도 "index", "comp", "dens" 등을 지정할 수 있다.
- `title="World's GNI"`
  트리맵의 제목을 지정한다.

state.x77 데이터셋으로 트리맵 작성하기

[코드 8-2]는 미국의 각 주별 통계 정보를 담고 있는 state.x77 데이터셋을 트리맵으로 작성한 코드이다. 타일의 면적은 주의 면적(Area), 타일의 색은 주의 소득(Income)으로 표현하였다. 데이터에 계층 구조는 존재하지 않기 때문에 트리맵에 표현하지 않았다.

코드 8-2

```
library(treemap)                                    # treemap 패키지 불러오기
st <- data.frame(state.x77)                         # 매트릭스를 데이터프레임으로 변환
st <- data.frame(st, stname=rownames(st))           # 주 이름에 대한 열 stname을 추가

treemap(st,
        index=c("stname"),                          # 타일에 주 이름 표기
        vSize="Area",                               # 타일의 크기
        vColor="Income",                            # 타일의 컬러
        type="value",                               # 타일 컬러링 방법
        title="USA states area and income" )        # 트리맵의 제목
```

실행 결과

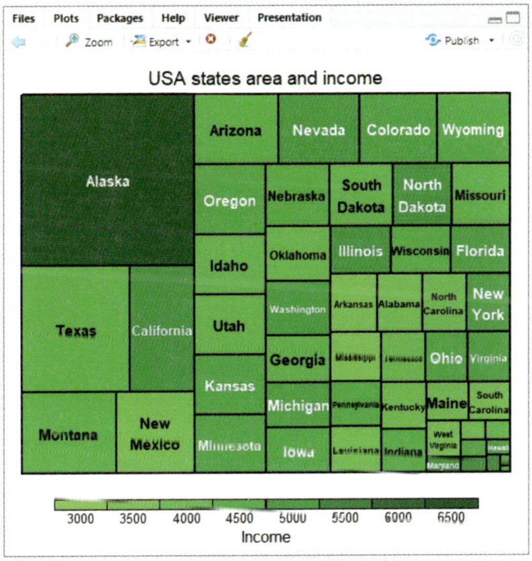

[코드 8-2]의 트리맵을 살펴보면 Alaska(알래스카 주)가 면적도 가장 넓으면서 소득도 가장 높은 주라는 것을 확인할 수 있다.

3 버블 차트

버블 차트bubble chart는 앞에서 배운 산점도 위에 버블의 크기로 정보를 표시하는 시각화 기법

이다. 산점도가 2개의 변수에 의한 위치 정보를 표시한다면, 버블 차트는 3개의 변수 정보를 하나의 그래프에 표시한다. [코드 8-3]은 state.x77 데이터셋을 버블 차트로 작성하는 코드이다. 참고로 버블 차트는 특별한 패키지를 설치하지 않아도 R에서 사용할 수 있다.

코드 8-3

```
st <- data.frame(state.x77)                  # 매트릭스를 데이터프레임으로 변환
symbols(st$Illiteracy, st$Murder,            # 원의 x, y 좌표의 열
        circles=st$Population,               # 원의 반지름의 열
        inches=0.3,                          # 원의 크기 조절값
        fg="white",                          # 원의 테두리 색
        bg="lightgray",                      # 원의 바탕색
        lwd=1.5,                             # 원의 테두리선 두께
        xlab="rate of Illiteracy",
        ylab="crime(murder) rate",
        main="Illiteracy and Crime")
text(st$Illiteracy, st$Murder,               # 텍스트가 출력될 x, y 좌표
     rownames(st),                           # 출력할 텍스트
     cex=0.6,                                # 폰트 크기
     col="brown")                            # 폰트 컬러
```

실행 결과

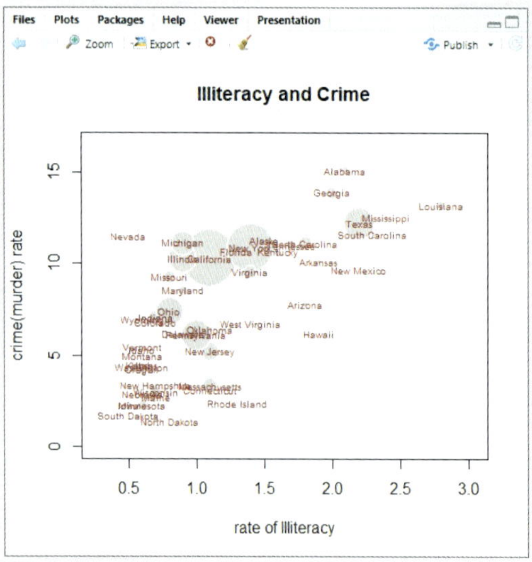

[코드 8-3]의 버블 차트는 두 함수 symbols()와 text()의 조합으로 생성된다. symbols() 함수는 2차원 좌표상에 자료값을 원으로 표시하는 기능을 하고 text() 함수는 원 위에 텍스트, 여기서는 주의 이름을 표시하는 기능을 한다. symbols() 함수에 대한 매개변수의 의미는 다음과 같다.

- **st$Illiteracy, st$Murder**
  2차원 좌표의 x축과 y축으로 나타낼 열을 지정한다(여기서 x축은 문맹률, y축은 범죄율(살인율)). x축의 값과 y축의 값이 만나는 지점에 원이 그려진다.
- **circles=st$Population**
  원의 크기(반지름)를 결정할 열을 지정한다(여기서는 인구수).
- **inches=0.3**
  원의 크기를 조절하는 매개변수로, 매개변수값이 클수록 원이 크게 그려진다.
- **fg="white"**
  원의 테두리선 색을 지정한다.
- **bg="lightgray"**
  원의 바탕색을 지정한다.
- **lwd=1.5**
  원의 테두리선 두께를 지정한다.
- **xlab="rate of Illiteracy"**
  x축의 레이블을 지성한다.
- **ylab="crime(murder) rate"**
  y축의 레이블을 시징한디.
- **main="Illiteracy and Crime"**
  그래프의 제목을 지정한다.

text() 함수에 대한 매개변수의 의미는 다음과 같다.

- **st$Illiteracy, st$Murder**
  텍스트를 표시할 위치에 대한 x축과 y축 좌표값을 나타내는데, symbols() 함수에 있는 원의 x축과 y축 좌표값과 일치시킨다.

- `rownames(st)`
  표시할 텍스트를 지정한다. st의 행 이름은 미국 각 주의 이름이다.
- `cex=0.6`
  텍스트의 크기를 지정한다.
- `col="brown"`
  텍스트의 색을 지정한다.

출력된 버블 차트의 **원의 위치**를 관찰해보면 전반적으로 문맹률이 높아질수록 범죄율이 증가하는 추세를 확인할 수 있다. 또한, **원의 크기**를 관찰해보면 인구수가 많은 주가 대체로 범죄율도 높은 것을 확인할 수 있다. 가장 범죄율이 높은 주는 Alabama(앨라배마 주)이고, 범죄율이 가장 낮은 주는 North Dakota(노스다코타 주)이다. 이와 같이 버블 차트는 원의 위치와 크기를 이용해 정보를 표현한다.

4 모자이크 플롯

모자이크 플롯mosic plot은 다중변수 범주형 데이터에 대해 각 변수의 그룹별 비율을 면적으로 표시하여 정보를 전달한다. 여기에서는 R에서 제공하는 UCBAdmissions 데이터셋에 대한 모자이크 플롯을 어떻게 해석하는지에 대해 알아보겠다. UCBAdmissions 데이터셋은 미국의 버클리대 대학원의 지원자와 합격자 통계를 성별, 학과별로 정리한 것이다. [그림 8-2]는 지원자와 합격자 통계를 성별로 구분하여 모자이크 플롯으로 나타낸 것이다.

그림 8-2 모자이크 플롯의 예 © http://blog.daum.net/huh420/20 참조

[그림 8-3](a)와 같이 그림을 세로로 나누어서 보면 왼쪽 전체 면적이 남성male 지원자의 수를 나타내고, 오른쪽 전체 면적이 여성female 지원자의 수를 나타낸다. 남성 지원자의 수가 여성 지원자 수에 비해 1.5배 정도 많다는 것을 알 수 있다. [그림 8-3](b)와 같이 그림을 가로로 분할하여 보면 위쪽 빨간색 면적은 합격자의 수를, 아래쪽 회색 면적은 불합격자의 수를 나타낸다. 전체 지원자에서 합격자의 비율이 50%가 안 되는 것을 확인할 수 있다.

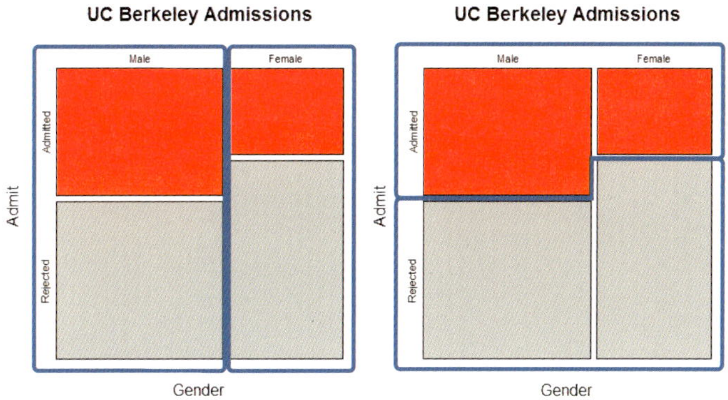

(a) 남성 지원자와 여성 지원자의 비율 (b) 합격자와 불합격자의 비율

그림 8-3 모자이크 플롯의 해석 1

[그림 8-4](a)는 남성 지원자의 합격자 비율과 불합격자 비율을, [그림 8-4](b)는 여성 지원자의 합격자 비율과 불합격자 비율을 알 수 있다. 두 경우 모두 합격자의 비율이 불합격자 비율보다 낮은데 여성 지원자의 합격률이 남성 지원자의 합격률보다 눈에 띄게 낮은 것을 확인할 수 있다.

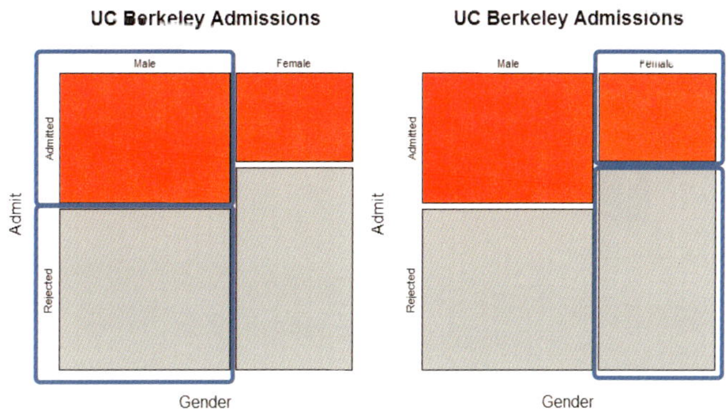

(a) 남성 지원자의 합격자와 불합격자 비율 (b) 여성 지원자의 합격자와 불합격자 비율

그림 8-4 모자이크 플롯의 해석 2

이와 같이 모자이크 플롯은 하나의 그림을 통해 다양한 정보를 전달한다. 지금부터는 R에서 모자이크 플롯을 작성하는 방법에 대해 알아보자. 모자이크 플롯을 작성하기 위해서는 데이터의 형태가 범주형 자료, 또는 개수를 셀 수 있는 정수형 자료여야 한다. [코드 8-4]에서는 R에서 제공하는 mtcars 데이터셋을 이용하여 모자이크 플롯을 만들어보겠다.

코드 8-4

```
head(mtcars)
mosaicplot(~gear+vs, data = mtcars, color=TRUE,
          main ="Gear and Vs")
mosaicplot(~gear+vs, data = mtcars, color=c("green","blue"),
          main ="Gear and Vs")
```

실행 결과

```
> head(mtcars)
                   mpg cyl disp  hp drat    wt  qsec vs am gear carb
Mazda RX4         21.0   6  160 110 3.90 2.620 16.46  0  1    4    4
Mazda RX4 Wag     21.0   6  160 110 3.90 2.875 17.02  0  1    4    4
Datsun 710        22.8   4  108  93 3.85 2.320 18.61  1  1    4    1
Hornet 4 Drive    21.4   6  258 110 3.08 3.215 19.44  1  0    3    1
Hornet Sportabout 18.7   8  360 175 3.15 3.440 17.02  0  0    3    2
Valiant           18.1   6  225 105 2.76 3.460 20.22  1  0    3    1
> mosaicplot(~gear+vs, data = mtcars, color=TRUE,
+           main ="Gear and Vs")
```

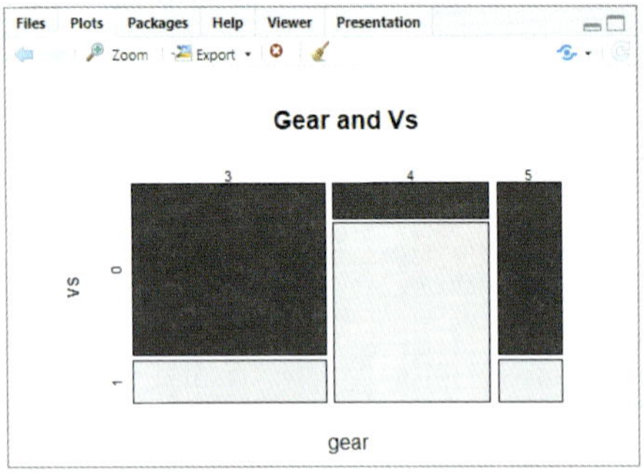

mtcars 데이터셋에는 11개의 변수가 있다. 이 중에서 개수를 셀 수 있는 변수는 cyl, vs, am, gear, carb인데, [코드 8-4]에서는 gear(기어의 수)와 vs(엔진의 형태)를 이용하여 모

자이크 플롯을 작성한다. 모자이크 플롯을 작성하는 함수는 mosaicplot()으로 이 함수 안에 있는 매개변수의 의미는 다음과 같다.

- `~gear+vs`
  모자이크 플롯을 작성할 대상 변수를 지정한다. ~ 다음의 변수가 x축 방향으로 표시되고, + 다음의 변수가 y축 방향으로 표시된다.
- `data = mtcars`
  모자이크 플롯을 작성할 대상 데이터셋을 지정한다.
- `color=TRUE`
  y축 변수의 그룹별로 음영을 달리하여 표시한다.
- `main ="Gear and Vs"`
  모자이크 플롯의 제목을 지정한다.

작성된 모자이크 플롯을 보면 기어의 개수가 제일 많은 경우는 3개이며 5개인 경우는 드물다. 엔진의 형태는 0 타입인 것과 1 타입인 것이 반반 정도 되는 것을 알 수 있다. 기어의 개수가 홀수인 경우는 0 타입이 많고, 짝수인 경우는 1 타입이 압도적으로 많은 것을 관찰할 수 있다.

모자이크 플롯에 그룹별로 색상을 넣어보자. 여기서 기준은 항상 y축으로 지정된 변수이다. 이 예에서는 y축 변수가 vs이고 0, 1 두 개의 그룹이 있으므로 다음과 같이 두 가지 색을 지정하여 모자이크 플롯을 작성할 수 있다.

```
> mosaicplot(~gear+vs, data = mtcars, color=c("green","blue"),
+            main ="Gear and Vs")
```

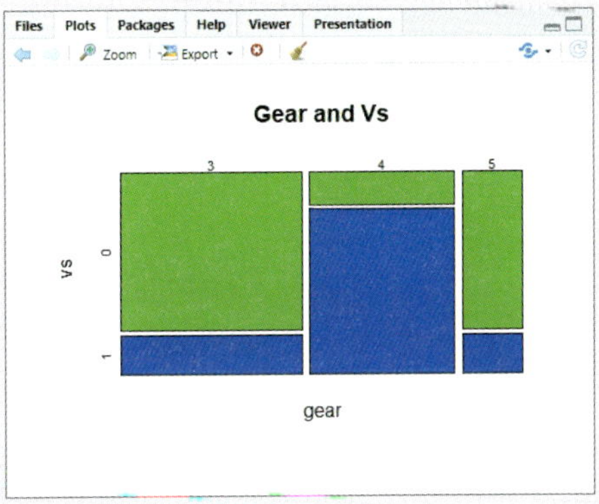

여기서 잠깐! 교차표 형태의 자료로 모자이크 플롯 작성하기

모자이크 플롯을 작성하기 위해서는 대상 데이터셋이 있어야 하지만, 교차표 형태의 정보가 있어도 이것을 이용하여 모자이크 플롯을 작성할 수 있다. [코드 8-4]에 해당하는 교차표는 다음과 같이 **table()** 함수로 생성할 수 있다.

```
> tbl <- table(mtcars$gear, mtcars$vs)
> tbl

    0  1
  3 12  3
  4  2 10
  5  4  1
```

생성된 교차표를 이용하여 모자이크 플롯을 작성하는 방법은 다음과 같다.

```
> mosaicplot(tbl, color=T, main ="Gear and Vs")
```

02 ggplot 패키지

지금까지 우리는 그래프를 작성할 때 주로 R에서 제공하는 기본적인 함수들을 이용하였다. 데이터 분석에 있어서는 기본 함수들만 이용해도 충분하지만, 보고서용 그래프와 같이 보다 미적인 그래프를 작성하기 위해서는 `ggplot` 패키지를 주로 이용한다. R의 강점 중의 하나가 `ggplot`이라고 할 만큼 `ggplot`은 데이터 시각화에서 널리 사용되고 있다. `ggplot`은 복잡하고 화려한 그래프를 작성할 수 있다는 장점이 있지만, 그만큼 배우기 어렵다는 단점도 있다.

이번 절에서는 `ggplot` 명령문의 기본 구조에 대해 알아보고 산점도, 막대그래프, 선그래프 등 기본적인 그래프를 작성하는 사례에 대해 실습하도록 한다. `ggplot`을 이용하기 위해서는 먼저 `ggplot2` 패키지의 설치가 필요하니 실습 전에 미리 설치하도록 한다.

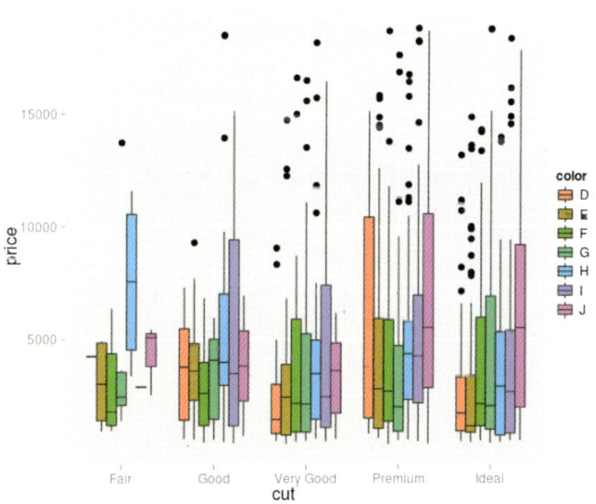

그림 8-5 ggplot의 사례 © https://jjeongil.tistory.com/353

1 ggplot 명령문의 기본 구조

`ggplot` 명령문은 여러 개의 함수들을 연결하여 사용한다. 일반적인 `ggplot` 명령문의 형태는 다음과 같다.

```
ggplot(data=xx, aes(x=x1,y=x2)) +
  geom_xx() +
  geom_yy() +
  ..
```

ggplot은 보통 하나의 ggplot() 함수와 여러 개의 geom_xx() 함수들이 +로 연결되어 하나의 그래프를 완성한다. ggplot() 함수의 매개변수로 그래프를 작성할 때 사용할 데이터셋(data=xx)과 데이터셋 안에서 x축, y축으로 사용할 열 이름(aes(x=x1,y=x2))을 지정한다. 그리고 이 데이터를 이용하여 어떤 형태의 그래프를 그릴지 geom_xx()를 통해 지정한다. 예를 들면 geom_bar()는 ggplot() 함수에서 지정한 데이터를 이용하여 막대그래프를 그리는 경우에 사용한다.

2 막대그래프의 작성

ggplot 패키지를 이용하여 막대그래프를 작성해보자.

기본적인 막대그래프 작성하기

[코드 8-5]는 월(month)과 강우량(rain) 데이터를 입력한 후 ggplot으로 막대그래프를 작성하는 코드이다.

코드 8-5

```
library(ggplot2)

month <- c(1,2,3,4,5,6)
rain  <- c(55,50,45,50,60,70)
df <- data.frame(month,rain)          # 그래프를 작성할 대상 데이터
df

ggplot(df, aes(x=month,y=rain)) +     # 그래프를 그릴 데이터 지정
  geom_bar(stat="identity",           # 막대의 높이는 y축에 해당하는 열의 값
           width=0.7,                 # 막대의 폭 지정
           fill="steelblue")          # 막대의 색 지정
```

[코드 8-5]의 실행 결과를 나누어서 설명하면 다음과 같다.

```
> library(ggplot2)
>
> month <- c(1,2,3,4,5,6)
> rain  <- c(55,50,45,50,60,70)
> df <- data.frame(month,rain)
> df
  month rain
1     1   55
2     2   50
3     3   45
4     4   50
5     5   60
6     6   70
```

ggplot에서 제공하는 함수를 이용하기 위해 먼저 library(ggplot2) 명령문을 통해 ggplot2를 불러온다. 그 다음으로 그래프를 작성할 데이터를 준비해야 하는데 1~6월과 월별 강우량을 입력하여 데이터프레임 df를 생성한다.

```
> ggplot(df, aes(x=month,y=rain)) +       # 그래프를 그릴 데이터 지정
+     geom_bar(stat="identity",            # 막대의 높이는 y축에 해당하는 열의 값
+              width=0.7,                  # 막대의 폭 지정
+              fill="steelblue")           # 막대의 색 지정
```

앞에서 설명한 바와 같이 그래프를 작성하는 명령문은 ggplot() 함수와 geom_bar() 함수의 조합으로 구성된다. ggplot() 함수 안에 있는 매개변수의 의미는 다음과 같다.

- **df**

  그래프를 작성할 데이터가 저장되어 있는 데이터프레임을 지정한다. 매트릭스는 데이터프레임으로 변환하여 입력해야 한다.

- **aes(x=month,y=rain)**

  aes()는 그래프를 그리기 위한 x축, y축의 열을 지정한다.

  · x=month: x축을 구성하는 열이 month임을 지정한다.

· y=rain: y축을 구성하는 열이 rain임을 지정한다.

geom_bar( ) 함수는 막대그래프를 작성할 때 사용하는 함수로 이 함수 안에 있는 매개변수의 의미는 다음과 같다.

- **stat="identity"**
  막대의 높이는 ggplot( ) 함수에서 y축에 해당하는 열(여기서는 rain)에 의해 결정되도록 지정한다.
- **width=0.7**
  막대의 폭을 지정한다.
- **fill="steelblue"**
  막대의 내부 색을 지정한다.

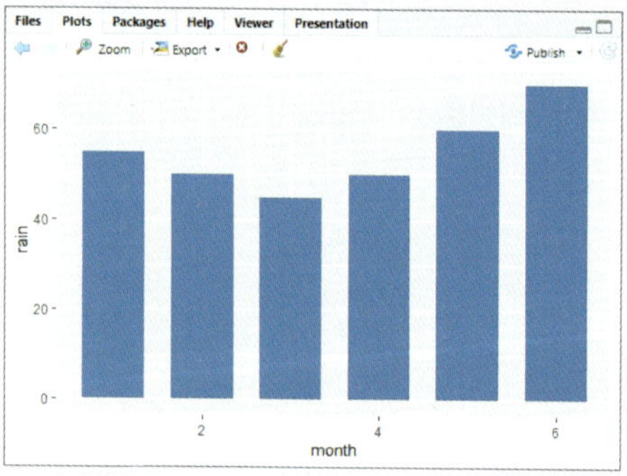

ggplot( ) 함수와 geom_bar( ) 함수가 +에 의해 연결이 되는데, +는 반드시 명령문의 맨 뒤쪽에 와야 한다. 그래야 다음 줄에 연결되는 함수가 있음을 R에게 알려줄 수 있다. [코드 8-5]의 실행 결과는 위와 같다.

막대그래프 꾸미기

[코드 8-5]는 가장 기본적인 형태의 막대그래프를 작성하는 코드였다. 여기에 여러 가지 옵션을 추가하여 막대그래프를 꾸밀 수 있다. [코드 8-6]을 통해 그래프의 제목을 붙이거나 막대그래프를 가로로 표시하고, x축, y축의 레이블도 바꾸어보도록 하겠다. [코드 8-6]은 [코드 8-5]에 이어서 작성한다.

코드 8-6

```
ggplot(df, aes(x=month,y=rain)) +          # 그래프를 그릴 데이터 지정
  geom_bar(stat="identity",                # 막대 높이는 y축에 해당하는 열의 값
           width=0.7,                      # 막대의 폭 지정
           fill="steelblue") +             # 막대의 색 지정
  ggtitle("월별 강수량") +                 # 그래프의 제목 지정
  theme(plot.title = element_text(size=25, face="bold", colour="steelblue")) +
  labs(x="월",y="강수량") +                # 그래프의 x, y축 레이블 지정
  coord_flip()                             # 그래프를 가로 방향으로 출력
```

실행 결과

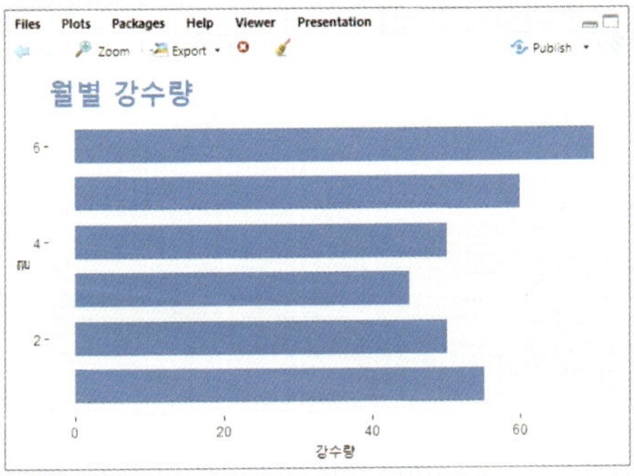

[코드 8-6]은 [코드 8-5]의 명령문에 3개의 함수가 추가되었다. 각 함수의 의미는 다음과 같다.

- **ggtitle("월별 강수량")**
  그래프의 제목을 지정하는 함수이다.
- **theme(plot.title = element_text(size = 25, face = "bold", colour="steelblue"))**
  지정된 그래프에 대한 제목의 폰트 크기, 색 등을 지정한다. 이 경우 폰트 크기는 25, 볼드 처리, 폰트 컬러는 강청색으로 지정했다.
- **labs(x="월",y="강수량")**
  그래프의 x축 레이블과 y축 레이블을 지정한다.
- **coord_flip()**
  막대를 가로로 표시하도록 한다.

3 히스토그램의 작성

이번에는 ggplot으로 히스토그램을 작성해보자.

기본적인 히스토그램 작성하기

[코드 8-7]은 iris 데이터셋의 Petal.Length(꽃잎의 길이) 열에 대한 히스토그램을 작성하는 코드이다.

코드 8-7

```
library(ggplot2)

ggplot(iris, aes(x=Petal.Length)) +        # 그래프를 그릴 데이터 지정
  geom_histogram(binwidth=0.5)             # 히스토그램 작성
```

실행 결과

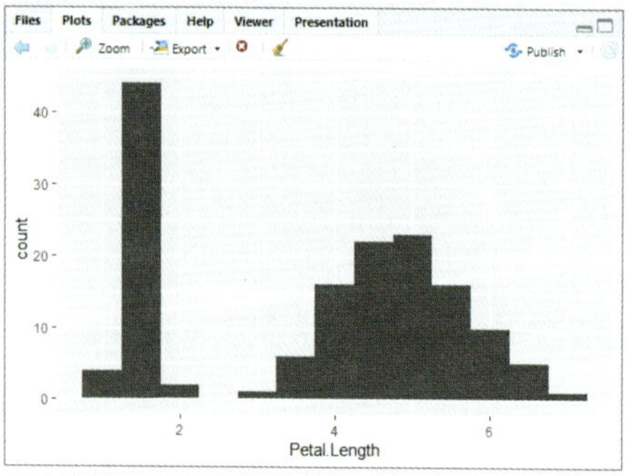

히스토그램 작성을 위해 ggplot() 함수 안에 그래프 작성 대상 데이터인 iris를 지정하고, Petal.Length(꽃잎의 길이) 열을 aes() 함수의 x 매개변수 값으로 설정한다. 히스토그램을 작성하는 함수는 geom_histogram()인데 이 함수에 대한 매개변수의 의미는 다음과 같다. [코드 8-7]의 출력 결과로 만든 히스토그램에서 각 막대의 간격은 0.5이다.

- **binwidth=0.5**
  히스토그램은 연속형 숫자 자료에 대해 일정 길이로 구간을 나눈 후 각 구간에 속하는 자료값이 몇 개 있는지 카운트한다. binwidth는 구간의 길이를 지정하는 매개변수로 이 경우는 꽃잎의 길이를 나타

내는 막대를 0.5 간격으로 나누라는 의미이다.

그룹별 히스토그램 작성하기

iris 데이터는 Species(품종)에 의해 그룹이 나누어지므로 그룹별로 히스토그램을 작성해 보자. [코드 8-8]을 이용하여 Sepal.Width(꽃받침의 폭) 열에 대해 그룹별로 히스토그램을 작성해본다.

코드 8-8

```
library(ggplot2)

ggplot(iris, aes(x=Sepal.Width, fill=Species, color=Species)) +
  geom_histogram(binwidth = 0.5, position="dodge") +
  theme(legend.position="top")
```

실행 결과

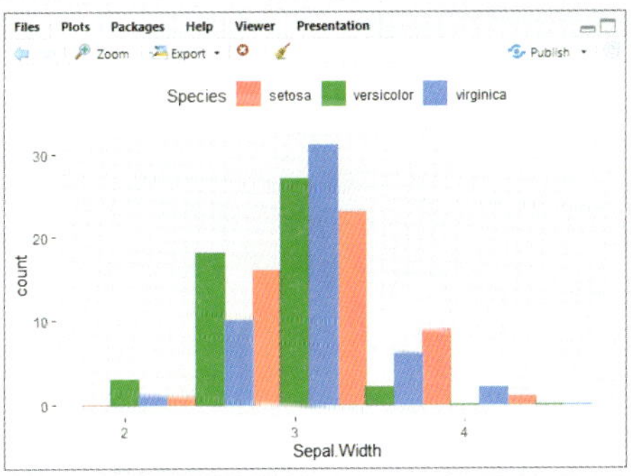

[코드 8-8]에서 ggplot() 함수의 aes() 부분에 대한 매개변수의 의미는 다음과 같다.

- `x=Sepal.Width`
  히스토그램을 작성할 대상 열을 지정한다.
- `fill=Species`
  히스토그램의 막대 내부를 채울 색을 지정한다. 여기서는 Species(품종)를 지정했는데, Species

(품종)는 팩터 타입이기 때문에 숫자 1, 2, 3으로 변환될 수 있다. 품종별로 막대의 색이 다르게 채워진다.

- `color=Species`
  히스토그램의 막대 윤곽선의 색을 지정한다.

[코드 8-8]에서 `geom_histogram()` 함수 안에 있는 매개변수의 의미는 다음과 같다.

- `binwidth = 0.5`
  데이터 구간을 0.5 간격으로 나누어 히스토그램을 작성한다.
- `position="dodge"`
  이 히스토그램은 3개 품종의 히스토그램이 하나의 그래프에 작성된다. 즉, 동일 구간에 대해 3개의 막대가 그려진다. position은 동일 구간의 막대들을 어떻게 그릴지를 지정하는데, "dodge"는 막대들을 겹치지 않고 병렬로 그리도록 지정하는 것이다.

품종별 히스토그램의 결과는 [그림 8-6]과 같은데, 구간별로 분홍색, 녹색, 파란색 막대가 함께 표시된 것을 알 수 있다.

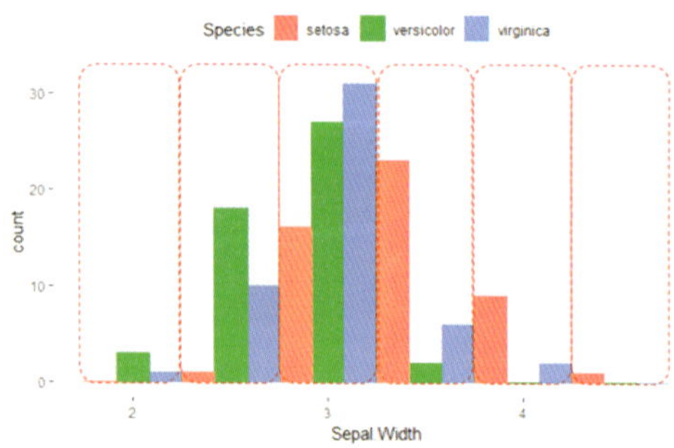

그림 8-6 꽃받침의 폭에 대한 품종별 히스토그램

4 산점도의 작성

ggplot을 이용하여 산점도를 작성하는 방법은 막대그래프나 히스토그램의 작성 방법과 크게 다르지 않다.

기본적인 산점도 작성하기

[코드 8-9]를 통해 iris 데이터셋의 Petal.Length(꽃잎의 길이)와 Petal.Width(꽃잎의 폭)에 대한 산점도를 작성해보자.

코드 8-9

```
library(ggplot2)

ggplot(data=iris, aes(x=Petal.Length, y=Petal.Width)) +
  geom_point()
```

실행 결과

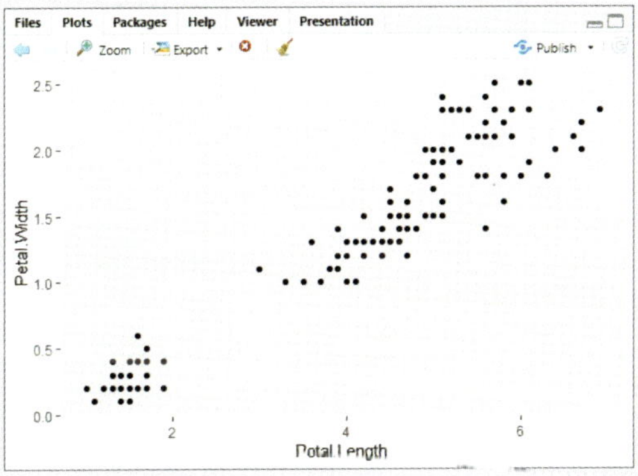

ggplot() 함수의 매개변수는 이미 학습한 내용이고, geom_point() 함수는 산점도를 작성하는 함수이다. 실행 결과로 위와 같은 산점도가 출력된다.

그룹이 구분되는 산점도 작성하기

이번에는 [코드 8-10]에서 geom_point() 함수에 매개변수값을 추가하여 산점도를 작성해보자.

코드 8-10

```
library(ggplot2)
```

```
ggplot(data=iris, aes(x=Petal.Length, y=Petal.Width,
                      color=Species)) +
  geom_point(size=3) +
  ggtitle("꽃잎의 길이와 폭") +                    # 그래프의 제목 지정
  theme(plot.title = element_text(size=25, face="bold", colour="steelblue"))
```

실행 결과

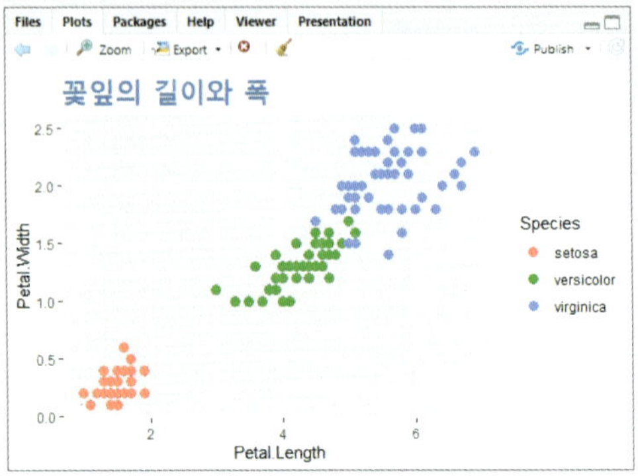

[코드 8-10]에서 추가된 부분은 ggplot( ) 함수의 aes( ) 안에 color=Species로, 점의 색을 품종에 따라 다르게 하기 위한 옵션이다. geom_point( ) 함수에는 size=3이 추가되었는데 이는 점의 크기를 지정하는 매개변수이다. ggtitle( )과 theme( )는 산점도의 제목을 표시하기 위한 함수이다. 만약 점의 모양도 품종별로 다르게 하려면 ggplot( ) 함수의 aes( )에 shape=Species를 추가하면 된다.

5 상자그림의 작성

ggplot을 이용하여 상자그림 boxplot 을 작성해본다.

기본적인 상자그림 작성하기

[코드 8-11]은 iris 데이터셋에서 Petal.Length(꽃잎의 길이)에 대한 상자그림을 작성하는 코드이다.

코드 8-11

```
library(ggplot2)

ggplot(data=iris, aes(y=Petal.Length)) +
  geom_boxplot(fill="yellow")
```

실행 결과

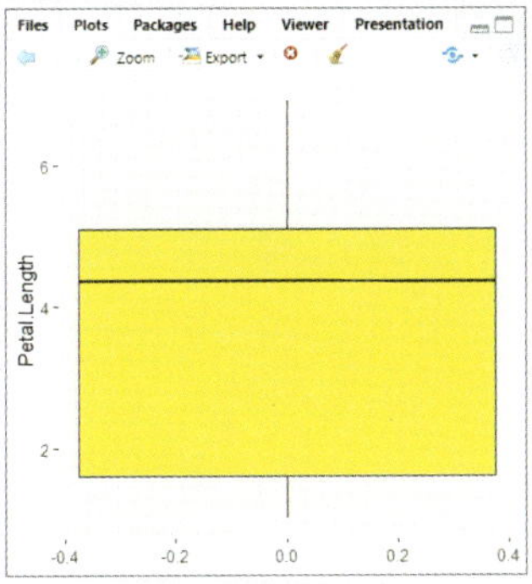

상자그림을 그릴 때 주의할 점은 상자그림을 그릴 대상 열을 지정할 때 ggplot() 함수의 aes()에서 매개변수 x가 아닌 y에 Petal.Length를 지정해야 한다는 것이다. 상자그림을 그리는 함수의 이름은 geom_boxplot()이다.

그룹별 상자그림 작성하기

[코드 8-12]는 Petal.Length(꽃잎의 길이)에 내해 Species(품종)별로 상자그림을 작성하는 코드이다. aes 안에 fill=Species를 추가하여 품종별 상자그림을 작성할 수 있다.

코드 8-12

```
library(ggplot2)

ggplot(data=iris, aes(y=Petal.Length, fill=Species)) +
  geom_boxplot()
```

실행 결과

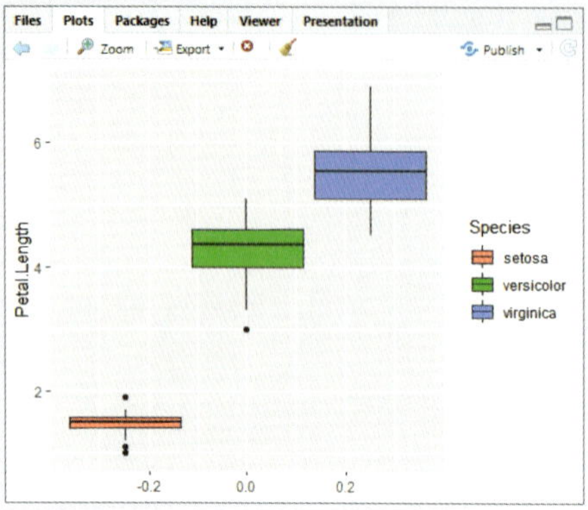

6 선그래프의 작성

ggplot을 이용하여 선그래프를 작성하는 방법은 막대그래프와 유사하다. [코드 8-13]은 1937~1960년 사이의 항공기를 이용한 승객들의 이동거리 통계에 대한 선그래프를 작성하는 코드이다.

코드 8-13

```
library(ggplot2)

year <- 1937:1960
cnt <- as.vector(airmiles)
df <- data.frame(year,cnt)                    # 데이터 준비
head(df)

ggplot(data=df, aes(x=year,y=cnt)) +          # 선그래프 작성
  geom_line(col="red")
```

실행 결과

```
> year <- 1937:1960
> cnt <- as.vector(airmiles)
> df <- data.frame(year,cnt)                  # 데이터 준비
```

```
> head(df)
  year  cnt
1 1937  412
2 1938  480
3 1939  683
4 1940 1052
5 1941 1385
6 1942 1418
> ggplot(data=df, aes(x=year,y=cnt)) +        # 선그래프 작성
+     geom_line(col="red")
>
```

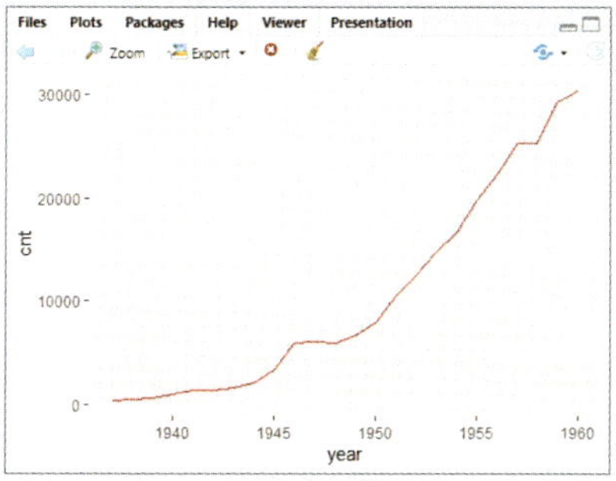

여기서 잠깐! ggplot2 패키지 활용하기

지금까지 ggplot2 패키지를 이용한 다양한 그래프 작성 방법들을 살펴보았다. ggplot2 패키지는 다양한 그래프 작성을 위한 함수들을 지원하고, 각 함수들은 많은 매개변수를 지원하기 때문에 ggplot2 패키지를 모두 이해하기는 어렵다. 만약 자신이 그리고 싶은 어떤 그래프가 있다면 geom_bar, geom_boxplot 등으로 구글에서 검색을 한다. 그러면 다양한 작성 사례를 찾을 수 있는데, 그중에서 자신이 원하는 것과 유사한 그래프의 코드를 가져와 본인에게 맞게 매개변수를 수정하는 것이 ggplot2 패키지를 효과적으로 활용하는 방법이다.

여기서 잠깐! ggplot2 출력 오류

ggplot2 패키지를 이용하여 그래프를 출력할 때 다음과 같은 에러 메시지를 만날 수 있다.

```
Error in .Call.graphics(C_palette2, .Call(C_palette2, NULL)) :
  invalid graphics state
```

이런 경우에는 명령어 `dev.off()`를 실행한 뒤 그래프를 출력하면 문제가 해결된다.

03 차원 축소

1 차원 축소의 개념

이전에 우리가 배운 산점도는 2차원 평면상에 두 변수의 값으로 좌표를 정하여 위치를 나타내는 방법으로 데이터의 분포를 관찰할 수 있는 시각화 도구이다. 산점도의 한계는 변수가 두 개인 경우, 즉 2차원 데이터에 대해서만 그래프를 그릴 수 있다는 것이다. 그런데 만약 변수가 4개인 4차원 데이터에 대한 산점도는 어떻게 그릴 수 있을까? 사실 이에 대한 연구가 많이 이루어졌는데 **차원 축소**가 그중 하나의 방법이다.

차원 축소dimension reduction란 고차원 데이터를 2, 3차원 데이터로 축소하는 기법을 말하는데, 2, 3차원으로 축소된 데이터로 산점도를 작성하여 데이터 분포를 확인하면 고차원상의 데이터 분포를 추정할 수 있다. 어떻게 차원을 축소하는지는 여기서 다루지 않는다. 다만 3차원상의 물체에 빛을 비추면 2차원 평면에 물체의 그림자가 생기는 것과 비슷한 방법(3차원이 2차원으로 축소됨)으로 진행한다는 정도로 이해하자. 그런데 고차원 데이터를 저차원으로 축소하면 어쩔 수 없이 정보의 손실이 발생한다. 하지만 고차원상의 데이터는 눈으로 분포를 관찰할 수 없기 때문에 정보의 손실을 감수하고라도 저차원상으로 축소하여 분포를 관찰하는 것은 의미 있는 일이다.

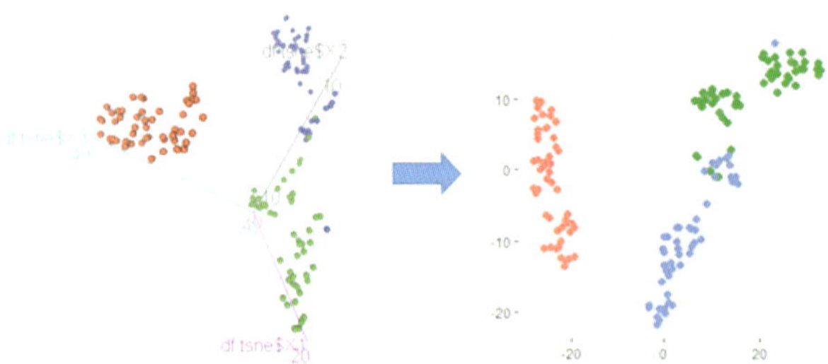

그림 8-7 3차원상의 데이터 분포를 2차원상의 분포로 변환하는 사례

2 R을 이용한 차원 축소

이제 R을 이용하여 차원 축소를 실습해본다. 여기에서는 이미 알려져 있는 차원 축소 방법 중에서 많이 사용하는 방법을 이용하여 데이터의 차원을 낮추고 이것으로 산점도를 작성하여 데이터 분포를 알아보도록 한다.

우리가 사용할 방법은 t-sne라고 알려진 방법이다. 이 방법을 이용하려면 Rtsne 패키지를 설치해야 하기 때문에 미리 패키지Packages 창에서 Rtsne 패키지를 설치한다.

4차원 데이터를 2차원 산점도로 작성하기

[코드 8-14]는 Rtsne 패키지를 이용하여 품종 정보를 제외한 iris 데이터셋을 2차원으로 축소하여 산점도를 작성하는 코드이다.

코드 8-14

```
library(Rtsne)
library(ggplot2)

ds <- iris[,-5]                    # 품종 정보 제외

## 중복 데이터 제거
dup = which(duplicated(ds))
dup                                # 143번째 행 중복
ds <- ds[-dup,]
ds.y <- iris$Species[-dup]         # 중복을 제외한 품종 정보

## t-SNE 실행
tsne <- Rtsne(ds,dims=2, perplexity=10)

## 축소결과 시각화
df.tsne <- data.frame(tsne$Y)
head(df.tsne)
ggplot(df.tsne, aes(x=X1, y=X2, color=ds.y)) +
  geom_point(size=2)
```

[코드 8-14]의 실행 결과를 나누어서 설명하면 다음과 같다.

```
> library(Rtsne)
> library(ggplot2)
>
> ds <- iris[,-5]                              # 품종 정보 제외
> ## 중복 데이터 제거
> dup = which(duplicated(ds))
> dup                                          # 143번째 행 중복
[1] 143
```

t-sne를 이용하려면 중복된 데이터가 존재하면 안 된다. 이것을 검사하는 명령문이 which(duplicated(ds))인데, 만일 중복이 있으면 중복된 행의 번호를 dup에 보관한다. dup의 값을 보면 143번째 행이 중복되었다고 나오는데 실제로 143번째 행은 102번째 행과 동일하다.

```
> ds <- ds[-dup,]
> ds.y <- iris$Species[-dup]                   # 중복을 제외한 품종 정보
```

데이터셋 ds에서 중복된 행을 제거한다. 품종 정보 ds.y에서도 중복된 행의 품종값을 제외한다.

```
> ## t-SNE 실행
> tsne <- Rtsne(ds,dims=2, perplexity=10)
```

Rtsne( ) 함수를 실행하여 차원 축소 결과를 얻은 후 tsne에 저장한다. Rtsne( ) 함수 안에 있는 매개변수의 의미는 다음과 같다.

- **ds**
  차원 축소 대상 데이터셋을 지정한다.
- **dims=2**
  ds를 몇 차원으로 축소할지 지정하는데 2 또는 3이 일반적이다.
- **perplexity=10**
  차원 축소 과정에서 데이터를 샘플링하는데 샘플의 개수를 몇 개로 할지 지정한다. (대상 데이터의 행의 수)/3보다 작게 지정한다.

```
> ##  축소결과 시각화
> df.tsne <- data.frame(tsne$Y)
> head(df.tsne)
         X1        X2
1 -21.21195  6.847538
2 -14.96598  1.196396
3 -17.08658 -1.832247
4 -16.29159 -1.130622
5 -20.17702  7.507484
6 -26.10980 12.302749
```

tsne에 저장된 결과로부터 2차원 데이터(tsne$Y)를 추출하여 df.tsne에 저장한다. df.tsne의 내용을 확인하면 변수가 2개인 2차원 데이터를 볼 수 있다.

```
> ggplot(df.tsne, aes(x=X1, y=X2, color=ds.y)) +
+     geom_point(size=2)
>
```

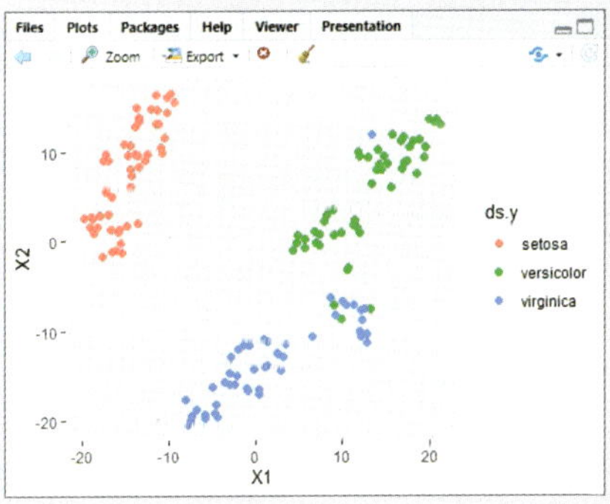

df.tsne를 이용하여 ggplot으로 산점도를 작성한다. 결과를 보면 세 품종의 데이터가 뚜렷하게 구분되는 것을 알 수 있다. 특히 setosa 품종은 다른 두 품종에 비해 확연하게 다른 특징을 가지고 있다.

지금까지의 작업을 정리해 보면 ds에는 4차원 데이터가 저장되어 있는데 이를 차원 축소하여 2차원 그래프상에 나타낸 것이다. 이렇게 하여 눈으로 볼 수 없는 4차원상에서의 데이터 분포를 2차원상에서 관찰할 수 있게 되었다.

4차원 데이터를 3차원 산점도로 작성하기

산점도는 보통 2차원 그래프이지만 3차원 산점도도 존재한다. Rtsne 패키지를 이용하여 ds를 2차원이 아닌 3차원 데이터로 축소하고, 이것을 3차원 산점도로 표현해보자. 3차원 산점도를 이용하기 위해서는 먼저 rgl, car 패키지를 설치해야 한다.

[코드 8-15]는 [코드 8-14]에 이어서 실행한다.

코드 8-15

```
install.packages(c("rgl", "car"))
library("car")
library("rgl")
library("mgcv")

tsne <- Rtsne(ds,dims=3, perplexity=10)
df.tsne <- data.frame(tsne$Y)
head(df.tsne)

# 회귀면이 포함된 3차원 산점도
scatter3d(x=df.tsne$X1, y=df.tsne$X2, z=df.tsne$X3)

# 회귀면이 없는 3차원 산점도
points <- as.integer(ds.y)
color <- c('red','green','blue')
scatter3d(x=df.tsne$X1, y=df.tsne$X2, z=df.tsne$X3,
          point.col = color[points],          # 점의 색을 품종별로 다르게
          surface=FALSE)                      # 회귀면을 표시하지 않음
```

[코드 8-15]의 실행 결과를 나누어서 설명하면 다음과 같다.

```
> install.packages(c("rgl", "car"))
> library("car")
> library("rgl")
> library("mgcv")
```

실습에 필요한 rgl과 car 패키지를 설치하고 불러온다. install.packages() 함수는 패키

지를 설치하는 R 명령어인데 이렇게 하지 않고 R스튜디오상에서 rgl과 car 패키지를 각각 설치해도 된다. Rtsne() 함수를 실행할 때 mgcv 패키지를 요구하는 경우가 있어서 불러오도록 한다.

TIP 컴퓨터 사양에 따라 설치에 다소 시간이 걸릴 수도 있다. 패키지 설치가 잘 되지 않으면 R을 최신 버전으로 업그레이드한 후 재설치하도록 한다.

```
tsne <- Rtsne(ds,dims=3, perplexity=10)
```

ds 데이터를 3차원 데이터로 축소(dims=3)하여 tsne에 저장한다.

```
> df.tsne <- data.frame(tsne$Y)
> head(df.tsne)
         X1        X2       X3
1  7.028892 -3.443516 31.23626
2 12.551731  2.492051 23.93481
3 14.325457 -1.469314 23.83501
4 13.171411 -1.026139 22.36516
5  7.846652 -4.932413 31.66133
6  0.824220 -4.808023 35.76660
```

tsne에서 3차원 데이터를 추출하여 df.tsne에 저장한다. df.tsne의 내용을 확인해보면 변수가 3개인 3차원 데이터이다.

```
> # 회귀면이 포함된 3차원 산점도
> scatter3d(x=df.tsne$X1, y=df.tsne$X2, z=df.tsne$X3)
>
```

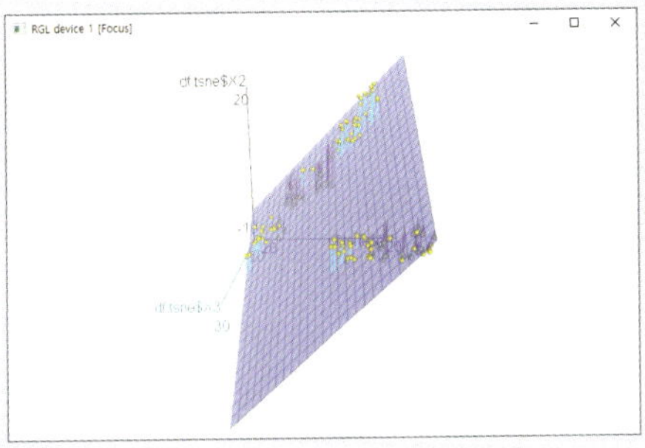

scatter3d() 함수를 이용하여 3차원 산점도를 작성한다. 매개변수는 x, y, z 좌표값인데 df.tsne에 있는 3개의 열을 지정한다. 실행 결과 3차원 산점도가 표시되는데, 마우스를 이용하여 산점도를 회전시켜 가면서 데이터의 분포를 관찰할 수 있다. 노란 점 하나가 ds 상의 관측값(행) 하나를 의미한다. 산점도상의 보라색 면을 **회귀면**regression plane이라고 하는데, 데이터 분포를 가장 잘 설명해주는 면이다.

```
> # 회귀면이 없는 3차원 산점도
> points <- as.integer(ds.y)
> color <- c('red','green','blue')
> scatter3d(x=df.tsne$X1, y=df.tsne$X2, z=df.tsne$X3,
+           point.col = color[points],          # 점의 색을 품종별로 다르게
+           surface=FALSE)                      # 회귀면을 표시하지 않음
```

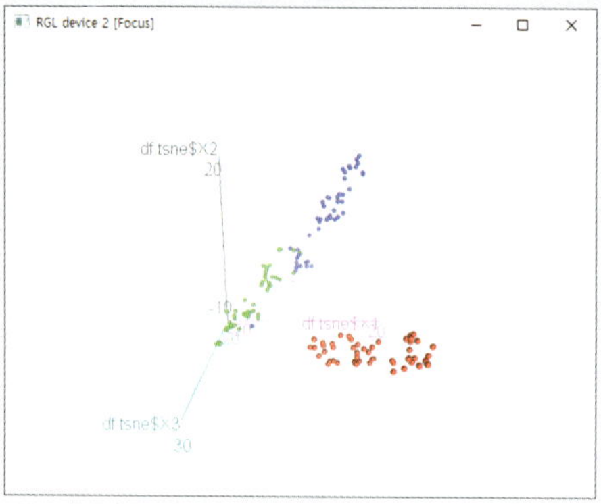

이번에는 3차원 산점도를 그릴 때 품종 정보에 따라 점의 색을 달리하고 회귀면을 제거하였다. 점들의 분포를 보다 잘 관찰할 수 있다.

실전 분석

문제

car 패키지에 포함된 SLID 데이터셋에는 성별, 교육 연수별 임금 데이터가 저장되어 있다. 교육 연수(education)를 10과 14를 기준으로 3개의 그룹으로 나누고, 그룹별 평균 임금(wages)의 분포를 상자그림으로 나타내시오. 상자그림은 ggplot을 이용하시오(그룹: High–교육 연수 14년 이상, Low–교육 연수 10년 미만, Middle–나머지).

01 car 패키지와 그 안에 포함된 SLID 데이터셋을 불러온 후 tmp 변수에 저장한다. 결측값을 포함한 행은 제외시킨다.

```
library(car)
tmp <- SLID[complete.cases(SLID),]
```

02 교육 연수에 따라 행들을 'High', 'Middle', 'Low'로 분류한다.

```
tmp$group <- 'Middle'
tmp$group[tmp$education>=14] <- 'High'
tmp$group[tmp$education<10] <- 'Low'
```

03 그룹 열column의 사료형을 팩터로 변환하되 레벨값의 순서가 'High', 'Middle', 'Low'가 되도록 한다.

```
tmp$group <- factor(tmp$group, levels = c('High', 'Middle', 'Low'))
```

04 그룹별 임금 분포를 ggplot으로 작성한다.

```
library(ggplot2)
ggplot(data=tmp, aes(y=wages, fill=group)) +
  geom_boxplot()
```

결과

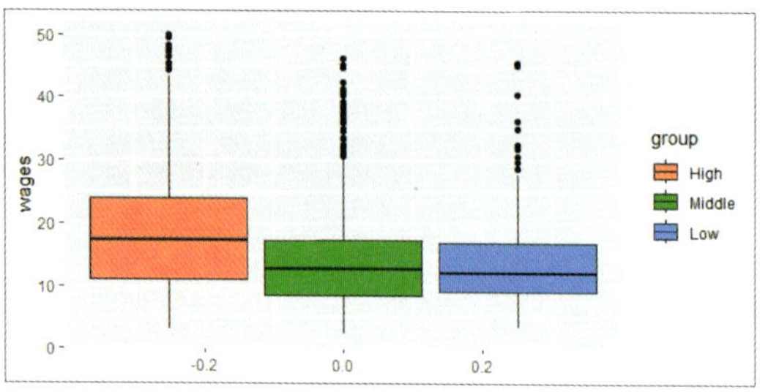

요약

01 **데이터 시각화**data visualization는 숫자 형태의 데이터를 그래프나 그림 등의 형태로 표현하는 것을 말한다.

02 **트리맵**tree map은 사각 타일의 형태로 구성되어 있으며, 각 타일의 크기와 색으로 데이터의 크기를 나타낸다. R에서 트리맵을 작성하기 위해서는 먼저 `treemap` 패키지를 설치해야 한다.

03 **버블 차트**bubble chart는 산점도 위에 버블의 크기로 정보를 표시하는 시각화 방법이다. 산점도가 2개의 변수에 의한 위치 정보를 표시한다면 버블 차트는 3개의 변수 정보를 하나의 그래프에 표시한다.

04 **모자이크 플롯**mosic plot은 다중변수 범주형 데이터에 대해 각 변수의 그룹별 비율을 면적으로 표시하여 정보를 전달한다.

05 `ggplot`은 R에서 미적인 그래프를 작성할 때 널리 활용된다.

06 `ggplot` 명령문은 여러 개의 함수들을 연결하여 사용한다. 일반적인 `ggplot` 명령문의 형태는 다음과 같다.

```
ggplot(data=xx, aes(x=x1,y=x2)) +
  geom_xx() +
  geom_yy() +
  ..
```

07 **차원 축소**dimension reduction란 고차원 데이터를 2, 3차원 데이터로 축소하는 기법으로 고차원상의 데이터 분포를 2, 3차원상에서 관찰할 수 있다.

■ 함수 정리

데이터 시각화 관련 함수	
treemap()	트리맵을 작성한다.
symbols()	버블 차트를 작성한다.
text()	버블 차트 위에 텍스트를 출력한다.
mosaicplot()	모자이크 플롯을 작성한다.
ggplot()	ggplot 작성에 필요한 기본 정보를 지정한다.
geom_bar()	ggplot에서 막대그래프를 작성한다.
ggtitle()	ggplot에서 그래프의 제목을 설정한다.
geom_histogram()	ggplot에서 히스토그램을 작성한다.
geom_point()	ggplot에서 산점도를 작성한다.
geom_boxplot()	ggplot에서 상자그림을 작성한다.
geom_line()	ggplot에서 선그래프를 작성한다.
Rtsne()	고차원 데이터를 2, 3차원 데이터로 축소한다.
scatter3d()	Rtsne() 함수의 결과를 이용하여 3차원 산점도를 작성한다.

연습문제

01 **다음과 같이 데이터셋 us를 생성한 후 물음에 답하시오. 여기서 state.x77은 미국 50개 주의 통계 정보가, state.division은 미국 50개 주의 지역 구분(예: 북부, 중부, 남부……) 정보가 저장된 데이터셋이다.**

```
us <- data.frame(state.x77, state.division)
```

(1) 미국 50개 주에 대해 각각의 주들이 지역 구분별로 묶인 트리맵을 작성하시오. 또한, 타일의 면적은 Population(인구수), 타일의 색은 Income(소득)으로 나타내고, 각각의 타일에는 주의 이름을 표시하시오. 마지막으로 이 트리맵에서 관찰할 수 있는 것이 무엇인지 설명하시오.

(2) 미국 50개 주에 대해 각각의 주들이 지역 구분별로 묶인 트리맵을 작성하시오. 또한, 타일의 면적은 HS.Grad(고등학교 졸업률), 타일의 색은 Murder(범죄율)로 나타내고, 각각의 타일에는 주의 이름을 표시하시오. 마지막으로 이 트리맵에서 관찰할 수 있는 것이 무엇인지 설명하시오.

(3) us 데이터셋에 대해 x축은 Income(소득), y축은 Illiteracy(문맹률), 원의 크기는 Population(인구수), 원의 색은 green(초록색), 원 내부에는 주의 이름을 표시한 버블 차트를 작성하시오. 또한 이 버블 차트에서 관찰할 수 있는 것이 무엇인지 설명하시오.

(4) us 데이터셋에 대해 x축은 Illiteracy(문맹률), y축은 Murder(범죄율), 원의 크기는 Area(면적), 원의 색은 green(초록색), 원 내부에는 주의 이름을 표시한 버블 차트를 작성하시오. 또한 이 버블 차트에서 관찰할 수 있는 것이 무엇인지 설명하시오.

02 **R에서 제공하는 swiss 데이터셋은 스위스 48개 주에 대한 통계 정보를 담고 있다. 다음의 문제를 해결하시오.**

(1) 스위스 48개 주에 대해 타일의 면적은 Fertility, 타일의 색은 Agriculture인 트리맵을 작성하시오. 또한, 48개 주를 Education에 의해 그룹별로 묶어서 출력하시오(Education<=6 : LOW, Education>=13 : HIGH, 나머지 : MID).

(2) 스위스 48개 주에 대해 타일의 면적은 Catholic, 타일의 색은 Examination인 트리맵을 작성하시오.

03 R에서 제공하는 swiss 데이터셋에 대해 x축은 Fertility, y축은 Agriculture, 원의 크기는 Education, 원의 색은 green(초록색)인 버블 차트를 작성하시오. 또한, 원 위에 주의 이름을 표시하시오.

04 R에서 제공하는 trees 데이터셋에 대해 x축은 Girth, y축은 Height, 원의 크기는 Volume, 원의 색은 blue(파란색)인 버블 차트를 작성하시오. 원 안에는 행(row)의 번호를 표시하시오.

05 HairEyeColor 데이터셋에 대해 모자이크 플롯을 작성하고, 이 모자이크 플롯에서 관찰할 수 있는 것이 무엇인지 설명하시오.

06 다음의 santa 데이터에 대해 모자이크 플롯을 작성하고, 여기서 관찰할 수 있는 정보가 무엇인지 설명하시오. 또한, x축에 belief, y축에 sibling을 표시하고, sibling은 그룹에 따라 색을 다르게 하시오(이 데이터는 어린이들에 대해 sibling(손위 형제 여부)과 belief(산타를 믿는지 여부)를 조사한 것이다).

```
santa <- data.frame(belief=c('no belief','no belief','no belief','no
belief',
                              'belief','belief','belief','belief',
                              'belief','belief','no belief','no belief',
                              'belief','belief','no belief','no belief'),
                    sibling=c('older brother','older brother',
                               'older brother','older sister',
                               'no older sibling','no older sibling',
                               'no older sibling','older sister',
                               'older brother','older sister',
                               'older brother','older sister',
                               'no older sibling','older sister',
                               'older brother','no older sibling')
                    )
```

© http://www.cyclismo.org/tutorial/R/intermediatePlotting.html 참조

07 R에서 제공하는 mtcars 데이터셋에서 carb(기화기의 수)에 대해 ggplot으로 막대그래프를 작성하시오. 단, 제목과 x축 레이블은 '기화기의 수', y축 레이블은 '빈도수'로 나타내시오.

08 R에서 제공하는 mtcars 데이터셋에서 cyl(실린더의 수)에 대해 막대 색이 초록색인 막대그래프를 ggplot으로 작성하시오.

09 R에서 제공하는 mtcars 데이터셋에서 mpg(연비)에 대해 구간 간격이 5.0인 히스토그램을 ggplot으로 작성하시오.

10 R에서 제공하는 trees 데이터셋의 나무 부피(Volume) 대해 ggplot으로 히스토그램을 작성하시오. 여기에서는 히스토그램의 제목, x축 레이블, y축 레이블을 한글로 표시하시오(구간 간격은 5.0, 막대의 색은 steelblue).

11 R에서 제공하는 swiss 데이터셋에서 Examination(입대시험 고득점자 비율)을 x축으로 하고, Agriculture(남성 농업인 비율)를 y축으로 하는 산점도를 ggplot으로 작성하시오(단, 점의 색은 Fertility(출산율)에 따라 다르게 표시).

12 R에서 제공하는 mtcars 데이터셋에서 mpg(연비)에 대해 ggplot으로 상자그림을 작성하되, gear(기어 수)에 따라 그룹을 나누어 작성하시오.

13 다음은 2009년부터 2020년도까지의 교통사고 발생 건수 자료이다. 연도를 x축으로 하여 ggplot으로 선그래프를 작성하시오.

연도	총 사고 건수(단위: 한 건)	연도	총 사고 건수(단위: 한 건)
2009	231,990	2015	232,035
2010	226,878	2016	220,917
2011	221,711	2017	216,335
2012	223,656	2018	217,148
2013	215,354	2019	229,600
2014	223,552	2020	209,654

14 **다음은 2014년 4분기부터 2017년 3분기까지 남녀경제활동참가율을 나타낸 통계자료이다. ggplot을 이용하여 연도를 x축으로 하고 남녀를 각각 다른 선과 색으로 표시하는 선그래프를 작성하시오**(2014년 4분기는 20144, 2015년 1분기는 20151과 같은 형식으로 입력한다).

연도	남자	여자	연도	남자	여자
2014년 4분기	73.9	51.4	2016년 2분기	74.2	52.6
2015년 1분기	73.1	50.5	2016년 3분기	74.5	52.7
2015년 2분기	74.4	52.4	2016년 4분기	73.8	52.2
2015년 3분기	74.2	52.4	2017년 1분기	73.1	51.5
2015년 4분기	73.5	51.9	2017년 2분기	74.5	53.2
2016년 1분기	73	50.9	2017년 3분기	74.2	53.1

15 **R에서 제공하는 state.x77 데이터셋을 차원 축소하여 2차원 산점도와 3차원 산점도를 작성하시오**(state.x77은 매트릭스 타입이기 때문에 데이터프레임으로 변환하여 실습한다).

16 **R에서 제공하는 swiss 데이터셋을 차원 축소하여 2차원 산점도와 3차원 산점도를 작성하시오.**

CHAPTER 09

지도와 데이터

PREVIEW

과거의 지도는 단순히 지형, 도로, 지명을 표시하는 용도로 사용되었지만, 현대의 온라인 지도(구글맵, 카카오맵, 네이버 지도)는 지도와 다양한 정보를 결합하여 현대인의 생활을 편리하게 해준다. 또한 데이터 분석 분야에 있어서도 지도는 분석 결과를 표현하는 중요한 수단으로 자리매김하고 있다. 이번 장에서는 구글맵을 중심으로 R에서 지도를 연동하는 방법과 지도 위에 필요한 정보를 나타내는 방법에 대해 학습하기로 한다.

1절에서는 R에서 구글맵을 사용하기 위한 준비 절차를 따라하면서 실습해본다.

2절에서는 R에서 특정 지역의 지도를 가져오는 방법을 실습한다. 서울시 종로구 근방의 지도와 설악산 근방의 지도를 출력한다. 또한, 경도와 위도 값을 직접 입력하여 해당 지역의 지도를 나타내는 방법도 알아본다.

3절에서는 R에서 지도 위에 마커와 텍스트를 표시해본다. 지도에서 중심이 되는 한 지점뿐만 아니라 여러 지점에 대해서 마커와 텍스트를 표시하는 방법을 실습한다.

4절에서는 구글맵 위에 데이터를 원의 크기로 나타내는 방법을 알아본다.

01 구글맵 이용 준비

1 지도 서비스의 중요성

인터넷이 발전하면서 지도 서비스는 현대인의 생활에 없어서는 안 될 중요한 요소가 되었다. 그중에서 대표적인 내비게이션 서비스를 이용하면 맛집을 안내받을 수 있고, 실시간으로 버스의 위치도 확인할 수 있다. 데이터 분석 분야에서도 정보를 전달하기 위한 중요한 수단으로 지도가 활용되고 있다.

[그림 9-1]은 캐나다 토론토 시내에 심겨진 나무들의 종류를 지도상에 나타낸 것이다. 여기에서는 어떤 종류의 나무들이 있는지, 지역별로 나무들의 분포가 어떻게 다른지를 쉽게 파악할 수 있다. 이번 장에서는 R에서 구글맵을 연동하여 필요한 정보를 지도상에 나타내는 방법에 대해 학습하도록 한다.

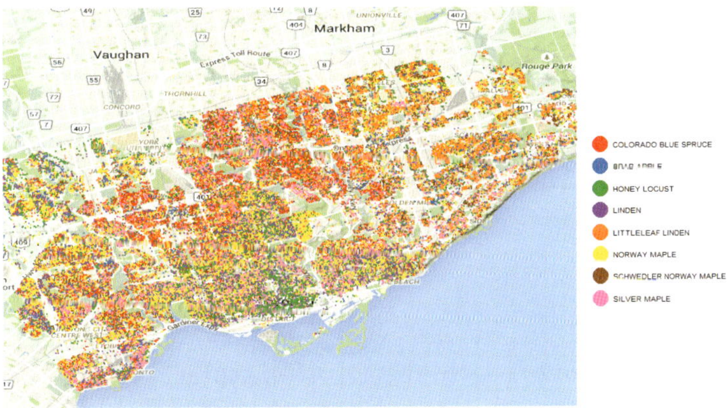

그림 9-1 캐나다 토론토 시내의 나무 종류 지도
© http://www.martinstraeche.com/martins-metrics/2015/7/25/mapping-trees-in-toronto

2 구글맵 사용을 위한 준비 절차

R에서 구글맵을 사용하기 위해서는 다음과 같은 몇 가지 준비가 필요하다. 이 절차를 차례차례 따라하면서 실행해보자.

❶ R을 최신 버전으로 설치한다.

❷ ggplot2를 최신 버전으로 업데이트한다.

❸ ggmap 패키지를 설치한다.

❹ 구글맵을 사용하기 위한 API 키를 얻는다.

최신 버전으로 R 설치하기

처음에 R을 설치했던 것과 동일한 방법으로 R의 최신 버전을 다운로드하여 설치한다. R의 최신 버전을 새로 설치하는 이유는 지도 서비스 관련 패키지들이 계속해서 새 버전을 출시하고 있어 이전 버전의 R에서는 작동이 잘 되지 않는 경우가 많기 때문이다.

R을 새로 설치한 다음에는 R스튜디오에 새 버전을 등록시켜 주어야 한다. R스튜디오의 메뉴바에서 [Tools]-[Global Options]를 선택하면 Options 대화상자가 열린다. 이 대화상자에서 [General] 항목의 [R version:]에서 R의 버전을 바꾼 다음 [Change] 버튼을 클릭하여 새로 설치한 버전으로 변경한다. 그리고 R스튜디오를 종료하고 다시 시작한다.

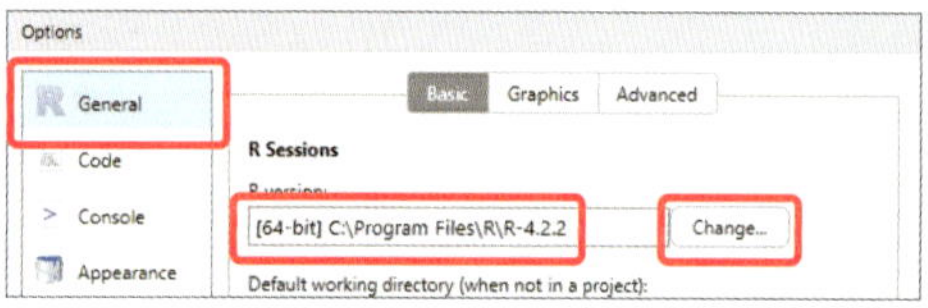

그림 9-2 R의 버전 바꾸기

TIP 집필 당시 R의 최신 버전은 4.2.2였지만 R은 주기적으로 업데이트가 된다. 독자들은 학습하는 시점에서의 최신 버전으로 R을 설치하도록 한다.

ggplot2 패키지 업데이트

구글맵상에 데이터를 표현할 때 ggplot2 패키지를 이용하기 때문에 ggplot2 패키지도 최신 버전으로 업데이트해야 한다. 패키지 업데이트는 R스튜디오상에서 가능하다. [그림 9-3]과 같이 R스튜디오 패키지Packages 창에서 ggplot2를 검색하여 선택한 후 [Update] 아이콘을 클릭하면 된다. ggplot2 패키지가 없는 경우는 새로 설치한다.

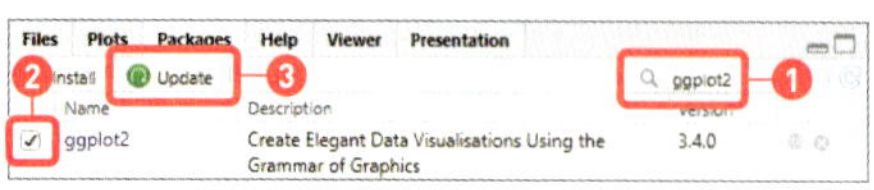

그림 9-3 ggplot2 패키지 업데이트

ggmap 패키지 설치

R스튜디오 패키지 창에서 [Install]을 클릭하고 Install Packages 대화상자가 열리면 [Packages] 입력 창에 ggmap을 검색하여 입력한 후 [Install] 버튼을 클릭하여 설치한다.

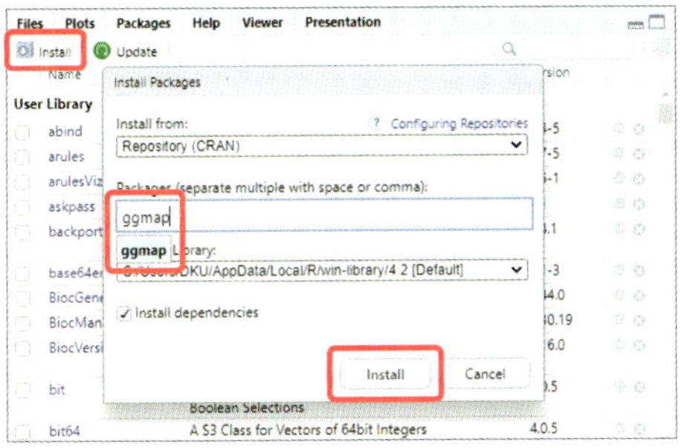

그림 9-4 ggmap 패키지 설치

구글맵 사용을 위한 API 키 얻기

구글맵 사용을 위해서는 사용자 프로그램과 구글을 연결하는 데 사용되는 API 키가 필요하다. API 키를 얻으려면 구글 계정이 있어야 한다. 구글 사이트에 구글 계정으로 로그인을 한 후에는 구글맵 플랫폼 사이트(https://mapsplatform.google.com/)에 접속하여 API 키를 얻는다. 자세한 과정은 〈부록 1〉에 정리하였다.

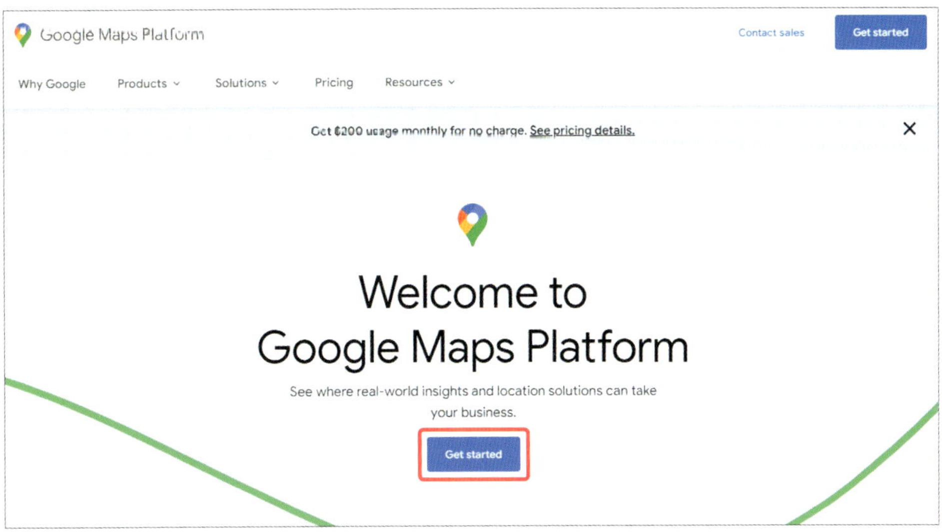

그림 9-5 구글맵 플랫폼 사이트

이제 실습을 위한 준비가 모두 마무리되었다. 다음 절부터 본격적으로 구글맵을 활용하는 방법에 대해 학습해보자.

여기서 잠깐! 구글맵 변경 사항 확인

구글맵에 관련된 사항은 구글의 정책에 따라 변화가 있을 수 있다. 이에 따라 변경되는 실습 내용은 '이 책의 사용설명서'에 나와 있는 본 교재의 보조 사이트에 업데이트하고 있으니 참고하기 바란다.

최근에 구글맵 API가 무료에서 유료로 전환되었다. 따라서 API 키를 얻는 과정에서 신용카드 정보를 요구한다. 그러나 매월 일정 금액의 크레딧을 제공하고 있어 실습 시 구글맵 API를 사용하는 것 때문에 과금이 되지는 않는다.

02 특정 지역의 지도 보기

지도상에 데이터를 표현하기 위해서는 원하는 지역의 지도를 가져오는 것부터 시작해야 한다. 이번 절에서는 R에서 특정 지역의 지도를 가져오는 방법을 실습한다.

1 서울시 종로구 근방의 지도 보기

[코드 9-1]은 서울시 종로구 근방의 지도를 가져와서 표시하는 방법을 보여준다.

코드 9-1

```
library(ggmap)
register_google(key='AIzaSyCK...E9urxjSpPOA')      # 구글키  등록

gc <- geocode(enc2utf8("종로구"))                    # 지점의 경도 위도
gc
cen <- as.numeric(gc)                                # 경도 위도를 숫자로
cen
map <- get_googlemap(center=cen)                     # 지도 생성
ggmap(map)                                           # 지도 화면에 보이기
```

TIP [코드 9-1]의 2번째 줄에 구글키를 입력하는 부분은 보안을 위해 생략하였다. 여기에는 구글에서 각자가 부여받은 API 키를 입력한다.

[코드 9-1]의 실행 결과를 나누어서 설명하면 다음과 같다.

```
> library(ggmap)
> register_google(key='AIzaSyCK...E9urxjSpPOA')      # 구글키  등록
```

먼저 구글맵을 사용하기 위해 library(ggmap) 명령어로 ggmap 패키지를 불러온다. 그리고 앞으로의 작업을 위해 register_google() 함수를 이용하여 이전 절의 실습을 통해 구글에서 부여받은 API 키를 등록한다.

```
> gc <- geocode(enc2utf8("종로구"))                    # 지점의 경도 위도
> gc
# A tibble: 1 x 2
    lon   lat
  <dbl> <dbl>
1  127.  37.6
```

geocode() 함수는 지명을 경도longitude와 위도latitude로 바꾸는 기능을 한다. enc2utf8() 함수는 한글 인코딩을 utf8 포맷으로 바꾸어준다. R에서 기본적으로 사용하는 한글 인코딩이 utf8이다. 이와 같이 한글 지명 "종로구"를 입력하여 이에 대응하는 경도와 위도 값이 gc에 저장되었다. gc의 내용을 확인하면 종로구의 경도(lon)는 127.0, 위도(lat)는 37.6인 것을 알 수 있다.

```
> cen <- as.numeric(gc)                              # 경도 위도를 숫자로
> cen
[1] 126.97936  37.57295
```

geocode() 함수를 통해 얻은 경도와 위도 값을 숫자 벡터 cen으로 변환한다. 이렇게 변환하는 이유는 지도를 가져오는 get_googlemap() 함수에서 숫자 벡터 타입으로 경도와 위도를 입력해야 하기 때문이다.

```
> map <- get_googlemap(center=cen)                   # 지도 생성
> ggmap(map)                                         # 지도 화면에 보이기
>
```

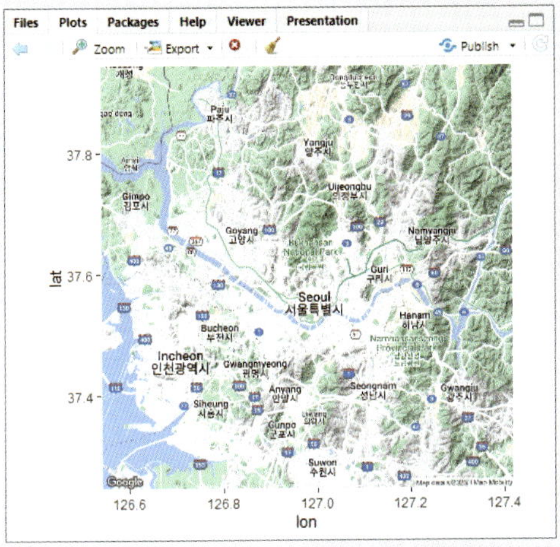

get_googlemap() 함수에 경도와 위도 값을 입력하면 지도를 가져온다. 매개변수 center=cen의 의미는 지도에서 중심점의 좌표를 cen에 입력된 값으로 하라는 것이다. ggmap() 함수는 가져온 지도를 화면에 표시하는 역할을 한다. 출력된 지도를 보면 종로구가 화면의 중앙에 위치하고 있다.

get_googlemap() 함수는 다양한 매개변수를 제공하는데, 주요한 매개변수는 다음과 같다.

- `center`
  지도 중심의 좌표값을 지정한다(매개변수값: 경도, 위도).
- `zoom`
  지도의 확대 크기를 지정한다(매개변수값: 3(대륙)~21(빌딩), 기본값은 10(도시)).
- `size`
  지도의 가로와 세로의 픽셀 크기를 입력한다(매개변수값: 최댓값은 640x640(가로, 세로의 크기를 다르게 하면 지도가 올바르게 출력되지 않을 수 있음)).
- `maptype`
  출력될 지도 유형을 지정한다(매개변수값: "terrain"(기본값), "roadmap", "satellite", "hybrid").

maptype에 따른 지도의 종류는 [그림 9-6]과 같다.

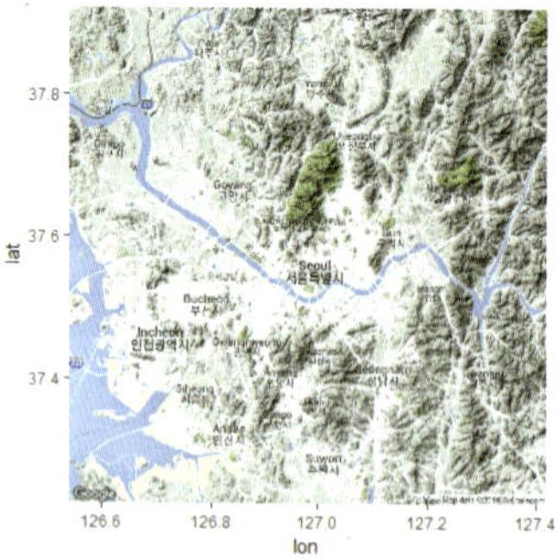

(a) "terrain"

(b) "roadmap"

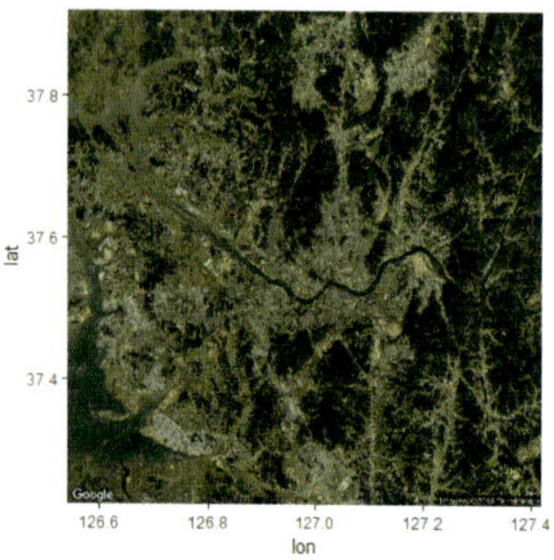

(c) "satellite"

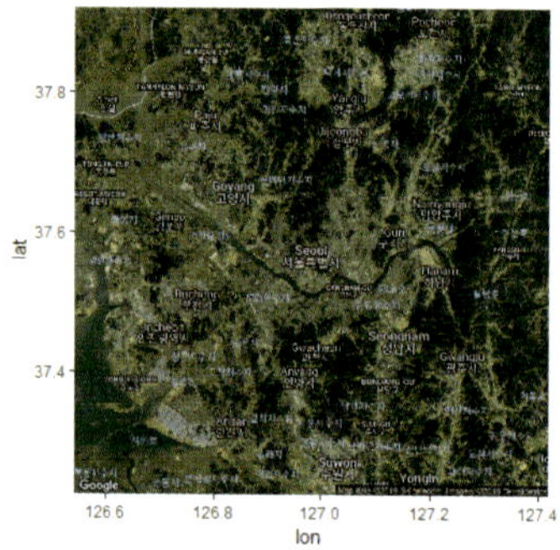

(d) "hybrid"

그림 9-6 구글맵의 지도 유형

2 설악산 근방의 지도 보기

[코드 9-2]는 설악산 근방의 지도를 표시하는 예이다. 여기에서는 `get_googlemap()` 함수에 다양한 매개변수를 지정하였다.

코드 9-2

```
# library(ggmap)
# register_google(key='AIzaSyCK...E9urxjSpPOA')        # 구글키 등록

gc <- geocode(enc2utf8("설악산"))                      # 지점의 경도 위도
cen <- as.numeric(gc)                                  # 경도 위도를 숫자로
map <- get_googlemap(center=cen,                       # 지도의 중심점 좌표
                     zoom=9,                           # 지도 확대 정도
```

```
                    size=c(640,640),                 # 지도의 크기
                    maptype="roadmap")               # 지도의 유형
ggmap(map)                                           # 지도 화면에 보이기
```

실행 결과

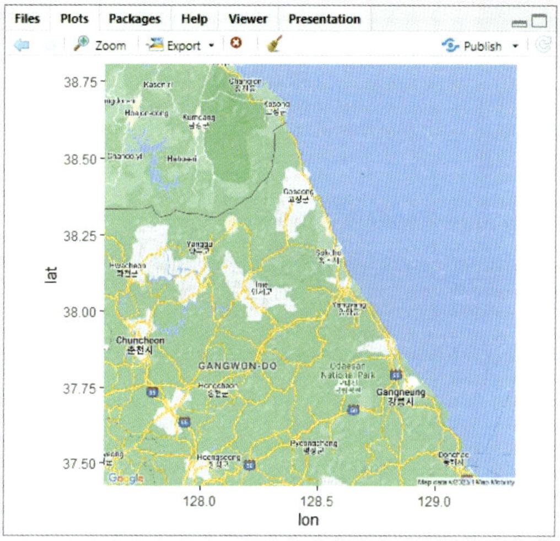

3 경도와 위도 값을 입력하여 지도 보기

어떤 지점의 경도와 위도 값을 안다면 [코드 9-3]과 같이 실행한다(미국 LA의 경도 −118.233248, 위도 34.085015).

코드 9-3

```
# library(ggmap)
# register_google(key='AIzaSyCK...E9urxjSpPOA')     # 구글키 등록

cen <- c(-118.233248, 34.085015)
map <- get_googlemap(center=cen)                    # 지도 생성
ggmap(map)                                          # 지도 화면에 보이기
```

실행 결과

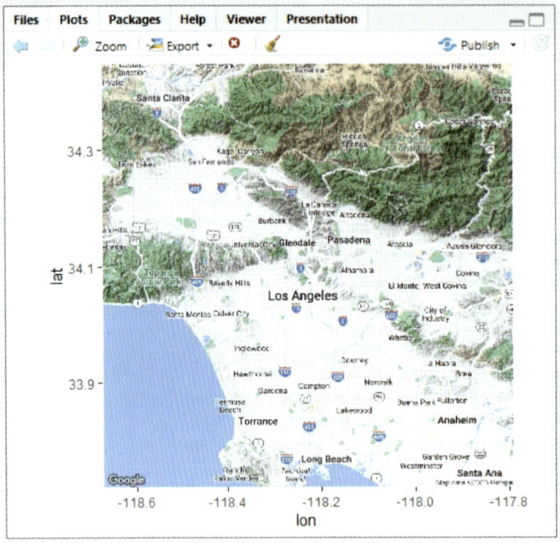

여기서 잠깐! **어떤 지점의 경도와 위도를 알고 싶다면**

만약 어떤 지점의 경도와 위도를 알고 싶으면 [그림 9-7]과 같이 구글맵상에서 원하는 지점을 클릭한다. 주의할 점은 좌표값이 위도, 경도의 순으로 표시되니 순서를 바꾸어서 사용해야 한다.

그림 9-7 구글맵에서 특정 지점의 경도와 위도 값 알아내기

03 지도 위에 마커와 텍스트 표시

지도를 나타내는 방법을 배웠으니 이제는 지도 위에 마커와 텍스트를 표시하는 방법을 알아보자. **마커**marker란 지도상에서 특정 지점의 위치에 표시하는 기호로 구글에서는 [그림 9-8]과 같은 모양을 사용한다.

그림 9-8 구글맵에서의 마커

1 지도의 중심 지점에 마커 표시

[코드 9-4]는 경기도 용인시의 지도를 가져와 용인시의 중심 지점에 마커를 표시하는 코드이다. 마커를 표시하기 위해서는 get_googlemap( ) 함수의 매개변수인 marker에 마커를 표시할 좌표값을 입력하면 된다.

코드 9-4

```
# library(ggmap)
# register_google(key='AIzaSyCK...E9urxjSpPOA')  # 구글키 등록

gc <- geocode(enc2utf8("용인"))                   # 지점의 경도와 위도
cen <- as.numeric(gc)                            # 경도와 위도를 숫자로
map <- get_googlemap(center=cen,                 # 지도의 중심
       maptyp="roadmap",                         # 지도의 형태
       marker=gc)                                # 마커의 위치
ggmap(map)                                       # 지도 화면에 보이기
```

실행 결과

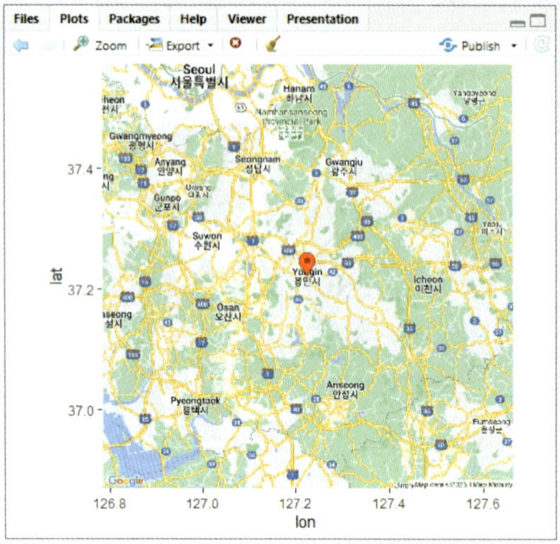

2 지도의 여러 지점에 마커와 텍스트 표시

[코드 9-5]는 여러 지점에 마커를 표시하는 코드이다. 이 코드에서는 제주도의 6개 관광 명소에 대한 마커와 관광지 명칭을 함께 표시해준다. 제주도의 6개 관광 명소에 대한 정보는 [표 9-1]과 같다.

표 9-1 제주도의 6개 관광 명소의 지명과 주소

지명	주소
용두암	제주시 용두암길 15
성산일출봉	서귀포시 성산읍 성산리
정방폭포	서귀포시 동홍동 299-3
중문관광단지	서귀포시 중문동 2624-1
한라산1100고지	서귀포시 색달동 산1-2
차귀도	제주시 한경면 고산리 125

코드 9-5

```
# library(ggmap)
# register_google(key='AIzaSyCK...E9urxjSpPOA')      # 구글키  등록
library(ggplot2)

names <- c("용두암","성산일출봉","정방폭포",
           "중문관광단지","한라산1100고지","차귀도")
addr <- c("제주시 용두암길 15",
          "서귀포시 성산읍 성산리",
          "서귀포시 동홍동 299-3",
          "서귀포시 중문동 2624-1",
          "서귀포시 색달동 산1-2",
          "제주시 한경면 고산리 125")
gc <- geocode(enc2utf8(addr))                          # 주소를 경도와 위도로 변환
gc

# 관광지 명칭과 좌표값으로 데이터프레임 생성
df <- data.frame(name=names,
                 lon=gc$lon,
                 lat=gc$lat)
df

cen <- c(mean(df$lon),mean(df$lat))                    # 지도의 중심점
map <- get_googlemap(center=cen,                       # 지도 가져오기
       maptype="roadmap",                              # 지도의 형태
       zoom=10,                                        # 지도의 확대 크기
       size=c(640,640),                                # 지도의 크기
       marker=gc)                                      # 마커의 위치
ggmap(map)                                             # 지도와 마커 화면에 보이기

# 명소 이름 지도 위에 표시하기
gmap <- ggmap(map)
gmap+geom_text(data=df,                                # 지도 위에 텍스트 표시
               aes(x=lon,y=lat),                       # 텍스트 위치(관광지 좌표)
               size=5,                                 # 텍스트 크기
               label=df$name)                          # 텍스트 내용
```

[코드 9-5]의 실행 결과를 나누어서 설명하면 다음과 같다.

```
> library(ggplot2)
> names <- c("용두암","성산일출봉","정방폭포",
+            "중문관광단지","한라산1100고지","차귀도")
> addr <- c("제주시 용두암길 15",
+           "서귀포시 성산읍 성산리",
+           "서귀포시 동홍동 299-3",
+           "서귀포시 중문동 2624-1",
+           "서귀포시 색달동 산1-2",
+           "제주시 한경면 고산리 125")
> gc <- geocode(enc2utf8(addr))                    # 주소를 경도와 위도로 변환
...(출력 내용 생략)
> gc
# A tibble: 6 x 2
    lon   lat
  <dbl> <dbl>
1  127.  33.5
2  127.  33.5
3  127.  33.3
4  126.  33.3
5  126.  33.4
6  126.  33.3
```

관광지의 명칭은 names, 주소는 addr에 저장한 후 addr의 주소에 대한 좌표값을 가져와서 gc에 저장한다. gc의 내용을 보면 6개 관광지에 대한 좌표값이 저장되어 있다.

```
> # 관광지 명칭과 좌표값으로 데이터프레임 생성
> df <- data.frame(name=names,
+                  lon=gc$lon,
+                  lat=gc$lat)
> df
        name      lon      lat
1     용두암 126.5117 33.51496
2 성산일출봉 126.9324 33.46993
```

```
3          정방폭포 126.5672 33.26632
4      중문관광단지 126.4348 33.25143
5 한라산1100고지 126.4625 33.35777
6            차귀도 126.2057 33.30110
```

관광지의 명칭과 좌표값으로 데이터 프레임 df를 생성한다. 이렇게 하는 이유는 이후 작업을 편하게 하기 위해서다.

```
> cen <- c(mean(df$lon),mean(df$lat))          # 지도의 중심점
> map <- get_googlemap(center=cen,             # 지도 가져오기
+                      maptype="roadmap",      # 지도의 형태
+                      zoom=10,                # 지도의 확대 크기
+                      size=c(640,640),        # 지도의 크기
+                      marker=gc)              # 마커의 위치

> ggmap(map)                                   # 지도와 마커 화면에 보이기
>
```

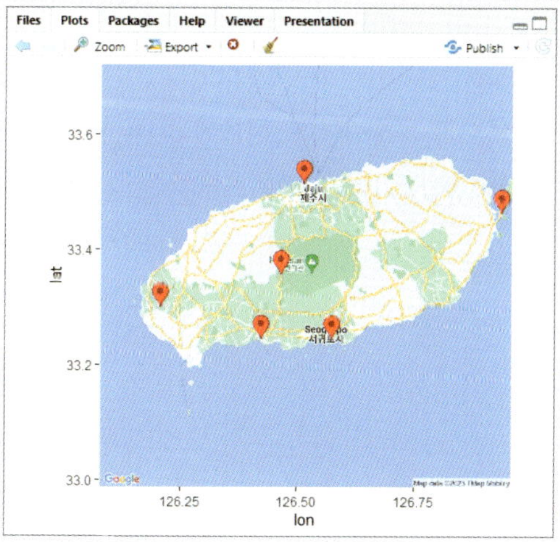

지도의 중심점을 계산하여 cen에 저장한다. 지도의 중심점은 6개 관광지 좌표의 평균을 구하여 계산하였다. ggmap( ) 함수를 통하여 지도를 화면에 표시하면 위와 같이 6개 관광지에 대한 마커를 볼 수 있다.

```
> # 명소 이름 지도 위에 표시하기
> gmap <- ggmap(map)
> gmap+geom_text(data=df,                     # 지도 위에 텍스트 표시
+               aes(x=lon,y=lat),             # 텍스트 위치(관광지 좌표)
+               size=5,                       # 텍스트 크기
+               label=df$name)                # 텍스트 내용
>
```

ggmap(map)을 gmap에 저장한 결과 gmap에는 지도가 저장되었다. 여기에 geom_text( ) 함수를 통하여 관광지 명칭을 지도 위에 겹쳐서 나타낸다. 최종 출력 결과로 지도에 마커와 관광지 명칭이 함께 표시되었다.

04 지도 위에 데이터 표시

구글맵 위에는 마커나 텍스트뿐만 아니라 ggplot 패키지를 이용하여 원과 같은 도형도 표시할 수 있다. 이러한 기능을 이용하면 지역별로 인구수를 지도 위에 시각화하여 표현할 수 있다.

이번 절에서는 ggmap 패키지에서 제공하는 wind 데이터셋을 이용하여 지도 위에 데이터를 표현하는 방법을 실습한다. wind 데이터셋은 미국 루이지애나 주 부근의 여러 지점에서 측정한 바람에 대한 정보를 담고 있으며, [코드 9-6]에서는 측정 위치에 풍속(spd)을 원의 크기로 표현해볼 것이다.

코드 9-6

```
# library(ggmap)
# register_google(key='AIzaSyCK...E9urxjSpPOA')      # 구글키 등록
# library(ggplot2)

# 데이터 준비
sp <- sample(1:nrow(wind),50)                         # 50개 데이터 샘플링
df <- wind[sp,]
head(df)

cen <- c(mean(df$lon), mean(df$lat))                  # 지도의 중심점 계산
gc <- data.frame(lon=df$lon, lat=df$lat)              # 측정 위치 좌표값 데이터
head(gc)

# 측정 위치에 마커 표시하기
map <- get_googlemap(center=cen,
                     maptype="roadmap",
                     zoom=6,
                     marker=gc)
ggmap(map)
```

```
# 풍속을 원의 크기로 표시하기
map <- get_googlemap(center=cen,                    # 마커 없는 지도 가져오기
                     maptype="roadmap",
                     zoom=6)
gmap <- ggmap(map)                                  # 지도를 저장
gmap+geom_point(data=df,                            # 풍속을 원의 크기로 표시
                aes(x=lon,y=lat,size=spd),
                alpha=0.5,
                col="blue") +
    scale_size_continuous(range = c(1, 14))         # 원의 크기 조절
```

[코드 9-6]의 실행 결과를 나누어서 설명하면 다음과 같다.

```
> # 데이터 준비
> sp <- sample(1:nrow(wind),50)                     # 50개 데이터 샘플링
> df <- wind[sp,]
> head(df)
         lon    lat      dir    dur    std     spd     delta_lat   delta_lon
39002 -91.758 31.866 2.203356 0.0000 0.9391 20.0085  1.613034e-01 -0.11824222
253   -98.794 24.344 3.141593 0.0000 0.0000  0.0000  2.449294e-17 -0.20000000
14033 -91.714 26.999 2.834450 9.8333 0.3574 95.3447  6.046732e-02 -0.19064024
1521  -92.909 24.566 4.428721 0.0000 0.7472 49.3535 -1.920070e-01 -0.05597586
24229 -92.555 28.990 1.951348 4.0667 0.7237 79.9036  1.856920e-01 -0.07428653
31657 -95.343 30.450 4.003698 0.3667 0.2217 77.2387 -1.518429e-01 -0.13016809
```

wind 데이터셋에는 5만여 곳 이상의 관측 지점에 대한 데이터가 있기 때문에 이 중에서 50개만 무작위로 추출하여 그래프를 작성하도록 한다. 추출된 데이터셋 df에서 경도(lon), 위도(lat), 풍속(spd) 3개의 정보만 이용할 것이다.

```
> cen <- c(mean(df$lon), mean(df$lat))              # 지도의 중심점 계산
> gc <- data.frame(lon=df$lon, lat=df$lat)          # 측정 위치 좌표값 데이터
> head(gc)
      lon    lat
```

```
1 -91.758 31.866
2 -98.794 24.344
3 -91.714 26.999
4 -92.909 24.566
5 -92.555 28.990
6 -95.343 30.450
```

지도의 중심점 위치를 계산하여 cen에 저장하고, 측정 지점 좌표값을 gc에 별도로 저장한다. 지도의 중심점 위치는 관측 지점 좌표값들의 평균으로 계산한다.

```
> # 측정 위치에 마커 표시하기
> map <- get_googlemap(center=cen,
+                      maptype="roadmap",
+                      zoom=6,
+                      marker=gc)
...(출력 내용 생략)
> ggmap(map)
```

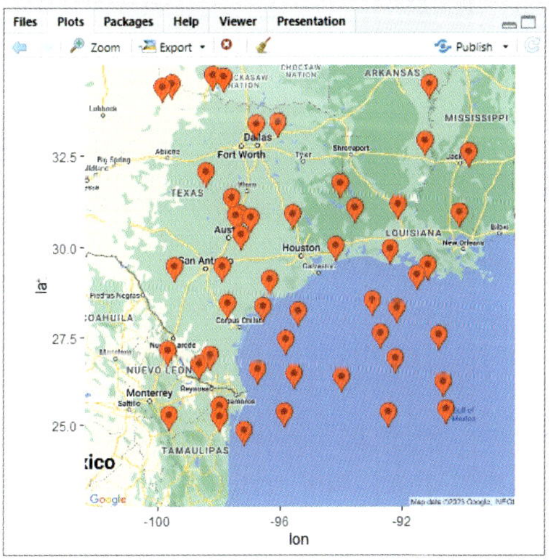

바람에 대한 측정 지점 좌표값을 이용하여 측정 지점을 지도상에 표시하였다.

```
> # 풍속을 원의 크기로 표시하기
> map <- get_googlemap(center=cen,                          # 마커 없는 지도 가져오기
+                      maptype="roadmap",
+                      zoom=6)
> gmap <- ggmap(map)                                        # 지도를 저장
```

마커 대신에 측정 지점의 풍속을 표시하기 위해 마커가 없는 지도를 가져와 gmap에 저장한다.

```
> gmap+geom_point(data=df,                                  # 풍속을 원의 크기로 표시
+                 aes(x=lon,y=lat,size=spd),
+                 alpha=0.5,
+                 col="blue") +
+       scale_size_continuous(range = c(1, 14))             # 원의 크기 조절
>
```

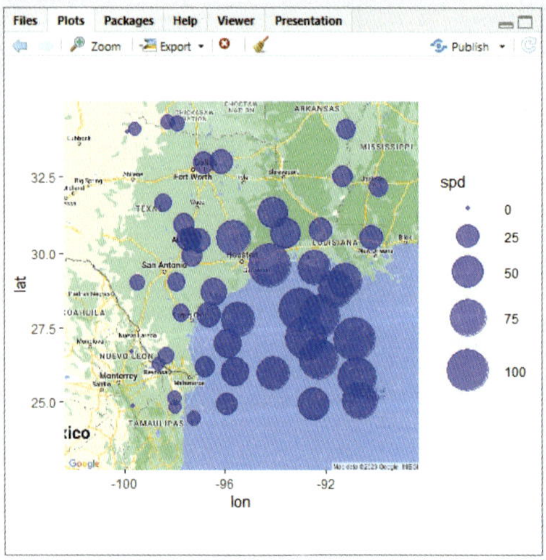

geom_point() 함수를 이용하여 지도 위에 원을 표시한다. 원의 크기는 풍속의 빠르기를 나타낸다. geom_point() 함수에서 사용한 매개변수의 의미는 다음과 같다.

- **data=df**
  원의 좌표와 원의 크기를 지정할 데이터가 df에 있다.
- **aes(x=lon,y=lat,size=spd)**
  원의 좌표는 lon과 lat로, 원의 크기는 spd 열의 값으로 한다.

- `alpha=0.5`
  원의 색을 칠할 때 투명도를 0.5(반투명)로 한다. 투명도는 0~1 사이이고, 0에 가까울수록 더 투명해진다.
- `col="blue"`
  원의 색은 "blue"로 설정한다.

마지막 줄에 있는 `scale_size_continuous()` 함수는 지도에 표시되는 원의 크기를 조절하는 함수로 `range` 매개변수의 값이 `c(1, 14)`로 되어 있는데, 1은 가장 작은 원의 크기를, 14는 가장 큰 원의 크기를 나타낸다. 두 숫자 중 뒤의 숫자(14)가 커질수록 지도에 표시되는 원의 크기가 전체적으로 커진다.

지도에 나타난 정보를 관찰해보면 바다 쪽에 있는 원의 크기가 육지에 있는 원보다 더 크다는 것을 알 수 있는데, 이는 바다에서의 풍속이 육지보다 더 빠르다는 것을 의미한다. 육지에서는 내륙 안쪽으로 들어갈수록 풍속이 감소하는 것을 관찰할 수 있다.

여기서 잠깐! API 서비스

구글의 API 서비스는 가입 후 일정 기간(현재는 1년) 동안은 무료이지만 그 후에는 유료로 전환된다. **ggmap** 패키지는 네이버 지도의 사용도 지원한다. 네이버 지도도 API 키가 있어야 하며 가입 후 일정 기간 동안만 무료이다.

실전 분석

문제

자료로 제공된 2022년 기준 시도별 인구 파일을 이용하여 지도상에 시도별 인구를 원의 크기로 표현하시오.

01 필요한 라이브러리를 불러오고, 구글맵 이용을 위한 API 키를 등록한다.

```
library(ggmap)
library(ggplot2)
register_google('AIzaSy...YHh8')
```

TIP 세 번째 줄에 임의의 API 키를 입력하였는데, 여기에 각자의 API 키를 입력한다.

02 2022년 인구 파일을 불러온 뒤 시도별 남녀 인구를 합쳐서 전체 인구를 계산한다.

```
setwd('d:/source')
ds <- read.csv('시군구별_인구수_20222.csv')
ds$tot <- ds$Male + ds$Female
```

03 시도의 좌표값을 얻어낸 다음 지도의 중심점(cen)을 계산한다. 준비한 데이터를 데이터프레임으로 만든다.

```
gc <- geocode(enc2utf8(ds$Region))
cen <- colMeans(gc, na.rm=T)
df <- data.frame(region=ds$Region, population=ds$tot,
                 lon=gc$lon, lat=gc$lat)
head(df)
```

TIP 좌표값을 얻어오지 못하는 지역도 있는데 이는 무시하기로 한다.

04 전국 지도를 표시한 뒤 시도별 인구수를 원의 크기로 나타낸다.

```
map <- get_googlemap(center=cen,
                     map_type='roadmap',
                     zoom=8,
                     size=c(640,640))
gmap <- ggmap(map)

gmap+geom_point(data=df, aes(x=lon, y=lat, size=population),
                alpha=0.5,
                col='red') +
scale_size_continuous(range=c(1,12))
```

결과

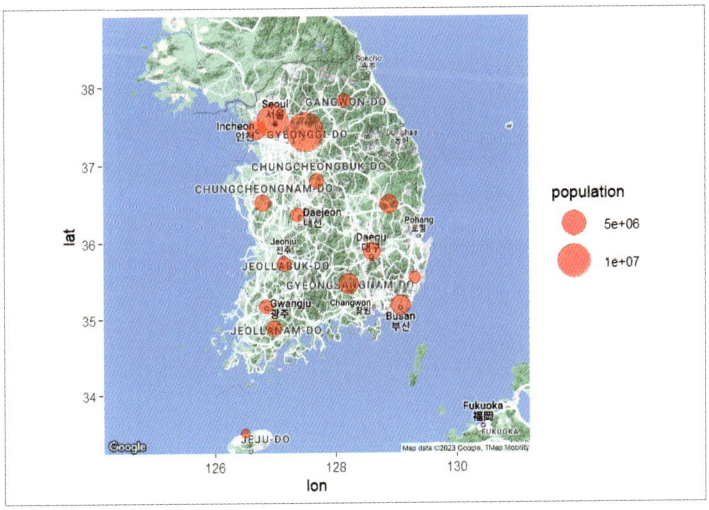

요약

01 R에서 구글맵을 사용하기 위해서는 다음과 같은 준비 절차가 있다.

① R을 최신 버전으로 설치한다.

② ggplot2를 최신 버전으로 업데이트한다.

③ ggmap 패키지를 설치한다.

④ 구글맵을 사용하기 위한 API 키를 얻는다.

02 R에서는 지도 위에 마커와 텍스트를 표시할 수 있다. **마커**marker란 지도상에서 특정 지점의 위치에 표시하는 기호이다.

03 구글맵 위에는 마커나 텍스트뿐만 아니라 ggplot 패키지를 이용하여 원과 같은 도형도 표시할 수 있다.

■ 함수 정리

지도 관련 함수	
register_google()	구글맵 이용을 위한 API 키를 입력한다.
geocode()	특정 지점의 위도와 경도 값을 반환한다.
get_googlemap()	특정 지점 근방의 지도를 가져온다.
ggmap()	가져온 지도를 화면에 출력한다.
geom_text()	지도 위에 텍스트를 표시한다.
geom_point()	지도 위에 원을 표시한다.

연습문제

01 **R을 이용하여 지도를 출력하시오.**

(1) 용인시청을 중심으로 지도 크기는 700×700, 지도 유형은 `satellite`인 지도를 출력하시오.

(2) 지리산 지역을 근방으로 지도 크기는 600×600, 지도 유형은 `roadmap`, `zoom`은 10인 지도를 출력하시오.

(3) 수원역 근방으로 지도 크기는 800×800, 지도 유형은 `roadmap`, `zoom`은 15인 지도를 출력하시오.

(4) 지도 유형은 `roadmap`, `zoom`은 14인 경도 127.0028, 위도 37.49769 지역의 지도를 출력하시오.

(5) 지도 유형은 `roadmap`, `zoom`은 9인 경도 -0.1246254, 위도 51.50073 지역의 지도를 출력하시오.

02 **R을 이용하여 신분당선 역들의 위치에 마커와 역 이름을 지도 위에 표시하시오.**

03 **R을 이용하여 대한민국 공항의 위치를 지도 위에 출력하시오. 단, 마커와 공항의 이름을 함께 표시하시오.**

04 **R을 이용하여 서울, 경기, 강원 지역의 국립공원 위치를 지도상에 마커로 표시하되 국립공원의 이름을 함께 표시하시오.**

TIP 국립공원 관리공단 홈페이지: http://www.knps.or.kr/portal/main.do

05 **treemap 패키지의 GNI2014 데이터셋을 이용하여 북아메리카(North America) 대륙에 있는 각 나라의 위치에 그 나라의 인구수를 원의 크기로 표시하시오**(원의 색은 초록색, alpha=0.5).

06 **'2018년도 시군구별 월별 교통사고 자료'로부터 서울시의 각 구별 1년 교통사고 발생 건수를 지도상에 원의 크기로 나타내시오.**

- Sonar 원의 위치는 구의 위치로 하시오.
- 원의 색은 red로 하고 투명도를 .05로 하시오.
- 자료에는 월별로 데이터가 기록되어 있는데 1년 데이터를 합산하여 이용하시오.
- 서울 지역이 모두 지도에 나오도록 하시오.

TIP 데이터 출처: 공공데이터포털(https://www.data.go.kr)에서 '교통사고통계' 검색 후 '도로교통공단_시도_시군구별_교통사고_통계(2018)'를 다운로드하여 사용한다.

07 **06번과 동일한 자료를 이용하여 광역시도별 1년 사망자수를 지도상에 원의 크기로 나타내시오.**

- 세종시는 데이터에서 제외하시오.
- 원의 색은 black으로 하고 투명도를 .05로 하시오.
- 남한 지역이 모두 지도에 나오도록 하시오.

08 **06번과 동일한 자료를 이용하여 광역시도별 7, 8월 부상자수를 지도상에 원의 크기로 나타내시오.**

- 세종시는 데이터에서 제외하시오.
- 원의 색은 blue로 하고 투명도를 .05로 하시오.
- 남한 지역이 모두 지도에 나오도록 하시오.

CHAPTER 10

워드클라우드와 구매 패턴 분석

PREVIEW

워드클라우드는 현재 사람들의 관심사가 무엇인지를 파악해 이를 시각화할 수 있는 대표적인 도구이다. SNS의 활성화로 인터넷상에는 사람들의 생각을 표현하는 수많은 데이터들이 오고가고 있다. 이것을 잘 분석하면 사람들의 관심사를 알 수 있을 뿐만 아니라 국가 정책의 결정, 비즈니스를 위한 기회의 탐색 등에 활용할 수 있다.

연관규칙은 데이터 안에 포함된 패턴을 분석하는 도구이다. 이를 활용하면 구매 패턴 분석이 가능하다. 우리 주변, 특히 인터넷에는 분석의 대상이 되는 데이터들이 산재해 있으며, 특정 주제의 데이터를 체계적으로 수집하여 분석 도구와 함께 제공하는 사이트들도 많다. 이들을 잘 활용하면 생활이나 비즈니스에 유용한 정보를 얻을 수 있다.

1절에서는 워드클라우드가 어떤 데이터 분석 방법인지 알아보고, R에서 워드클라우드를 작성하는 방법을 실습한다.

2절에서는 데이터 패턴 검색에 활용되는 연관규칙을 이용하여 장바구니 데이터를 분석하는 방법을 알아본다.

3절에서는 인터넷 검색어를 중심으로 사용자들의 관심사를 분석하는 웹사이트인 네이버 데이터랩에 대해 알아보고, 직접 실습해본다.

4절에서는 정부의 공공 빅데이터 자료를 제공하는 웹사이트인 공공데이터포털, 기상청 날씨누리, 국가통계포털, 통합데이터지도 등을 소개한다.

01 워드클라우드 분석

1 워드클라우드의 개념

우리는 지금까지 숫자 형태의 데이터를 다루는 방법에 대하여 학습하였다. 그러나 분석 대상 데이터 중에는 숫자가 아닌 문자나 문장 형태의 데이터도 있다. 이를테면 이메일 내용이나 SNS 메시지, 댓글 등이 대표적인 문자 형태의 데이터이다. 그런데 문자 형태의 데이터는 숫자 형태의 데이터를 다룰 때 사용하는 방법을 적용하기 어렵다. 이러한 문제를 해결하기 위해 등장한 방법 중의 하나가 바로 워드클라우드이다.

워드클라우드word cloud는 텍스트 데이터를 분석하는 대표적인 방법으로, 대상 데이터에서 단어(주로 명사)를 추출하고 단어들의 출현 빈도수를 계산하여 시각화하는 기능을 한다. 출현 빈도수가 높은 단어는 그만큼 중요하거나 관심도가 높다는 것을 의미한다. 워드클라우드에서는 단어의 출현 빈도수가 높을수록 큰 글씨로 표현된다.

그림 10-1 워드클라우드의 예

2 한글 워드클라우드를 이용하기 위한 준비

한글 워드클라우드를 이용하기 위해서는 KoNLP라고 하는 한글 자연어 처리 패키지를 설치해야 한다. KoNLP는 현재 유지보수가 중단되어 일반적인 방법으로는 설치할 수 없으므로 〈부록 2〉의 안내에 따라 설치하도록 한다.

워드클라우드 문서 파일 준비

워드클라우드를 적용시킬 대상 문서는 일반적으로 텍스트 파일 형태로 준비한다. 그런데 텍스트 파일을 만들 때 주의할 점이 있다. 우선 파일의 끝부분 처리에 있어서 [그림 10-2]와 같이 마지막 문장이 끝나면 반드시 줄바꿈을 한 후 저장해야 한다는 점이다. 이렇게 하지 않으면 R에서 텍스트 파일을 읽을 때 에러가 발생할 수 있다.

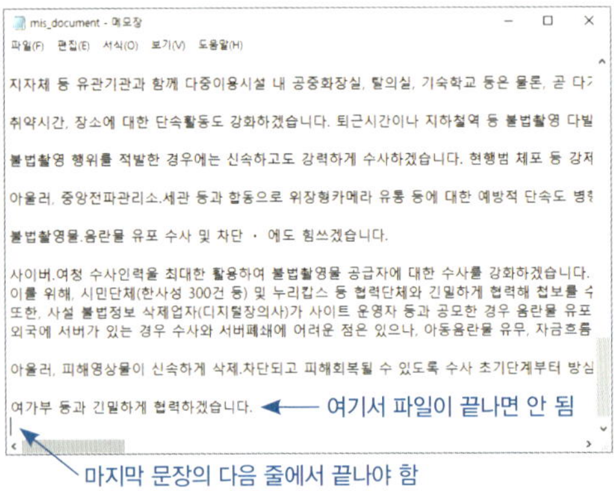

그림 10-2 텍스트 파일 끝부분에서의 줄바꿈

두 번째로 주의할 사항은 파일을 저장할 때 [다른 이름으로 저장]을 선택하고 [그림 10-3]과 같이 인코딩을 'UTF-8'로 선택하여 저장해야 한다. R에서 사용하는 한글 인코딩이 'UTF-8'이기 때문에 여기에 맞추어 한글 파일을 작성하는 것이 필요하다. 파일 이름이나 파일이 저장된 폴더 경로에 한글이 포함되어 있으면 파일을 읽을 때 에러가 발생할 수 있으므로 파일을 저장할 때는 파일 이름을 영어로 한다.

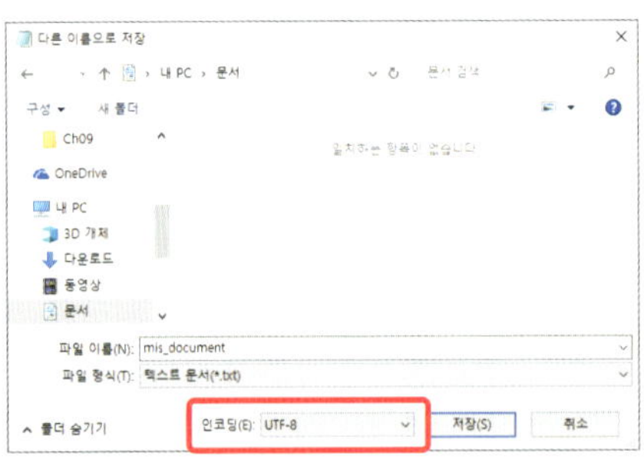

그림 10-3 UTF-8로 텍스트 파일 저장

3 워드클라우드의 작성

행정안전부의 불법촬영 범죄예방 대국민담화문(행정안전부 2018년 6월 15일)의 내용으로 R에서 워드클라우드를 작성하는 방법에 대해 알아보자.

TIP 담화문 파일은 예제 소스 파일에서 다운로드할 수 있다.

대국민 담화문의 명사 추출하기

[코드 10-1]은 워드클라우드를 이용하여 대국민 담화문에서 명사를 추출하는 코드이다. 이 코드를 실행하기 전에 wordcloud, KoNLP, RColorBrewer 패키지를 설치한다.

코드 10-1

```
# install.packages("wordcloud","KoNLP","RColorBrewer")

library(wordcloud)                                    # 워드클라우드
library(KoNLP)                                        # 한국어 처리
library(RColorBrewer)                                 # 색상 선택

setwd("D:/source")
text <- readLines("mis_document.txt", encoding ="UTF-8")  # 파일 읽기
buildDictionary(ext_dic = "woorimalsam")              # '우리말씀' 한글사전 로딩
pal2 <- brewer.pal(8, "Dark2")                        # 팔레트 생성
noun <- sapply(text,extractNoun, USE.NAMES=F)         # 명사 추출
noun                                                  # 추출된 명사 출력
```

[코드 10-1]의 실행 결과를 나누어서 설명하면 다음과 같다.

```
> library(wordcloud)                                  # 워드클라우드
> library(KoNLP)                                      # 한국어 처리
> library(RColorBrewer)                               # 색상 선택
```

워드클라우드 작성에 필요한 패키지들을 불러온다. 해당 패키지들은 미리 설치되어 있어야 한다.

```
> setwd("D:/source")
> text <- readLines("mis_document.txt", encoding ="UTF-8")   # 파일 읽기
```

행정안전부의 불법촬영 범죄예방 대국민담화문이 담긴 mis_document.txt 파일을 읽어서 text에 저장한다. setwd( ) 함수에는 mis_document.txt 파일이 저장된 폴더를 지정한다.

```
> buildDictionary(ext_dic = "woorimalsam")               # '우리말씀' 한글사전 로딩
```

buildDictionary( ) 함수는 워드클라우드 작성 시 필요한 한글 사전을 설치하고 불러오는 역할을 한다. 워드클라우드 작성 대상 파일은 문장 형태로 되어 있는데 문장으로부터 단어를 추출하려면 사전이 필요하다. 즉, 어떤 문자열이 사전에 있으면 단어라고 인식한다. 이번 실습에서 사용하는 한글 사전은 woorimalsam이다.

여기서 잠깐! buildDictionary( ) 함수

buildDictionary( ) 함수를 처음 실행할 때에는 다음과 같이 연관된 패키지들을 업데이트할지 묻는 경우가 있다. 이 경우 All(1번 옵션)을 선택한다.

```
It is recommended to update all of them.
Which would you like to update?

 1: All
 2: CRAN packages only
 3: None
 4: cli      (3.4.1  -> 3.6.0 ) [CRAN]
 5: xfun     (0.35   -> 0.36  ) [CRAN]
 6: stringi  (1.7.8  -> 1.7.12) [CRAN]
 7: highr    (0.9    -> 0.10  ) [CRAN]
 8: evaluate (0.18   -> 0.19  ) [CRAN]
 9: digest   (0.6.30 -> 0.6.31) [CRAN]
10: isoband  (0.2.6  -> 0.2.7 ) [CRAN]

Enter one or more numbers, or an empty line to skip updates: 1
```

또한 패키지를 설치한 후 임시 파일을 삭제할지 묻는 경우가 있는데 여기에서는 Yes(1번 옵션)를 선택한다.

```
다운로드한 소스 패키지들은 다음의 위치에 있습니다
'C:\Users\DKU\AppData\Local\Temp\Rtmp6fhNQV\downloaded_packages'
Building the package will delete...
  'C:/Users/DKU/AppData/Local/Temp/Rtmp6fhNQV/remotes5f14692a7250/
IADic/inst/doc'
Are you sure?

1: Yes
2: No

선택:
메뉴로부터 해당항목을 누르거나, 종료하려면 0을 입력하세요
선택: 1
```

```
> pal2 <- brewer.pal(8, "Dark2")                    # 팔레트 생성
```

brewer.pal() 함수는 워드클라우드에 등장하는 단어에 사용할 색 목록을 생성하는 역할을 한다. 여기에서는 Dark2 계열의 색 중 8개를 선택하여 pal2에 저장한다.

```
> noun <- sapply(text, extractNoun, USE.NAMES=F)    # 명사 추출
> noun                                              # 추출된 명사 출력
[[1]]
 [1] "1"      "여성"   "가족"   "부"     "불법"   "촬영"   "등"     "디지털"
 [9] "성범죄" "안전"   "한"     "사회"   "국민"   "들"     "말"

[[2]]
[1] ""

[[3]]
[1] "존경"   "하"     "국민"   "여러분"
```

```
[[4]]
 [1] "여성"     "가족"     "부"       "장관"     "정현"     "백"
 [7] "우리사회" "들불"     "미"       "투"       "운동"     "계기"
[13] "일상"     "화"       "폭력"     "차별"     "맞선"     "여성"
...(이하 생략)
```

대국민담화문 내용(text)으로부터 명사를 추출(extractNoun)하여 noun에 저장하고 noun의 내용을 출력한다. 내용을 보면 담화문의 문장 하나가 리스트 noun에 하나의 원소로 저장된 것을 알 수 있다. 하나의 문장은 단어 단위로 분리되어 있다.

빈도수 높은 단어를 막대그래프로 작성하기

워드클라우드를 작성할 단어 자료를 확보했으니 다음 작업을 이어가도록 하자. 워드클라우드를 작성하기에 앞서 빈도수가 높은 단어들을 파악하고 이것을 막대그래프로 표현해보자. [코드 10-2]를 [코드 10-1]에 이어서 실행한다.

코드 10-2

```
noun2 <- unlist(noun)                              # 추출된 명사 통합
wordcount <- table(noun2)                          # 단어 빈도수 계산
temp <- sort(wordcount, decreasing=T)[1:10]        # 빈도수 높은 단어 10개 추출
temp
temp <- temp[-1]                                   # 공백 단어 제거
barplot(temp,                                      # 막대그래프 작성
        names.arg = names(temp),                   # 막대 이름을 단어로 표시
        col ="lightblue",                          # 막대의 색상 지정
        main ="빈도수 높은 단어", ylab = "단어 빈도수")
```

[코드 10-2]의 실행 결과를 나누어서 설명하면 다음과 같다.

```
> noun2 <- unlist(noun)                            # 추출된 명사 통합
> wordcount <- table(noun2)                        # 단어 빈도수 계산
```

unlist() 함수는 리스트 형태의 자료를 벡터 형태로 바꾼다. 이로서 noun에서 각 원소별로 나누어져 있던 단어들이 하나의 벡터로 통합된다. table() 함수를 통해 단어별로 빈도수를 계산하여 wordcount에 저장한다.

```
> temp <- sort(wordcount, decreasing=T)[1:10]      # 빈도수 높은 단어 10개 추출
> temp
noun2
          등   불법   여성    한   촬영   수사    할   경찰  성범죄
   42     27     27     24    23     21     18    12     11     11
> temp <- temp[-1]                                 # 공백 단어 제거
```

wordcount를 내림차순으로 정렬한 후 빈도수가 높은 단어 10개를 추출하여 temp에 저장한다. temp의 내용을 보면 공백 문자가 가장 빈도수가 높게 나오는데, 의미 없는 단어이므로 temp[-1]을 통해 temp에서 제거한다.

```
> barplot(temp,                                    # 막대그래프 작성
+         names.arg = names(temp),                 # 막대 이름을 단어로 표시
+         col ="lightblue",                        # 막대의 색상 지정
+         main ="빈도수 높은 단어", ylab = "단어 빈도수")
>
```

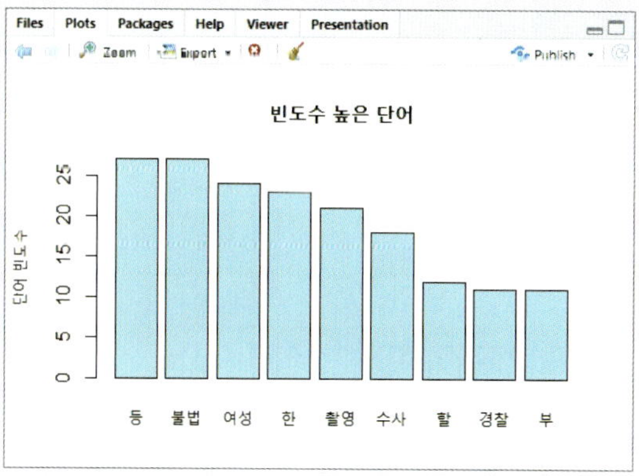

temp의 자료로 막대그래프를 작성한다. '**불법**', '**여성**'과 같은 단어가 상위에 랭크된 것을 알 수 있는데 불법촬영이 범죄임을 강조하다 보니 '**불법**'이라는 단어가 많이 등장하고 불법촬영의 피해자 중 여성이 차지하는 비중이 높아 '**여성**'이라는 단어가 자주 등장한다고 판단된다.

워드클라우드 작성하기

이제 wordcount의 자료를 바탕으로 워드클라우드를 작성한다. [코드 10-3]을 [코드 10-2]에 이어서 실행한다.

코드 10-3

```
set.seed(101)
wordcloud(names(wordcount),          # 단어들
          freq=wordcount,            # 단어들의 빈도
          scale=c(6,0.7),            # 단어의 폰트 크기
          min.freq=3,                # 단어의 최소 빈도
          random.order=F,            # 단어의 출력 위치
          rot.per=.1,                # 90도 회전 단어 비율
          colors=pal2)               # 단어의 색
```

실행 결과

wordcloud() 함수는 실행할 때마다 단어의 표시 위치가 바뀐다. 이를 고정시키기 위해서 set.seed(101) 행을 실행한다.

wordcloud() 함수는 워드클라우드를 작성하는 역할을 한다. wordcloud() 함수 안에 있는 매개변수의 의미는 다음과 같다.

- `names(wordcount)`
  워드클라우드상에 표시할 단어를 지정한다.
- `freq=wordcount`
  워드클라우드상에 표시할 단어의 빈도수를 지정한다.
- `scale=c(6,0.7)`
  표시할 단어의 폰트 크기를 지정한다. 여기서 6은 폰트의 최대 크기, 0.7은 폰트의 최소 크기를 의미한다.
- `min.freq=3`
  빈도수가 3 이상인 단어들만 표시한다.
- `random.order=F`
  단어가 표시될 위치를 지정한다. T는 단어의 표시 위치를 무작위로 지정하고, F는 빈도수가 높은 단어일수록 중앙쪽에 배치한다.
- `rot.per=.1`
  단어를 표시할 때 세로 방향으로 표시할 단어의 비율을 지정한다. 여기서 .1은 10%를 의미한다.
- `colors=pal2`
  빈도수에 따라 pal2에 있는 색으로 단어 색을 지정한다.

워드클라우드 수정하기

[코드 10-3]으로 완성된 워드클라우드를 보면 '한', '등', '하지'와 같이 의미 없는 단어들이 포함된 것을 알 수 있다. 또한 중요한 단어인데 사전에 없어서 생략된 단어도 있을 수 있다. 이러한 점을 반영하여 워드클라우드를 수정하는 것이 필요하다. [코드 10-4]를 [코드 10-3]에 이어서 실행한다.

코드 10-4

```
# 빈도수 높은데 워드클라우드에 없으면 사용자 사전에 추가
buildDictionary(ext_dic = "woorimalsam",
              user_dic=data.frame("정치", "ncn"),
              replace_usr_dic = T)
noun <- sapply(text,extractNoun, USE.NAMES=F)
noun2 <- unlist(noun)                   # 추출된 명사 통합
```

```
# 무의미한 단어 제거
noun2 <- noun2[nchar(noun2)>1]          # 한 글자 단어 제거
noun2 <- gsub("하지","", noun2)          # '하지' 제거
noun2 <- gsub("때문","", noun2)          # '때문' 제거

wordcount <- table(noun2)               # 단어 빈도수 계산
set.seed(101)
wordcloud(names(wordcount),
        freq=wordcount,
        scale=c(6,0.7),
        min.freq=3,
        random.order=F,
        rot.per=.1,
        colors=pal2)
```

[코드 10-4]의 실행 결과를 나누어서 설명하면 다음과 같다.

```
> # 빈도수 높은데 워드클라우드에 없으면 사용자 사전에 추가
> buildDictionary(ext_dic = "woorimalsam",
+                user_dic=data.frame("정치", "ncn"),
+                replace_usr_dic = T)
629898 words dictionary was built.
```

위 명령문은 '정치'라는 단어가 사전에 없다고 가정하고 사전에 추가하는 과정을 보여준다.

```
> # 무의미한 단어 제거
> noun2 <- noun2[nchar(noun2)>1]     # 한 글자 단어 제거
> noun2 <- gsub("하지","", noun2)     # '하지' 제거
> noun2 <- gsub("때문","", noun2)     # '때문' 제거
```

단어의 길이가 한 글자인 단어는 대체로 별 의미가 없으므로 제거한다. 또한 '하지', '때문'과 같이 의미 없는 단어도 제거한다. gsub() 함수는 문자열을 바꾸는 함수로, gsub("하지","", noun2)는 noun2에 있는 단어 중 "하지"는 ""(공백)으로 바꾸라는 의미이다.

```
> wordcount <- table(noun2)          # 단어 빈도수 계산
> wordcloud(names(wordcount),
+          freq=wordcount,
+          scale=c(6,0.7),
+          min.freq=3,
+          random.order=F,
+          rot.per=.1,
+          colors=pal2)
>
```

무의미한 단어를 제거했으므로 단어 빈도수를 재계산한 후에 워드클라우드를 다시 작성하면 위와 같이 출력된다.

TIP 워드클라우드의 결과는 R스튜디오의 플롯Plots 창에 표시되는데 플롯Plots 창의 크기와 가로, 세로 비율에 따라 워드클라우드의 모양이 다르게 표시되니 참고하도록 한다.

02 구매 패턴 분석

상품의 유통·판매 분야는 데이터 분석이 활발히 적용되는 분야 중 하나이다. 상품을 판매하는 소매점이나 대형마트는 물건을 어떻게 진열해야 매출을 올릴 수 있는지 관심이 많다. 계산대 부근에 껌이나 캔디류, 건전지 등이 진열되어 있는 것은 결코 우연이 아니고 철저한 분석의 결과이다. 과거에는 소비자의 구매 행태에 대한 분석을 전문가들이 수행하였으나, 현재는 데이터와 약간의 지식만 있으면 누구나 쉽게 분석할 수 있다. 이번 절에서는 **장바구니 분석**market basket analysis으로 알려진 구매 패턴 분석에 대해 알아보고 실제 구매 데이터에 적용하여 실습해본다.

1 연관규칙

데이터 안에 포함된 일정한 패턴을 **연관규칙**association rule이라고 한다. 구매 데이터에서 찾을 수 있는 연관규칙의 예는 다음과 같다.

> "맥주를 사는 사람은 땅콩도 함께 구매한다."
> "분유를 사는 사람은 기저귀도 함께 구매한다."

이러한 패턴은 다음과 같이 표현할 수 있다.

> {맥주} → {땅콩}
> {분유} → {기저귀}

위와 같은 패턴은 소비자의 영수증 데이터를 모아 분석하면 찾을 수 있다. 이러한 패턴이 발견되었다면, 맥주와 땅콩을 함께 진열하고 분유를 기저귀와 함께 진열함으로써 매출 향상을 기대할 수 있다.

2 아프리오리 알고리즘

아프리오리 알고리즘 Apriori Algorithm은 연관규칙 분석에 널리 이용되는 머신러닝 기법 중 하나로, 1994년에 라케쉬 아그라왈Raksh Agrawal과 라마크리슈난 스리컨트Ramakrishnan Srikant에 의해 제안되었다. [표 10-1]의 구매 내역 예제를 통해 아프리오리 알고리즘에 대해 알아보도록 한다.

표 10-1 구매 내역 예제

거래 번호	구매 상품
1	맥주, 땅콩
2	맥주, 오징어
3	맥주, 라면, 땅콩
4	초콜릿, 껌
5	초콜릿, 생수, 껌

[표 10-1]의 구매 내역에서 연관된 구매 상품을 찾는 가장 쉬운 방법은 [표 10-2]와 같은 구매 행렬을 만들어보는 것이다.

표 10-2 구매 행렬

상품	맥주	땅콩	오징어	라면	초콜릿	껌	생수
맥주	–	2	1	1	0	0	0
땅콩	2	–	1	0	0	0	0
오징어	1	1	–	0	0	0	0
라면	1	0	0	–	0	0	0
초콜릿	0	0	0	0	–	2	1
껌	0	0	0	0	2	–	1
생수	0	0	0	0	1	1	–

구매 행렬 안의 숫자는 구매 상품의 조합이 영수증에 함께 나타나는 빈도수를 표시한 것이다. 예를 들면 맥주, 땅콩을 함께 구매한 경우는 2개의 영수증에서 발견된다. 구매 행렬 안에서 빈도수가 높은 상품의 조합이 연관 구매의 후보가 될 수 있음을 직관적으로 알 수 있지만, 연관의 정도를 측정할 수 있는 보다 신뢰할만한 척도가 필요하다.

아프리오리 알고리즘에서는 지지도support, 신뢰도confidence, 향상도lift라고 하는 3가지 척도를 제시하였다.

지지도

지지도support는 상품 X, Y를 함께 구매한 비율이 전체 거래에서 차지하는 비율을 측정하는 척도로, 규칙 {X} → {Y}에 대한 지지도는 다음과 같이 계산된다.

$$support(\{X\} \rightarrow \{Y\}) = \frac{X, Y\text{를 함께 포함한 거래 건수}}{\text{전체 거래 건수}}$$

{맥주} → {땅콩}의 지지도는 다음과 같이 계산된다.

$$support(\{\text{맥주}\} \rightarrow \{\text{땅콩}\}) = \frac{2}{5} = 0.4$$

신뢰도

연관규칙 {X} → {Y}의 **신뢰도**confidence는 상품 X를 구매했다는 전제하에 상품 X와 Y를 동시에 구매한 빈도수를 계산하는 식으로 조건부 확률과 유사하다. 신뢰도가 높을수록 유용한 규칙일 가능성이 높다는 것을 의미한다.

$$confidence(\{X\} \rightarrow \{Y\}) = \frac{X, Y\text{를 포함한 거래 건수}}{X\text{를 포함한 거래 건수}}$$

{맥주} → {땅콩}에 대한 신뢰도는 다음과 같이 계산된다.

$$confidence(\{\text{맥주}\} \rightarrow \{\text{땅콩}\}) = \frac{2}{3} = 0.67$$

{땅콩} → {맥주}에 대한 신뢰도는 다음과 같이 계산된다.

$$confidence(\{\text{땅콩}\} \rightarrow \{\text{맥주}\}) = \frac{2}{2} = 1$$

{맥주} → {땅콩}에 대한 신뢰도는 {땅콩} → {맥주}와 다르다. 맥주를 산 경우에는 **많은 경우** 땅콩도 함께 사지만, 땅콩을 산 경우는 **반드시** 맥주를 함께 산다는 것을 알 수 있다.

향상도

향상도Improvement, =lift는 연관규칙 {X} → {Y}에서 X를 구매했을 때 Y의 비율이 그러한 조건이 없던 때에 비해 얼마나 증가하는가를 보여주는 척도로, 값이 1보다 크면 X를 샀을 때 Y를 살 확률이 높은 것을 의미하고, 값이 1 미만이면 X를 샀을 때 Y를 사지 않을 확률이 높은 것을 의미한다. 향상도가 1이면 X를 산 것과 Y를 산 것은 관계가 없다는 의미이다.

$$lift(\{X\} \rightarrow \{Y\}) = \frac{confidence(\{X\} \rightarrow \{Y\})}{support(\{Y\})}$$

{맥주} → {땅콩}에 대한 향상도는 다음과 같이 계산된다.

$$lift(\{맥주\} \rightarrow \{땅콩\}) = \frac{2/3}{2/5} = 1.67$$

이와 같이 지지도, 신뢰도, 향상도라는 척도를 이용하여 유용한 연관규칙을 찾는 것이 아프리오리 알고리즘의 기본 아이디어이다. 아프리오리 알고리즘은 R 패키지로 구현되어 있기 때문에 사용자들이 일일이 지지도, 신뢰도, 향상도를 계산할 필요는 없다.

3 구매 패턴의 분석 과정

아프리오리 알고리즘은 arules 패키지로 구현되어 있으므로 실습 전에 설치한다. 또한 실습 결과의 시각화를 위해 arulesViz 패키지도 함께 설치한다. 실습을 위한 데이터셋은 캐글Kaggle에서 제공하는 제과점 거래 데이터(BreadBasket_DMS.csv)를 이용한다. BreadBasket 데이터셋은 어떤 제과점의 1년간 거래(판매) 내역을 정리한 것으로, 169개의 상품에 대해 9,835건의 거래 내역을 포함하고 있다.

TIP https://www.kaggle.com/datasets/sulmansarwar/transactions-from-a-bakery에서 제과점 거래 데이터를 다운로드할 수 있다.

데이터의 준비와 관찰하기

먼저 연관규칙 분석을 위한 데이터를 준비하고 저장된 데이터를 관찰해보자.

코드 10-5

```
library(arules)                         # 아프리오리 알고리즘
library(arulesViz)                      # 연관규칙 시각화 도구

# 데이터 불러오기와 관찰
setwd("D:/source")
ds <- read.csv("BreadBasket_DMS.csv")   # 거래 데이터 읽기
str(ds)
head(ds)
unique(ds$Item)

# 'NONE' item 삭제
ds.new <- subset(ds, Item != 'NONE')
write.csv(ds.new, "BreadBasket_DMS_upd.csv", row.names =F )

# 트랜잭션 포맷으로 데이터 읽기
trans <- read.transactions("BreadBasket_DMS_upd.csv", format="single",
                           header=T, cols=c(3,4), sep=",", rm.duplicates=T)
trans                                   # 트랜잭션 데이터 요약 정보

dimnames(trans)[[2]]                    # 상품 목록 확인
toLongFormat(trans)                     # 거래별 상품 목록

inspect(head(trans, 10))                # 앞부분 10개 트랜잭션 출력
```

[코드 10-5]에서 트랜잭션transaction은 '거래'를 의미한다. [코드 10-5]의 실행 결과를 나누어서 설명하면 다음과 같다.

```
> library(arules)                       # 아프리오리 알고리즘
> library(arulesViz)                    # 연관규칙 시각화 도구
```

연관규칙 분석에 필요한 패키지들을 불러온다.

```
> setwd("D:/source")
> ds <- read.csv("BreadBasket_DMS.csv")    # 거래 데이터 읽기
```

제과점 거래 데이터가 저장된 BreadBasket_DMS.csv 파일을 읽어서 ds에 저장한다.

```
> str(ds)
'data.frame':21293 obs. of  4 variables:
 $ Date       : chr  "2016-10-30" "2016-10-30" "2016-10-30" "2016-10-30" ...
 $ Time       : chr  "09:58:11" "10:05:34" "10:05:34" "10:07:57" ...
 $ Transaction: int  1 2 2 3 3 3 4 5 5 5 ...
 $ Item       : chr  "Bread" "Scandinavian" "Scandinavian" "Hot chocolate" ...
```

읽어온 데이터는 21,293개의 행과 4개의 열로 이루어진 데이터프레임에 저장되었다. 열은 거래일자(Date), 거래시간(Time), 거래번호(Transaction), 상품(Item)으로 구성된다. 연관 규칙 분석에 사용되는 컬럼은 거래번호(Transaction)와 상품(Item)이다.

```
> head(ds)
        Date     Time Transaction          Item
1 2016-10-30 09:58:11           1         Bread
2 2016-10-30 10:05:34           2  Scandinavian
3 2016-10-30 10:05:34           2  Scandinavian
4 2016-10-30 10:07:57           3 Hot chocolate
5 2016-10-30 10:07:57           3           Jam

6 2016-10-30 10:07:57           3       Cookies
```

거래 데이터 앞의 일부분을 보여준다. 행 번호 2와 3과 같이 중복된 데이터가 포함되어 있으므로 처리가 필요하다. 거래번호 3에는 세 개의 상품(Hot chocolate, Jam, Cookies)이 있는데, 고객이 세 개의 상품을 함께 구매했음을 의미한다.

```
> unique(ds$Item)
 [1] "Bread"                          "Scandinavian"
 [3] "Hot chocolate"                  "Jam"
```

```
 [5] "Cookies"                         "Muffin"
 [7] "Coffee"                          "Pastry"
 [9] "Medialuna"                       "Tea"
[11] "NONE"                            "Tartine"
...(중간 생략)
[89] "Argentina Night"                 "Half slice Monster "
[91] "Gift voucher"                    "Cherry me Dried fruit"
[93] "Mortimer"                        "Raw bars"
[95] "Tacos/Fajita"
```

판매된 상품의 종류는 총 95가지이다. [11]번 상품을 보면 "NONE"으로 되어 있는데, 무의미한 상품 이름이므로 데이터에서 제외하기로 한다.

```
> # 'NONE' item 삭제
> ds.new <- subset(ds, Item != 'NONE')
> write.csv(ds.new, "BreadBasket_DMS_upd.csv", row.names =F )
```

데이터(ds)에서 Item 열의 값이 'NONE'이 아닌 행들만 추출하여 ds.new에 저장하고 이를 다시 BreadBasket_DMS_upd.csv 파일에 저장한다.

```
> # 트랜잭션 포맷으로 데이터 읽기
> trans <- read.transactions("BreadBasket_DMS_upd.csv", format="single",
+                            header=T, cols=c(3,4), sep=",", rm.duplicates=T)
```

arules 패키지에서 제공하는 함수를 이용하기 위해서는 트랜잭션(거래) 데이터를 패키지가 요구하는 형식으로 준비해야 한다. 여기에 사용되는 함수가 read.transactions()이다. read.transactions() 함수에 대한 매개변수의 의미는 다음과 같다.

- **"BreadBasket_DMS_upd.csv"**
  읽어올 트랜잭션(거래) 데이터가 저장된 파일을 지정한다.
- **format="single"**
  읽어올 파일의 포맷을 지정한다.

- **"single"**
  예제 파일과 같이 한 줄에 하나의 상품만 저장된 경우(즉, 하나의 거래 데이터가 여러 줄에 걸쳐 저장)
- **header=T**
  읽어올 파일의 첫째 줄이 열의 변수명인지를 지정한다.
- **cols=c(3,4)**
  파일에서 읽어올 열을 지정한다(3번째(트랜잭션 ID)와 4번째(상품) 열만 읽음).
- **sep=","**
  파일에서 열과 열의 구분자가 무엇인지 지정한다(예제 파일은 CSV 포맷이므로 구분자가 ","이다).
- **rm.duplicates=T**
  동일 트랜잭션 안에 중복된 상품이 있는 경우 중복을 제거할 것인지 지정한다.

```
> trans                          # 트랜잭션 데이터 요약 정보
transactions in sparse format with
 9465 transactions (rows) and
 94 items (columns)
```

trans의 요약 정보를 출력한다. 9,465개의 거래 정보가 저장되어 있으며, 94개의 상품을 포함하고 있음을 알 수 있다.

```
> dimnames(trans)[[2]]           # 상품 목록 확인
 [1] "Adjustment"                  "Afternoon with the baker"
 [3] "Alfajores"                   "Argentina Night"
 [5] "Art Tray"                    "Bacon"
 [7] "Baguette"                    "Bakewell"
...(중간 생략)
[87] "Tiffin"                      "Toast"
[89] "Truffles"                    "Tshirt"
[91] "Valentine's card"            "Vegan Feast"
[93] "Vegan mincepie"              "Victorian Sponge"
```

트랜잭션(거래) 데이터에 포함된 상품의 목록을 확인한다. 총 94개의 상품이 확인된다.

```
> toLongFormat(trans)                # 거래별 상품 목록
   TID            item
1   1            Bread
2   2        Medialuna
3   2     Scandinavian
4   3            Bread
5   4  Chimichurri Oil
6   4     Scandinavian
7   5            Bread
8   5         Truffles
9   6          Brownie
...(이하 생략)
```

트랜잭션 ID와 해당 트랜잭션에 포함된 상품 목록을 출력한다.

```
> inspect(head(trans, 10))          # 앞부분 10개 트랜잭션 출력
     items                            transactionID
[1]  {Bread}                          1
[2]  {Medialuna, Scandinavian}        10
[3]  {Bread}                          100
[4]  {Chimichurri Oil, Scandinavian}  1000
[5]  {Bread, Truffles}                1001
[6]  {Brownie, Focaccia}              1002
[7]  {Bread, Coffee}                  1003
[8]  {Art Tray, Coffee, Cookies, Tea} 1004
[9]  {Coffee}                         1005
[10] {Bread}                          1006
```

앞쪽에 있는 10개의 트랜잭션에 대해 포함된 상품 목록을 출력한다.

연관규칙의 검색과 시각화

[코드 10-6]을 앞의 [코드 10-5]에 이어서 실행한다.

코드 10-6

```
# 상품 판매 빈도
itemFrequencyPlot(trans, topN=10, type="absolute", xlab="상품명",
                  ylab="절대 판매빈도", main="판매량 많은 상품", col="green")
itemFrequencyPlot(trans, topN=10, type="relative", xlab="상품명",
                  ylab="상대 판매빈도", main="판매량 많은 상품", col="blue")

# 연관규칙 찾기
rules <- apriori(trans, parameter = list(supp = 0.001, conf = 0.7))
rules

# 앞쪽 10개의 규칙 출력
options(digits=2)              # 평가척도 값의 자리수 지정
inspect(rules[1:10])

# 신뢰도 상위 10개 규칙 출력
rules.sort <- sort(rules, by='confidence', decreasing = T)
inspect(rules.sort[1:10])

# 산점도 (지지도-향상도)
plot(rules.sort, measure=c("support", "lift"), shading="confidence")

# Graph plot
plot(rules.sort, method="graph")

# Grouped Matrix Plot
plot(rules.sort, method="grouped")

## 연관규칙 저장
write(rules.sort, file="BreadBasket_rules.csv", sep=',', quote=T, row.names=F)
```

[코드 10-6]의 실행 결과를 나누어서 설명하면 다음과 같다.

```
> itemFrequencyPlot(trans, topN=10, type="absolute", xlab="상품명",
+                   ylab="절대 판매빈도", main="판매량 많은 상품", col="green")
```

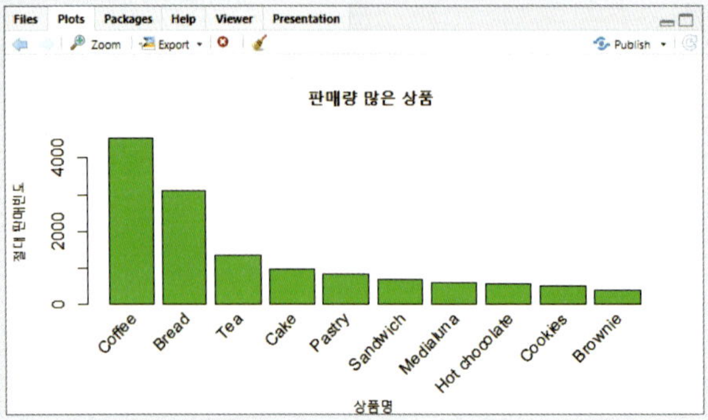


```
> itemFrequencyPlot(trans, topN=10, type="relative", xlab="상품명",
+                   ylab="상대 판매빈도", main="판매량 많은 상품", col="blue")
```

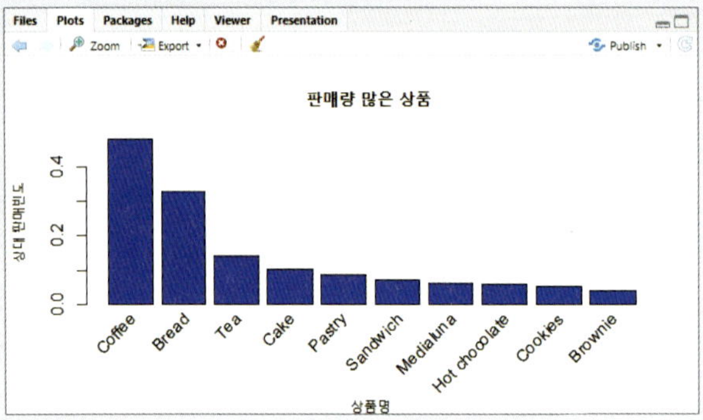

절대 판매빈도와 상대 판매빈도가 높은 상위 10개의 상품을 막대그래프로 보여준다. 커피와 빵의 판매빈도가 다른 상품들에 비해 압도적으로 높은 것을 알 수 있다.

```
> # 연관규칙 찾기
> rules <- apriori(trans, parameter = list(supp = 0.001, conf = 0.7))
Apriori

Parameter specification:
 confidence minval smax arem  aval originalSupport maxtime support minlen
        0.7    0.1    1 none FALSE            TRUE       5   0.001      1
 maxlen target  ext
     10  rules TRUE

Algorithmic control:
```

```
 filter tree heap memopt load sort verbose
    0.1 TRUE TRUE   FALSE TRUE    2    TRUE

Absolute minimum support count: 9

set item appearances ...[0 item(s)] done [0.00s].
set transactions ...[94 item(s), 9465 transaction(s)] done [0.00s].
sorting and recoding items ... [57 item(s)] done [0.00s].
creating transaction tree ... done [0.00s].
checking subsets of size 1 2 3 4 done [0.00s].
writing ... [14 rule(s)] done [0.00s].
creating S4 object  ... done [0.00s].
> rules
set of 14 rules
```

연관규칙을 찾는 함수는 apriori( )이다. 매개변수들의 의미는 다음과 같다.

- **trans**
  읽어올 트랜잭션 데이터를 지정한다.
- **supp = 0.001**
  지지도가 0.001 이상인 규칙만 검색한다.
- **conf = 0.7**
  신뢰도가 0.7 이상인 규칙만 검색한다.

검색 기준을 어떻게 지정하는지에 따라 검색되는 규칙의 개수가 달라진다. 실습에서는 지지도가 0.001 이상이고 신뢰도가 0.7 이상인 규칙들만을 검색한다. 검색 기준값이 높으면 검색되는 규칙의 개수는 줄어든다. 실습에서 지지도가 0.001 이상이려면 해당 규칙을 포함하는 트랜잭션(거래)의 개수가 9465 × 0.001 = 약 9.5개 이상이어야 한다.

TIP 검색 기준값이 너무 높으면 규칙을 찾을 수 없거나 너무 뻔한 규칙만을 얻게 된다. 반대로 검색 기준값이 너무 낮으면 신빙성이 떨어지는 규칙을 찾거나 규칙 검색에 많은 시간이 소모된다. 따라서 검색 기준값을 여러 가지로 테스트해야 적절한 결과를 얻을 수 있다.

검색된 연관규칙들은 rules에 저장된다. rules를 출력하면 14개의 규칙이 검색되는 것을 알 수 있다.

```
> # 앞쪽 10개의 규칙 출력
> options(digits=2)                        # 평가척도 값의 자리수 지정
> inspect(rules[1:10])
     lhs                               rhs      support confidence coverage lift count
[1]  {Extra Salami or Feta}         => {Coffee} 0.0033  0.82       0.0040   1.7  31
[2]  {Keeping It Local}             => {Coffee} 0.0054  0.81       0.0067   1.7  51
[3]  {Toast}                        => {Coffee} 0.0237  0.70       0.0336   1.5  224
[4]  {Cake, Vegan mincepie}         => {Coffee} 0.0011  0.83       0.0013   1.7  10
[5]  {Extra Salami or Feta, Salad}  => {Coffee} 0.0015  0.88       0.0017   1.8  14
[6]  {Hearty & Seasonal, Sandwich}  => {Coffee} 0.0013  0.86       0.0015   1.8  12
[7]  {Salad, Sandwich}              => {Coffee} 0.0016  0.83       0.0019   1.7  15
[8]  {Cake, Salad}                  => {Coffee} 0.0011  0.77       0.0014   1.6  10
[9]  {Juice, Spanish Brunch}        => {Coffee} 0.0020  0.73       0.0027   1.5  19
[10] {Pastry, Toast}                => {Coffee} 0.0014  0.87       0.0016   1.8  13
```

평가척도의 자리수를 2로 하여 검색된 연관규칙을 출력하되 앞에서 10개만 출력한다. 정렬이 되어 있지 않은 상태이다.

```
> # 신뢰도 상위 10개 규칙 출력
> rules.sort <- sort(rules, by='confidence', decreasing = T)
```

검색된 연관규칙에 대해 신뢰도(by='confidence')를 기준으로 내림차순(decreasing = T)으로 정렬한다.

```
> inspect(rules.sort[1:10])
     lhs                               rhs      support confidence coverage lift count
[1]  {Extra Salami or Feta, Salad}  => {Coffee} 0.0015  0.88       0.0017   1.8  14
[2]  {Pastry, Toast}                => {Coffee} 0.0014  0.87       0.0016   1.8  13
[3]  {Hearty & Seasonal, Sandwich}  => {Coffee} 0.0013  0.86       0.0015   1.8  12
[4]  {Cake, Vegan mincepie}         => {Coffee} 0.0011  0.83       0.0013   1.7  10
[5]  {Salad, Sandwich}              => {Coffee} 0.0016  0.83       0.0019   1.7  15
[6]  {Extra Salami or Feta}         => {Coffee} 0.0033  0.82       0.0040   1.7  31
[7]  {Keeping It Local}             => {Coffee} 0.0054  0.81       0.0067   1.7  51
[8]  {Cookies, Scone}               => {Coffee} 0.0016  0.79       0.0020   1.7  15
```

```
[9]  {Juice,Pastry}            => {Coffee} 0.0018  0.77       0.0023    1.6   17
[10] {Cake,Salad}              => {Coffee} 0.0011  0.77       0.0014    1.6   10
```

신뢰도에 따라 정렬된 연관규칙을 앞에서부터 10개 출력한다. 신뢰도가 가장 높은 규칙은 {Extra Salami or Feta, Salad} => {Coffee}이다. 살라미 소시지(Extra Salami) 또는 치즈(Feta)와 샐러드(Salad)를 구매한 고객이 커피(Coffee)를 함께 구매할 확률이 무려 88%에 이른다. 제과점에서 어떤 상품을 구매하더라도 음료는 커피를 선택하는 경우가 많다는 것을 알 수 있다. 따라서 고객을 많이 오게 하려면 빵도 맛이 있어야겠지만 커피도 맛이 있어야 하겠다.

```
> # 산점도 (지지도-향상도)
> plot(rules.sort, measure=c("support", "lift"), shading="confidence")
```

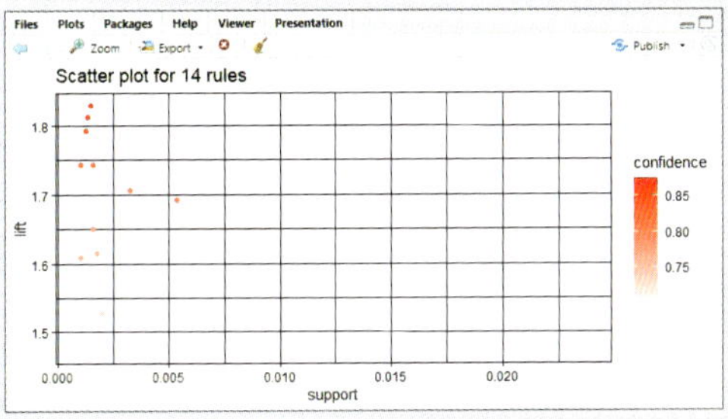

지지도(support), 향상도(lift), 신뢰도(confidence) 간의 관계를 보여주는 산점도를 출력한다. 산점도에 따르면 지지도와 향상도 사이에서는 특별한 연관성을 찾기 어렵고, 신뢰도가 높아질수록 향상도도 높아지는 것을 관찰할 수 있다.

```
> # Graph plot
> plot(rules.sort, method="graph")
```

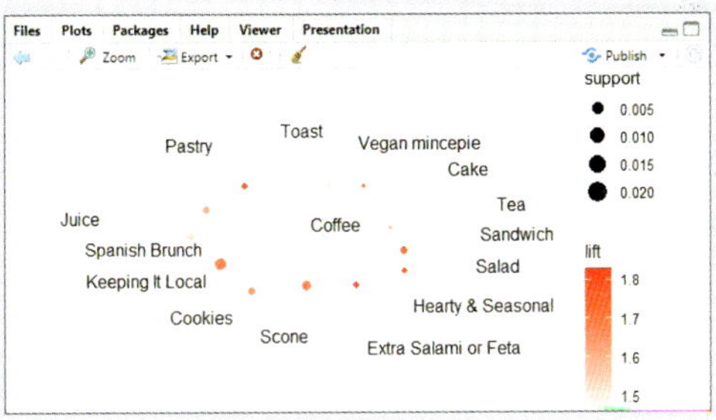

검색된 연관규칙에 포함된 상품 간의 관계를 그래프로 표현한 것이다. 중앙에 Coffee가 있는데 이는 그래프에서 Coffee 주변에 있는 상품을 구매한 경우 커피도 함께 구매했음을 보여준다. 그래프에서 크기와 색이 다른 점들이 있는데 점의 크기는 신뢰도를, 점의 색깔은 향상도를 나타낸다.

예를 들면 연관규칙 {Toast} → {Coffee}는 그래프에서 [그림 10-4](a)와 같이 표현되는데 신뢰도는 높고 향상도는 낮다는 것을 알 수 있다. 또한 연관규칙 {Pastry, Toast} → {Coffee}는 그래프에서 [그림 10-4](b)와 같이 표현되는데 신뢰도는 낮지만 향상도는 높은 것을 알 수 있다.

(a) {Toast} → {Coffee} (b) {Pastry, Toast} → {Coffee}

그림 10-4 연관규칙의 그래프 표현

```
> # Grouped Matrix Plot
> plot(rules.sort, method="grouped")
```

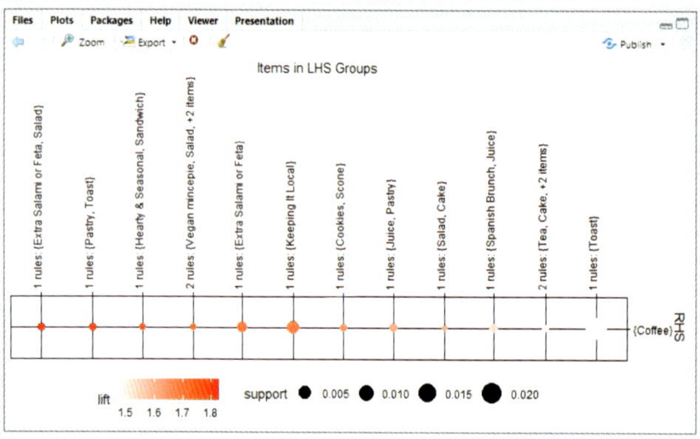

앞에서 살펴본 그래프를 행렬 형태로 표현한 것으로 원의 크기와 색은 동일하게 신뢰도와 향상도를 나타낸다. 행렬의 가로축에는 Coffee가 있고, 세로축에는 Coffee와 함께 구매하는 경우들(규칙)을 나타낸다.

```
> ## 연관규칙 저장
> write(rules.sort, file="BreadBasket_rules.csv", sep=',', quote=T, row.names=F)
```

검색된 연관규칙을 BreadBasket_rules.csv 파일에 저장한다. 파일을 열어보면 다음과 같은 내용을 확인할 수 있다.

	A	B	C	D	E	F
1	rules	support	confidenc	coverage	lift	count
2	{Extra Salami or Feta,Salad} => {Coffee}	0.001479	0.875	0.00169	1.829036	14
3	{Pastry,Toast} => {Coffee}	0.001373	0.866667	0.001585	1.811617	13
4	{Hearty & Seasonal,Sandwich} => {Coffee}	0.001268	0.857143	0.001479	1.791709	12
5	{Cake,Vegan mincepie} => {Coffee}	0.001057	0.833333	0.001268	1.741939	10
6	{Salad,Sandwich} => {Coffee}	0.001585	0.833333	0.001902	1.741939	15
7	{Extra Salami or Feta} => {Coffee}	0.003275	0.815789	0.004015	1.705267	31
8	{Keeping It Local} => {Coffee}	0.005388	0.809524	0.006656	1.692169	51
9	{Cookies,Scone} => {Coffee}	0.001585	0.789474	0.002007	1.650258	15
10	{Juice,Pastry} => {Coffee}	0.001796	0.772727	0.002324	1.615253	17
11	{Cake,Salad} => {Coffee}	0.001057	0.769231	0.001373	1.607944	10
12	{Juice,Spanish Brunch} => {Coffee}	0.002007	0.730769	0.002747	1.527547	19
13	{Cake,Toast} => {Coffee}	0.001585	0.714286	0.002219	1.493091	15
14	{Cake,Sandwich,Tea} => {Coffee}	0.001057	0.714286	0.001479	1.493091	10
15	{Toast} => {Coffee}	0.023666	0.704403	0.033597	1.472431	224

그림 10-5 BreadBasket_rules.csv 파일

지금까지 판매 데이터로부터 연관규칙을 검색하고 시각화하는 방법을 살펴보았다. 검색된 연관규칙은 상품의 진열을 바꾸거나 새로운 영업 전략을 개발하는 데 활용할 수 있다. 예를 들면 페이스트리, 토스트, 커피를 세트 메뉴로 개발하여 판매한다면 높은 호응을 기대할 수 있을 것이다.

03 인터넷 검색어 분석

인터넷 검색어를 중심으로 사용자들의 관심사를 분석할 수 있도록 지원해주는 많은 사이트들이 있다. 그중에서도 네이버 데이터랩과 구글 트렌드가 대표적이다. 네이버 데이터랩에서는 주로 국내 관심사를 알아볼 수 있고, 구글 트렌드에서는 전 세계적인 관심사를 확인할 수 있다. 이번 절에서는 네이버 데이터랩을 이용하여 인터넷 검색어를 분석해보자.

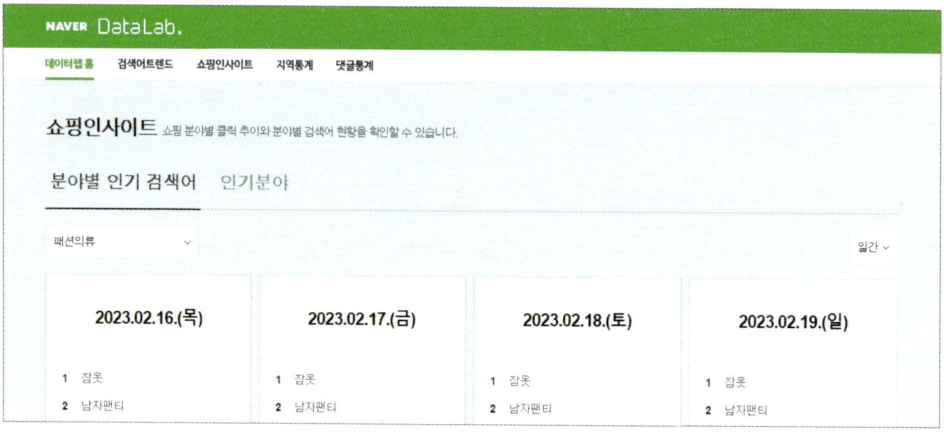

그림 10-6 네이버 데이터랩 초기화면(http://datalab.naver.com/)

1 분야별 인기 검색어 확인

네이버 데이터랩을 이용하여 제일 먼저 할 수 있는 일은 분야별로 현재 인기가 있는 검색어를 확인하는 것이다. [그림 10-7]과 같이 분야를 '디지털/가전'으로 하여 분야별 인기 검색어를 알아보았다. 현재 시점에서는 '유무선공유기', '공유기', '스피커' 등에 소비자들의 관심이 많은 것을 확인할 수 있다.

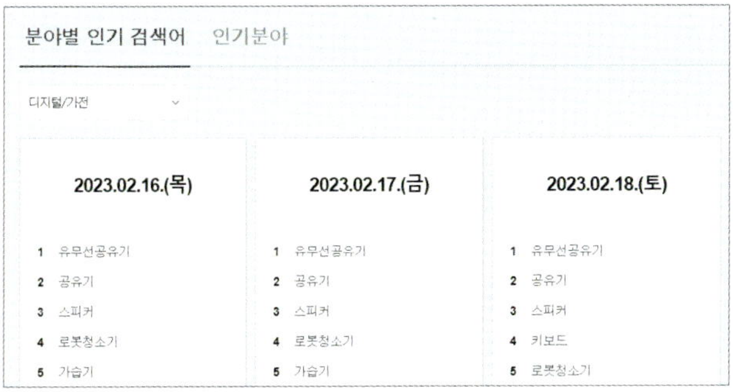

그림 10-7 디지털/가전 분야의 인기 검색어

2 관심 키워드로 트렌드 분석

이제 관심 있는 키워드를 중심으로 트렌드를 알아보도록 하자. 키워드는 **국내여행**과 **해외여행**으로 하였다. 검색 기간은 현재 기준 **1년**으로 하였고 범위와 성별은 **전체**로 하였다. 선택 연령대는 20~30**대**로 한정을 하였다.

그림 10-8 키워드를 통한 검색어 트렌드 조회

검색 결과는 [그림 10-9]와 같다. 전반적으로 국내여행보다는 해외여행에 대한 검색 비중이 높은 것을 알 수 있다. 특히 봄이 다가오는 3월 중순부터 검색 횟수가 급증하여 5월 말까지 지속적으로 이어지고 있다. 이는 여행하기 좋은 계절이 다가오는 4, 5월에 해외여행에 대한 수요가 높아진 것으로 볼 수 있다. 또한 코로나19 팬데믹이 점차 안정화되면서 그동안 억눌렸던 해외여행에 대한 수요가 폭발한 것으로 분석된다.

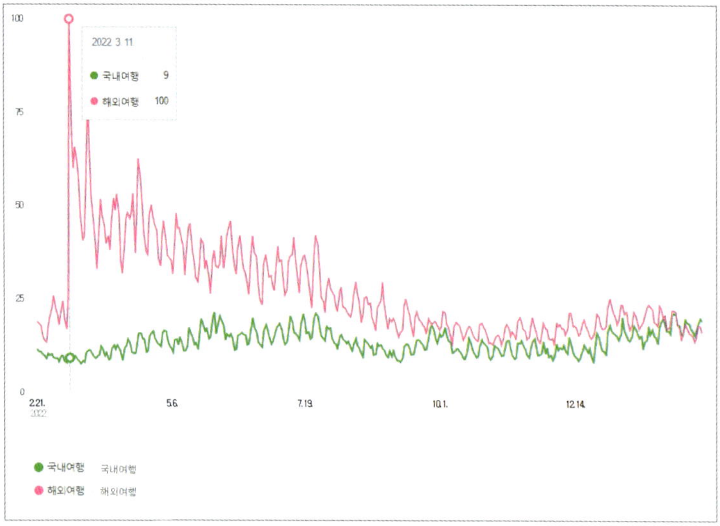

그림 10-9 '국내여행'과 '해외여행'에 대한 검색어 트렌드

3 지역별 관심 업종과 카드지출 추이 분석

네이버 데이터랩으로 지역별 관심 업종과 업종별 인기 지역을 분석할 수 있다. 이는 네이버 데이터랩의 메뉴에서 [지역통계]를 선택하면 되는데, [그림 10-10]은 서울시 강남구의 음식점 업종에 관련된 검색어 트렌드를 보여준다. 그래프를 보면 신사동과 역삼동에서 검색 빈도가 높은 것을 알 수 있다.

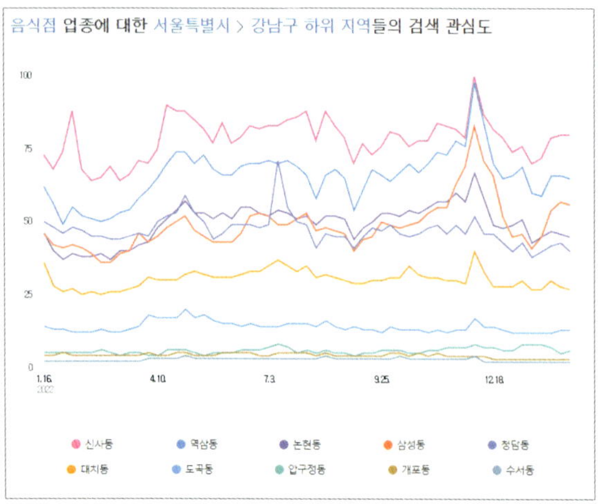

그림 10-10 서울시 강남구의 음식점 업종에 대한 검색어 트렌드

네이버 데이터랩의 [지역통계] 메뉴에는 [카드사용통계]도 포함되어 있다. [그림 10-11]은 강남구의 음식점에 대해 20대 소비자의 카드지출 현황을 보여준다. 2022년 초에는 음식점 이용이 저조하지만, 그 이후에는 이용률이 증가하는 것을 확인할 수 있다.

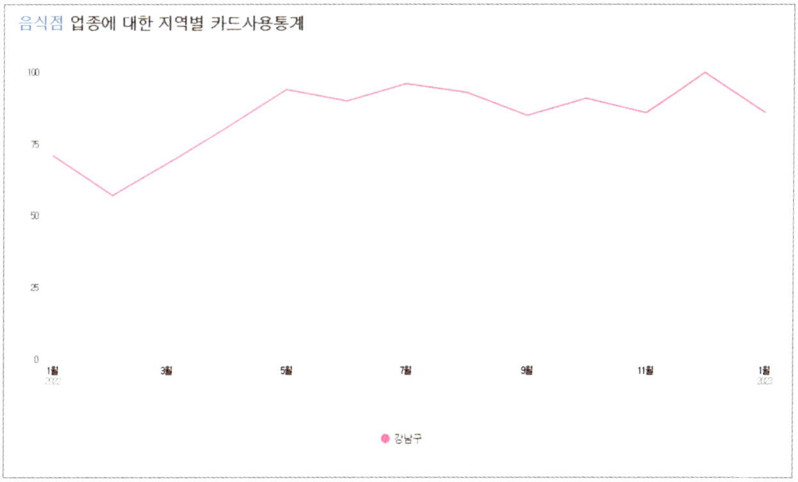

그림 10-11 서울시 강남구의 음식점에 대한 20대의 카드지출 추이

이상에서 살펴본 바와 같이 검색어 트렌드나 카드지출 추이를 분석해보면 어느 지역에 어떤 분야의 점포를 내는 것이 좋은지에 대한 아이디어를 얻을 수 있다. 과장해서 말하면 데이터는 모든 것을 알고 있기 때문에 모든 의사결정은 데이터를 기반으로 해서 내려져야 한다는 사실이 점차 상식으로 받아들여지고 있다.

04 공공 빅데이터

비즈니스 및 산업 전반에 데이터를 활용할 수 있다는 인식이 확산되면서 정부에서는 국가가 보유하고 있는 데이터 중 민감한 정보를 포함하고 있지 않은 데이터들을 공개하고 있다. 개인이나 기업은 자유롭게 해당 정보를 다운로드하여 활용할 수 있다. 이번 절에서는 빅데이터를 제공하는 몇 가지 주요 웹사이트를 소개한다.

1 공공데이터포털

공공데이터포털(https://www.data.go.kr)은 가장 풍부한 공공데이터를 제공하는 웹사이트이다. 다양한 분야의 데이터를 제공하고 있으므로 관심 있는 데이터가 있는지 찾아본다. 공공데이터포털은 크게 두 가지 방식으로 데이터를 제공된다. 하나는 엑셀 형식의 파일을 직접 다운로드하는 방식이고, 다른 하나는 컴퓨터 프로그램 안에서 API를 이용하여 가져오는 방식이다.

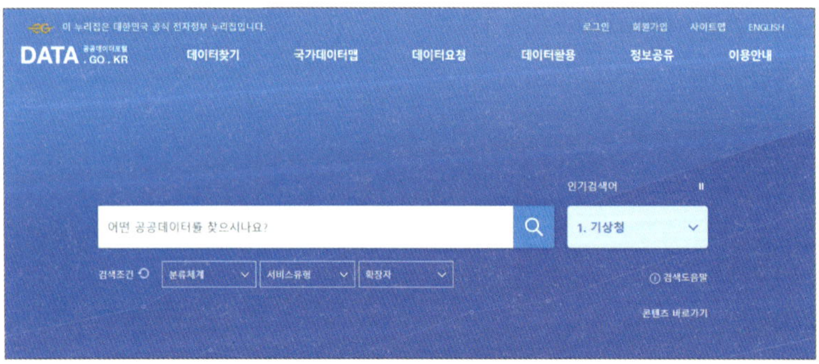

그림 10-12 공공데이터포털(https://www.data.go.kr)

공공데이터포털에서는 데이터를 비즈니스에 활용한 사례도 제공하고 있기 때문에 창업을 하고자 하는 사람들에게 좋은 참고자료가 된다. 예를 들어 서울시에서는 공공데이터를 활용하여 공중화장실의 위치정보를 모바일 앱 TTOK을 통하여 제공하고 있다. 제공하는 정보는 공중화장실 정보를 포함하여 화장실 사진, 화장실 유형(외부인 개방 및 남녀구분 여부), 화장실 편의시설(장애인 전용칸, 기저귀 교환대 및 세면대 유무), 화장실 청결도 및 안전도 등이다.

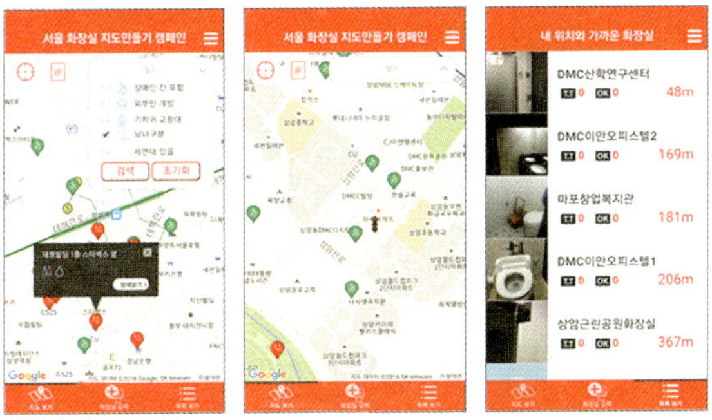

그림 10-13 공공데이터를 이용한 화장실 위치 안내 앱 © https://www.data.go.kr/useCase/1014507/exam.do

2 기상청 날씨누리

최근에 미세먼지와 날씨에 대한 관심이 높아지고 있다. 이에 발맞추어 기상청에서는 기상 관련 데이터를 공개하고 있으며, 필요하면 다운로드하여 활용할 수 있다. 이러한 기상자료를 확인할 수 있는 웹사이트가 바로 **기상청 날씨누리**(https://www.weather.go.kr)인데, 여기에서는 기상예보, 태풍, 황사, 위성, 레이더 등 25종 자료를 쉽게 이용할 수 있다. 또한, 현재 기상 자료를 실시간으로 얻을 수 있기 때문에 기상 관련 앱을 개발할 때 참고할 수 있다.

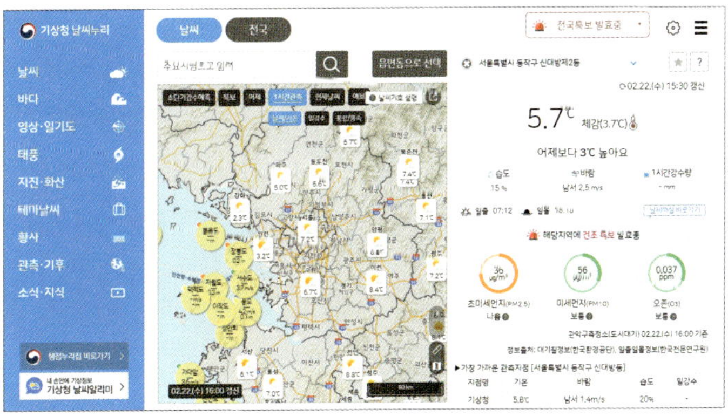

그림 10-14 기상청 날씨누리(https://www.weather.go.kr)

3 국가통계포털

국가통계포털(https://kosis.kr)은 국내외 주요 통계를 한곳에 모아 이용자가 원하는 통계를 한 번에 찾을 수 있도록 통계청이 제공하는 원스톱One-Stop 통계서비스 웹사이트이다. 현재

300여 개 기관이 작성하는 경제 · 사회 · 환경에 관한 1,000여 종의 국가승인통계를 수록하고 있으며, 국제금융과 경제에 관한 국제통화기금IMF, 월드뱅크Worldbank, 경제협력개발기구OECD 등의 최신 통계도 제공하고 있다. 편리한 검색 기능과 일반인들도 쉽게 이해할 수 있는 다양한 콘텐츠 및 통계 설명 자료 서비스를 제공하고 있으므로 통계 자료가 필요할 때 이곳을 방문해보자.

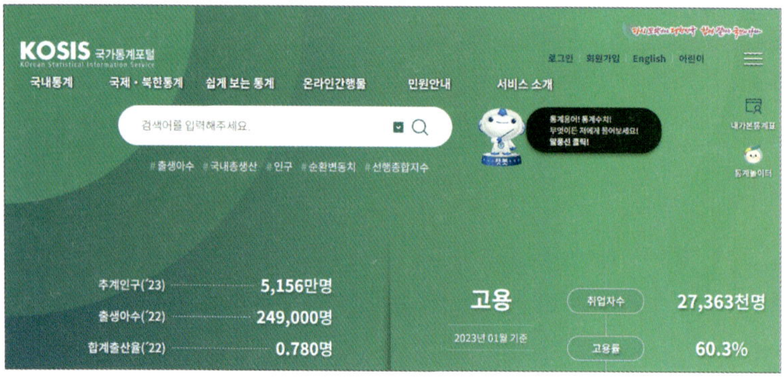

그림 10-15 국가통계포털(https://kosis.kr)

4 통합데이터지도

통합데이터지도(https://www.bigdata-map.kr/) 웹사이트는 공공과 민간에서 제공하는 데이터를 쉽게 검색 및 활용할 수 있도록 지원하는 것을 목표로 구축되었다. 이 사이트를 통해 16대 빅데이터 플랫폼과 AI Hub, 데이터스토어, 공공데이터포털 등을 아우르는 방대한 데이터에 접근할 수 있다. 유료 데이터도 있지만 무료 데이터도 많으므로 필요시 이용하도록 하자.

그림 10-16 통합데이터지도(https://www.bigdata-map.kr/)

실전 분석

문제

링컨의 취임 연설문을 워드클라우드로 분석하시오(예제 소스의 '링컨_취임사.txt' 이용).

01 필요한 라이브러리와 데이터를 불러온다.

```
library(wordcloud)
library(KoNLP)
library(RColorBrewer)
setwd("D:/source")
text <- readLines("링컨_취임사.txt", encoding ="UTF-8" )  # 파일 읽기
```

02 연설문에서 명사를 추출한다.

```
buildDictionary(ext_dic = "woorimalsam")              # '우리말씀' 한글사전 로딩
pal2 <- brewer.pal(8, "Dark2")                        # 팔레트 생성
noun <- sapply(text,extractNoun, USE.NAMES=F)         # 명사 추출
```

03 불필요한 단어를 제거하고 단어 빈도수를 계산한다.

```
noun2 <- unlist(noun)                                 # 추출된 명사 통합
noun2 <- noun2[nchar(noun2)>1]                        # 한 글자 이하 단어 제거
wordcount <- table(noun2)                             # 단어 빈도수 계산
wordcount
```

04 워드클라우드를 작성한다.

```
set.seed(101)
wordcloud(names(wordcount),          # 단어들
          freq=wordcount,            # 단어들의 빈도
          scale=c(6,0.7),            # 단어의 폰트 크기
          min.freq=2,                # 단어의 최소빈도
          random.order=F,            # 단어의 출력 위치
          rot.per=.1,                # 90도 회전 단어 비율
          colors=pal2)               # 단어 색
```

결과

요약

01 **워드클라우드**word cloud는 문자형 데이터를 분석하는 대표적인 방법으로, 대상 데이터에서 단어(주로 명사)를 추출하고 단어들의 출현 빈도수를 계산하여 시각화하는 기능을 한다.

02 한글 워드클라우드를 이용하려면 KoNLP 패키지가 설치되어 있어야 하고, UTF-8로 인코딩된 텍스트 문서 파일이 준비되어야 한다.

03 데이터 안에 포함된 일정한 패턴을 **연관규칙**association rule이라고 한다. 구매 데이터에서는 '맥주를 사는 사람은 땅콩도 함께 구매한다'와 같은 연관규칙을 찾을 수 있다.

04 **아프리오리 알고리즘**Apriori Algorithm은 연관규칙 분석에 널리 이용되는 머신러닝 기법 중 하나이다.

05 아프리오리 알고리즘에서 **지지도**support는 상품 X와 Y를 함께 구매한 비율이 전체 거래에서 차지하는 비율을 측정하는 척도이다.

06 아프리오리 알고리즘에서 연관규칙 {X} → {Y}의 **신뢰도**confidence는 상품 X를 구매했다는 전제하에 상품 X와 Y를 동시에 구매한 빈도수를 계산하는 식으로 조건부 확률과 유사하다. 신뢰도가 높을수록 유용한 규칙일 가능성이 높다는 것을 의미한다.

07 아프리오리 알고리즘에서 **향상도**confidence는 연관규칙 {X} → {Y}에서 X를 구매했을 때 Y의 비율이 그러한 조건이 없던 때에 비해 얼마나 증가하는가를 보여주는 척도이다. 값이 1보다 크면 X를 샀을 때 Y를 살 확률이 높은 것을 의미하고, 값이 1 미만이면 X를 샀을 때 Y를 사지 않을 확률이 높은 것을 의미한다.

08 인터넷 검색어를 중심으로 사용자들의 관심사를 분석할 수 있도록 지원해주는 사이트들 중 네이버 데이터랩과 구글 트렌드가 대표적이다. 네이버 데이터랩에서는 주로 국내 관심사를 알아볼 수 있고, 구글 트렌드에서는 전 세계적인 관심사를 확인할 수 있다.

09 **네이버 데이터랩**에서 분야별 인기 검색어 확인, 관심 키워드로 확인하는 트렌드 분석, 지역별 관심 업종과 업종별 인기 지역 분석 등을 할 수 있다.

10 빅데이터를 제공하는 정부의 주요 웹사이트에는 **공공데이터포털**, **기상청 날씨누리**, **국가통계포털**, **통합데이터지도** 등이 있다.

■ 함수 정리

워드클라우드 관련 함수	
buildDictionary()	'우리말씀' 한글 사전을 불러온다.
wordcloud()	워드클라우드를 작성한다.

구매 패턴 분석 관련 함수	
read.transactions()	트랜잭션(거래) 포맷으로 데이터를 읽는다.
dimnames()	상품의 목록을 확인한다.
toLongFormat()	거래별 상품 목록을 확인한다.
inspect()	트랜잭션의 일부 데이터를 확인한다.
itemFrequencyPlot()	상품 판매 빈도 그래프를 작성한다.
apriori()	연관규칙을 찾는다.

연습문제

01 **20대 국회 개원 여·야 3당 대표 국회연설문에 대해 각각 워드클라우드를 작성하시오.**

TIP 예제 소스 파일은 'ex_10-1.txt', 'ex_10-2.txt', 'ex_10-3.txt'이다.

02 **스티브잡스의 스탠포드대학 졸업식 연설문에 대해 워드클라우드를 작성하시오.**

TIP 예제 소스 파일은 'ex_10-4.txt'이다.

03 **대한민국 헌법 전문에 대해 워드클라우드를 작성하시오.**

TIP 예제 소스 파일은 'ex_10-5.txt'이다.

04 **UCI 머신러닝 사이트(https://archive.ics.uci.edu/ml/datasets/)에서 제공하는 온라인 거래 데이터에 대해 다음의 문제를 해결하시오.**

TIP 예제 소스 파일은 'Online_Retail.csv'이다.

(1) 데이터 파일을 트랜잭션 포맷으로 읽어서 tans 변수에 저장하고 몇 건의 트랜잭션이 있는지 확인하시오.

(2) 거래 데이터에 있는 상품의 목록을 확인하시오.

(3) 앞부분에 있는 10개의 트랜잭션을 출력하시오.

(4) 상품의 절대판매빈도가 높은 상위 10개 상품의 판매빈도를 막대그래프로 보이시오.

(5) 트랜잭션 데이터로부터 연관규칙을 찾되 지지도는 0.0004, 신뢰도는 0.7로 하시오.

(6) 신뢰도 상위 10개의 규칙을 보이시오.

05 **네이버 데이터랩에서 주제어를 '캠핑'과 '텐트'로 하여 최근 1년 간의 검색 트렌드를 확인하되, 25세 이상과 30대 소비자를 대상으로 남성과 여성을 각각 구분하고, 그래프에서 어떤 차이가 발견되는지 설명하시오.**

06 **네이버 데이터랩의 [지역통계] 메뉴에서 서울 종로구와 강원도 태백시에 대해 인기 업종을 '관광'으로 하여 최근 1년간 검색 트렌드를 비교하시오. 그리고 종로구와 태백시의 그래프에서 어떤 차이가 발견되는지 관찰하시오.**

07 **네이버 데이터랩의 [쇼핑인사이트] 메뉴의 분야 통계에서 '썬크림'에 대해 최근 1년간 검색 클릭량 추이를 확인하시오. 썬크림을 제조하는 회사라면 어느 시점에 광고를 하는 것이 좋을지 의견을 제시하시오.**

08 **공공데이터포털에서 서울시 서대문구의 유치원 현황(2014년 9월) 자료를 다운로드하여 유치원의 위치를 지도상에 마커로 표시하시오**(유치원 주소를 위도와 경도로 변환하지 못하는 곳도 있는데, 이곳은 마커 표시 대상에서 제외한다)**.**

09 **공공데이터포털에서 '2016년도 시도 시군구별 교통사고' 통계를 다운로드하시오. 다운로드한 파일 중에서 '2016년_시도_시군구별_월별_교통사고.csv'에 대해 다음 물음에 답하시오.**

(1) 월별 발생 건수, 사망자수, 부상자수를 집계하여 출력하시오.

(2) 시도별 발생 건수, 사망자수, 부상자수를 집계하여 출력하시오.

10 **국가통계포털 사이트에서 '2016년도 전국 음식점 정보 통계'를 가져와 '채식전문점'이 위치한 시도를 출력하시오.**

CHAPTER 11

회귀분석

PREVIEW

이번 장부터는 초급 수준을 넘어서는 분석 기법에 대한 학습을 진행한다. 먼저 회귀분석에 대해서 알아보는데, 회귀분석은 변수와 변수 사이의 관계를 알아보는 분석 방법의 하나로 두 변수 사이의 관계, 또는 다수의 변수(독립변수)와 하나의 변수(종속변수) 사이의 관계를 알아보는 것이다. 회귀분석은 매출액 예측, 주가 예측 등과 같은 예측 분야에서 많이 사용되는 중요한 기법이기 때문에 충분히 연습하도록 하자.

1절에서는 독립변수, 종속변수, 예측모델, 회귀분석, 회귀식, 단순 회귀, 다중 회귀와 같이 회귀분석 관련 용어에 대해 알아본다. 또한 R을 이용하여 단순선형 회귀식을 구하고, 이를 활용하는 방법을 학습한다.

2절에서는 R을 이용하여 다중선형 회귀모델을 만들어본다. 또한 모델에 기여하는 변수들을 선별하는 방법에 대해서도 학습한다.

3절에서는 로지스틱 회귀에 대해 알아보고, R을 이용하여 로지스틱 회귀모델을 만들어본다. 또한 로지스틱 회귀모델을 이용한 예측까지 실습한다.

01 단순선형 회귀분석

1 회귀분석 관련 용어

만일 우리가 내일의 주식시세를 예측할 수 있다면 아마도 큰 돈을 벌 수 있을 것이다. 실제로 증권 회사에서는 미래의 주식시세를 예측하기 위해 많은 연구를 하고 있다. 주식시세는 기업의 매출액, 원유가격, 국제정세, 정부정책 발표 등 매우 많은 요인들에 의해 영향을 받는다. 이와 같은 상황에서 주식시세에 영향을 미치는 요인들, 즉 기업의 매출액, 원유가격, 국제정세, 정부정책 발표 등을 **독립변수**independent variable라고 하고, 독립변수의 영향에 따라 값이 결정되는 주식시세를 **종속변수**dependent variable라고 한다. 독립변수와 종속변수를 다른 용어로 각각 **설명변수**explanatory variable와 **반응변수**response variable라고도 한다.

또한, 독립변수에 해당하는 자료와 종속변수에 해당하는 자료를 모아 관계를 분석하고 이를 예측에 사용할 수 있는 통계적 방법으로 정리한 것을 **예측모델**prediction model, 또는 **예측모형**이라고 한다. 데이터 분석의 중요한 분야 중 하나가 바로 예측모델을 만드는 것이다.

회귀분석regression analysis이란 회귀 이론을 기초로 독립변수(설명변수)가 종속변수(반응변수)에 미치는 영향을 파악하여 예측모델을 도출하는 통계적 방법을 말한다. 예측모델을 도출할 때 회귀 이론에 기초하기 때문에 **회귀모델**이라고 부른다. 회귀모델에서는 독립변수(들)와 종속변수 사이의 관계가 수학식의 형태로 표현되기 때문에 이 관계식을 **회귀식**regression equation이라고 한다. 회귀식에서는 일반적으로 독립변수를 x로, 종속변수를 y로 표현한다. 회귀모델을 구하는 이유는 회귀모델을 통해서 종속변수를 예측할 수 있기 때문이다. [그림 11-1]의 회귀식을 보면 제품가격, 광고비, 매장수를 대입하여 매출이익을 계산할 수 있다.

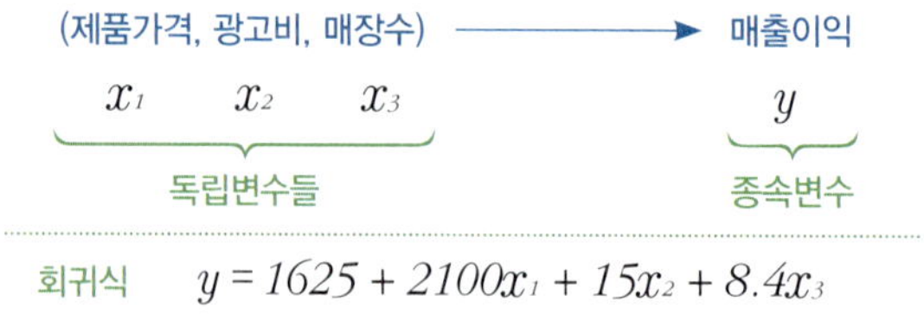

그림 11-1 독립변수, 종속변수, 회귀식

회귀분석은 여러 가지 종류가 있는데, 회귀분석에서 독립변수의 수가 하나인 경우를 **단순 회귀** simple regression 라고 하고, 독립변수의 수가 두 개 이상인 경우를 **다중 회귀** multiple regression 라고 한다.

지금까지 회귀분석에 관련된 개념과 용어를 알아보았다. 이번 절에서는 우선 독립변수의 수가 하나인 단순 회귀분석에 대해 알아보기로 한다. 특별히 독립변수와 종속변수와의 관계가 선형으로 표현되는 **단순선형 회귀분석** simple linear regression analysis 에 대해 학습하도록 한다.

2 단순선형 회귀분석의 목표

단순선형 회귀를 다시 정의하면 독립변수(x)와 종속변수(y) 사이의 선형 관계를 파악하고 이를 예측에 활용하는 통계적 방법이다. 기온(x) 자료를 이용해 아이스크림 판매량(y)을 예측하는 문제를 생각해보자. 만일 우리가 기온(x)과 아이스크림 판매량(y) 사이의 관계식을 알 수 있다면 다음 주의 날씨 예보 정보를 이용해 다음 주 아이스크림이 얼마나 판매될지 예측할 수 있다. 또한 이 예측 결과를 바탕으로 아이스크림 생산 규모를 결정할 수도 있다.

단순선형 회귀모델 또는 단순선형 회귀식은 다음과 같이 1차식의 형태를 갖는다.

$$y = Wx + b \text{ (}W, b\text{ 는 상수)}$$

이 식에서 상수인 W 와 b를 찾는 것이 단순선형 회귀의 1차적인 목표가 된다. 그러면 W와 b를 어떻게 찾을 수 있을까? 이 문제를 해결하려면 x, y로 구성된 데이터가 있어야 한다. 즉, 수집된 데이터를 관찰하여 관계식을 만들어야 한다.

[그림 11-2]는 수집된 데이터 x, y를 이용해 산점도를 작성한 예이다. 단순 회귀식 $y = Wx + b$는 산점도상에서 (x, y)의 추세를 나타내는 선을 의미한다. 두 개의 선 중 초록색 선보다 검정색 선이 추세를 보다 잘 반영하는 것을 알 수 있다. 현재 수집된 데이터의 추세를 가장 잘 반영할 수 있는 W와 b를 찾는 것이 단순선형 회귀의 목표가 된다.

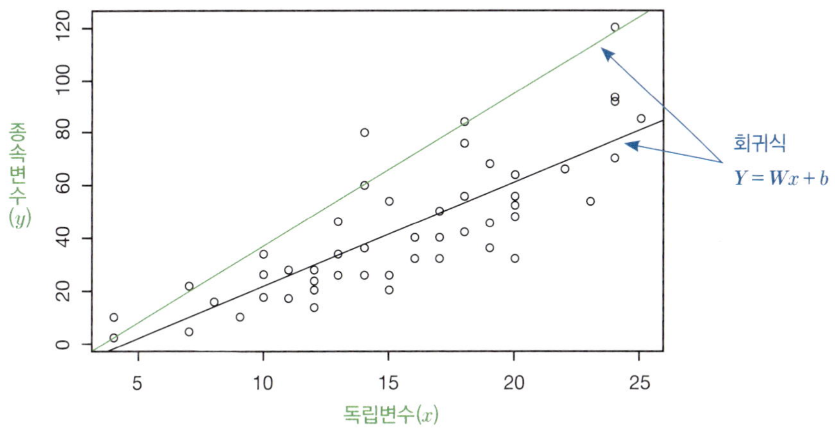

그림 11-2 산점도와 단순선형 회귀식

3 R을 이용한 단순선형 회귀분석

단순선형 회귀식을 구하기 위해서는 이론적인 이해가 필요하지만, 여기서는 R에서 제공하는 함수를 이용하여 회귀식을 구하고 이를 활용하는 방법에 대해 알아보도록 한다.

주행속도와 제동거리 사이의 회귀모델 구하기

[코드 11-1]은 R에서 제공하는 cars 데이터셋을 이용해 주행속도(speed)와 제동거리(dist) 사이의 회귀식을 구하는 코드이다. 여기서 독립변수는 주행속도이고 종속변수는 제동거리이다.

코드 11-1

```
head(cars)
plot(dist~speed, data=cars)           # 산점도를 통해 선형 관계 확인

model <- lm(dist~speed, cars)         # 회귀모델 구하기
model

abline(model)                         # 회귀선을 산점도 위에 표시
coef(model)[1]                        # b 값 출력
coef(model)[2]                        # W 값 출력
```

[코드 11-1]의 실행 결과를 나누어서 설명하면 다음과 같다.

```
> head(cars)
  speed dist
1     4    2
2     4   10
3     7    4
4     7   22
5     8   16
6     9   10
> plot(dist~speed, data=cars)                # 산점도를 통해 선형 관계 확인
>
```

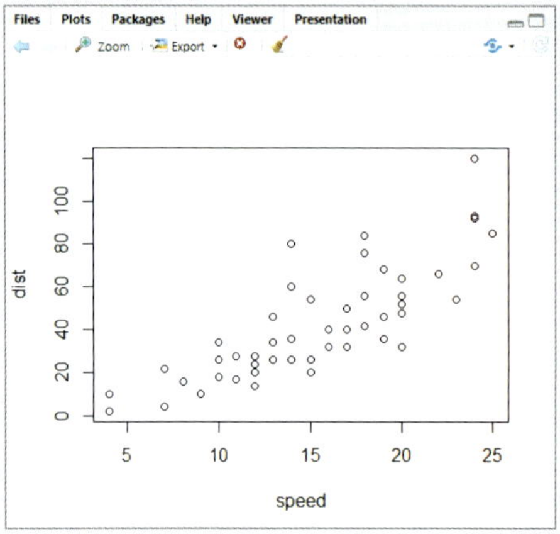

먼저 head() 함수를 통해 cars 데이터셋의 내용을 살펴보고, plot() 함수로 주행속도(speed)와 제동거리(dist) 사이의 관계를 확인해본다. 출력된 산점도를 보면 주행속도가 증가할수록 제동거리도 증가하는 선형적 추세를 보인다. 만일 산점도에서 선형 관계가 분명하지 않으면 회귀식을 구하는 의미가 없다.

```
> model <- lm(dist~speed, cars)              # 회귀모델 구하기
> model

Call:
```

```
lm(formula = dist ~ speed, data = cars)

Coefficients:
(Intercept)        speed
    -17.579        3.932
```

`lm()` 함수를 이용하여 회귀모델(회귀식)을 구하고 이를 `model`에 저장한다. `lm()` 함수 안에 있는 매개변수의 의미는 다음과 같다.

- **`dist~speed`**

  회귀모델에서 독립변수와 종속변수를 지정하는 것으로 ~를 기준으로 '종속변수~독립변수'의 순서로 지정해야 한다. 여기서 순서가 바뀌면 안 된다.

- **`cars`**

  회귀모델을 만드는 데 사용할 데이터셋이다. 여기에서는 `dist`와 `speed`가 `cars`의 열이어야 한다.

모델의 내용을 출력했을 때 보이는 `Coefficients`의 내용이 중요하다. 여기서 `(Intercept)` 하단의 –17.579가 회귀식에서 b에 해당하는 값이고, `speed` 하단의 3.932가 W에 해당하는 값이다. 이에 따라 회귀모델을 식으로 나타내면 다음과 같다.

$$dist = 3.932 \times speed - 17.579$$

```
> abline(model)                      # 회귀선을 산점도 위에 표시
```

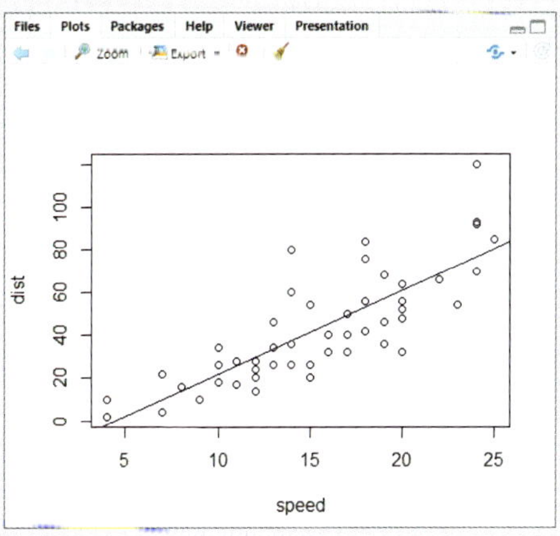

```
> coef(model)[1]                                    # b 값 출력
(Intercept)
  -17.57909
> coef(model)[2]                                    # W 값 출력
   speed
3.932409
```

abline(model)은 앞에서 구한 산점도 위에 회귀식을 선으로 표현하는 함수이다. 그 다음으로 나오는 coef(model)에는 회귀식의 b 값과 W 값이 저장되어 있어서 각각의 값을 추출하는 데 이용된다.

주행속도에 따른 제동거리 구하기

앞에서 회귀모델을 구했으니 주행속도에 따른 제동거리를 구해보자. 여기에서는 주행속도가 30, 35, 40일 때 예상 제동거리를 구한다. [코드 11-1]에 이어서 [코드 11-2]를 실행해보자.

코드 11-2

```
b <- coef(model)[1]
W <- coef(model)[2]

speed <- 30                                         # 주행속도
dist <- W*speed + b
dist                                                # 제동거리

speed <- 35                                         # 주행속도
dist <- W*speed + b
dist                                                # 제동거리

speed <- 40                                         # 주행속도
dist <- W*speed + b
dist                                                # 제동거리
```

[코드 11-2]의 실행 결과를 나누어서 설명하면 다음과 같다.

```
> b <- coef(model)[1]
> W <- coef(model)[2]
```

회귀모델로부터 W와 b 값을 추출한다.

```
> speed <- 30                                      # 주행속도
> dist <- W*speed + b
> dist                                             # 제동거리
   speed
100.3932
```

주행속도(speed)가 30일 때 제동거리는 100.3932이다.

```
> speed <- 35                                      # 주행속도
> dist <- W*speed + b
> dist                                             # 제동거리
   speed
120.0552
```

주행속도(speed)가 35일 때 제동거리는 120.0552이다.

```
> speed <- 40                                      # 주행속도
> dist <- W*speed + b
> dist                                             # 제동거리
   speed
139.7173
```

주행속도(speed)가 40일 때 제동거리는 139.7173이다.

여기서 구한 단순선형 회귀모델을 예측에 활용할 때 기억할 사항이 있다. 그것은 예측한 값이 실제값과 오차가 있을 수 있다는 것이다. 단순선형 회귀모델은 1차식의 형태이므로 우리가 예측한 값은 [그림 11-3]에서 모두 선 위에 위치하게 되지만 o로 표시되는 실제값은 선에서 떨어져 있다. 이 차이가 예측값과 실제값 사이의 오차이다. 단순선형 회귀식은 예측값과 실제값 사이의 오차를 최소화하는 식이지만 오차가 없을 수는 없다. 따라서 우리가 회귀식을 통해 구

한 값은 실제값과 어느 정도 오차가 있을 수 있는 '예측값'이라는 사실을 반드시 기억하고 실제 업무에 활용해야 한다.

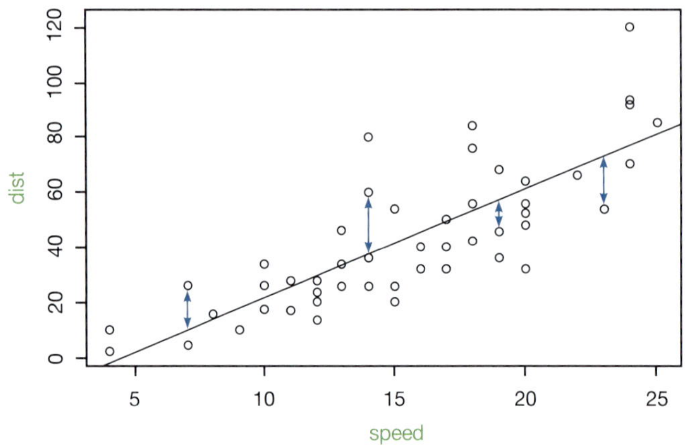

그림 11-3 회귀모델에 의한 예측값과 실제값의 차이

예상 제동거리, 실제 제동거리, 오차 구하기

[코드 11-3]은 cars 데이터셋의 주행속도(speed) 자료를 앞에서 구한 회귀식에 대입했을 때 예상 제동거리, 실제 제동거리, 오차(예상거리−실제거리)를 구하는 과정을 보여준다. [코드 11-2]에 이어서 [코드 11-3]을 실행한다.

코드 11-3

```
speed <- cars[,1]                          # 주행속도
pred <- W * speed + b
pred                                       # 예상 제동거리

compare <- data.frame(pred, cars[,2], pred-cars[,2])
colnames(compare) <- c('예상','실제','오차')
head(compare)
```

실행 결과

```
> speed <- cars[,1]                        # 주행속도
> pred <- W * speed + b
```

```
> pred                                              # 예상 제동거리
 [1] -1.849460  -1.849460  9.947766  9.947766 13.880175
 [6] 17.812584 21.744993 21.744993 21.744993 25.677401
[11] 25.677401 29.609810 29.609810 29.609810 29.609810
[16] 33.542219 33.542219 33.542219 33.542219 37.474628
[21] 37.474628 37.474628 37.474628 41.407036 41.407036
[26] 41.407036 45.339445 45.339445 49.271854 49.271854
[31] 49.271854 53.204263 53.204263 53.204263 53.204263
[36] 57.136672 57.136672 57.136672 61.069080 61.069080
[41] 61.069080 61.069080 61.069080 68.933898 72.866307
[46] 76.798715 76.798715 76.798715 76.798715 80.731124
>
> compare <- data.frame(pred, cars[,2], pred-cars[,2])
> colnames(compare) <- c('예상','실제','오차')
> head(compare)
       예상  실제        오차
1 -1.849460    2  -3.849460
2 -1.849460   10 -11.849460
3  9.947766    4   5.947766
4  9.947766   22 -12.052234
5 13.880175   16  -2.119825
6 17.812584   10   7.812584
```

02 다중선형 회귀분석

1 다중선형 회귀모델 만들기

단순선형 회귀가 하나의 독립변수를 다룬다면 다중선형 회귀는 여러 개의 독립변수를 다룬다. 키와 몸무게를 이용해 혈당 수치를 예측하는 문제를 생각해보자. 이것을 회귀의 관점에서 정리하면 다음과 같다.

키(x_1), 몸무게(x_2): 독립변수

혈당수치(y): 종속변수

앞에서 정리한 내용을 살펴보면 종속변수인 '혈당수치'에 영향을 미치는 독립변수가 2개인 다중선형 회귀 문제이다. 실제로 어떤 결과에 영향을 미치는 요인이 하나이기 보다는 여러 개인 경우가 대부분이기 때문에 다중선형 회귀에 대한 학습은 꼭 필요하다.

독립변수가 n개인 다중선형 회귀모델은 다음과 같은 형태이다. 다중선형 회귀에서는 주어진 자료를 이용해 β_0, β_1, β_2, β_3, …… β_n의 값을 알아내는 것이 과제가 된다.

$$y = \beta_0 + \beta_1 x_1 + \beta_2 x_2 + \beta_3 x_3 + \cdots\cdots + \beta_n x_n$$

R에서는 다중선형 회귀모델의 경우 `lm()` 함수를 통해 도출할 수 있다. 이번에는 특정 직군의 연봉을 3가지 변수, 즉 교육 연수, 여성 비율, 평판이라는 변수를 이용하는 다중선형 회귀를 통해 예측해본다. [코드 11-4]에서 회귀식을 만드는 데 사용할 데이터는 `car` 패키지의 `Prestige` 데이터셋이다. [코드 11-4]를 실행하기 전에 먼저 `car` 패키지를 설치하도록 하자.

코드 11-4

```
library(car)
head(Prestige)
```

```
newdata <- Prestige[,c(1:4)]                # 회귀식 작성을 위한 데이터 준비
plot(newdata, pch=16, col="blue",           # 산점도를 통해 변수 간 관계 확인
    main="Matrix Scatterplot")

mod1 <- lm(income ~ education + prestige +  # 회귀식 도출
        women, data=newdata)
summary(mod1)
```

[코드 11-4]의 실행 결과를 나누어서 설명하면 다음과 같다.

```
> library(car)
> head(Prestige)
                    education income women prestige census type
gov.administrators      13.11  12351 11.16     68.8   1113 prof
general.managers        12.26  25879  4.02     69.1   1130 prof
accountants             12.77   9271 15.70     63.4   1171 prof
purchasing.officers     11.42   8865  9.11     56.8   1175 prof
chemists                14.62   8403 11.68     73.5   2111 prof
physicists              15.64  11030  5.13     77.6   2113 prof
```

Prestige 데이터셋에서 행의 이름은 직군을 의미한다. 회귀식 작성에 사용할 열의 이름은 다음과 같다.

- education: 교육 연수(독립변수)
- income: 연봉(종속변수)
- women: 여성의 비율(독립변수)
- prestige: 직군에 대한 평판도(독립변수)

```
> newdata <- Prestige[,c(1:4)]              # 회귀식 작성을 위한 데이터 준비
> plot(newdata, pch=16, col="blue",         # 산점도를 통해 변수 간 관계 확인
+     main="Matrix Scatterplot")
```

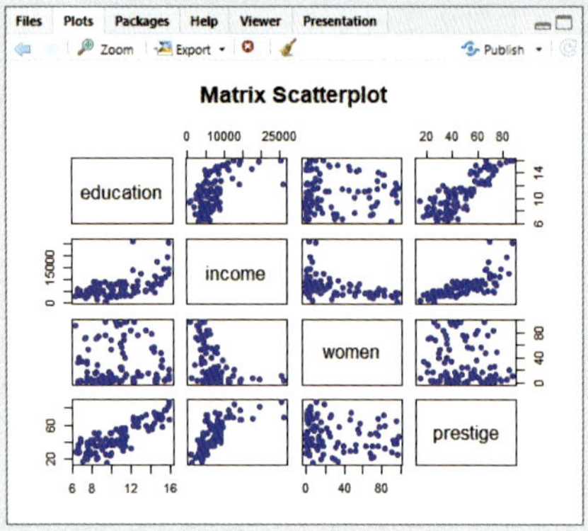

먼저 Prestige 데이터셋에서 회귀모델 도출에 필요한 데이터만 추출하여 newdata에 저장하고, newdata의 4개 열(변수) 사이의 관계를 살펴보기 위해 산점도를 작성한다. 산점도를 보면 교육 연수(education)와 평판도(prestige)는 연봉(income)과 양의 상관 관계를 보이고, 여성의 비율(women)은 연봉(income)과 음의 상관 관계를 보인다는 것을 확인할 수 있다.

```
> mod1 <- lm(income ~ education + prestige +          # 회귀식 도출
+             women, data=newdata)
> summary(mod1)

Call:
lm(formula = income ~ education + prestige + women, data = newdata)

Residuals:
    Min      1Q  Median      3Q     Max
-7715.3  -929.7  -231.2   689.7 14391.8

Coefficients:
             EstimateStd. Error t  value  Pr(>|t|)
(Intercept) -253.850   1086.157  -0.234    0.816
education    177.199    187.632   0.944    0.347
prestige     141.435     29.910   4.729 7.58e-06 ***
women        -50.896      8.556  -5.948 4.19e-08 ***
---
Signif. codes:  0 '***' 0.001 '**' 0.01 '*' 0.05 '.' 0.1 ' ' 1
```

```
Residual standard error: 2575 on 98 degrees of freedom
Multiple R-squared:  0.6432,Adjusted R-squared:  0.6323
F-statistic: 58.89 on 3 and 98 DF,  p-value: < 2.2e-16
```

lm() 함수를 통해서 회귀식을 생성하여 mod1에 저장하고, summary() 함수를 통해서 mod1의 내용을 출력한다. 먼저 lm() 함수의 매개변수를 살펴보자.

- **income ~ education + prestige + women**
  회귀모델에서 무엇이 독립변수이고 무엇이 종속변수인지 지정하는 것으로, ~ 앞에 있는 것이 종속변수, ~ 뒤에 있는 것이 독립변수이다. 독립변수가 여러 개이면 +로 연결한다.
- **data=newdata**
  회귀모델 도출에 사용할 데이터셋을 지정한다. 변수명 income, education, prestige, women은 newdata에 속한 열의 이름이다.

이제 회귀모델 mod1의 내용을 살펴보자. 가장 중요한 부분은 Coefficients: 파트의 Estimate 부분이다. 이 부분에 대한 설명은 다음과 같다.

- (Intercept) -253.850: 회귀식에서 상수항 β_0 의 값
- education 177.199: 독립변수 education의 계수값
- prestige 141.435: 독립변수 prestige의 계수값
- women -50.896: 독립변수 women의 계수값

이 정보에 따라 회귀모델을 구성하면 다음과 같다.

income = (-253.850)+(177.199×education)+(141.435×prestige)-(50.896×women)

어떤 직군의 평균 교육 연수가 9.5년, 여성의 비율이 20%, 평판도가 80이라면 이 직군의 예상 평균 연봉은 회귀식에 따라 다음과 같이 계산된다.

income = (-253.850)+(177.199×education)+(141.435×prestige)–(50.896×women)
= (-253.850)+(177.199×9.5)+(141.435×80)–(50.896×20)
= 13762.26

summary(mod1)의 결과에는 [그림 11-4]와 같이 생성된 회귀모델을 평가할 수 있는 다양한 정보가 포함되어 있다.

```
> summary(mod1)

Call:
lm(formula = income ~ education + prestige + women, data = newdata)

Residuals:
    Min      1Q  Median      3Q     Max
-7715.3  -929.7  -231.2   689.7 14391.8

Coefficients:
            Estimate Std. Error t value Pr(>|t|)
(Intercept) -253.850   1086.157  -0.234    0.816
education    177.199    187.632   0.944    0.347
prestige     141.435     29.910   4.729 7.58e-06 ***
women        -50.896      8.556  -5.948 4.19e-08 ***
---
Signif. codes:  0 '***' 0.001 '**' 0.01 '*' 0.05 '.' 0.1 ' ' 1

Residual standard error: 2575 on 98 degrees of freedom
Multiple R-squared:  0.6432,	Adjusted R-squared:  0.6323
F-statistic: 58.89 on 3 and 98 DF,  p-value: < 2.2e-16
```

① income을 설명하는 데 얼마나 중요한 변수인지를 나타냄

② 구한 모델이 의미 있는 모델인지를 나타냄

③ 모델이 income을 얼마나 잘 설명할 수 있는지를 나타냄

그림 11-4 회귀모델에 대한 설명 내용

[그림 11-4]에서 ①에 있는 *는 해당 변수가 종속변수를 설명하는 데 얼마나 중요한 변수인가를 나타낸다. *가 많을수록 통계적으로 중요하다는 의미이다.

②에 있는 p-value(유의수준) 값은 구한 회귀모델이 의미 있는 모델인지, 혹은 신뢰할 수 있는 모델인지를 나타내는 것으로, 이 값이 작을수록 의미 있는 모델이다. 2.2e-16은 $1/(2.2 \times 10^{16})$을 의미하며 매우 작은 값이다. 일반적으로 p-value < 0.05이면 이 모델의 신뢰수준이 95% 이상임을 나타낸다.

③에 있는 Adjusted R-squared 값은 모델의 설명력을 나타내며 0~1 사이의 값을 갖는다. 이 값이 클수록 구한 회귀모델이 현실을 잘 설명할 수 있다는 뜻이 된다. 회귀모델이 현실을 잘 설명할 수 있다는 것은 회귀모델에 의한 예측값과 실제 측정값 사이의 오차가 적다는 뜻이다. 여기서 구한 모델의 경우는 설명력이 0.6323인데, 모델이 현실을 63% 정도 설명할 수 있다는 것을 의미한다.

2 다중선형 회귀모델에서 변수의 선택

다중선형 회귀모델에서는 종속변수를 설명하는 데 도움이 되는 독립변수가 다수 존재한다. 그런데 모든 독립변수가 종속변수를 설명하는 데 동일하게 기여하는 것은 아니다. 어떤 변수

는 기여도가 높고, 어떤 변수는 기여도가 낮다. 예를 들어 '수면시간', '학습시간'은 '성적'을 예측하는 데 중요한 기여를 하지만, '점심식사 여부'는 '성적'을 예측하는 데 별로 도움이 되지 않는 변수이다. 이렇게 기여도가 낮거나 거의 없는 변수들은 모델에서 제외하는 것이 좋다. 적은 변수를 이용해 현실을 잘 설명할 수 있는 것이 좋은 모델이기 때문이다. 이러한 필요성에 따라 R에서는 모델에 기여하는 변수들을 선별할 수 있는 `stepAIC()` 함수를 제공한다.

[코드 11-5]를 통해서 변수를 선별하는 방법을 학습해보자. 대상 독립변수는 `Prestige` 데이터셋에서 `education`, `women`, `prestige`, `census` 변수인데, 이 중에서 `income`을 예측하는 데 도움이 되는 변수들을 선별하도록 한다.

코드 11-5

```
library(MASS)                          # stepAIC() 함수 제공
newdata2 <- Prestige[,c(1:5)]          # 모델 구축에 사용할 데이터셋 생성
head(newdata2)
mod2 <- lm(income ~ education + prestige +
          women + census, data= newdata2)
mod3 <- stepAIC(mod2)                  # 변수 선택 진행
mod3                                   # 변수 선택 후 결과 확인
summary(mod3)                          # 회귀모델 상세 내용 확인
```

[코드 11-5]의 실행 결과를 나누어서 설명하면 다음과 같다.

```
> library(MASS)                        # stepAIC() 함수 제공
> newdata2 <- Prestige[,c(1:5)]        # 모델 구축에 사용할 데이터셋 생성
> head(newdata2)
                    education income women prestige census
gov.administrators      13.11  12351 11.16     68.8   1113
general.managers        12.26  25879  4.02     69.1   1130
accountants             12.77   9271 15.70     63.4   1171
purchasing.officers     11.42   8865  9.11     56.8   1175
chemists                14.62   8403 11.68     73.5   2111
physicists              15.64  11030  5.13     77.6   2113
```

먼저 stepAIC( ) 함수를 이용하기 위해 MASS 패키지를 불러온다. 그리고 Prestige에서 모델 구축에 사용할 변수들만 선택하여 newdata2에 저장한다. newdata2의 내용을 보면 종속변수인 income을 포함하여 총 5개 변수로 이루어진 데이터셋임을 알 수 있다.

```
> mod2 <- lm(income ~ education + prestige +
+             women + census, data= newdata2)
```

lm( ) 함수에서 4개의 독립변수를 이용해 회귀모델을 생성하고 이를 mod2에 저장한다. 매개변수 중에서 income ~ education + prestige + women + census 부분은 income ~ .과 같이 간단히 표시할 수 있다. 여기서 .의 의미는 income을 제외한 나머지 모든 열이 독립변수라는 의미이다.

```
> mod3 <- stepAIC(mod2)                          # 변수 선택 진행
Start:  AIC=1607.93
income ~ education + prestige + women + census

            Df  Sum of Sq       RSS    AIC
- census     1     639658 649654265 1606.0
- education  1    5558323 654572930 1606.8
<none>                    649014607 1607.9
- prestige   1  143207106 792221712 1626.3
- women      1  212639294 861653901 1634.8

Step:  AIC=1606.03
income ~ education + prestige + women

            Df  Sum of Sq       RSS    AIC
- education  1    5912400 655566665 1605.0
<none>                    649654265 1606.0
+ census     1     639658 649014607 1607.9
- prestige   1  148234959 797889223 1625.0
- women      1  234562232 884216497 1635.5

Step:  AIC=1604.96
```

```
income ~ prestige + women

             Df  Sum of Sq        RSS    AIC
<none>                      655566665 1605.0
+ education  1     5912400  649654265 1606.0
+ census     1      993735  654572930 1606.8
- women      1   234647032  890213697 1634.2
- prestige   1   811037947 1466604612 1685.1
```

stepAIC() 함수를 통해 변수를 선별하는데, 매개변수는 앞에서 생성한 회귀모델 mod2이다. stepAIC() 함수는 mod2에서 불필요한 변수를 제거해 나가는 방식으로 작업한다. stepAIC() 함수의 실행 결과에서 붉은색 글씨 부분을 보면 Step이 진행될 때마다 변수의 개수가 하나씩 줄어드는 것을 알 수 있다. 이 과정에서 제거된 변수는 education과 census이고, 남은 변수는 prestige와 women이다.

```
> mod3                                # 변수 선택 후 결과 확인

Call:
lm(formula = income ~ prestige + women, data = newdata2)

Coefficients:
(Intercept)     prestige        women
     431.57       165.87       -48.38
```

최종적으로 정리된 회귀모델 mod3의 결과를 출력한다. 앞에서 본 것처럼 prestige와 women만을 이용해 모델이 구성되었고 Coefficients: 값을 통해 구해진 회귀식은 다음과 같다.

$$income = 431.57 + (165.87 \times prestige) - (48.38 \times women)$$

```
> summary(mod3)                       # 회귀모델 상세 내용 확인

Call:
lm(formula = income ~ prestige + women, data = newdata2)
```

```
Residuals:
    Min      1Q  Median      3Q     Max
-7620.9 -1008.7  -240.4   873.1 14180.0

Coefficients:
            Estimate Std.Error t value  Pr(>|t|)
(Intercept) 431.574    807.630   0.534     0.594
prestige    165.875     14.988  11.067   < 2e-16   ***
women       -48.385      8.128  -5.953  4.02e-08   ***
---
Signif. codes:  0 '***' 0.001 '**' 0.01 '*' 0.05 '.' 0.1 ' ' 1

Residual standard error: 2573 on 99 degrees of freedom
Multiple R-squared:   0.64,Adjusted R-squared:  0.6327
F-statistic: 87.98 on 2 and 99 DF,  p-value: < 2.2e-16
```

회귀모델 mod3의 상세 내용을 확인한다. 여기서 주의 깊게 볼 것은 Adjusted R-squared 값이다. 변수 2개를 사용한 mod3 모델의 설명력이 0.6327인데, 변수 3개를 사용한 mod1의 설명력이 0.6323이다. 더 단순하면서도 동일한 설명력을 보이는 mod3이 mod1보다 더 나은 모델임을 알 수 있다.

03 로지스틱 회귀분석

1 로지스틱 회귀분석의 개념

로지스틱 회귀logistic regression란 회귀모델에서 종속변수의 값의 형태가 연속형 숫자가 아닌 범주형 값인 경우를 다루기 위해서 만들어진 통계적 기법이다. 2절에서 살펴본 종속변수 income의 자료는 다음과 같았다.

```
[1] 12351 25879  9271  8865 8403 11030 8258 14163 11377 11023  5902
[12] 7059  8425  8049  7405 6336 19263 6112  9593 4686 12480  5648
[23] 8034 25308 14558 17498 4614  3485 5092 10432 5180  6197  7562
[34] 8206  4036  3148  4348 2448  4330 4761  3016 2901  5511  3739
 ......
```

일반적인 회귀분석은 이와 같이 종속변수가 연속형 값인 경우에 대해서 예측모델 개발을 다룬다. 그런데 어떤 경우는 예측 대상이 되는 값이 범주형 값인 경우도 있다. 대표적인 것이 iris 데이터셋이다. iris 데이터셋은 붓꽃의 꽃받침, 꽃잎에 대한 측정값을 4개의 변수(Sepal.Length, Sepal.Width, Petal.Length, Petal.Width)에 나누어 저장하고 있다. 또한 4개의 측정값에 따른 품종 정보를 Species 변수에 제공하고 있는데, 이미 알고 있는 바와 같이 품종 정보는 숫자형이 아닌 범주형 자료이다. 이러한 데이터셋의 경우는 붓꽃의 꽃받침, 꽃잎에 대한 4개의 측정값으로부터 품종을 예측하는 문제를 생각할 수 있다.

이와 같이 주어진 데이터로부터 어떤 범주를 예측하는 분야를 회귀와 구분하여 **분류**classification라고 한다. 분류 기법에 대해서는 다음 장에서 자세히 다룬다. 분류 문제를 회귀의 방법으로 해결하고자 개발된 것이 로지스틱 회귀이다.

2 로지스틱 회귀모델 만들기

로지스틱 회귀모델에 대해 살펴보기 전에 한 가지 기억할 점은 로지스틱 회귀도 기본적으로 회귀 기법이기 때문에 종속변수가 숫자로 표현되어야 한다. 예를 들면 YES와 NO는 0과 1로, setosa, versicolor, virginica는 1, 2, 3과 같은 숫자로 바꾼 후에 로지스틱 회귀를 적용해야 한다. 이제 iris 데이터셋에 대해 로지스틱 회귀를 적용하여 품종을 예측해보자.

코드 11-6

```
iris.new <- iris
iris.new$Species <- as.integer(iris.new$Species)     # 범주형 자료를 정수로 변환
head(iris.new)
mod.iris <- glm(Species ~., data= iris.new)            # 로지스틱 회귀모델 도출
summary(mod.iris)                                      # 회귀모델의 상세 내용 확인
```

[코드 11-6]의 실행 결과를 나누어서 설명하면 다음과 같다.

```
> iris.new <- iris
> iris.new$Species <- as.integer(iris.new$Species)   # 범주형 자료를 정수로 변환
> head(iris.new)
  Sepal.Length Sepal.Width Petal.Length Petal.Width Species
1          5.1         3.5          1.4         0.2       1
2          4.9         3.0          1.4         0.2       1
3          4.7         3.2          1.3         0.2       1
4          4.6         3.1          1.5         0.2       1
5          5.0         3.6          1.4         0.2       1
6          5.4         3.9          1.7         0.4       1
```

iris 데이터셋을 iris.new에 복사하고, iris.new의 품종(Species) 정보가 팩터 타입의 문자이기 때문에 as.integer( ) 함수를 이용하여 정수로 변환한다. iris.new의 내용을 확인하면 품종(Species) 정보의 값이 숫자로 변환된 것을 알 수 있다. 원래 품종 정보와 정수로 변환된 값은 다음과 같다.

- setosa: 1
- versicolor: 2
- virginica: 3

```
> mod.iris <- glm(Species ~., data= iris.new)         # 로지스틱 회귀모델 도출
```

로지스틱 회귀모델을 구하여 mod.iris에 저장한다. 로지스틱 회귀모델을 구하는 함수는 glm()으로 lm()이 아닌 것에 주의하자. glm() 함수의 매개변수는 lm() 함수와 동일하다.

- **Species ~.**
  회귀모델에서 종속변수가 Species이고, 나머지 변수들은 모두 독립변수이다.
- **data=iris.new**
  회귀모델 도출에 사용할 데이터셋이 iris.new이다.

```
> summary(mod.iris)                                   # 회귀모델의 상세 내용 확인

Call:
glm(formula = Species ~ ., data = iris.new)

Deviance Residuals:
     Min        1Q    Median        3Q       Max
-0.59215  -0.15368   0.01268   0.11089   0.55077

Coefficients:
             Estimate Std. Error t value  Pr(>|t|)
(Intercept)   1.18650    0.20484   5.792 4.15e-08 ***
Sepal.Length -0.11191    0.05765  -1.941   0.0542  .
Sepal.Width  -0.04008    0.05969  -0.671   0.5030
Petal.Length  0.22865    0.05685   4.022 9.26e-05 ***
Petal.Width   0.60925    0.09446   6.450 1.56e-09 ***
---
Signif. codes:  0 '***' 0.001 '**' 0.01 '*' 0.05 '.' 0.1 ' ' 1

(Dispersion parameter for gaussian family taken to be 0.04800419)

    Null deviance: 100.0000  on 149  degrees of freedom
Residual deviance:   6.9606  on 145  degrees of freedom
AIC: -22.874
```

```
Number of Fisher Scoring iterations: 2
```

모델의 내용을 살펴보는 방법은 lm() 함수의 경우와 거의 유사하다. Coefficients:의 Estimate로부터 회귀식을 구할 수 있는데 이는 다음과 같다.

```
Species = 1.18650 – (0.11191×Sepal.Length) – (0.04008×Sepal.Width)
          + (0.22865×Petal.Length) + (0.60925×Petal.Width)
```

모델을 구성하는 변수들의 중요도를 나타내는 *를 보면 Petal.Length와 Petal.Width는 품종 예측에 중요한 변수이고, .으로 평가된 Sepal.Length는 기여도가 낮고, 아무 표시도 없는 Sepal.Width는 품종 예측에 있어서 거의 도움이 되지 않는 변수임을 알 수 있다.

앞에서 구한 회귀모델을 통해 다음과 같이 iris 데이터셋 첫 번째 행의 품종을 예측해보자.

Sepal.Length	Sepal.Width	Petal.Length	Petal.Width
5.1	3.5	1.4	0.2

계산식은 다음과 같다.

```
Species = 1.18650 – (0.11191×Sepal.Length) – (0.04008×Sepal.Width)
          + (0.22865×Petal.Length) + (0.60925×Petal.Width)
          = 1.18650 – (0.11191×5.1) – (0.04008×3.5)
          + (0.22865×1.4) + (0.60925×0.2)
          = 0.917439
```

품종을 예측한 결과가 1, 2, 3과 같은 정수가 아닌 0.917439가 도출되었다. 로지스틱 회귀식에 의한 결과는 이와 같이 정수가 아닌 실수가 도출된다. 이 결과에 대해 약간의 해석이 필요한데 0.917439와 가장 가까운 정수 1이 우리가 예측하고자 하는 값이다. 일반화해서 이야기하면 **소수 첫째 자리에서 반올림한 값이 예측값**이 된다. 결론적으로 예측값 1은 setosa 품종이다.

③ 로지스틱 회귀모델을 이용한 예측

iris 측정 데이터에 대해 수작업으로 계산하여 품종을 예측하는 방법 대신 구해놓은 회귀모델을 이용하여 보다 편리한 방법으로 품종을 예측해보자. [코드 11-6]에 이어서 [코드 11-7]을 실행해본다.

코드 11-7

```
# 예측 대상 데이터 생성(데이터프레임)
unknown <- data.frame(rbind(c(5.1, 3.5, 1.4, 0.2)))
names(unknown) <- names(iris)[1:4]
unknown                                # 예측 대상 데이터

pred <- predict(mod.iris, unknown)     # 품종 예측
pred                                   # 예측 결과 출력
round(pred,0)                          # 예측 결과 출력(소수 첫째 자리에서 반올림)

# 실제 품종명 알아보기
pred <- round(pred,0)
pred
levels(iris$Species)
levels(iris$Species)[pred]
```

[코드 11-7]의 실행 결과를 나누어서 설명하면 다음과 같다.

```
> # 예측 대상 데이터 생성(데이터프레임)
> unknown <- data.frame(rbind(c(5.1, 3.5, 1.4, 0.2)))
> names(unknown) <- names(iris)[1:4]
> unknown                              # 예측 대상 데이터
  Sepal.Length Sepal.Width Petal.Length Petal.Width
1          5.1         3.5          1.4         0.2
```

품종을 예측하고자 하는 측정 데이터를 데이터프레임 형식으로 입력하는 과정이다. 예측 대상 데이터의 형식은 로지스틱 회귀모델을 개발할 때 사용한 iris.new 데이터셋의 형식과 동일해야 한다. 여기서 품종 정보는 제외된다.

```
pred <- predict(mod.iris, unknown)                    # 품종 예측
```

predict( ) 함수는 회귀모델에 원하는 데이터를 넣어 결과를 예측하는 역할을 한다. 예측 결과는 pred에 저장된다. predict( ) 함수의 매개변수는 다음과 같다.

- **mod.iris**
  로지스틱 회귀모델을 의미한다.
- **unknown**
  예측 대상 데이터를 의미한다. 데이터 1건을 입력할 수도 있고 여러 개를 묶어서 입력할 수도 있다.

```
> pred                                # 예측 결과 출력
        1
0.9174506
> round(pred,0)                       # 예측 결과 출력(소수 첫째 자리에서 반올림)
1
1
```

pred에는 실수 형태의 예측 결과, 즉 0.9174506이 저장되어 있다. round( ) 함수는 반올림 값을 계산하는 함수로, pred에 저장된 값을 반올림하되 소수점 이하의 자리수를 0으로 하라는 뜻이다. 결국 소수점 첫째 자리에서 반올림하라는 것과 같은 의미이다. 반올림한 결과값은 1이다.

```
> # 실제 품종명 알아보기
> pred <- round(pred,0)
> pred
1
1
> levels(iris$Species)
[1] "setosa"     "versicolor" "virginica"
> levels(iris$Species)[pred]
[1] "setosa"
```

품종에 대한 예측값이 1, 2, 3과 같이 나오면 실제 품종명이 무엇인지 찾아봐야 하는 불편이

있다. 실제 품종명은 levels(iris$Species)를 통해 알 수 있다. levels() 함수는 팩터 타입의 자료에 대해 어떤 종류의 값이 있는지 보여준다. pred에 저장되어 있는 값은 levels() 함수의 결과에 있는 품종명의 순서와 일치하기 때문에 pred 값으로 품종명을 알 수 있다.

4 다수의 데이터에 대한 예측

앞에서는 예측 대상 데이터가 하나인 모델을 이용하여 예측하는 방법을 알아보았다. 그런데 예측 대상 데이터가 여러 개인 경우에도 유사한 방법으로 예측할 수가 있다. 당연한 이야기이지만 예측 대상 데이터가 10개라면 예측 결과도 10개가 도출된다. [코드 11-8]은 iris 데이터셋에 대해 품종을 모른다고 가정하고, 로지스틱 회귀모델을 이용하여 품종을 예측한 다음 그 결과를 실제 품종과 비교하는 과정을 보여준다. [코드 11-7]에 이어서 [코드 11-8]을 실행해본다.

코드 11-8

```
test <- iris[,1:4]                    # 예측 대상 데이터 준비
pred <- predict(mod.iris, test)       # 모델을 이용한 예측
pred <- round(pred,0)
pred                                  # 예측 결과 출력
answer <- as.integer(iris$Species)    # 실제 품종 정보
pred == answer                        # 예측 품종과 실제 품종이 같은지 비교
acc <- mean(pred == answer)           # 예측 정확도 계산
acc                                   # 예측 정확도 출력
```

[코드 11-8]의 실행 결과를 나누어서 설명하면 다음과 같다.

```
> test <- iris[,1:4]                  # 예측 대상 데이터 준비
```

먼저 예측에 사용할 대상 데이터를 준비한다. iris 데이터셋에서 품종을 제외한 데이터를 추출하여 test에 저장한다. 그 결과 test에는 150개의 예측 대상 데이터가 저장된다. 일반적으로 예측모델을 만들 때 사용하는 데이터를 **훈련 데이터** training data, 예측 대상이 되는 데이터를 **테스트 데이터** test data 라고 부른다.

```
> pred <- predict(mod.iris, test)          # 모델을 이용한 예측
```

mod.iris 모델을 대상으로 predict( ) 함수를 이용해 test를 입력값으로 주고 품종을 예측한 다음 그 결과를 pred에 저장한다. test에는 150개의 예측용 데이터가 있으므로 pred에도 150개의 예측 결과가 저장될 것이다.

```
> pred <- round(pred,0)
> pred                                     # 예측 결과 출력
  1   2   3   4   5   6   7   8   9  10  11  12  13  14  15  16  17
  1   1   1   1   1   1   1   1   1   1   1   1   1   1   1   1   1
 18  19  20  21  22  23  24  25  26  27  28  29  30  31  32  33  34
  1   1   1   1   1   1   1   1   1   1   1   1   1   1   1   1   1
 35  36  37  38  39  40  41  42  43  44  45  46  47  48  49  50  51
  1   1   1   1   1   1   1   1   1   1   1   1   1   1   1   1   2
... (중간 생략)
103 104 105 106 107 108 109 110 111 112 113 114 115 116 117 118 119
  3   3   3   3   3   3   3   3   3   3   3   3   3   3   3   3   3
120 121 122 123 124 125 126 127 128 129 130 131 132 133 134 135 136
  2   3   3   3   3   3   3   3   3   3   3   3   3   3   2   3   3
137 138 139 140 141 142 143 144 145 146 147 148 149 150
  3   3   3   3   3   3   3   3   3   3   3   3   3   3
```

실수 형태의 예측 결과를 정수로 바꾼 후 예측 결과를 출력한다. 150개의 예측 대상 데이터에 대한 예측 결과를 확인할 수 있다.

```
> answer <- as.integer(iris$Species)       # 실제 품종 정보
> pred == answer                           # 예측 품종과 실제 품종이 같은지 비교
   1    2    3    4    5    6    7    8    9   10   11
TRUE TRUE TRUE TRUE TRUE TRUE TRUE TRUE TRUE TRUE TRUE
  12   13   14   15   16   17   18   19   20   21   22
TRUE TRUE TRUE TRUE TRUE TRUE TRUE TRUE TRUE TRUE TRUE
  23   24   25   26   27   28   29   30   31   32   33
TRUE TRUE TRUE TRUE TRUE TRUE TRUE TRUE TRUE TRUE TRUE
... (중간 생략)
```

```
  122   123   124   125   126   127   128   129   130   131   132
 TRUE  TRUE  TRUE  TRUE  TRUE  TRUE  TRUE  TRUE  TRUE  TRUE  TRUE
  133   134   135   136   137   138   139   140   141   142   143
 TRUE FALSE  TRUE  TRUE  TRUE  TRUE  TRUE  TRUE  TRUE  TRUE  TRUE
  144   145   146   147   148   149   150
 TRUE  TRUE  TRUE  TRUE  TRUE  TRUE  TRUE
```

예측 결과가 실제 품종과 일치하는지 알아보는 과정이다. 예측 결과가 1, 2, 3의 형태이므로 실제 품종도 1, 2, 3의 형태로 바꾸어 answer에 저장한 후 예측 결과인 pred와 같은지 비교한다. 예측 결과와 실제 품종이 같으면 TRUE, 다르면 FALSE로 표시된다. 대부분 TRUE인 것으로 보아 예측모델이 잘 만들어졌다는 것을 알 수 있다.

```
> acc <- mean(pred == answer)          # 예측 정확도 계산
> acc                                  # 예측 정확도 출력
[1] 0.9733333
```

모델의 예측 정확도를 알아보는 과정이다. 예측 정확도는 바르게 예측한 데이터의 개수를 전체 예측 데이터의 개수로 나눈 것이다. 위의 경우 TRUE의 개수를 150으로 나눈 결과인데, TRUE는 연산에서 1로, FALSE는 연산에서 0으로 계산되므로 예측 정확도는 결국 평균 계산과 동일해진다. 예측 정확도가 0.9733333으로 매우 높은데, 이는 100개의 iris 측정 데이터에 대해 품종을 예측했을 때 약 97개는 정확히 예측한다는 의미이다.

TIP 앞의 예에서는 동일한 데이터를 가지고 모델을 만들고 모델의 정확도까지 평가하였다. 즉, 학습용 데이터와 테스트용 데이터가 동일하였다. 그러나 실제 모델 개발에서는 학습용 데이터와 테스트용 데이터는 서로 다른 것을 사용한다. 다음 장에서 이에 대해 보다 자세히 학습하도록 하자.

문제

boot 패키지에 포함된 survival 데이터셋에는 방사선 투여량(dose)에 따른 실험용 쥐의 생존율(surv) 데이터를 포함하고 있다. 방사선 투여량으로 생존율을 예측하는 회귀모델을 만들고, 모델의 평균절대오차(MAE)를 구하시오.

$$\left(MAE=\frac{1}{n}\sum_{i=1}^{n}|\text{예측값}_i-\text{실제값}_i|\right)$$

01 데이터셋의 내용을 확인하고 방사선 투여량과 생존율 사이의 상관계수를 알아본다.

```
library(boot)
head(survival)
cor(survival$dose,survival$surv)
```

02 방사선 투여량으로 생존율을 예측하는 회귀모델을 만든다.

```
model <- lm(surv~dose, data=survival)
model
```

03 회귀모델에 방사선 투여량을 입력하여 생존율의 예측값을 구한다.

```
pred <- predict(model, survival['dose'])
pred
```

TIP 방사선 투여량을 입력값으로 줄 때 데이터프레임 형식으로 해야 한다. survival[,'dose']로 하면 벡터가 되기 때문에 survival['dose']로 하였다.

04 생존율의 예측값과 실제값의 MAE를 계산하여 출력한다.

```
MAE <- sum(abs(pred-survival$surv))/nrow(survival)
MAE
```

결과

```
> MAE
[1] 10.18171
```

요약

01 어떤 현상을 설명할 때 현상의 발생에 영향을 미치는 요인들을 **독립변수**independent variable라고 하고, 영향에 따라 값이 결정되는 요인을 **종속변수**dependent variable라고 한다.

02 독립변수independent variable와 종속변수dependent variable를 다른 용어로 각각 **설명변수**explanatory variable와 **반응변수**response variable라고도 한다.

03 독립변수에 해당하는 자료와 종속변수에 해당하는 자료를 모아 관계를 분석하고 이를 예측에 사용할 수 있는 통계적 방법으로 정리한 것을 **예측모델**prediction model 또는 **예측모형**이라고 한다.

04 **회귀분석**regression analysis이란 회귀 이론을 기초로 독립변수가 종속변수에 미치는 영향을 파악하여 예측모델을 도출하는 통계적 방법을 말한다.

05 회귀모델에서는 독립변수(들)와 종속변수 사이의 관계가 수학식의 형태로 표현되기 때문에 회귀모델을 **회귀식**regression equation이라고 한다.

06 회귀분석에서 독립변수의 수가 하나인 경우를 **단순 회귀**simple regression라고 하고, 독립변수의 수가 두 개 이상인 경우를 **다중 회귀**multiple regression라고 한다.

07 **로지스틱 회귀**logistic regression란 회귀모델에서 종속변수의 값의 형태가 연속형 숫자가 아닌 범주형 값인 경우를 다루기 위해서 만들어진 통계적 방법이다.

08 데이터로부터 어떤 범주를 예측하는 작업은 회귀와 구분하여 **분류**classification라고 한다.

■ 함수 정리

회귀분석 관련 함수	
lm()	단순선형 회귀모델과 다중선형 회귀모델을 구한다.
stepAIC()	효율적인 다중선형 회귀모델을 위해 변수를 선별한다.
glm()	로지스틱 회귀모델을 구한다.
predict()	모델을 이용하여 결과를 예측하는 함수이다.

연습문제

01 **Loblolly 데이터셋에서 age를 이용해 height를 예측하는 단순선형 회귀모델을 만드시오. 그리고 age가 10, 15, 20일 때 height를 예측하여 보시오.**

02 **airquality 데이터셋에서 Wind로 Temp를 예측하는 단순선형 회귀모델을 만드시오. 그리고 Wind가 10, 15, 20일 때, Temp를 예측하여 보시오.**

03 **pressure 데이터셋에서 온도(temperature)로 기압(pressure)을 예측하는 단순선형 회귀모델을 만드시오. 그리고 온도가 65, 95, 155일 때 기압을 예측하여 보시오.**

04 **state.x77 데이터셋에 대해 다음의 문제를 해결하는 R 코드를 작성하시오.**

(1) 문맹률(`Illiteracy`)과 고등학교 졸업률(`HS.Grad`)로 1인당 소득(`Income`)을 예측하는 다중선형 회귀모델을 만드시오.

(2) 다중선형 회귀모델을 이용하여 `state.x77` 데이터셋의 문맹률(`Illiteracy`)과 인구수(`Population`)로 1인당 소득(`Income`)을 예측하시오.

(3) (2)에서 예측한 1인당 소득과 실제 `state.x77` 데이터셋의 1인당 소득(`Income`)이 얼마나 차이가 나는지 보이시오(예측값, 실제값, 예측값-실제값을 나타낸다).

05 **mlbench 패키지의 BostonHousing 데이터셋은 보스턴 지역의 지역 정보 및 평균 주택 가격(medv) 정보가 저장되어 있다. 다른 변수들을 이용하여 medv를 예측하는 모델을 만드시오**(단 chas 변수는 모델을 만들 때 제외한다).

```
library(mlbench)
data(BostonHousing)                # 데이터셋 불러오기
```

(1) 전체 변수를 이용하여 평균 주택 가격(`medv`)을 예측하는 회귀모델을 만들고 회귀식을 나타내시오.

(2) 평균 주택 가격(`medv`)을 예측하는 데 도움이 되는 변수들만 사용하여 예측하는 회귀모델을 만들고 회귀식을 나타내시오.

(3) (1), (2)에서 만든 예측모델의 설명력(Adjusted R-squared)을 비교해 보시오.

06 **mtcars 데이터셋에서 다른 변수들을 이용하여 연비(mpg)를 예측하는 다중 회귀모델을 만드시오.**

(1) 전체 변수를 이용하여 연비(mpg)를 예측하는 회귀모델을 만들고 회귀식을 나타내시오.

(2) 연비(mpg)를 예측하는 데 도움이 되는 변수들만 사용하여 예측하는 회귀모델을 만들고 회귀식을 나타내시오.

(3) (1), (2)에서 만든 예측모델의 설명력(Adjusted R-squared)을 비교하시오.

07 **UCLA 대학원의 입학 데이터를 불러와서 mydata에 저장한 후 다음 물음에 답하시오.**

```
mydata <- read.csv("https://stats.idre.ucla.edu/stat/data/binary.csv")
```

(1) gre, gpa, rank를 이용해 합격 여부(admit)를 예측하는 로지스틱 모델을 만드시오(0: 불합격, 1:합격).

(2) mydata에서 합격 여부(admit)를 제외한 데이터를 예측 대상 데이터로 하여 (1)에서 만든 모델에 입력하여 합격 여부를 예측하고 실제값과 예측값을 나타내시오.

(3) 만들어진 모델의 예측 정확도를 나타내시오.

08 **mlbench 패키지의 PimaIndiansDiabetes 데이터셋은 17개의 변수로 당뇨 여부(diabetes)를 예측하기 위한 정보를 담고 있다. 17개의 변수들을 이용하여 당뇨 여부(diabetes)를 예측하는 로지스틱 회귀모델을 만드시오.**

```
library(mlbench)
data(PimaIndiansDiabetes)              # 데이터셋 불러오기
```

(1) set.seed(100)을 실행한 후 전체 데이터(관측값)에서 임의로 60%를 추출하여 train에 저장하고 나머지 40%는 test에 저장하시오.

(2) train 데이터로 당뇨 여부(diabetes)를 예측하는 로지스틱 회귀모델을 만들고 회귀식을 나타내시오(당뇨 여부(diabetes) 변수는 팩터 타입이므로 정수로 바꾸어야 모델을 만들 수 있다).

(3) 회귀모델에 대해 test 데이터를 입력하여 당뇨 여부(diabetes)를 예측하시오.

(4) 예측한 값과 실제 당뇨 여부를 비교하여 모델의 정확도(accuracy)가 어느 정도인지 확인하시오.

09 **mlbench 패키지의 Glass 데이터셋은 9개의 변수로 잔디의 종류(Type)를 예측하기 위한 정보를 담고 있다. 9개의 변수들을 이용하여 잔디의 종류(Type)를 예측하는 로지스틱 회귀모델을 만드시오.**

```
library(mlbench)
data(Glass)                          # 데이터셋 불러오기
```

(1) set.seed(100)을 실행한 후 전체 데이터(관측값)에서 임의로 60%를 추출하여 train에 저장하고 나머지 40%는 test에 저장하시오.

(2) train의 데이터로 잔디의 종류(Type)를 예측하는 로지스틱 회귀모델을 만들고 회귀식을 나타내시오(잔디의 종류(Type) 변수는 팩터 타입이므로 정수로 바꾸어야 모델을 만들 수 있다).

(3) 회귀모델에 test 데이터를 입력하여 잔디의 종류(Type)를 예측하시오.

(4) 예측한 값과 실제 잔디 종류를 비교하여 모델의 정확도(accuracy)가 어느 정도인지 확인하시오.

CHAPTER 12

군집화와 분류

PREVIEW

최근에 발전하고 있는 머신러닝 기술은 데이터 분석 분야에도 많이 활용되고 있다. 이번 장에서는 머신러닝에 대한 간단한 소개와 더불어 머신러닝의 대표적인 기술인 군집화clustering와 분류classification에 대해 학습한다.

1절에서는 머신러닝의 대표적인 기술 중의 하나인 군집화와 분류의 개념에 대해 알아본다. 군집화는 주어진 대상 데이터들을 유사성이 높은 것끼리 묶어주는 기술이고, 분류는 그룹의 형태로 이미 형성된 데이터들이 있을 때 그룹을 모르는 어떤 데이터에 대해 어느 그룹에 속할지 예측하는 기술이다.

2절에서는 자주 사용하는 군집화 알고리즘인 k-평균 군집화의 과정을 살펴보고, R에서 k-평균 군집화를 어떻게 실시하는지 실습한다.

3절에서는 k-최근접 이웃 분류 방법에 대해 알아보고, 이를 R에서 어떻게 적용하는지 실습한다.

4절에서는 k-fold 교차 검증 방법에 대해 알아보고, R을 통해 k-fold 교차 검증을 어떻게 실시하는지 학습한다.

01 군집화와 분류의 개요

1 머신러닝의 등장

최근에 주목받고 있는 기술 중 하나가 인공지능 분야에 속하는 **머신러닝**machine learning 이다. 머신러닝은 방대한 데이터를 컴퓨터가 스스로 분석하고 학습하여 유용한 정보를 얻어내거나 미래를 예측하기 위한 예측모델을 만들어내는 기술을 말한다. 또한 사람의 음성을 이해해 어떤 작업을 수행하거나 이미지 속에서 특정 물체를 찾아내는 것도 머신러닝 기술에 속한다.

머신러닝 기술은 데이터 분석 분야에도 적용되고 있는데, 이번 장에서는 머신러닝의 대표적인 기술 중의 하나인 **군집화**clustering 와 **분류**classification 에 대해 학습한다. 사실 두 기술 모두 학습할 내용이 방대하기 때문에 짧은 시간의 학습으로 내용을 모두 파악하기는 어렵다. 이 책에서는 군집 분석과 분류에 대한 기초적인 내용을 이해하고 간단한 적용을 실습하면서 향후에 머신러닝 분야를 공부할 때 디딤돌이 되는 수준으로 진행할 것이다.

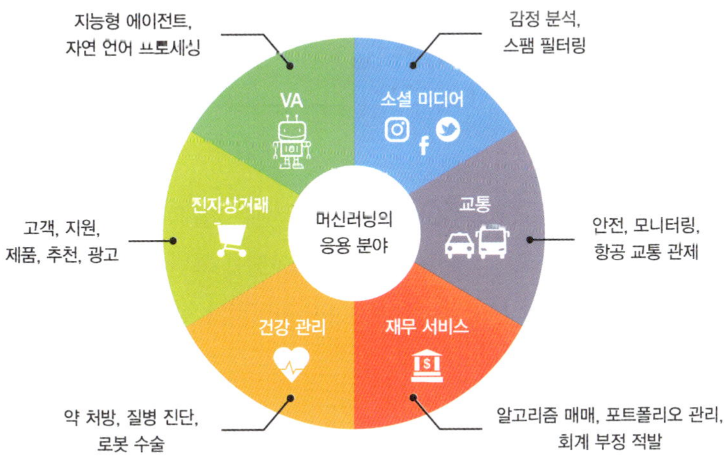

그림 12-1 머신러닝의 응용 분야 © https://www.quantinsti.com/wp-content/uploads/2018/10/Applications-of-Machine-Learning.png

2 군집화와 분류의 개념

먼저 이번 절에서는 군집 분석과 분류의 개념에 대해 살펴보도록 하자. **군집화**clustering란 주어진 대상 데이터들을 유사성이 높은 것끼리 묶어주는 기술을 말하며, 이러한 묶음을 **군집**cluster, **범주**category, **그룹**group, class 등 다양한 용어로 부른다. [그림 12-2]의 왼쪽 그래프를 보면 2차원 데이터상에서 점들이 크게 두 개의 그룹을 형성하고 있음을 확인할 수 있다. 이에 따라 점들을 두 개의 군집으로 묶으면 오른쪽과 같은 모양이 될 것이다.

어떤 데이터 A, B가 동일한 군집에 속해 있다는 것은 A, B의 성질이 비슷하다는 의미가 된다. 데이터 안에서 이러한 군집이 발견된다면 분석에 있어서 매우 중요한 의미를 갖는다. 그 이유는 개별 군집의 특성을 파악하고 군집과 군집의 차이를 분석하면 현실에 적용할 수 있는 중요한 정보를 얻어낼 수 있기 때문이다. 머신러닝에서는 데이터를 입력하면 군집을 자동으로 찾아준다. 이에 대해서는 2절에서 살펴보도록 한다.

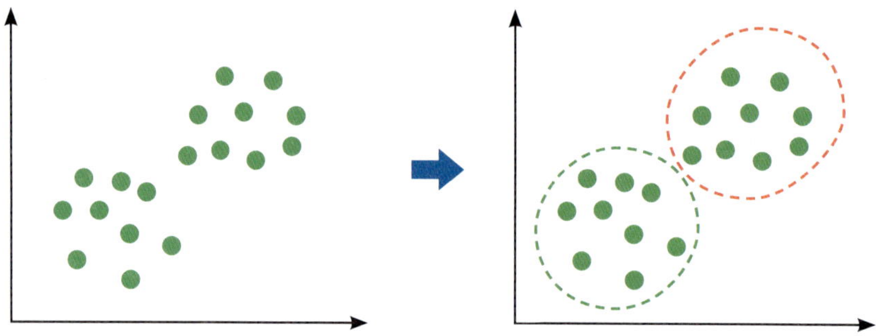

그림 12-2 군집화의 예

분류classification란 그룹group, class의 형태로 알려진 데이터들이 있을 때 그룹을 모르는 어떤 데이터에 대해 어느 그룹에 속하는지 예측하는 기술이다. [그림 12-3]을 보면 이미 알려진 정상인 그룹과 환자 그룹이 있을 때 그룹 정보를 알 수 없는 어떤 데이터가 정상인에 속하는지 환자에 속하는지 예측하는 것이 분류의 문제이다. 분류 기술이 의료 분야에서 사용되면 질병 진단에 활용될 수 있고, 영상 처리에 적용되면 사진을 보고 남성인지 여성인지를 구분하는 문제에 적용될 수 있다.

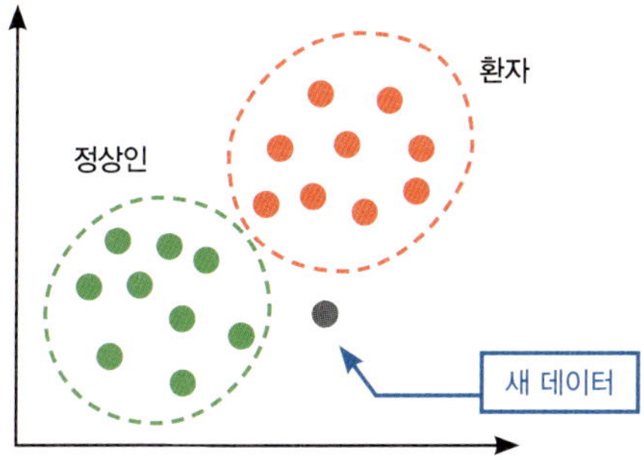

그림 12-3 분류 문제의 예

군집화는 그룹 정보를 알 수 없는 데이터를 대상으로 그룹을 찾아주는 기술로 머신러닝에서 **비지도학습**unsupervised learning에 속한다. 분류는 이미 그룹 정보가 있는 데이터를 기반으로 그룹을 모르는 데이터의 그룹을 예측하는 기술로 머신러닝에서는 **지도학습**supervised learning에 속한다.

군집화와 분류의 문제를 해결하기 위해 다양한 알고리즘이 개발되었다. 2절에서는 간단하면서도 군집화에 많이 이용되는 k-평균k-means 알고리즘에 대해 학습하고, 3절에서는 단순하지만 분류 성능이 좋은 k-최근접 이웃k-nearest neighbor 알고리즘에 대해 학습하도록 한다.

02 k-평균 군집화

1 k-평균 군집화 과정

k-평균k-means 군집화 알고리즘은 자주 사용하는 군집화 알고리즘으로 이해하기가 쉽다. 우선 k-평균 군집화 알고리즘을 사용하기 위해서는 군집의 개수(k)를 정해야 한다. 그런데 어떤 데이터에 군집이 몇 개 존재할지 사전에 정할 수 있는 경우가 있고, 정하기 어려운 경우가 있다. 데이터의 군집을 확인하고 싶으면 앞에서 배운 차원 축소 등을 통해 2차원 산점도를 그려 보면 대략 군집의 존재 유무와 개수를 파악할 수 있다.

[그림 12-4]는 군집의 개수 k가 2인 경우를 가정하여 주어진 데이터에서 2개의 군집을 찾는 과정을 보여준다. 각 단계별로 살펴보면 다음과 같다.

- **1단계:** 대상 데이터셋을 준비한다. 이때 산점도 상의 점 하나가 관측값 하나를 의미한다.
- **2단계:** 산점도상에 임의의 점 2개(* 와 +)를 만든다. 이 2개의 점은 나중에 군집이 완성되었을 때 각 군집의 중심점이 된다. 따라서 군집의 개수만큼 임의의 점을 생성한다.
- **3단계:** 산점도상의 점 하나하나와 임의의 점 2개와의 거리를 계산하여 두 점 중 가까운 쪽으로 군집을 형성한다. 그 결과 그래프의 왼쪽 위의 점들은 * 군집으로, 오른쪽 아래의 점들은 + 군집으로 묶인다.
- **4단계:** 두 개의 군집에서 중심점을 다시 계산한다(*와 +도 포함하여 계산). *의 위치와 +의 위치를 새로 계산한 중심점의 위치로 이동한다.
- **5단계:** 4단계의 과정을 반복한다.
- **6단계:** *와 +의 위치가 더 이상 변동되지 않으면 군집의 중심점에 도달한 것이므로 반복을 중단한다.
- **7단계:** 마지막으로 *와 가까운 점들은 * 군집으로, +와 가까운 점들은 + 군집으로 표시한다. 군집화를 종료한다.

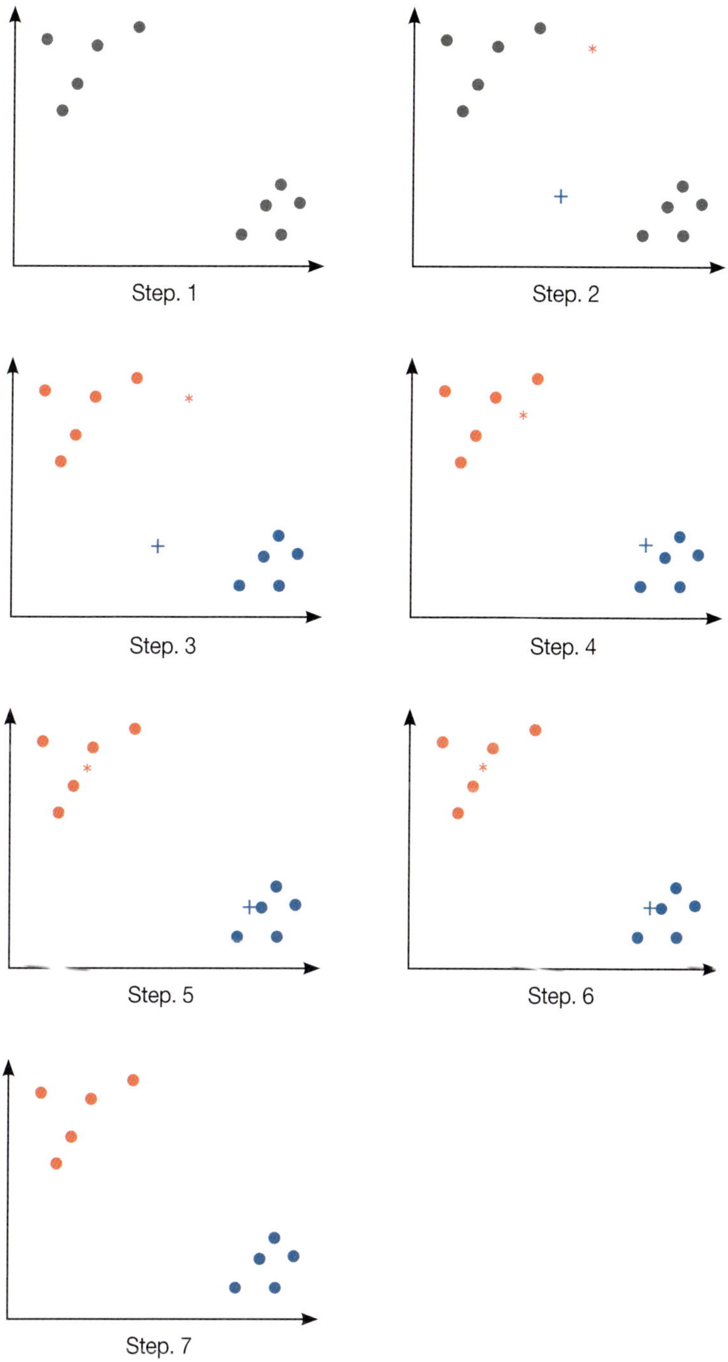

그림 12-4 k-평균 군집화 과정

k-평균 군집화의 과정을 정리하면 먼저 군집의 중심점을 찾고, 다른 점들을 거리가 가장 가까운 중심점의 군집에 속하는 것으로 결정하는 것이다. [그림 12-4]의 방법이 'k-평균 군집화'라는 이름이 붙은 이유는 군집의 중심점을 계산할 때 각 점들의 평균을 이용하기 때문이다.

k-평균 군집화에서는 점과 점 사이의 거리를 계산하는 과정이 있다. 점과 점 사이의 거리를 계산하는 다양한 방법이 있지만, 대개 유클리디안 거리Euclidean distance가 많이 사용된다. 유클리디안 거리를 이용하면 n차원 상의 점 p, q의 거리가 다음과 같이 계산된다.

$$d(p,q) = \sqrt{(p_1 - q_1)^2 + (p_2 - q_2)^2 + \cdots + (p_n - q_n)^2} = \sqrt{\sum_{i=1}^{n} (p_i - q_i)^2}$$

2 R에서의 k-평균 군집화

이제 R에서 제공하는 kmeans( ) 함수를 통해 군집화 실습을 해보자. 대상 데이터는 iris 데이터셋에서 품종(Species)을 제외한 나머지 자료로 한다.

코드 12-1

```
mydata <- iris[,1:4]            # 데이터 준비

fit <- kmeans(x=mydata, centers=3)
fit
fit$cluster                     # 각 데이터에 대한 군집 번호
fit$centers                     # 각 군집의 중심점 좌표

# 차원 축소 후 군집 시각화
library(cluster)
clusplot(mydata, fit$cluster, color=TRUE, shade=TRUE,
        labels=2, lines=0)

# 데이터에서 두 번째 군집의 데이터만 추출
subset(mydata, fit$cluster==2)
```

[코드 12-1]의 실행 결과를 나누어서 설명하면 다음과 같다.

```
> mydata <- iris[,1:4]              # 데이터 준비
```

군집화 대상 데이터를 준비하여 mydata에 저장한다.

```
> fit <- kmeans(x=mydata, centers=3)
```

kmeans() 함수를 이용하여 군집화를 실행하고 그 결과를 fit에 저장한다. kmeans() 함수 안에 있는 매개변수의 의미는 다음과 같다.

- **x=mydata**
  매개변수 x에는 군집화의 대상이 되는 데이터셋을 지정한다.
- **centers=3**
  매개변수 centers에는 군집의 개수를 입력한다.

```
> fit
K-means clustering with 3 clusters of sizes 62, 38, 50

Cluster means:
  Sepal.Length Sepal.Width Petal.Length Petal.Width
1     5.901613    2.748387     4.393548    1.433871
2     6.850000    3.073684     5.742105    2.071053
3     5.006000    3.428000     1.462000    0.246000

Clustering vector:
  [1] 3 3 3 3 3 3 3 3 3 3 3 3 3 3 3 3 3 3 3 3 3 3 3 3 3 3 3 3 3 3 3 3 3
 [34] 3 3 3 3 3 3 3 3 3 3 3 3 3 3 3 3 1 1 2 1 1 1 1 1 1 1 1 1 1 1 1 1 1
 [67] 1 1 1 1 1 1 1 1 1 1 1 2 1 1 1 1 1 1 1 1 1 1 1 1 1 1 1 1 1 1 1 1 1
[100] 1 2 1 2 2 2 2 1 2 2 2 2 2 2 1 1 2 2 2 2 1 2 1 2 1 2 2 1 1 2 2 2 2
[133] 2 1 2 2 2 2 1 2 2 2 1 2 2 2 1 2 2 1

Within cluster sum of squares by cluster:
[1] 39.82097 23.87947 15.15100
 (between_SS / total_SS =  88.4 %)
```

```
Available components:

[1] "cluster"      "centers"      "totss"        "withinss"
[5] "tot.withinss" "betweenss"    "size"         "iter"
[9] "ifault"
```

fit의 결과를 출력하면 다양한 정보가 표시되는데 주요 정보는 [그림 12-5]와 같다.

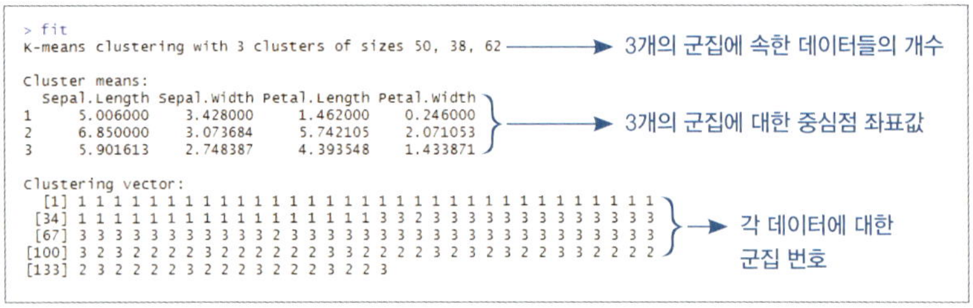

그림 12-5 군집화 결과에 대한 주요 정보

```
> fit$cluster                    # 각 데이터에 대한 군집 번호
  [1] 3 3 3 3 3 3 3 3 3 3 3 3 3 3 3 3 3 3 3 3 3 3 3 3 3 3 3 3 3 3 3 3 3
 [34] 3 3 3 3 3 3 3 3 3 3 3 3 3 3 3 3 3 1 1 2 1 1 1 1 1 1 1 1 1 1 1 1 1
 [67] 1 1 1 1 1 1 1 1 1 1 1 2 1 1 1 1 1 1 1 1 1 1 1 1 1 1 1 1 1 1 1 1 1
[100] 1 2 1 2 2 2 2 1 2 2 2 2 2 2 1 1 2 2 2 2 1 2 1 2 1 2 2 1 1 2 2 2 2 2
[133] 2 1 2 2 2 2 1 2 2 2 1 2 2 2 1 2 2 1
> fit$centers                    # 각 군집의 중심점 좌표
  Sepal.Length Sepal.Width Petal.Length Petal.Width
1     5.901613    2.748387     4.393548    1.433871
2     6.850000    3.073684     5.742105    2.071053
3     5.006000    3.428000     1.462000    0.246000
```

군집화의 결과로부터 각 데이터(관측값)에 대한 군집 번호와 각 군집의 중심점의 좌표값을 출력한다. iris 데이터셋에는 150개의 관측값 데이터가 있는데, 각각의 데이터에 대해 어떤 군집에 속하는지를 번호로 표시한 것이다. 군집 번호가 같으면 같은 군집에 속한다.

```
> # 차원 축소 후 군집 시각화
> library(cluster)
```

```
> clusplot(mydata, fit$cluster, color=TRUE, shade=TRUE,
+          labels=2, lines=0)
>
```

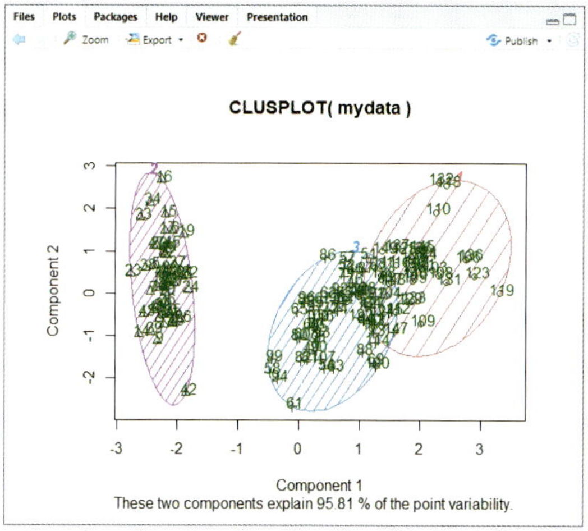

cluster 패키지에서 제공하는 clusplot() 함수를 이용하여 군집을 시각화한다. 그래프에서 초록색 숫자는 군집화 대상 데이터의 관측값 번호, 즉 데이터셋에서 행의 번호이다. 군집 1은 다른 군집으로부터 멀리 떨어져 있는데, 군집 2와 3은 인접해 있는 것을 확인할 수 있다. 세 개의 군집은 iris 데이터셋에서 품종과 관련이 있다. 한 품종은 다른 두 품종에 비해 특성이 매우 다르고 두 품종은 유사한 부분이 존재한다는 것을 암시한다. clusplot() 함수에 있는 매개변수의 의미는 다음과 같다.

- `mydata`
  군집화 대상 데이터셋을 지정한다.
- `fit$cluster`
  군집화 결과에서 관측값별 군집 번호이다.
- `color=TRUE`
  군집을 표시하는 원의 색깔을 군집별로 다르게 할지 여부를 결정한다.
- `shade=TRUE`
  군집을 표시하는 원 안에 빗금을 표시할지 여부를 결정한다.
- `labels=2`
  군집화 대상 데이터셋에서 개별 관측값을 그래프상에 어떻게 나타낼지를 지정한다.

- 1: 관측값을 ○, △, +와 같은 기호로 표시
- 2: 관측값을 숫자 번호로 표시

- `lines=0`

  군집의 중심점과 중심점을 연결하는 선을 표시할지 여부를 결정한다.

  - 0: 표시하지 않음
  - 1: 표시함

```
> # 데이터에서 두 번째 군집의 데이터만 추출
> subset(mydata, fit$cluster==2)
   Sepal.Length Sepal.Width Petal.Length Petal.Width
51          7.0         3.2          4.7         1.4
52          6.4         3.2          4.5         1.5
54          5.5         2.3          4.0         1.3
55          6.5         2.8          4.6         1.5
56          5.7         2.8          4.5         1.3
57          6.3         3.3          4.7         1.6
...(이하 생략)
```

군집화를 시행한 후에 군집별로 데이터를 추출하여 작업하고 싶은 경우는 위와 같이 fit$cluster의 데이터(관측값)별 군집 번호를 이용하여 원하는 군집의 데이터만 추출할 수 있다.

3 대상 데이터 표준화 후 군집화

k-평균 군집화에서 한 가지 생각할 점이 있다. 그것은 데이터와 데이터의 거리를 계산할 때 발생하는 문제로 한 가지 예를 들어보도록 하겠다. A, B 두 학생의 키와 시력이 [표 12-1]과 같다고 가정하자.

표 12-1 A, B 학생의 키와 시력

학생	키	시력
A	180	1.2
B	170	0.9

A와 B의 거리를 계산하면 다음과 같다.

$$\begin{aligned} d(A,B) &= \sqrt{(180-170)^2+(1.2-0.9)^2} \\ &= \sqrt{(10)^2+(0.3)^2} \\ &= \sqrt{100+0.09} \end{aligned}$$

이 계산 과정에서 알 수 있는 점은 거리 계산에 있어서 키의 값은 많이 반영되는데(100), 시력은 거리 계산에 있어서 거의 영향을 미치지 못한다(0.09)는 점이다. 이것은 키의 자료 범위scale는 대략 0~200인데, 시력은 0~2.0 정도이기 때문이다. 즉, 자료의 범위가 큰 변수가 거리 계산에 있어서 더 많은 영향을 미칠 수밖에 없다는 의미이다. 이것은 데이터와 데이터의 거리 계산에 있어서 심각한 왜곡을 불러올 수 있다. 따라서 분석자들은 모든 변수가 거리 계산에 동등한 영향을 갖도록 하기 위해서 모든 변수의 자료 범위를 0~1 사이로 표준화한 후에 거리 계산을 한다. 변수 A의 값들을 0~1 사이로 표준화하는 공식은 다음과 같다.

(x-min(A)) / (max(A) - min(A))

여기서 x는 변수 A의 임의의 관측값이고, max(A), min(A)는 변수 A의 관측값 중 최댓값과 최솟값이다. [코드 12-2]는 군집화 대상 데이터를 표준화한 후에 군집화를 실행하는 코드이다.

코드 12-2

```
std <- function(X) {                        # 표준화 함수
  return((X-min(X)) /(max(X)-min(X)))
}

mydata <- apply(iris[,1:4], 2, std)         # 표준화된 데이터 준비

fit <- kmeans(x=mydata, centers=3)
fit
```

참고로 iris 데이터셋의 경우는 각 변수별로 값의 범위가 크게 차이나지 않기 때문에 표준화를 하지 않아도 된다.

03 k-최근접 이웃 분류

1 분류 문제의 사례

군집화clustering가 그룹 정보가 없는 데이터들 대상으로 그룹을 확인하는 기술이라면 분류classification는 그룹이 있는 데이터에 대해 그룹을 모르는 데이터가 들어왔을 때 어떤 그룹에 속하는지 예측하는 기술이다.

[그림 12-6]은 분류 문제의 전형적인 사례를 보여준다. 병원에서 어떤 질병에 대해 환자들의 운동 시간running hour과 일하는 시간working hour 자료를 수집하고 진단 결과category를 함께 정리한 자료를 가지고 있다고 가정하자. 새로운 환자가 내원했을 때 운동 시간과 일하는 시간을 알아보니 각각 0.45와 0.61이라고 했을 때 이 환자가 질병이 있는지(patient) 없는지(normal)를 알고 싶다고 한다면 이것이 바로 분류 문제이다. 즉 새로운 환자의 그룹이 환자(patient)인지 정상(normal)인지를 예측하는 문제이다. 분류 문제를 의료 분야에 적용하면 질병 진단의 문제가 된다.

No	운동 시간	일하는 시간	진단 결과
1	0.27	0.65	patient
2	0.34	0.68	patient
3	0.46	0.95	patient
4	0.37	0.75	patient
5	0.48	0.75	patient
6	0.36	0.86	patient
7	0.51	0.98	patient
8	0.43	0.91	patient
9	0.28	0.78	patient
10	0.46	0.86	patient
11	0.74	0.51	normal
12	0.67	0.46	normal
13	0.56	0.43	normal
14	0.67	0.34	normal
15	0.81	0.56	normal
16	0.81	0.43	normal
17	0.76	0.35	normal
18	0.65	0.42	normal
19	0.78	0.23	normal
20	0.88	0.26	normal

환자 또는 정상?

운동 시간	일하는 시간
0.45	0.61

그림 12-6 분류 문제의 예

2 k-최근접 이웃 분류 방법

분류 문제를 해결하기 위해 매우 다양한 알고리즘이 제시되었고, 최근에는 인공신경망에 기초한 딥러닝 기술도 개발되었다. 이러한 알고리즘 중에서 비교적 초창기에 개발되었고 이해하기 쉬우면서도 성능이 나쁘지 않은 **k-최근접 이웃**KNN, K-Nearest Neighbor 알고리즘에 대해 알아보도록 한다. k-최근접 이웃 분류의 방법은 다음과 같다.

- **1단계:** 그룹을 모르는 데이터 P에 대해 이미 그룹이 알려진 데이터 중 P와 가장 가까이에 있는 k개의 데이터를 수집한다.
- **2단계:** k개의 데이터가 가장 많이 속해 있는 군집을 P의 군집으로 정한다.

[그림 12-7]은 k-최근접 이웃 분류의 방법을 시각적으로 표현한 것이다. Class A에 속하는 빨간 점들과 Class B에 속하는 파란 점들이 있을 때 그룹을 모르는 별점의 그룹을 판별하는 예이다. k-최근접 이웃 알고리즘에서 k=7이라고 했을 때 별점과 가장 가까이에 있는 7개의 점들을 찾아보면 회색 타원 안에 있는 점들이 된다. 이때 7개의 점 중에서 4개는 Class A에 속하고 3개는 Class B에 속하는데, 다수결에 의해 이웃의 점 4개가 속해 있는 Class A를 별점의 그룹이라고 예측하는 것이 k-최근접 이웃 알고리즘의 아이디어이다.

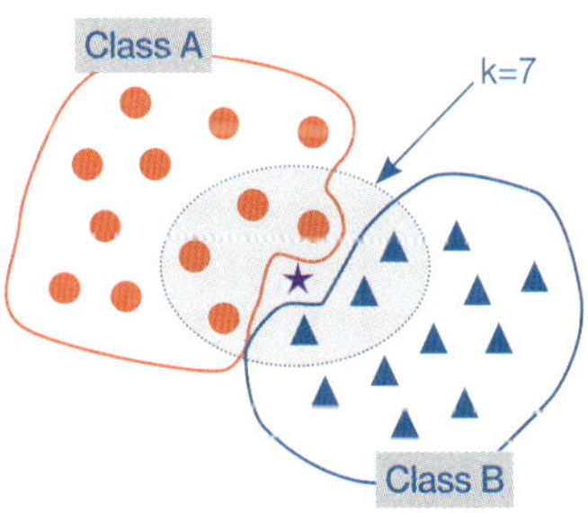

그림 12-7 k-최근접 이웃 알고리즘의 원리(k=7)

3 R에서의 k-최근접 이웃 분류

R에서는 `class` 패키지의 `knn()` 함수가 k-최근접 이웃 알고리즘을 지원한다. [코드 12-3]에서 `iris` 데이터셋의 품종(`Species`)을 예측하는 사례를 알아보자.

코드 12-3

```
library(class)

# 훈련용 데이터와 테스트용 데이터 준비
tr.idx <- c(1:25,51:75, 101:125)          # 훈련용 데이터의 인덱스
ds.tr <- iris[tr.idx, 1:4]                # 훈련용 데이터셋
ds.ts <- iris[-tr.idx, 1:4]               # 테스트용 데이터셋
cl.tr <- factor(iris[tr.idx, 5])          # 훈련용 데이터셋의 그룹(품종) 정보
cl.ts <- factor(iris[-tr.idx, 5])         # 테스트용 데이터셋의 그룹(품종) 정보

pred <- knn(ds.tr, ds.ts, cl.tr, k=3, prob=TRUE)
pred

acc <- mean(pred==cl.ts)                  # 예측 정확도
acc

table(pred,cl.ts)                         # 예측값과 실제값 비교 통계
```

[코드 12-3]의 실행 결과를 나누어서 설명하면 다음과 같다.

```
> library(class)
```

knn() 함수를 사용하기 위해서 class 패키지를 불러온다.

```
> # 훈련용 데이터와 테스트용 데이터 준비
> tr.idx <- c(1:25,51:75, 101:125)        # 훈련용 데이터의 인덱스
> ds.tr <- iris[tr.idx, 1:4]              # 훈련용 데이터셋
> ds.ts <- iris[-tr.idx, 1:4]             # 테스트용 데이터셋
> cl.tr <- factor(iris[tr.idx, 5])        # 훈련용 데이터셋의 그룹(품종) 정보
> cl.ts <- factor(iris[-tr.idx, 5])       # 테스트용 데이터셋의 그룹(품종) 정보
```

머신러닝에서 분류(예측)모델을 만들 때는 우리가 가지고 있는 데이터를 훈련용 데이터training data와 테스트용 데이터test data로 나누어 작업을 한다. 훈련용 데이터는 분류(예측)모델을 만들 때 사용하고, 테스트용 데이터는 모델의 성능을 평가할 때 사용한다. 또한 훈련용 데이터

와 테스트용 데이터에서 그룹 정보(iris 데이터셋에서는 품종(Species))는 관측 데이터에서 분리하여 별도로 취급한다.

주어진 데이터를 훈련용 데이터와 테스트용 데이터로 나누는 데는 여러 가지 방법이 있지만, 이 예에서는 간단히 3개의 품종 데이터에서 각각 25개씩을 떼어서 총 75개를 훈련용으로 쓰고 나머지를 테스트용으로 사용하였다.

```
> pred <- knn(ds.tr, ds.ts, cl.tr, k=3, prob=TRUE)
```

knn( ) 함수를 이용하여 테스트용 데이터셋의 그룹(품종) 정보를 예측하고, 결과를 pred에 저장한다. knn( ) 함수 안에 있는 매개변수의 의미는 다음과 같다.

- **ds.tr**
  훈련용 데이터셋을 지정한다.
- **ds.ts**
  테스트용 데이터셋을 지정한다.
- **cl.tr**
  훈련용 데이터셋의 그룹 정보를 지정한다.
- **k=3**
  최근접 이웃의 개수를 지정한다.
- **prob=TRUE**
  예측된 그룹에 대한 지지 확률을 표시할지 여부를 결정한다. 위와 같이 k=3인 경우 최근접 이웃이 Class A가 2개, Class B가 1개라면 예측된 그룹은 Class A이고 Class A에 대한 지지 확률은 2/3(=0.6666)이다.

```
> pred
 [1] setosa     setosa     setosa     setosa     setosa     setosa
 [7] setosa     setosa     setosa     setosa     setosa     setosa
[13] setosa     setosa     setosa     setosa     setosa     setosa
... (중간 생략)
[61] virginica  virginica  virginica  versicolorvirginica  virginica
[67] virginica  virginica  virginica  virginica virginica  virginica
```

```
[73] virginica  virginica  virginica
attr(,"prob")
 [1] 1.0000000 1.0000000 1.0000000 1.0000000 1.0000000 1.0000000
 [7] 1.0000000 1.0000000 1.0000000 1.0000000 1.0000000 1.0000000
[13] 1.0000000 1.0000000 1.0000000 1.0000000 1.0000000 1.0000000
... (중간 생략)
[67] 1.0000000 1.0000000 1.0000000 1.0000000 1.0000000 0.6666667
[73] 1.0000000 1.0000000 0.6666667
Levels: setosa versicolor virginica
```

테스트용 데이터에 대한 예측 결과와 예측 결과에 대한 지지 확률을 표시한다.

```
> acc <- mean(pred==cl.ts)                # 예측 정확도
> acc
[1] 0.9333333
```

예측된 그룹 정보와 실제 그룹 정보를 비교하여 예측 정확도를 계산한다. 예측 정확도는 (정답의 개수)÷(전체 테스트 데이터의 개수)로 계산이 된다. mean(pred==cl.ts)가 정확도를 계산하는 역할을 하는데, pred==cl.ts는 정답일 경우 TRUE(1), 오답일 경우 FALSE(0)을 도출하고, mean은 평균 계산 함수이기 때문에 정답의 개수를 전체 데이터의 개수로 나눈다. 계산 결과 예측 정확도는 약 0.93으로 확인된다. 즉, 100건을 예측하면 그중 93건은 정확히 예측한다는 의미이다.

```
> table(pred,cl.ts)                       # 예측값과 실제값 비교 통계
            cl.ts
pred         setosa versicolor virginica
  setosa         25          0         0
  versicolor      0         23         3
  virginica       0          2        22
```

예측한 그룹 정보와 실제 그룹 정보가 어느 정도 일치하는지 표(테이블)로 정리하는 과정이다. 결과를 보면 열 방향이 실제 그룹 정보를 나타내고, 행 방향이 예측된 그룹 정보를 나타낸다. 우선 대각선에 위치한 숫자는 정확히 예측한 경우를 나타내고, 대각선 밖에 있는 2

와 3은 잘못 예측한 경우를 나타낸다. 두 번째 열의 내용을 해석하면 다음과 같다. 정답이 versicolor인데 setosa라고 예측한 경우는 0건, 정답이 versicolor인데 versicolor라고 예측한 경우는 23건, 정답이 versicolor인데 virginica라고 예측한 경우는 2건이다.

이상에서 k-최근접 이웃 알고리즘을 이용하여 iris의 품종을 예측하는 예측모델을 만들고 테스트해보았다. 예측 정확도가 매우 높아서 현실에서 사용 가능한 모델이라고 할 수 있다.

여기서 잠깐! k-최근접 이웃 분류의 궁금한 점

k-최근접 이웃 알고리즘의 사용에 있어서 몇 가지 궁금한 점을 알아보도록 하자.

1. k 값은 어떻게 정하는가?

k 값을 얼마로 하는가에 따라 예측모델의 정확도가 달라지는데, k를 몇으로 하는 것이 좋은지 미리 알 수 있는 방법은 없다. 다만 k 값은 $\sqrt{\text{관측값의 개수}}$ 보다는 작은 것이 좋다고 알려져 있다. 즉, 데이터셋의 관측값의 개수(행의 개수)가 100이라면 k는 10보다 작은 것이 좋다. 보통은 1~7의 값을 차례로 실험해보고, 예측모델의 정확도가 가장 높게 나오는 k를 선택하면 된다.

2. 그룹을 예측할 때 다수결에서 동수가 나오면 어떻게 하는가?

예를 들면 k=4일 때, 그룹을 모르는 데이터 P의 최근접 이웃이 Class A가 2건, Class B가 2건이라면 P의 그룹을 무엇으로 할지 애매해진다. **knn( )** 함수에서는 둘 중 하나를 임의로 선택한다.

3. k-최근접 이웃 알고리즘의 단점은 무엇인가?

k개의 최근접 이웃을 알아내기 위해서는 그룹을 모르는 데이터 P와 그룹 정보가 알려진 훈련용 데이터셋의 모든 데이터들과 거리 계산을 해야 한다. 만일 훈련용 데이터의 개수가 10,000개이면, 10,000번의 거리 계산을 해야 하기 때문에 계산 시간이 오래 걸리고, 10,000개의 데이터를 메인 메모리에 모두 가져와야 거리 계산이 되기 때문에 메모리 요구량이 크다.

TIP 분류 알고리즘에는 k-최근접 이웃보다 성능이 좋은 알고리즘들이 많이 있으므로 머신러닝에 관심이 있는 학습자는 머신러닝 관련 서적을 참고하도록 한다.

04 k-fold 교차 검증

1 k-fold 교차 검증의 방법

3절에서는 k-최근접 이웃 알고리즘을 통해 예측모델을 만들고 모델을 테스트하는 방법을 간단히 살펴보았다. 머신러닝에서 일반적으로 예측모델을 개발하고 테스트하는 절차는 [그림 12-8]과 같다. 먼저 예측모델을 개발하려면 그룹 정보가 포함된 데이터셋이 확보되어야 하는데, 데이터셋에 포함된 관측값의 개수는 많으면 많을수록 좋다. 확보된 데이터셋은 훈련용 데이터training data와 테스트용 데이터test data로 나눌 수 있다. 훈련용 데이터를 이용하여 분류(예측)모델을 개발하고 테스트용 데이터를 이용하여 예측을 실시한다. 예측값과 실제값의 일치 정도를 계산하면 예측 정확도가 나오는데 이것이 모델의 성능을 나타낸다. 머신러닝의 목표 중 하나는 예측 정확도가 높은 모델을 만드는 것이다.

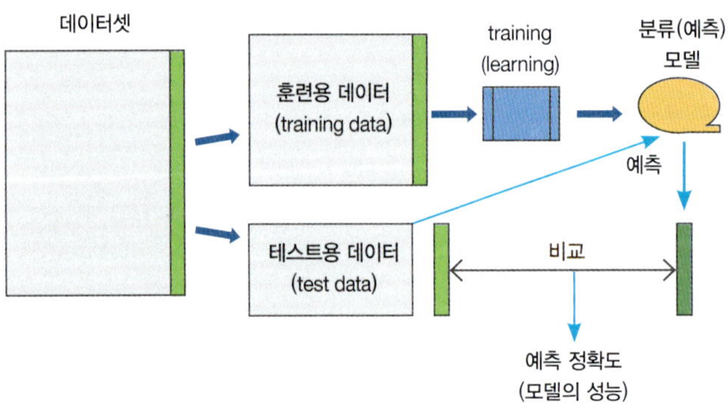

그림 12-8 머신러닝에서 예측모델의 개발 절차

이와 같이 확보한 데이터셋을 훈련용과 테스트용으로 나누어 모델을 개발하는 방식에는 문제가 있다. 훈련용과 테스트용으로 데이터를 나눌 때 데이터가 어떻게 나누어졌는가에 따라 모델의 성능이 달라지기 때문이다. 이 문제를 해결하는 방법은 데이터를 임의로 훈련용과 테스트용으로 나누어 모델을 개발하는 과정을 여러 번 반복하여 그곳에서 도출되는 예측 정확도의 평균을 구하는 것이다. 이것을 체계화한 방법론이 **k-fold 교차 검증**k-fold cross validation이다.

[그림 12-9]는 교차 검증의 방법을 설명한다. 먼저 전체 데이터를 k등분한다(그림에서는 4등분). k번의 실험에서 1/k등분의 데이터는 테스트용으로, 나머지는 훈련용으로 데이터를 나누어 모델을 개발하고 정확도를 측정한 후 k번 측정한 정확도의 평균을 구한다. 일반적으로 등분값 k는 10으로 한다.

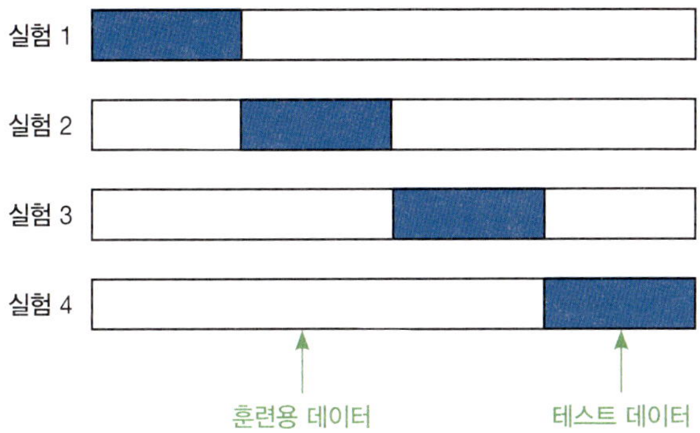

그림 12-9 k-fold 교차 검증(k=4)

2 R에서의 k-fold 교차 검증

[코드 12-4]는 iris 데이터셋에 대해 k-최근접 이웃 알고리즘의 성능을 10-fold 교차 검증에 의해 확인하는 과정을 보여준다. R에는 폴드fold를 나누는 함수가 여러 개 존재하는데, 그 중에서 cvTools 패키지에서 제공하는 cvFolds( ) 함수를 이용한다. 따라서 먼저 cvTools 패키지를 설치한 후에 [코드 12-4]를 실행해야 한다.

코드 12-4

```
library(cvTools)                      # cvFolds() 함수 지원

k = 10                                # 10-fold
folds <- cvFolds(nrow(iris), K=k)     # 폴드 생성

acc <- c()                            # 폴드별 예측 정확도 저장용 벡터
for (i in 1:k) {
  ts.idx <- folds$which == i          # 테스트용 데이터의 인덱스
  ds.tr <- iris[-ts.idx, 1:4]         # 훈련용 데이터셋
  ds.ts <- iris[ts.idx, 1:4]          # 테스트용 데이터셋
```

```
  cl.tr <- factor(iris[-ts.idx, 5])      # 훈련용 데이터셋의 그룹(품종) 정보
  cl.ts <- factor(iris[ts.idx, 5])       # 테스트용 데이터셋의 그룹(품종) 정보

  pred <- knn(ds.tr, ds.ts, cl.tr, k = 5)
  acc[i] <- mean(pred==cl.ts)            # 예측 정확도
}
acc                                      # 폴드별 예측 정확도
mean(acc)                                # 폴드평균 예측 정확도
```

[코드 12-4]의 실행 결과를 나누어서 설명하면 다음과 같다.

```
> library(cvTools)                       # cvFolds() 함수 지원
```

cvFolds() 함수를 이용하기 위해 cvTools 패키지를 불러온다.

```
> k = 10                                 # 10-fold
> folds <- cvFolds(nrow(iris), K=k)      # 폴드 생성
```

폴드를 등분하는 개수를 10으로 지정한다. cvFolds() 함수를 이용하여 iris 데이터셋에 들어있는 150개의 행에 대해 10개의 폴드를 생성한다. 생성된 폴드 정보는 folds에 저장된다.

```
> acc <- c()                             # 폴드별 예측정확도 저장용 벡터
```

각 폴드별로 예측모델을 만들었을 때 예측모델의 정확도를 저장할 벡터 acc를 생성하는데, c() 함수의 결과를 저장했으므로 acc는 아무 값도 없는 빈 벡터이다.

```
> for (i in 1:k) {
>   ts.idx <- folds$which == i           # 테스트용 데이터의 인덱스
>   ds.tr <- iris[-ts.idx, 1:4]          # 훈련용 데이터셋
>   ds.ts <- iris[ts.idx, 1:4]           # 테스트용 데이터셋
>   cl.tr <- factor(iris[-ts.idx, 5])    # 훈련용 데이터셋의 그룹(품종) 정보
>   cl.ts <- factor(iris[ts.idx, 5])     # 테스트용 데이터셋의 그룹(품종) 정보
```

```
>   pred <- knn(ds.tr, ds.ts, cl.tr, k = 5)
>   acc[i] <- mean(pred==cl.ts)                    # 예측 정확도
> }
```

폴드의 개수만큼 반복문을 실행하면서 각 폴드별로 k-최근접 이웃 알고리즘에 의한 예측을 실행하고 예측 정확도를 계산한 뒤 acc 벡터에 저장한다. for() 함수의 첫 번째 줄에서 folds$which == i는 i번째 폴드에 대한 인덱스 값들을 가져오는 명령문이다.

```
> acc                                              # 폴드별 예측 정확도
 [1] 0.9333333 1.0000000 0.9333333 0.9333333 1.0000000 1.0000000
 [7] 0.9333333 1.0000000 1.0000000 0.9333333
> mean(acc)                                        # 폴드평균 예측 정확도
[1] 0.9666667
```

acc에 저장되어 있는 각 폴드별 예측 정확도를 출력한다. 폴드별로 예측 정확도가 다른 것을 알 수 있다. 이는 폴드별로 훈련용 데이터와 테스트용 데이터가 다르기 때문이다. 전체 평균 정확도는 약 0.97인데, 100개를 예측하면 3개만 부정확하고 97개는 정확히 예측한다는 의미이다. 3절에서 파악된 0.93보다 정확도가 더 높게 측정된 것을 알 수 있다.

문제

carData 패키지에 포함된 UN 데이터셋은 전 세계 국가별 통계 정보를 포함하고 있다. 데이터 유사도에 따라 전 세계 국가를 3개의 그룹으로 나누고, 그룹별로 1인당 국내총생산(ppgdp)과 영아사망률(infantMortality)을 막대그래프로 비교하시오.

01 데이터셋의 내용을 확인하고 자료형이 숫자가 아닌 열과 결측값을 포함한 행은 제외한다.

```
library(carData)
str(UN)
temp <- UN[,3:7]
temp <- temp[complete.cases(temp), ]
```

02 각 열의 측정값의 범위가 다르므로 scale( ) 함수를 통해 평균 0, 표준편차 1이 되도록 범위를 변환한다.

```
temp <- scale(temp)
```

03 k-평균 군집화를 적용하여 데이터를 3개 그룹으로 나눈 뒤 그룹 정보를 grp에 저장한다.

```
fit <- kmeans(temp, center=3)
grp <- fit$cluster
grp
```

04 그룹별 1인당 국내총생산(ppgdp)과 영아사망률(infantMortality)을 비교한다.

```
agg <- aggregate(UN[complete.cases(UN),c('ppgdp','infantMortality')],
                 by=list(grp=grp), mean)
agg$grp <- factor(agg$grp)
agg

library(ggplot2)
ggplot(agg, aes(x=grp,y=ppgdp)) +
  geom_bar(stat='identity', width=0.7, fill='steelblue') +
  ggtitle('그룹별 1인당국내총생산')
ggplot(agg, aes(x=grp,y=infantMortality)) +
  geom_bar(stat='identity', width=0.7, fill='orange') +
  ggtitle('그룹별 영아사망률')
```

결과

비교 결과를 보면 3번 그룹이 선진국, 2번 그룹이 개발 도상국으로 유추된다. grp 변수를 출력해보면 어느 국가가 어느 그룹으로 분류되었는지 확인할 수 있다.

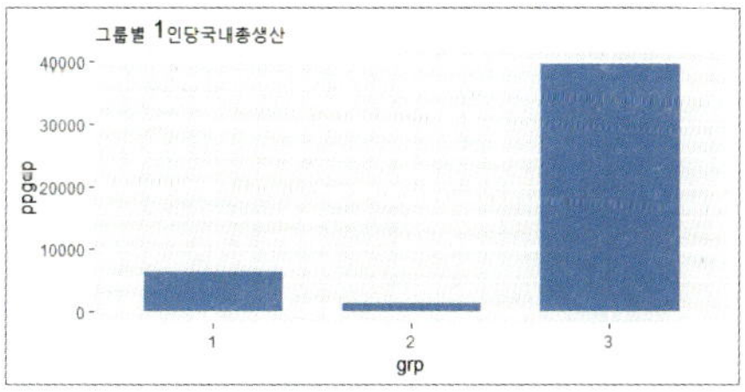

[그룹별 1인당 국내총생산]

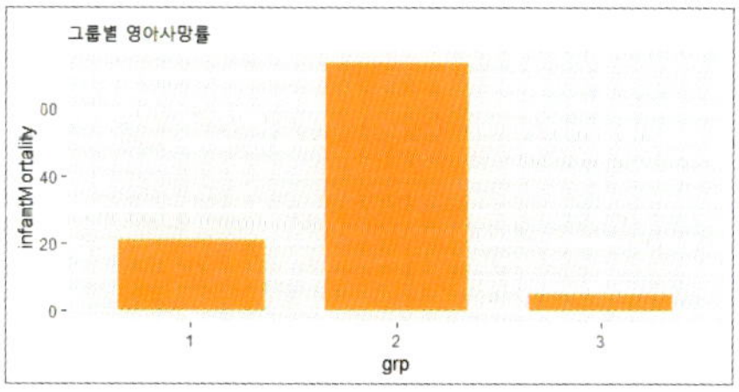

[그룹별 영아사망률]

요약

01 **머신러닝** machine learning은 방대한 데이터를 컴퓨터가 스스로 분석하고 학습하여 유용한 정보를 얻어내거나 미래를 예측하기 위한 예측모델을 만들어내는 기술을 말한다.

02 **군집화** clustering란 주어진 대상의 데이터들을 유사성이 높은 것끼리 묶어주는 기술을 말하며, 이러한 묶음을 **군집** cluster, **범주** category, **그룹** group, class 등 다양한 용어로 부른다.

03 **분류** classification란 그룹 group, class의 형태로 알려진 데이터들이 있을 때 그룹을 모르는 어떤 데이터에 대해 어느 그룹에 속하는지 예측하는 기술이다.

04 **k-평균** k-means 군집화 분류의 방법은 먼저 군집의 중심점을 찾고, 다른 점들을 거리가 가장 가까운 중심점의 군집에 속하는 것으로 결정하는 것이다. 'k-평균 군집화'라는 이름이 붙은 것은 군집의 중심점을 계산할 때 각 점들의 평균을 이용하기 때문이다.

05 **k-최근접 이웃** KNN, K-Nearest Neighbor 분류의 방법은 다음과 같다.

- **1단계:** 그룹을 모르는 데이터 P에 대해 이미 그룹이 알려진 데이터 중 P와 가장 가까이에 있는 k개의 데이터를 수집한다.
- **2단계:** k개의 데이터가 가장 많이 속해 있는 군집을 P의 군집으로 정한다.

06 데이터를 임의로 훈련용과 테스트용으로 나누어 모델을 개발하는 과정을 여러 번 반복하여 그곳에서 도출되는 예측 정확도의 평균을 구하는데, 이것을 체계화한 방법론이 **k-fold 교차 검증** k-fold cross validation이다.

■ 함수 정리

군집화, 분류 관련 함수	
kmeans()	k-평균을 이용해 군집화하는 함수이다.
clusplot()	군집화 결과를 산점도로 시각화하여 보여주는 함수이다.
knn()	k-최근접 이웃 분류를 수행하는 함수이다.
cvfold()	분류모델의 교차 검증을 위해 데이터의 폴드(fold)를 나누는 함수이다.

연습문제

01 R에서 제공하는 Seatbelts 데이터셋에 대해 k-평균 군집화를 실시하고 결과를 그래프로 출력하시오.

- 군집의 수는 2로 한다.
- `Seatbelts` 데이터셋에서 마지막에 있는 `law` 열은 제외하고 군집화를 실행한다.
- `Seatbelts`는 각 변수(열) 값들의 단위 차이가 많이 나기 때문에 0~1 표준화를 실시한 후 군집화를 실행한다.

02 mlbench 패키지에서 제공하는 Sonar 데이터셋에 대해 k-평균 군집화를 실시하고 결과를 그래프로 출력하시오.

```
library(mlbench)
data("Sonar")                    # 데이터셋 불러오기
```

- 군집의 수는 2로 한다.
- `Sonar` 데이터셋에서 마지막에 있는 `Class` 열은 제외하고 군집화를 실행한다.

03 R에서 제공하는 swiss 데이터셋에 대해 k-평균 군집화를 실시하고 결과를 그래프로 출력하시오.

- 군집의 수는 3으로 한다.

04 R에서 제공하는 rock 데이터셋에 대해 k-평균 군집화를 실시하고 결과를 그래프로 출력하시오.

- 군집의 수는 3으로 한다.

05 **mlbench 패키지에서 제공하는 Soybean 데이터셋에 대해 k-최근접 이웃 알고리즘을 이용하여 모델을 만들고 예측 정확도를 측정하시오.**

- Soybean 데이터셋에는 결측값이 포함되어 있으므로 결측값을 제거한다.
- Soybean 데이터셋에서 첫 번째에 있는 Class 열이 그룹 정보이다.
- Soybean 데이터셋에서 짝수 번째 데이터(관측값)를 훈련용 데이터로 하고, 홀수 번째 데이터(관측값)를 테스트용 데이터로 한다.
- k-최근접 이웃에서 k를 3, 5, 7로 다르게 하여 예측 정확도를 비교한다.

06 **mlbench 패키지에서 제공하는 Glass 데이터셋에 대해 k-최근접 이웃 알고리즘을 이용하여 모델을 만들고 예측 정확도를 측정하시오.**

- Glass 데이터셋에서 마지막에 있는 Type 열이 그룹 정보이다.
- k-최근접 이웃에서 k는 3으로 한다.
- 5-fold 교차 검증 방법으로 예측 정확도를 측정한다.

07 **mlbench 패키지에서 제공하는 BreastCancer 데이터셋에 대해 k-최근접 이웃 알고리즘을 이용하여 모델을 만들고 예측 정확도를 측정하시오.**

```
library(mlbench)
data("BreastCancer")                    # 데이터셋 불러오기
```

- BreastCancer 데이터셋에서 마지막에 있는 Class 열이 그룹 정보이다.
- k-최근접 이웃에서 k는 5로 한다.
- 10-fold 교차 검증 방법으로 예측 정확도를 측정한다.

08 mlbench 패키지에서 제공하는 PimaIndiansDiabetes 데이터셋에 대해 k-최근접 이웃 알고리즘을 이용하여 모델을 만들고 예측 정확도를 측정하시오.

```
library(mlbench)
data("PimaIndiansDiabetes")                    # 데이터셋 불러오기
```

- PimaIndiansDiabetes 데이터셋에서 마지막에 있는 diabetes 열이 그룹 정보이다.
- k-최근접 이웃에서 k는 5로 한다.
- 10-fold 교차 검증 방법으로 예측 정확도를 측정한다.

09 mlbench 패키지에서 제공하는 Vehicle 데이터셋에 대해 k-최근접 이웃 알고리즘을 이용하여 모델을 만들고 예측 정확도를 측정하시오.

```
library(mlbench)
data("Vehicle")                                # 데이터셋 불러오기
```

- Vehicle 데이터셋에서 마지막에 있는 Class 열이 그룹 정보이다.
- k-최근접 이웃에서 k는 3으로 한다.
- 10-fold 교차 검증 방법으로 예측 정확도를 측정한다.

10 mlbench 패키지에서 제공하는 Vowel 데이터셋에 대해 k-최근접 이웃 알고리즘을 이용하여 모델을 만들고 예측 정확도를 측정하시오.

```
library(mlbench)
data("Vowel")                                  # 데이터셋 불러오기
```

- Vowel 데이터셋에서 마지막에 있는 Class 열이 그룹 정보이다.
- k-최근접 이웃에서 k는 5로 한다.
- 10-fold 교차 검증 방법으로 예측 정확도를 측정한다.

CHAPTER 13

데이터 분석 사례 I

PREVIEW

지금까지 데이터를 분석하는 데 사용되는 다양한 기법들에 대해 학습하였다. 이번 장에서는 그동안 배운 기법들을 활용하여 실제 데이터를 분석하는 사례에 대해 살펴보도록 한다. 분석 대상 데이터는 서울특별시 상가업소현황이다.

1절에서는 먼저 분석 대상 데이터를 준비한다. 대상 데이터를 서울특별시 상가업소현황 자료로 한다.

2절에서는 분석 대상 데이터에 어떤 내용이 들어 있는지 탐색한다.

3절에서는 데이터가 수집된 시점에 따라 점포수가 어떻게 변동되었는지 분석한다.

4절에서는 역삼1동의 상권을 간단히 분석하고 실습을 마무리한다.

01 분석 대상 데이터 준비

이번 장에서는 서울특별시의 상가업소현황 자료를 대상으로 실제 데이터를 분석하는 과정을 살펴볼 것이다. 대상 자료는 공공데이터포털(https://www.data.go.kr/)에서 상가 정보를 다운로드하였고 서울시 자료만을 따로 추출하였다. 서울시 상가 정보는 2015년 12월, 2016년 6월, 2016년 12월, 2017년 6월, 2017년 12월, 이렇게 총 5회에 걸쳐 조사된 것이다.

TIP 다음은 예제 소스에 있는 분석 대상 파일의 목록이다(seoul_201512.xlsx, seoul_201606.xlsx, seoul_201612.xlsx, seoul_201706.xlsx, seoul_201712.xlsx).

5개 파일의 열의 구조는 동일하다. [그림 13-1]은 열의 수가 많아서 엑셀 파일 앞부분의 일부만 나타냈다. 하나의 파일에는 30~40만 개의 개별 상가점포에 대한 정보가 들어 있어서 파일의 크기가 매우 크니 참고하도록 하자.

	A	B	C	D	E	F	G	H
1	상가업소번호	상호명	지점명	상권업종대분류코드	상권업종대분류명	상권업종중분류코드	상권업종중분류명	상권업종소분류코드
2	20316431	서민시대참짜장		Q	음식	Q02	중식	Q02A00
3	20252211	별난왕족발보쌈		Q	음식	Q01	한식	Q01A08
4	20294848	상근삼계탕		Q	음식	Q05	닭/오리요리	Q05A01
5	20469870	다사랑커피숍		Q	음식	Q12	커피점/카페	Q12A01
6	20468674	BBQ		Q	음식	Q05	닭/오리요리	Q05A08
7	20472103	삼일흑염소		D	소매	D10	건강/미용식품	D10A07
8	20469164	동지호프		Q	음식	Q09	유흥주점	Q09A01
9	20076877	하늘빛건강하우스		D	소매	D10	건강/미용식품	D10A04
10	19997545	제일반찬		D	소매	D01	음/식료품소매	D01A07
11	19995020	전주집		Q	음식	Q01	한식	Q01A01
12	19994770	[illegible]		D	소매	D01	음/식료품소매	D01A01
13	20385191	오븐에빠진닭	신림점	Q	음식	Q05	닭/오리요리	Q05A08
14	20407436	바다극장		Q	음식	Q01	한식	Q01A01
15	20392880	쌈지		Q	음식	Q04	분식	Q04A01
16	20380776	이모네		Q	음식	Q01	한식	Q01A01
17	20381289	비어셀		Q	음식	Q09	유흥주점	Q09A01
18	20374459	맥주바켓2	신림역점	Q	음식	Q09	유흥주점	Q09A01
19	20296819	커피빈	코리아신림점	Q	음식	Q12	커피점/카페	Q12A01

그림 13-1 상가 정보 파일의 내용

이제 데이터가 들어 있는 파일들을 읽어서 필요한 열만 선택한 후 5개 파일을 하나로 합치는 작업을 수행할 것이다. 데이터 파일들은 `D:\source` 폴더에 있다고 가정한다. [코드 13-1]을 실행하도록 한다.

코드 13-1

```
setwd("D:/source")

library(ggplot2)
library(ggmap)
library(readxl)

files <- c("201512","201606","201612","201706","201712")
columns <- c( "상가업소번호", "상호명", "상권업종대분류명", "상권업종중분류명",
             "상권업종소분류명", "시군구명", "행정동명", "경도", "위도")
ds.total <- NULL

for (i in 1:length(files)) {
  filename <- paste("seoul_", files[i], ".xlsx", sep="")
  cat("read ", filename, "...\n")              # 읽을 파일 이름 출력

  ds <- read_excel(filename)                   # 엑셀 파일 읽기
  ds <- data.frame(ds)                         # 데이터프레임으로 변환
  ds <- ds[,columns]                           # 분석에 필요한 변수만 추출
  ds$수집연월 <- rep(i, nrow(ds))              # 데이터 수집 시점
  ds.total <- rbind(ds.total,ds)               # 데이터 통합
}

head(ds.total)
```

[코드 13-1]의 실행 결과를 나누어서 설명하면 다음과 같다.

```
> setwd("D:/source")
```

실습에서 사용할 엑셀 데이터 파일이 있는 폴더를 지정한다.

```
> library(ggplot2)
> library(ggmap)
> library(readxl)
```

작업에 필요한 패키지들을 불러온다. 이 중에서 세 번째에 있는 readxl 패키지는 엑셀 파일을 읽기 위한 것이다. 설치되어 있지 않은 패키지가 있으면 미리 설치하도록 한다.

```
> files <- c("201512","201606","201612","201706","201712")
```

5개의 파일에 대해 식별할 수 있는 정보를 설정한다. 여기서는 데이터를 수집한 연도와 월이다.

```
> columns <- c( "상가업소번호", "상호명", "상권업종대분류명", "상권업종중분류명",
                "상권업종소분류명", "시군구명", "행정동명", "경도", "위도")
```

파일을 읽은 후 분석에 필요한 열의 데이터만 추출하기 위해서 열의 이름을 정리한 것이다. 목록에 있는 이 열 데이터만 추출할 예정이다.

```
> ds.total <- NULL
```

5개의 파일을 읽어들인 후 하나로 합쳐서 저장할 데이터프레임 ds.total을 생성한다. 저장된 값이 NULL이므로 ds.total에는 아무것도 존재하지 않는다.

```
> for (i in 1:length(files)) {
+   filename <- paste("seoul_", files[i], ".xlsx", sep="")
+   cat("read ", filename, "...\n")             # 읽을 파일 이름 출력
+
+   ds <- read_excel(filename)                  # 엑셀 파일 읽기
+   ds <- data.frame(ds)                        # 데이터프레임으로 변환
+   ds <- ds[,columns]                          # 분석에 필요한 변수만 추출
+   ds$수집연월 <- rep(i, nrow(ds))              # 데이터 수집 시점
+   ds.total <- rbind(ds.total,ds)              # 데이터 통합
+ }
```

5개의 엑셀 파일을 차례로 읽어서 필요한 열(변수)만 추출한 후 이것을 ds.total에 추가하는 과정이다. 엑셀 파일을 읽을 때는 read_excel( ) 함수를 이용한다. **ds$수집연월**에는 분석을 용이하게 하기 위해서 실제 수집연월 대신에 1, 2, 3, 4, 5를 저장하였다. 실제 수집연월과 번호와의 관계는 다음과 같다.

• 201512: 1 • 201606: 2 • 201612: 3

• 201706: 4 • 201712: 5

```
> head(ds.total)
  상가업소번호          상호명 상권업종대분류명 상권업종중분류명
1     20316431 서민시대참짜장              음식             중식
2     20252211 별난왕족발보쌈              음식             한식
3     20294848       상근삼계탕            음식        닭/오리요리
4     20469870     다사랑커피숍            음식        커피점/카페
5     20468674            B.B.Q            음식        닭/오리요리
6     20472103       삼일흑염소            소매      건강/미용식품
     상권업종소분류명 시군구명 행정동명     경도     위도 수집연월
1     중국음식/중국집   관악구   은천동 126.9408 37.48348        1
2       족발/보쌈전문   관악구   은천동 126.9394 37.48395        1
3          삼계탕전문   관악구   은천동 126.9437 37.48281        1
4 커피전문점/카페/다방   관악구   은천동 126.9381 37.48522        1
5    후라이드/양념치킨   관악구   은천동 126.9376 37.48615        1
6              건강원   관악구   은천동 126.9383 37.48552        1
```

ds.total에 정보가 잘 저장되었는지 확인한다. 이제 분석을 시작할 준비를 마쳤다.

02 데이터 탐색

분석할 대상 데이터가 준비되었으니 이번에는 데이터에 어떤 내용이 들어 있는지 탐색해본다.

코드 13-2

```
str(ds.total)
unique(ds.total$수집연월)                      # 수집연월
unique(ds.total$상권업종대분류명)              # 상권업종 대분류
unique(ds.total$상권업종중분류명)              # 상권업종 중분류
unique(ds.total$상권업종소분류명)              # 상권업종 소분류

# NA 포함여부 확인
sum(is.na(ds.total))

# 201712 수집 데이터만 추출
ds.201712 <- subset(ds.total, ds.total$수집연월== 5)
dim(ds.201712)

# 업종별 점포수(대분류)
store.level_1 <- aggregate(ds.201712[,1],
                           by=list(대분류=ds.201712$상권업종대분류명),
                           FUN=length)
store.level_1
names(store.level_1)[2] = c("count")
ggplot(store.level_1, aes(x=대분류, y=count)) +
  geom_bar(stat="identity", width=0.7, fill="steelblue") +
  ggtitle("업종별 점포수") +
  theme(plot.title = element_text(color="black", size=14, face="bold"))

# 구별 점포수
store.region <- aggregate(ds.201712[,1],
                          by=list(구이름=ds.201712$시군구명),
                          FUN=length)
```

```
store.region
names(store.region)[2] = c("count")
names(store.region)[2] = c("count")
ggplot(store.region, aes(x=구이름, y=count)) +
  geom_bar(stat="identity", width=0.7, fill="steelblue") +
  ggtitle("구별 점포수") +
  theme(plot.title = element_text(color="black", size=14, face="bold"),
        axis.text.x = element_text(angle = 45))

# 지도 위에 구별 점포수 표시
store.region.loc <- aggregate(ds.201712[,c("경도","위도")],
                              by=list(구이름=ds.201712$시군구명),
                              FUN=mean)
store.region <- data.frame(store.region, store.region.loc[,2:3])
register_google(key='AIzaSyCK....E9urxjSpPOA') # 구글키 등록
cen <- c(mean(store.region$경도),mean(store.region$위도))
map <- get_googlemap(center=cen,                # 마커 없는 지도 가져오기
                     maptype="roadmap",
                     size=c(640,640),
                     zoom=11)
gmap <- ggmap(map)                              # 지도를 저장
gmap+geom_point(data=store.region,
                aes(x=경도,y=위도,size=count),
                alpha=0.5, col="red") +
  scale_size_continuous(range = c(1, 15))+      # 원의 크기 조절
  geom_text(data=store.region,                  # 지도 위에 텍스트 표시
            aes(x=경도,y=위도),                 # 텍스트 위치 (= 구의 좌표)
            size=3,                             # 텍스트 크기
            label=store.region$구이름)          # 텍스트 내용

# 점포수가 많은 상위 10개 동 확인
store.dong <- aggregate(ds.201712[,1],
                        by=list(동이름=ds.201712$행정동명),
                        FUN=length)
store.dong
names(store.dong)[2] = c("count")
store.dong <- store.dong[order(store.dong$count,decreasing=T),]
```

```
dong.top10 <- store.dong[1:10,]
dong.top10
ggplot(dong.top10, aes(x=reorder(동이름, -count), y=count)) +
  geom_bar(stat="identity", width=0.7, fill="steelblue") +
  ggtitle("점포수 많은 상위 10개동") +
  theme(plot.title = element_text(color="black", size=14, face="bold"),
        axis.text.x = element_text(angle = 45))
```

[코드 13-2]의 실행 결과를 나누어서 설명하면 다음과 같다.

1 데이터 기본 정보 확인 및 분석 대상 데이터 추출

```
> str(ds.total)
'data.frame':1941432 obs. of  10 variables:
 $ 상가업소번호    : num  20316431 20252211 20294848 20469870 20468674 ...
 $ 상호명         : chr  "서민시대참짜장" "별난왕족발보쌈" "상근삼계탕" "다사랑커피숍" ...
 $ 상권업종대분류명: chr  "음식" "음식" "음식" "음식" ...
 $ 상권업종중분류명: chr  "중식" "한식" "닭/오리요리" "커피점/카페" ...
 $ 상권업종소분류명: chr  "중국음식/중국집" "족발/보쌈전문" "삼계탕전문" "커피전문점/카페/
다방" ...
 $ 시군구명       : chr  "관악구" "관악구" "관악구" "관악구" ...
 $ 행정동명       : chr  "은천동" "은천동" "은천동" "은천동" ...
 $ 경도          : num  127 127 127 127 127 ...
 $ 위도          : num  37.5 37.5 37.5 37.5 37.5 ...
 $ 수집연월       : int  1 1 1 1 1 1 1 1 1 1 ...
```

str() 함수의 실행 결과를 보면 ds.total에는 총 1,941,432건의 상가점포 데이터가 포함되어 있고 열(변수)의 개수는 10개이다.

```
> unique(ds.total$수집연월)                    # 수집연월
[1] 1 2 3 4 5
```

unique() 함수는 중복된 값이 하나만 나오게 하는 함수로, 수집연월이 1, 2, 3, 4, 5의 형태로 저장된 것을 알 수 있다.

```
> unique(ds.total$상권업종대분류명)                        # 상권업종 대분류
[1] "음식"             "소매"               "생활서비스"
[4] "부동산"           "관광/여가/오락"     "의료"
[7] "학문/교육"        "숙박"               "스포츠"
```

상가점포의 업종 대분류는 총 9개의 그룹으로 구성되어 있다.

```
> unique(ds.total$상권업종중분류명)                        # 상권업종 중분류
  [1] "중식"                          "한식"
  [3] "닭/오리요리"                   "커피점/카페"
  [5] "건강/미용식품"                 "유흥주점"
...(중간 생략)
 [97] "비수용복지시설"                "특수교육기관"
 [99] "기타교육기관"                  "실내운동시설"
[101] "실외운동시설"                  "운영관리시설"
```

상가점포의 업종 중분류는 총 102개의 그룹으로 구성되어 있다.

```
> unique(ds.total$상권업종소분류명)                        # 상권업종 소분류
  [1] "중국음식/중국집"               "족발/보쌈전문"
  [3] "삼계탕전문"                    "커피전문점/카페/다방"
  [5] "후라이드/양념치킨"             "건강원"
  [7] "호프/맥주"                     "건강식품판매"
  [9] "반찬가게"                      "한식/백반/한정식"
...(중간 생략)
[765] "축구장"                        "행글라이더"
[767] "실내테니스장"                  "패러글라이딩"
[769] "게이트볼장"                    "프로스포츠경기운영"
[771] "야구장"                        "프로골프"
```

상가점포의 업종 소분류는 총 772개의 그룹으로 구성되어 있다.

```
> # NA 포함여부 확인
> sum(is.na(ds.total))
[1] 0
```

분석 대상 데이터(ds.total)에 결측값(NA)이 포함되어 있는지 확인한다. 결측값은 없는 것으로 확인되었다.

```
> # 201712 수집 데이터만 추출
> ds.201712 <- subset(ds.total, ds.total$수집연월== 5)
> dim(ds.201712)
[1] 321436     10
```

점포 현황을 알아보기 위해 2017년 12월 수집 데이터만 추출하여 **ds.201712**에 저장한다. 수집연월 번호가 5인 것이 2017년 12월 수집 데이터를 의미한다. 총 321,436건의 데이터가 선택되었다.

2 업종별 점포수 그래프의 작성

```
> # 업종별 점포수(대분류)
> store.level_1 <- aggregate(ds.201712[,1],
+                            by=list(대분류=ds.201712$상권업종대분류명),
+                            FUN=length)
> store.level_1
         대분류      x
1 관광/여가/오락   8968
2        부동산  12677
3    생활서비스  50550
4          소매  99494
5          숙박   2582
6        스포츠   3112
7          음식 103086
8          의료  15065
9     학문/교육  25902
```

업종별 점포수를 알아보기 위해 **상권업종대분류명** 열을 기준으로 데이터 건수를 집계하였다. 데이터 건수 확인에는 `list()` 함수가 이용되었다.

```
> names(store.level_1)[2] = c("count")
```

store.level_1에서 업종별 점포수를 나타내는 두 번째 열의 이름이 x로 되어 있어 이를 count로 바꾼다.

```
> ggplot(store.level_1, aes(x=대분류, y=count)) +
+   geom_bar(stat="identity", width=0.7, fill="steelblue") +
+   ggtitle("업종별 점포수") +
+   theme(plot.title = element_text(color="black", size=14, face="bold"))
```

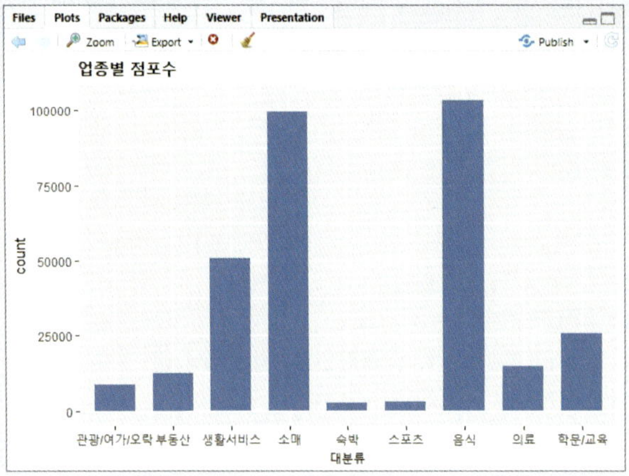

ggplot() 함수를 이용하여 '업종별 점포수' 그래프를 출력한다. '음식'과 '소매'가 압도적으로 많은 것이 확인된다. '학문/교육' 관련 점포수도 상당히 많은데 여기에는 학원이 포함된 것으로 판단된다.

3 구별 점포수 그래프의 작성

```
> # 구별 점포수
> store.region <- aggregate(ds.201712[,1],
+                           by=list(구이름=ds.201712$시군구명),
+                           FUN=length)
> store.region
     구이름        x
```

```
1     강남구  29394
2     강동구  13658
3     강북구   8223
4     강서구  12354
5     관악구  13616
6     광진구  14147
7     구로구  12140
8     금천구   9467
9     노원구  11271
10    도봉구   8174
11  동대문구  12581
12    동작구   8543
13    마포구  12701
14  서대문구   9449
15    서초구  17038
16    성동구   9138
17    성북구  13447
18    송파구  15456
19    양천구  10231
20  영등포구  16471
21    용산구  10021
22    은평구  10581
23    종로구  14318
24      중구  18358
25    중랑구  10659
> names(store.region)[2] = c("count")
```

시군구 이름의 열을 기준으로 점포수를 집계하고 결과를 출력하였다.

```
> names(store.region)[2] = c("count")
> ggplot(store.region, aes(x=구이름, y=count)) +
+   geom_bar(stat="identity", width=0.7, fill="steelblue") +
+   ggtitle("구별 점포수") +
+   theme(plot.title = element_text(color="black", size=14, face="bold"),
+         axis.text.x = element_text(angle = 45))
```

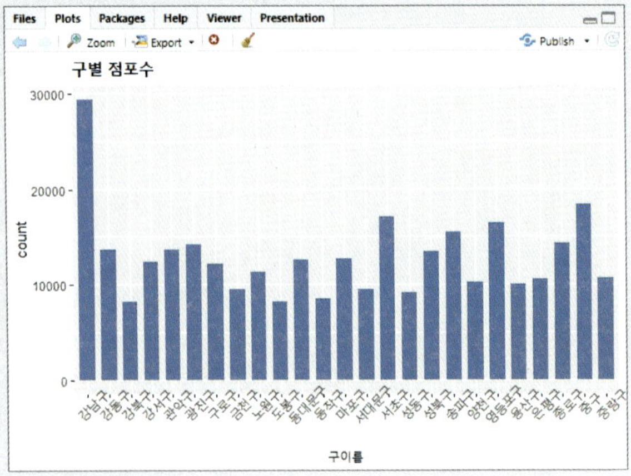

구별 점포수를 확인한 결과 다른 구보다 강남구에 점포수가 많은 것이 확인된다.

4 지도 위에 구별 점포수 표시

```
> store.region.loc <- aggregate(ds.201712[,c("경도","위도")],
+                              by=list(구이름=ds.201712$시군구명),
+                              FUN=mean)
```

점포의 위치(경도, 위도)를 구별로 평균을 계산하여 store.region.loc에 저장한다. 이 값이 구의 위치를 나타낸다.

```
> store.region <- data.frame(store.region, store.region.loc[,2:3])
```

구별 점포수 집계 정보(store.region)에 구의 위도와 경도 정보(store.region.loc[,2:3])를 추가하였다.

```
> register_google(key='AIzaSyCK....E9urxjSpPOA')        #구글키 등록
```

구글맵 서비스를 이용하기 위하여 API 키를 등록한다.

TIP Chapter 09를 참고하여 구글에서 받은 API 키를 입력한다.

```
> cen <- c(mean(store.region$경도),mean(store.region$위도))
```

지도의 중심점을 계산한다. 각 구의 위도와 경도의 평균이 지도의 중심이 된다.

```
> map <- get_googlemap(center=cen,                    # 마커 없는 지도 가져오기
+                      maptype="roadmap",
+                      size=c(640,640),
+                      zoom=11)
Source : https://maps.googleapis.com/maps/api/staticmap?center=37.551
938,126.989693&zoom=11&size=640x640&scale=2&maptype=roadmap&key=xxx-
DrgE2qfrE9urxjSpPOA
> gmap <- ggmap(map)                                  # 지도를 저장
```

서울 지역 지도를 가져와서 gmap에 저장한다.

```
> gmap+geom_point(data=store.region,
+                 aes(x=경도,y=위도,size=count),
+                 alpha=0.5, col="red") +
+   scale_size_continuous(range = c(1, 15))+          # 원의 크기 조절
+   geom_text(data=store.region,                      # 지도 위에 텍스트 표시
+             aes(x=경도,y=위도),                       # 텍스트 위치 (= 구의 좌표)
+             size=3,                                 # 텍스트 크기
+             label=store.region$구이름)               # 텍스트 내용
```

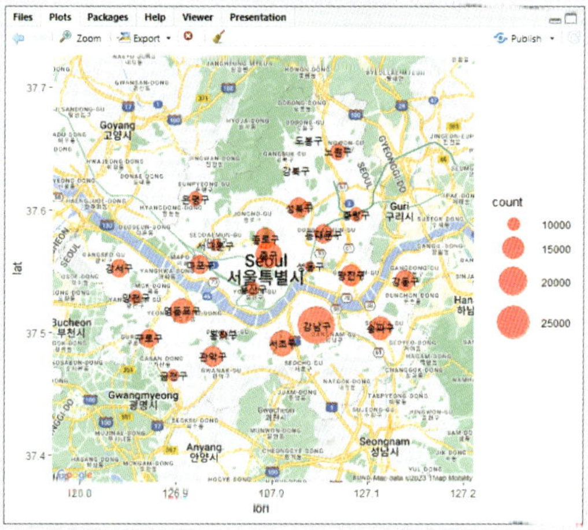

구의 이름과 점포수를 표시하였다. 점포수는 원의 크기로 나타난다.

5 점포수가 많은 상위 10개 동 확인

```
> store.dong <- aggregate(ds.201712[,1],
+                         by=list(동이름=ds.201712$행정동명),
+                         FUN=length)
```

동을 기준으로 점포수를 집계한다.

```
> store.dong
         동이름    x
1        가락1동  131
2        가락2동  633
3       가락본동  956
...(중간 생략)
422      휘경2동  400
423       흑석동  627
> names(store.dong)[2] = c("count")
```

동 이름을 기준으로 점포수가 집계된 것을 알 수 있다.

```
> store.dong <- store.dong[order(store.dong$count,decreasing=T),]
> dong.top10 <- store.dong[1:10,]
> dong.top10
              동이름 count
278          역삼1동  5120
353 종로1.2.3.4가동  4601
285         영등포동  3750
418           회현동  3579
188           서교동  3488
238           신당동  3205
74           대치4동  3171
5             가산동  2874
```

```
245             신사동  2696
261             신촌동  2632
```

점포수를 기준으로 store.dong을 내림차순으로 정렬한다. 정렬한 결과에서 상위 10개를 추출하여 dong.top10에 저장한다. dong.top10의 내용을 확인한다. 역삼1동에 가장 많은 점포수가 존재하는 것이 확인되었다.

```
> ggplot(dong.top10, aes(x=reorder(동이름, -count), y=count)) +
+   geom_bar(stat="identity", width=0.7, fill="steelblue") +
+   ggtitle("점포수 많은 상위 10개동") +
+   theme(plot.title = element_text(color="black", size=14, face="bold"),
+         axis.text.x = element_text(angle = 45))
```

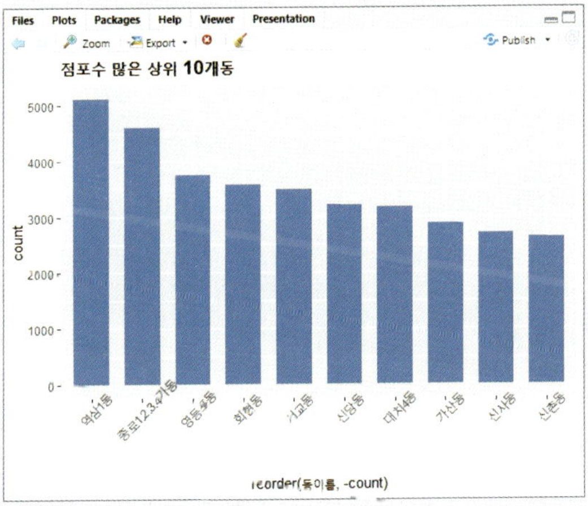

점포수가 많은 상위 10개 동을 그래프로 나타내었다. ggplot()의 매개변수 중 x=reorder(동이름, -count)는 x축에 표시되는 동 이름을 가나다순으로 하지 말고 점포수(count)의 내림차순으로 표시하라는 의미이다.

03 기간별 분석

지금까지는 2017년 12월에 수집된 점포 데이터에 대한 내용을 살펴보았다. 이번에는 데이터가 수집된 시점에 따라 점포수가 어떻게 변동되었는지 알아본다.

코드 13-3

```
# 업종별 점포수의 변화
store.change <- aggregate(ds.total[,1],
                          by=list(연월=ds.total$수집연월,
                                  업종대분류=ds.total$상권업종대분류명),
                          FUN=length)
head(store.change)
names(store.change)[3] <- c("count")
ggplot(store.change, aes(x=연월, y=count, colour=업종대분류, group=업종대분류)) +
  geom_line() +
  geom_point(size=6, shape=19, alpha=0.5) +
  ggtitle("업종별 점포수 변화 (대분류)") +
  ylab("점포수") +
  scale_x_continuous(breaks=1:5,
                     labels=files) +
  theme(plot.title = element_text(color="black", size=14, face="bold"))

# 점포수 변화가 큰 상위 10개 업종
store.tmp <- aggregate(ds.total[,1],
                       by=list(연월=ds.total$수집연월,
                               업종소분류=ds.total$상권업종소분류명),
                       FUN=length)
names(store.tmp)[3] <- c("count")
store.201512 <- store.tmp[store.tmp$연월==1,]
names(store.201512)[3] <- c("cnt_2015")
store.201712 <- store.tmp[store.tmp$연월==5,]
names(store.201712)[3] <- c("cnt_2017")
```

```
store.diff <- merge(store.201512[,2:3], store.201712[,2:3])
store.diff$diff <- abs(store.diff$cnt_2015-store.diff$cnt_2017)
store.diff <- store.diff[order(by=store.diff$diff, decreasing=T),]
top10 <- store.diff[1:10,1]                # 업종명
top10
store.change <- subset(store.tmp, store.tmp$업종소분류 %in% top10)
ggplot(store.change, aes(x=연월, y=count, colour=업종소분류, group=업종소분류)) +
  geom_line() +
  geom_point(size=6, shape=19, alpha=0.5) +
  ggtitle("점포수 변화 Top 10 업종(소분류)") +
  ylab("점포수") +
  scale_x_continuous(breaks=1:5,
                     labels=files) +
  theme(plot.title = element_text(color="black", size=14, face="bold"))

# 구별 점포수의 변화
store.gu <- aggregate(ds.total[,1],
                      by=list(연월=ds.total$수집연월,
                              구이름=ds.total$시군구명),
                      FUN=length)
names(store.gu)[3] <- c("count")
ggplot(store.gu, aes(x=연월, y=count, colour=구이름, group=구이름)) +
  geom_line() +
  geom_point(size=6, shape=19, alpha=0.5) +
  ggtitle("구별 점포수 변화 (대분류)") +
  ylab("점포수") +
  scale_x_continuous(breaks=1:5,
                     labels=files) +
  theme(plot.title = element_text(color="black", size=14, face="bold"))

# 점포수 변화가 큰 상위 10개 동
store.tmp <- aggregate(ds.total[,1],
                       by=list(연월=ds.total$수집연월,
                               동이름=ds.total$행정동명),
                       FUN=length)
names(store.tmp)[3] <- c("count")
store.dong.201512 <- store.tmp[store.tmp$연월==1,]
```

```
names(store.dong.201512)[3] <- c("cnt_2015")
store.dong.201712 <- store.tmp[store.tmp$연월==5,]
names(store.dong.201712)[3] <- c("cnt_2017")
store.diff <- merge(store.dong.201512[,2:3], store.dong.201712[,2:3])
store.diff$diff <- abs(store.diff$cnt_2015-store.diff$cnt_2017)
store.diff <- store.diff[order(by=store.diff$diff, decreasing=T),]
top10 <- store.diff[1:10,1]                    # 동명
top10
store.change <- subset(store.tmp, store.tmp$동이름 %in% top10)
ggplot(store.change, aes(x=연월, y=count, colour=동이름, group=동이름)) +
  geom_line( ) +
  geom_point(size=6, shape=19, alpha=0.5) +
  ggtitle("점포수 변화 Top 10 동") +
  ylab("점포수") +
  scale_x_continuous(breaks=1:5,
                     labels=files) +
  theme(plot.title = element_text(color="black", size=14, face="bold"))
```

[코드 13-3]의 실행 결과를 나누어서 설명하면 다음과 같다.

1 업종별 점포수의 변화

```
> store.change <- aggregate(ds.total[,1],
+                           by=list(연월=ds.total$수집연월,
+                                   업종대분류=ds.total$상권업종대분류명),
+                           FUN=length)
> head(store.change)
  연월      업종대분류     x
1    1 관광/여가/오락 11846
2    2 관광/여가/오락 14235
3    3 관광/여가/오락  9870
4    4 관광/여가/오락  9804
5    5 관광/여가/오락  8968
6    1         부동산 16843
> names(store.change)[3] <- c("count")
```

ds.total의 점포 자료를 **수집연월**과 **상권업종대분류명** 열을 기준으로 집계한다. 집계 결과는 store.change에 저장하였다.

```
> ggplot(store.change, aes(x=연월, y=count, colour=업종대분류, group=업종대분류)) +
+   geom_line() +
+   geom_point(size=6, shape=19, alpha=0.5) +
+   ggtitle("업종별 점포수 변화 (대분류)") +
+   ylab("점포수") +
+   scale_x_continuous(breaks=1:5,
+                      labels=files) +
+   theme(plot.title = element_text(color="black", size=14, face="bold"))
```

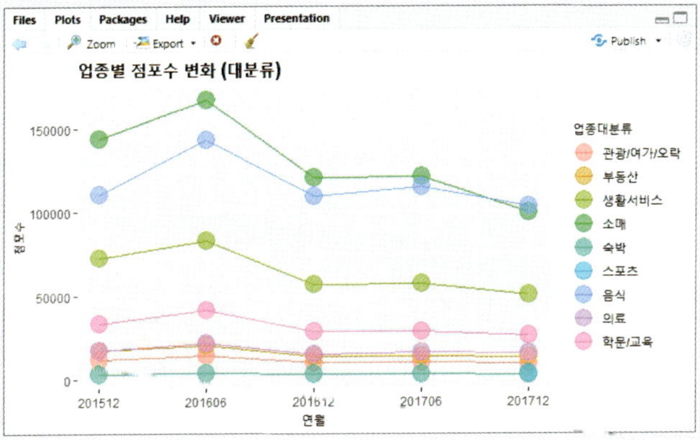

'업종별 점포수 변화(대분류)' 그래프를 출력한다. 전반적으로 2016년 6월을 기점으로 점포수가 감소하는 추세가 확인된다. 점포수가 많은 소매점과 음식점의 변화가 큰 것도 확인된다.

2 점포수 변화가 큰 상위 10개 업종

2015년 12월과 2017년 12월의 조사 결과에서 점포수 차이가 큰 업종(소분류 기준)을 알아보도록 하자.

```
> store.tmp <- aggregate(ds.total[,1],
+                        by=list(연월=ds.total$수집연월,
+                                업종소분류=ds.total$상권업종소분류명),
```

```
+                        FUN=length)
> names(store.tmp)[3] <- c("count")
```

수집연월과 **상권업종소분류명** 열을 기준으로 자료를 집계하여 store.tmp에 저장한다.

```
> store.201512 <- store.tmp[store.tmp$연월==1,]
> names(store.201512)[3] <- c("cnt_2015")
> store.201712 <- store.tmp[store.tmp$연월==5,]
> names(store.201712)[3] <- c("cnt_2017")
```

집계한 자료에서 2015년 12월 자료는 store.201512, 2017년 12월 자료는 store.201712에 저장한다.

```
> store.diff <- merge(store.201512[,2:3], store.201712[,2:3])
> store.diff$diff <- abs(store.diff$cnt_2015-store.diff$cnt_2017)
```

merge( ) 함수를 이용하여 store.201512와 store.201712의 자료를 하나로 통합하여 store.diff에 저장한 후 점포수의 차이를 diff 열에 저장한다.

```
> store.diff <- store.diff[order(by=store.diff$diff, decreasing=T),]
> top10 <- store.diff[1:10,1]          # 업종명
> top10
 [1] "역삼1동"          "서교동"       "논현1동"
 [4] "서초3동"          "명동"         "신사동"
 [7] "종로1.2.3.4가동"  "삼성2동"      "삼성1동"
[10] "압구정동"
```

점포수의 차이(store.diff$diff) 열의 값에 따라 내림차순으로 자료를 정렬한 후 상위 10개의 자료를 추출하여 top10에 저장하고, top10의 내용을 출력한다.

```
> store.change <- subset(store.tmp, store.tmp$업종소분류 %in% top10)
```

store.tmp에서 업종명이 top10에 포함된 자료들만 추출하여 store.change에 저장한다.

어떤 값이 벡터에 존재하는지 여부를 확인하는 연산자가 %in%이다.

```
> ggplot(store.change, aes(x=연월, y=count, colour=업종소분류, group=업종소분류)) +
+   geom_line() +
+   geom_point(size=6, shape=19, alpha=0.5) +
+   ggtitle("점포수 변화 Top 10 업종(소분류)") +
+   ylab("점포수") +
+   scale_x_continuous(breaks=1:5,
+                      labels=files) +
+   theme(plot.title = element_text(color="black", size=14, face="bold"))
```

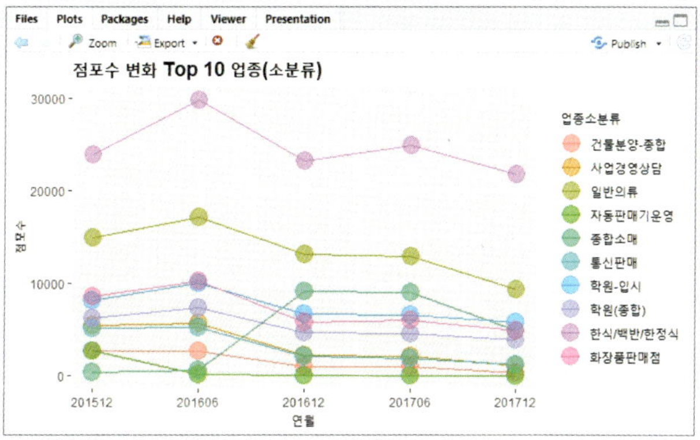

점포수 변화가 큰 업종 10개의 점포수 변화를 그래프로 출력한다. 전반적으로 점포수가 감소하는 추세에 있는데 '종합소매' 업종만 점포수가 비약적으로 증가하였다.

3 구별 점포수의 변화

이번에는 구별로 점포수의 변화 추이를 살펴보도록 하자.

```
> store.gu <- aggregate(ds.total[,1],
+                       by=list(연월=ds.total$수집연월,
+                               구이름=ds.total$시군구명),
+                       FUN=length)
> names(store.gu)[3] <- c("count")
```

수집연월과 **시군구명** 열을 기준으로 자료를 집계하여 store.gu에 저장한다.

```
> ggplot(store.gu, aes(x=연월, y=count, colour=구이름, group=구이름)) +
+   geom_line() +
+   geom_point(size=6, shape=19, alpha=0.5) +
+   ggtitle("구별 점포수 변화 (대분류)") +
+   ylab("점포수") +
+   scale_x_continuous(breaks=1:5,
+                      labels=files) +
+   theme(plot.title = element_text(color="black", size=14, face="bold"))
```

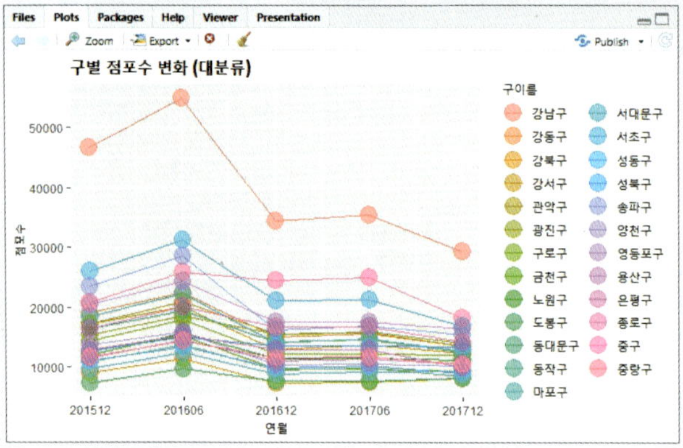

구별 점포수 변화를 그래프로 출력한다. 점포수가 많은 강남구의 변화가 크게 나타난다.

4 점포수 변화가 큰 상위 10개 동 확인

```
> store.tmp <- aggregate(ds.total[,1],
+                        by=list(연월=ds.total$수집연월,
+                                동이름=ds.total$행정동명),
+                        FUN=length)
> names(store.tmp)[3] <- c("count")
```

수집연월과 **행정동명** 열을 기준으로 자료를 집계하여 store.tmp에 저장한다.

```
> store.dong.201512 <- store.tmp[store.tmp$연월==1,]
> names(store.dong.201512)[3] <- c("cnt_2015")
> store.dong.201712 <- store.tmp[store.tmp$연월==5,]
```

```
> names(store.dong.201712)[3] <- c("cnt_2017")
```

점포수 변화를 알아보기 위해 2015년 12월 자료와 2017년 12월 자료를 따로 추출하였다.

```
> store.diff <- merge(store.dong.201512[,2:3], store.dong.201712[,2:3])
> store.diff$diff <- abs(store.diff$cnt_2015-store.diff$cnt_2017)
```

2015년 12월 자료와 2017년 12월 자료를 store.diff에 통합한 후 점포수 차이를 diff 열에 저장한다.

```
> store.diff <- store.diff[order(by=store.diff$diff, decreasing=T),]
> top10 <- store.diff[1:10,1]                # 동명
> top10
 [1] "역삼1동"          "서교동"       "논현1동"
 [4] "서초3동"          "명동"         "신사동"
 [7] "종로1.2.3.4가동"  "삼성2동"      "삼성1동"
[10] "압구정동"
```

점포수의 차이(store.diff$diff) 열의 값에 따라 내림차순으로 자료를 정렬한 후 상위 10개의 자료를 추출하여 top10에 저장하고, top10의 내용을 출력한다.

```
> store.change <- subset(store.tmp, store.tmp$동이름 %in% top10)
```

store.tmp에서 동이름이 있는 자료만 추출하여 store.change에 저장한다

```
> ggplot(store.change, aes(x=연월, y=count, colour=동이름, group=동이름)) +
+   geom_line() +
+   geom_point(size=6, shape=19, alpha=0.5) +
+   ggtitle("점포수 변화 Top 10 동") +
+   ylab("점포수") +
+   scale_x_continuous(breaks=1:5,
+                      labels=files) +
+   theme(plot.title = element_text(color="black", size=14, face="bold"))
```

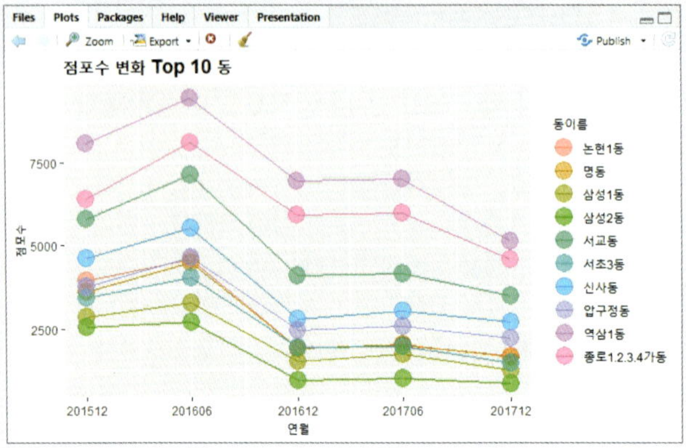

점포수 변화 상위 10개 동을 그래프로 출력한다.

04 역삼1동 상권 분석

2017년 12월 수집 데이터를 기초로 역삼1동의 상권을 간단히 분석해보자.

코드 13-4

```
ds.yeoksam <- subset(ds.total, ds.total$수집연월==5 &
                               ds.total$행정동명=="역삼1동")

# 점포를 업종별로 구분하여 지도에 표시
cen <- c(mean(ds.yeoksam$경도),mean(ds.yeoksam$위도))
map <- get_googlemap(center=cen,                          # 마커 없는 지도 가져오기
                     maptype="roadmap",
                     size=c(640,640),
                     zoom=15)
gmap <- ggmap(map)                                        # 지도를 저장
gmap+geom_point(data = ds.yeoksam,
              aes(x=경도,y=위도,color=상권업종대분류명),size=2,alpha=0.7) +
              labs(x = "Longitude", y = "Latitude",
                  title="역삼1동 업종별 점포", color = "업종")

# 커피 점포만 지도에 표시
ds.yeoksam2 <- subset(ds.yeoksam, ds.yeoksam$상권업종소분류명==
                     "커피전문점/카페/다방")
gmap+geom_point(data = ds.yeoksam2,
              aes(x=경도,y=위도), size=2, alpha=0.5, col="red") +
      labs(x = "Longitude", y = "Latitude",
          title="역삼1동 커피점" )
```

[코드 13-4]의 실행 결과를 나누어서 설명하면 다음과 같다.

```
> ds.yeoksam <- subset(ds.total, ds.total$수집연월==5 &
+                        ds.total$행정동명=="역삼1동")
```

2017년 12월에 수집한 역삼1동의 자료만 추출하여 ds.yeoksam에 저장한다.

1 점포를 업종별로 구분하여 지도에 표시

```
cen <- c(mean(ds.yeoksam$경도),mean(ds.yeoksam$위도))
```

지도의 중심점을 구한다. 각 점포의 위치(경도와 위도)에 대한 평균을 계산하여 중심점으로 한다.

```
> map <- get_googlemap(center=cen,                # 마커 없는 지도 가져오기
+                      maptype="roadmap",
+                      size=c(640,640),
+                      zoom=15)
Source : https://maps.googleapis.com/maps/api/staticmap?center=37.500
22,127.035814&zoom=15&size=640x640&scale=2&maptype=roadmap&key=xxx-
DrgE2qfrE9urxjSpPOA
> gmap <- ggmap(map)                              # 지도를 저장
```

역삼1동 부근의 지도를 가져와서 gmap에 저장한다.

```
> gmap+geom_point(data = ds.yeoksam,
+           aes(x=경도,y=위도,color=상권업종대분류명),size=2,alpha=0.7) +
+           labs(x = "Longitude", y = "Latitude",
+                title="역삼1동 업종별 점포", color = "업종")
```

점포의 위치를 업종에 따라 색을 달리하여 지도 위에 표시하였다. 파란색으로 표시된 음식점이 가장 많이 분포하고 있다. 새로운 점포를 개설하고자 하는 경우는 이렇게 어느 위치에 어떤 종류의 점포들이 분포하는지 알아보는 것이 도움이 된다.

2 커피 점포만 지도에 표시

```
> ds.yeoksam2 <- subset(ds.yeoksam, ds.yeoksam$상권업종소분류명==
+                       "커피전문점/카페/다방")
```

역삼1동 자료에서 커피 관련 점포만 추출하여 ds.yeoksam2에 저장한다.

```
> gmap+geom_point(data = ds.yeoksam2,
+           aes(x=경도,y=위도), size=2, alpha=0.5, col="red") +
+      labs(x = "Longitude", y = "Latitude",
+          title="역삼1동 커피점" )
```

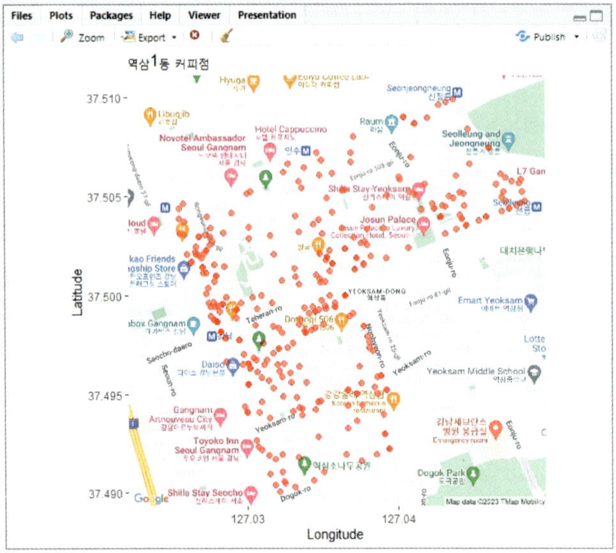

커피 관련 점포를 지도상에 표현하였다.

13장에서는 서울 지역의 점포 데이터를 기반으로 실제로 데이터 분석을 실시해보았다. 여기까지 R을 학습하였다면 앞으로 목적에 맞는 추가적인 데이터 분석이 필요할 때 어렵지 않게 수행할 수 있을 것이다.

요약

01 이번 장에서는 서울특별시의 상가업소현황 자료를 대상으로 실제 데이터를 분석하는 과정을 학습하였다.

02 먼저 분석 대상이 되는 데이터를 준비한다. 대상 자료는 공공데이터포털 사이트에서 상가 정보를 다운로드하였고 서울시 자료만을 따로 추출하였다.

03 분석할 대상 데이터가 준비되었으면 데이터에 어떤 내용이 들어 있는지 탐색해본다. 다음과 같은 단계로 진행하였다.

> 데이터 확인 및 추출 → 업종별 점포수 그래프의 작성 → 구별 점포수 그래프의 작성 → 지도 위에 구별 점포수 표시 → 점포수가 많은 상위 10개 동 확인

04 데이터 탐색을 완료한 후 데이터가 수집된 시점에 따라 점포수가 어떻게 변동되었는지 알아본다. 다음과 같은 단계로 진행하였다.

> 업종별 점포수의 변화 → 점포수 변화가 큰 상위 10개 업종 → 구별 점포수의 변화 → 점포수 변화가 큰 상위 10개 동 확인

05 최종적으로 2017년 12월 수집한 데이터를 기초로 역삼1동의 상권을 분석한다. 점포를 업종별로 구분하여 지도에 표시한 후 커피 점포만 지도에 표시해보았다.

■ 함수 정리

데이터 분석 및 시각화 함수

read_excel()	엑셀 파일을 읽는다.
str()	데이터셋에 대한 요약 정보를 확인한다.
unique()	종류의 값을 저장한 벡터에서 종류를 확인한다.

subset()	2차원 데이터에서 조건에 맞는 행을 추출한다.
aggregate()	2차원 데이터를 기준 열에 따라 집계한다.
geom_bar()	ggplot으로 막대그래프를 작성한다.
register_google()	구글맵을 이용하기 위한 API 키를 등록한다.
get_googlemap()	구글맵을 가져온다.
geom_point()	ggplot으로 지도 위에 원을 표시한다.
geom_text()	지도 위에 텍스트를 표시한다.
geom_line()	ggplot으로 선그래프를 작성한다.
merge()	두 개의 2차원 데이터를 공통 열을 기준으로 통합한다.

연습문제

01 **서초구와 강북구의 데이터 수집 시점에 따른 점포수 변화를 그래프상에 나타내시오.**

02 **강동구의 데이터 수집 시점에 따른 음식 업종(대분류 기준)의 점포수 변화를 그래프상에 나타내시오.**

03 **관악구의 데이터 수집 시점에 따른 중식 업종(중분류 기준)의 점포수 변화를 그래프상에 나타내시오.**

04 **의료 관련 점포(대분류명 '의료')가 가장 많은 상위 7개 동을 구하여 막대그래프로 점포수를 표시하시오**(2017년 12월 수집 데이터 기준).

05 **종로구의 점포수를 점포 대분류 기준으로 집계하여 막대그래프로 나타내시오**(2017년 12월 수집 데이터 기준).

06 **관악구의 동별 점포수를 집계하여 막대그래프로 나타내시오**(2017년 12월 수집 데이터 기준).

07 **서울 성동구 성수2가 3동의 상권을 지도상에 표시하시오**(2017년 12월 수집 데이터 기준).

- 지도에 성수2가 3동 지역이 모두 표시되도록 한다.
- 점포를 업종별(대분류)로 색을 구분하여 지도에 표시한다.

08 **서울 강남구 청담동의 상권을 지도상에 표시하시오**(2017년 12월 수집 데이터 기준).

- 지도에 청담동 지역이 모두 표시되도록 한다.
- 한식과 양식(중분류) 점포를 색으로 구분하여 지도에 표시한다.

09 서울 금천구의 동별 점포수를 지도상에 원의 크기로 표시하시오(2017년 12월 수집 데이터 기준).

- 지도에 금천구 지역이 모두 표시되도록 한다.
- 원의 색은 빨강, 투명도는 0.6으로 한다.

10 강남역을 중심으로 부근의 상권을 지도상에 표시하시오(2017년 12월 수집 데이터 기준).

- 지도의 중심은 강남역으로 한다.
- 점포의 위치(경도, 위도)를 강남역의 위치와 비교하여 일정 거리에 있는 점포들을 추출한다.

(1) 추출된 점포를 업종별(대분류)로 색을 구분하여 지도에 표시하시오.

(2) 커피 관련 점포(소분류 기준)만 지도에 표시하시오.

CHAPTER 14

데이터 분석 사례 II

PREVIEW

이번 장에서는 건강보험공단의 진료 내역 데이터를 분석하고, 코로나19 전후를 비교하여 차이가 있는지 확인한다.

1절에서는 분석 대상 데이터셋에 대해 설명한다. 데이터셋의 규모, 포함된 변수의 의미 등을 살펴본다. 또한 데이터와 연관된 각종 코드에 대해서도 설명한다.

2절에서는 탐색적 데이터 분석(EDA)을 실시한다. 연령대별, 진료과목별 위주로 데이터 분석을 한다.

3절에서는 코로나19 전인 2019년과 코로나19가 발생한 2020년을 비교하여 어떤 차이가 있는지 확인한다.

01 데이터셋 설명

이번 장에서는 건강보험공단에서 제공하는 진료 내역 데이터를 분석한다. 국민건강보험 가입자 중 요양기관으로부터의 진료 이력이 있는 각 연도별 수진자(진료를 받은 사람) 100만 명에 대한 기본 정보(성별, 연령대 등)와 진료 내역(진료과목코드, 주상병코드, 요양일수, 총처방일수 등)으로 구성된 개방데이터이다. 2018년도와 2020년도의 데이터를 분석 대상으로 하였다. 데이터는 공공데이터포털(https://www.data.go.kr/)에서 다운로드하여 분석에 적합하도록 일부 항목(열)은 삭제하였고, 수진자의 지역은 인천광역시로 제한하였다.

[표 14-1]은 진료 내역 데이터셋의 변수에 대한 설명이다. [표 14-2]부터 [표 14-5]는 데이터셋에 포함된 각종 코드에 대한 예이다.

표 14-1 진료 내역 데이터셋 변수 설명

No	변수명	설명
1	기준년도	진료 데이터 수집 연도
2	가입자일련번호	수진자 구분을 위한 ID
3	성별코드	성별코드(1-남자, 2-여자)
4	연령대코드	수진자 연령대코드([표 14-2) 참조)
5	요양개시일자	외래진료의 경우 병의원에 내원하여 진료받은 날짜이며, 입원진료의 경우는 입원 일자
6	서식코드	내원한 수진자의 진료형태([표 14-3] 참조)
7	진료과목코드	수진자의 진료과목코드([표 14-4] 참조)
8	주상병코드	병의원에서 진단받은 질병의 코드([표 14-5] 참조)
9	요양일수	수진자가 요양급여를 받은 실제일수(입원일수 ÷ 내원일수+투약일수)
10	입내원일수	입원일수 또는 내원일수
11	심결요양급여비용총액	심결본인부담금+심결보험자부담금
12	심결본인부담금	수진자가 부담해야 하는 진료비 금액
13	심결보험자부담금	보험에서 지급되는 진료비 금액
14	총처방일수	처방전을 발급한 경우에 해당 처방전에 따라 조제 투약하도록 처방한 일수의 합계

표 14-2 연령대코드의 예

코드	연령대
1	0~4세
2	5~9세
3	10~14세
4	15~19세
..	..
18	85세+

표 14-3 서식코드의 예

코드	진료형태
2	의과 입원
3	의과 외래
6	조산원 입원
7	보건기관 입원
..	..
11	정신과 외래

표 14-4 진료과목코드의 예

코드	진료형태
0	일반의
1	내과
2	신경과
3	정신과
..	..
88	한방응급

표 14-5 주상병코드의 예

코드	질병명
A00	콜레라
A000	비브리오 콜레라 – 콜레라형균에 의한 콜레라
A000	고전적 콜레라
A001	비브리오 콜레라 – 엘토르형균에 의한 콜레라
..	..
Z999	상세불명의 기능성 기계 및 장치에 의존

02 데이터 탐색

분석 대상 데이터가 준비되면 데이터에 어떤 내용이 들어 있는지 살펴볼 필요가 있다. 분석은 코로나19 이전인 2019년도 데이터를 대상으로 한다. 진료 데이터와 코드 데이터를 함께 불러와서 분석에 사용하도록 한다.

[코드 14-1]의 내용을 차례대로 실습해보자.

코드 14-1

```
library(ggplot2)
setwd('D:/source')

######################################################################
## 데이터셋 준비
######################################################################
ds.2019 <- read.csv('NHIS_INCHON_2019.csv')
treat.code <- read.csv('서식코드.csv')
age.code <- read.csv('연령대코드.csv')
disease.code <- read.csv('주상병코드.csv')
dept.code <- read.csv('진료과목코드.csv')

dim(ds.2019)
View(head(ds.2019))

######################################################################
## 데이터 탐색
######################################################################

# 수진자수
temp <- unique(ds.2019[,2:4])
nrow(temp)
```

```
# 수진자 1명당 평균 진료횟수
nrow(ds.2019)/nrow(temp)

# 수진자 남녀 비율
table(temp$성별코드)

# 수진자 연령대
age <- aggregate(temp[,'연령대코드'], by=list(연령대코드=temp$연령대코드), length)
age
age.new <- merge(age, age.code, by.x='연령대코드', by.y='코드')
names(age.new)[2] <- '수진자수'
head(age.new)

ggplot(age.new, aes(x=reorder(연령대, 연령대코드), y=수진자수)) +
  geom_bar(stat='identity', width=0.7, fill='steelblue') +
  ggtitle('수진자 연령대 분포') +
  labs(x = '연령대') +
  coord_flip()

# 진료과별 진료횟수 비교(상위 10개)
dept <- aggregate(ds.2019[,'진료과목코드'], by=list(진료과목코드=ds.2019$진료과목
코드), length)
dept.new <- merge(dept, dept.code, by.x='진료과목코드', by.y='코드')
names(dept.new)[2] <- '진료횟수'
dept.new <- dept.new[order(-dept.new$진료횟수),]
head(dept.new)

ggplot(dept.new[1:10, ], aes(x=reorder(진료과, 진료횟수), y=진료횟수)) +
  geom_bar(stat='identity', width=0.7, fill='steelblue') +
  ggtitle('진료과별 진료횟수') +
  labs(x = '진료과') +
  coord_flip()

# 질병별 진료횟수 비교(상위 10개)
disease <- aggregate(ds.2019[,'주상병코드'], by=list(주상병코드=ds.2019$주상병코
드), length)
disease.new <- merge(disease, disease.code, by.x='주상병코드', by.y='코드')
```

```
names(disease.new)[2] <- '진료횟수'
disease.new <- disease.new[order(-disease.new$진료횟수),]
head(disease.new)

ggplot(disease.new[1:10, ], aes(x=reorder(질병명, 진료횟수), y=진료횟수)) +
  geom_bar(stat='identity', width=0.7, fill='steelblue') +
  ggtitle('질병별 진료횟수') +
  labs(x = '질병명') +
  coord_flip()

# 진료비가 높은 상위 10개 질병
cost <- aggregate(ds.2019[,'심결요양급여비용총액'], by=list(주상병코드=ds.2019$주
상병코드), mean)
cost.new <- merge(cost, disease.code, by.x='주상병코드', by.y='코드')
names(cost.new)[2] <- '진료비'
cost.new <- cost.new[order(-cost.new$진료비),]
cost.new$진료비 <- cost.new$진료비/10000
head(cost.new)

ggplot(cost.new[1:10, ], aes(x=reorder(질병명, 진료비), y=진료비)) +
  geom_bar(stat='identity', width=0.7, fill='steelblue') +
  ggtitle('진료비 상위 질병') +
  labs(x = '질병명', y='진료비 (단위:만원)') +
  coord_flip()

# 기관지염(J209)의 월별 진료빈도
temp <- ds.2019[ds.2019$주상병코드=='J209', '요양개시일자']
temp <- substr(temp,5,6)
temp.freq <- data.frame(table(temp))
names(temp.freq) <- c('월','진료빈도')
temp.freq

ggplot(temp.freq, aes(x=월,y=진료빈도)) +
  geom_bar(stat='identity', width=0.7, fill='steelblue') +
  ggtitle('기관지염 월별 진료빈도') +
  labs(x = '월', y='진료비 (단위:만원)') +
```

```
  coord_flip()

# 진료형태별 진료빈도
treat <- aggregate(ds.2019[,'서식코드'], by=list(서식코드=ds.2019$서식코드),
length)
treat.new <- merge(treat, treat.code, by.x='서식코드', by.y='코드')
names(treat.new)[2] <- '진료횟수'
treat.new$진료횟수 <- treat.new$진료횟수/1000
treat.new

ggplot(treat.new, aes(x="", y=진료횟수, fill=진료형태)) +
  geom_bar(stat="identity", width=1) +
  coord_polar("y", start=0)+
  ggtitle('진료형태별 진료횟수')
```

[코드 14-1]의 실행 결과를 나누어 설명하면 다음과 같다.

```
> library(ggplot2)
> setwd('D:/source')
```

그래프 작성에 필요한 ggplot2 패키지를 불러오고 setwd() 함수를 통해 데이터셋이 저장된 폴더를 지정한다.

```
> ##########################################################################
> ## 데이터셋 준비
> ##########################################################################
>
> ds.2019 <- read.csv('NHIS_INCHON_2019.csv')
> treat.code <- read.csv('서식코드.csv')
> age.code <- read.csv('연령대코드.csv')
> disease.code <- read.csv('주상병코드.csv')
> dept.code <- read.csv('진료과목코드.csv')
```

2019년 진료 데이터와 관련된 코드 데이터 파일을 읽어들인다.

```
> dim(ds.2019)
[1] 719618     14
```

진료 데이터의 차원을 확인한다. 총 719,618건의 행과 14개의 열로 이루어진 것을 알 수 있다.

```
> View(head(ds.2019))
```

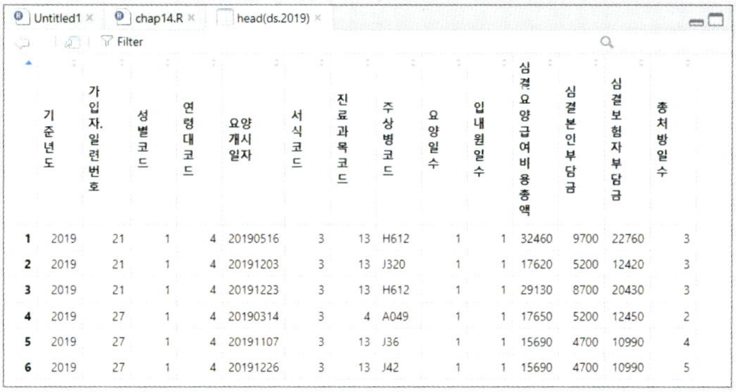

	기준년도	가입자.일련번호	성별코드	연령대코드	요양개시일자	서식코드	진료과목코드	주상병코드	요양일수	입내원일수	심결요양급여비용총액	심결본인부담금	심결보험자부담금	총처방일수
1	2019	21	1	4	20190516	3	13	H612	1	1	32460	9700	22760	3
2	2019	21	1	4	20191203	3	13	J320	1	1	17620	5200	12420	3
3	2019	21	1	4	20191223	3	13	H612	1	1	29130	8700	20430	3
4	2019	27	1	4	20190314	3	4	A049	1	1	17650	5200	12450	2
5	2019	27	1	4	20191107	3	13	J36	1	1	15690	4700	10990	4
6	2019	27	1	4	20191226	3	13	J42	1	1	15690	4700	10990	5

ds.2019에서 앞 부분 몇 개의 데이터를 확인한다. View( ) 함수는 데이터를 엑셀 형식으로 보여주는 역할을 하는데, 조회 결과를 R 코드 편집 창에 새로운 탭을 만들어 표시한다. 열 이름이 한글이거나 열의 개수가 많은 데이터를 조회하는 경우에 편리한 함수이다.

```
> ################################################################
> ## 데이터 탐색
> ################################################################
>
> # 수진자수
> temp <- unique(ds.2019[,2:4])
> nrow(temp)
[1] 58084
```

분석을 위한 데이터셋이 준비되었으면 탐색을 시작한다. 먼저 데이터셋에 포함된 수진자의 수를 확인한다. 한 사람이 여러 번 진료를 받을 수 있으므로 ds.2019 데이터셋에 있는 행의 수와 수진자의 수는 일치하지 않는다. 따라서 unique( ) 함수를 통해 중복된 수진자를 제거한 후 행의 수를 확인한다. 그 결과 58,084명의 수진자가 확인되었다.

```
> # 수진자 1명당 평균 진료횟수
> nrow(ds.2019)/nrow(temp)
[1] 12.38926
```

수진자 1명당 평균 진료횟수를 확인하였다. 전체 진료 건수를 수진자의 수로 나누면 되는데 1인당 평균 진료횟수는 약 12.4회로 확인되었다.

```
> # 수진자 남녀 비율
> table(temp$성별코드)

    1     2
28056 30028
```

수진자의 남녀 비율을 table( ) 함수를 통해 확인하였다(1-남성, 2-여성). 여성 수진자의 수가 남성 수진자의 수보다 조금 더 많은 것을 알 수 있다.

```
> # 수진자 연령대
> age <- aggregate(temp[,'연령대코드'], by=list(연령대코드=temp$연령대코드),
+ length)
> age
   연령대코드    x
1           1 2382
2           2 2839
3           3 2630
4           4 2821
... (중간 생략)
17         17  999
18         18  722
```

수진자의 연령대별 분포를 확인하기 위해 연령대코드를 기준으로 aggregate( ) 함수를 사용하여 데이터를 집계하였다.

```
> age.new <- merge(age, age.code, by.x='연령대코드', by.y='코드')
> names(age.new)[2] <- '수진자수'
> head(age.new)
  연령대코드 수진자수   연령대
1          1     2382    0~4세
2          2     2839    5~9세
3          3     2630  10~14세
4          4     2821  15~19세
5          5     3497  20~24세
6          6     4191  25~29세
```

연령대코드만 보아서는 연령대를 확인하기 어렵기 때문에 **연령대코드** 테이블(age.code)과 연결하여 보아야 한다. 공통된 열을 통해 두 개의 데이터셋을 연결하는 함수는 merge( )이다.

```
> ggplot(age.new, aes(x=reorder(연령대, 연령대코드), y=수진자수)) +
+   geom_bar(stat='identity', width=0.7, fill='steelblue') +
+   ggtitle('수진자 연령대 분포') +
+   labs(x = '연령대') +
+   coord_flip()
```

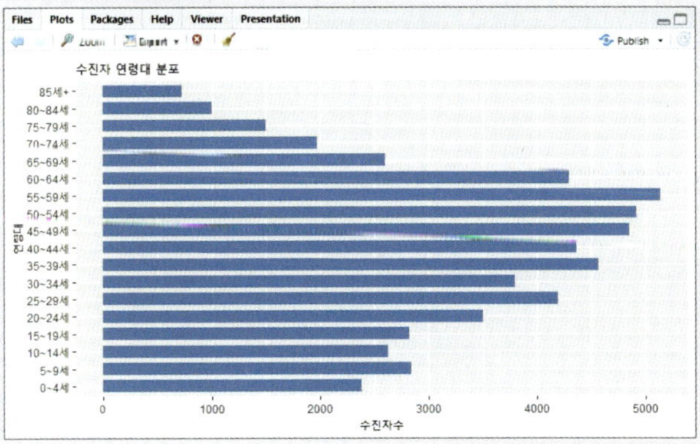

막대그래프를 통해서 연령대별 수진자수 분포를 확인하였다. 40~50대의 수진자가 많음을 알 수 있다. 0~4세의 수진자가 의외로 많다는 것도 확인할 수 있다.

```
> # 진료과별 진료횟수 비교 (상위 10개)
> dept <- aggregate(ds.2019[,'진료과목코드'], by=list(진료과목코드=ds.2019$진료과
목코드), length)
> dept.new <- merge(dept, dept.code, by.x='진료과목코드', by.y='코드')
> names(dept.new)[2] <- '진료횟수'
> dept.new <- dept.new[order(-dept.new$진료횟수),]
> head(dept.new)
   진료과목코드 진료횟수       진료과
2             1   248124         내과
6             5   114158     정형외과
14           13    87088   이비인후과
13           12    44414         안과
12           11    37705 소아청소년과
15           14    34560       피부과
```

진료과별 진료횟수를 확인하기 위해 **진료과목코드**를 기준으로 데이터를 집계하고 **진료과목코드** 테이블(dept.code)을 연결하여 데이터를 정리하였다.

```
> ggplot(dept.new[1:10, ], aes(x=reorder(진료과, 진료횟수), y=진료횟수)) +
+   geom_bar(stat='identity', width=0.7, fill='steelblue') +
+   ggtitle('진료과별 진료횟수') +
+   labs(x = '진료과') +
+   coord_flip()
```

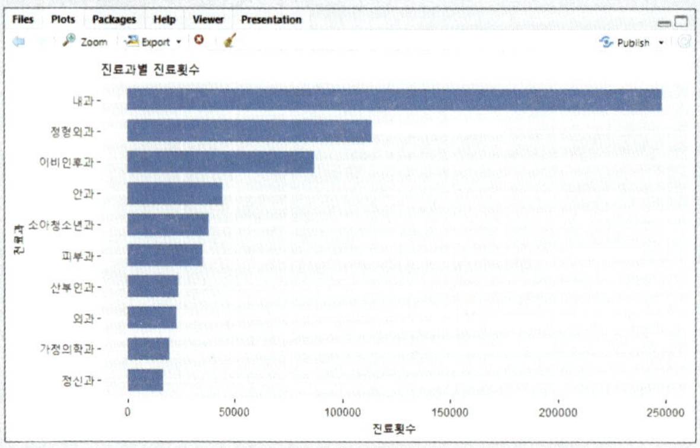

진료과별 진료횟수를 그래프로 확인하였다. 내과, 정형외과, 이비인후과의 순으로 진료횟수가 많은 것을 알 수 있다. 참고로 이 데이터는 건강보험을 적용받은 진료에 대한 데이터이기

때문에 성형외과와 같이 건강보험 적용이 안 되는 시술이 많은 진료과는 상대적으로 진료횟수가 적게 나타남을 고려해야 한다.

```
> # 질병별 진료횟수 비교 (상위 10개)
> disease <- aggregate(ds.2019[,'주상병코드'], by=list(주상병코드=ds.2019$주상병
코드), length)
> disease.new <- merge(disease, disease.code, by.x='주상병코드', by.y='코드')
> names(disease.new)[2] <- '진료횟수'
> disease.new <- disease.new[order(-disease.new$진료횟수),]
> head(disease.new)
     주상병코드 진료횟수
3857       J209    68392
3271       I109    41742
3272       I109    41742
1789       E119    13487
1790       E119    13487
1791       E119    13487
                                                      질병명
3857                                  상세불명의 급성 기관지염
3271                          고혈압(동맥성)(본태성)(원발성)(전신)
3272                               기타 및 상세불명의 원발성 고혈압
1789 합병증을 동반하지 않은 비케톤성 당뇨병(진성_ 비비만성_ 비만성)
1790 합병증을 동반하지 않은 성숙기발병당뇨병(진성_ 비비만성_ 비만성)
1791             합병증을 동반하지 않은 청년의 인슐린비의존 당뇨병
```

진료횟수가 많은 상위 10개의 질병을 확인하기 위해서 **주병상코드**를 기준으로 데이터를 집계하였다.

```
> ggplot(disease.new[1:10, ], aes(x=reorder(질병명, 진료횟수), y=진료횟수)) +
+   geom_bar(stat='identity', width=0.7, fill='steelblue') +
+   ggtitle('질병별 진료횟수') +
+   labs(x = '질병명') +
+   coord_flip()
```

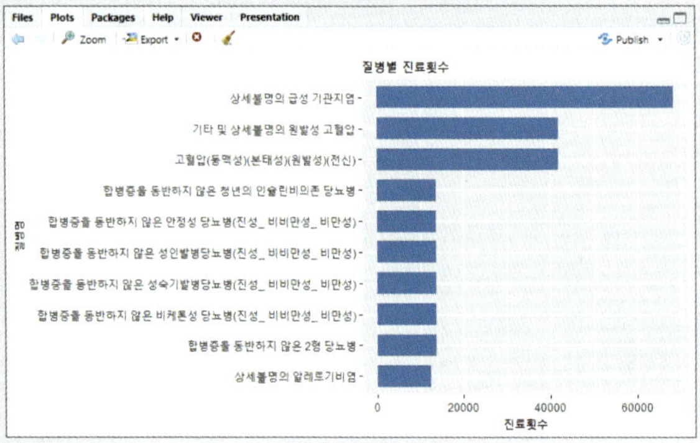

진료횟수가 많은 상위 10개의 질병을 그래프로 확인하였다. 호흡기 관련 질환과 고혈압, 당뇨의 진료횟수가 많은 것을 알 수 있다.

```
> # 진료비가 높은 상위 10개 질병
> cost <- aggregate(ds.2019[,'심결요양급여비용총액'], by=list(주상병코드=ds.2019$
주상병코드), mean)
> cost.new <- merge(cost, disease.code, by.x='주상병코드', by.y='코드')
> names(cost.new)[2] <- '진료비'
> cost.new <- cost.new[order(-cost.new$진료비),]
> cost.new$진료비 <- cost.new$진료비/10000
> head(cost.new)
      주상병코드    진료비
3611        I713 5126.218
10337       P015 1844.678
10338       P015 1844.678
10339       P015 1844.678
3498        I600 1734.690
12170       Z948 1357.820
                                        질병명
3611                        파열된 복부대동맥동맥류
10337        다태임신에 의해 영향을 받은 태아 및 신생아
10338     쌍둥이(임신)에 의해 영향을 받은 태아 및 신생아
10339 세쌍둥이(임신)에 의해 영향을 받은 태아 및 신생아
3498        경동맥사이폰 및 분기에서 기원한 거미막하출혈
12170                                  골수 이식 상태
```

진료비가 비싼 질병이 무엇인지 알아보기 위해서 질환별 평균 **심결요양급여비용총액**을 계산하였다. 진료비는 금액이 큰 것이 많아서 만원 단위로 금액을 조정하였다.

```
> ggplot(cost.new[1:10, ], aes(x=reorder(질병명, 진료비), y=진료비)) +
+   geom_bar(stat='identity', width=0.7, fill='steelblue') +
+   ggtitle('진료비 상위 질병') +
+   labs(x = '질병명', y='진료비 (단위:만원)') +
+   coord_flip()
```

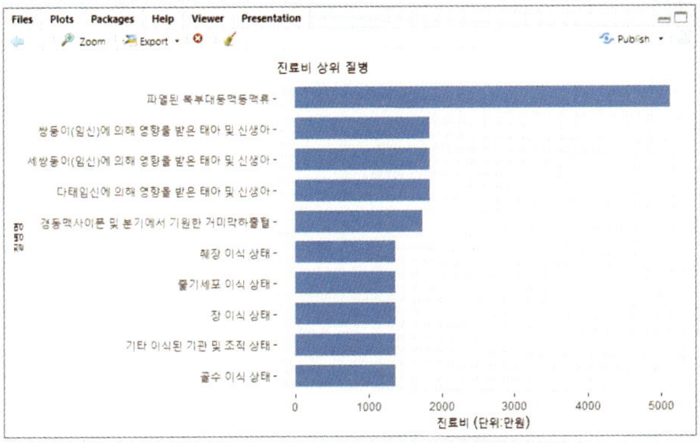

진료비가 비싼 질병을 그래프로 확인하였다. 심혈관 질환이나 수술을 요하는 질환들의 진료비가 높은 것을 확인할 수 있다. 진료비가 5,000만 원이 넘는 질환도 확인된다.

```
> # 기관지염(J209)의 월별 진료빈도
> temp <- ds.2019[ds.2019$주상병코드=='J209', '요양개시일자']
> temp <- substr(temp,5,6)
> temp.freq <- data.frame(table(temp))
> names(temp.freq) <- c('월','진료빈도')
> temp.freq
  월 진료빈도
1 01     5454
2 02     4347
3 03     6247
4 04     7433
5 05     6531
6 06     4421
```

```
7  07      4049
8  08      3463
9  09      5056
10 10      6340
11 11      7118
12 12      793
```

진료빈도가 가장 높았던 기관지염에 대해서 월별로 진료빈도에 차이가 있는지 알아보기 위해서 월별 진료빈도표를 작성하였다.

```
> ggplot(temp.freq, aes(x=월,y=진료빈도)) +
+   geom_bar(stat='identity', width=0.7, fill='steelblue') +
+   ggtitle('기관지염 월별 진료빈도') +
+   labs(x = '월', y='진료비 (단위:만원)') +
+   coord_flip()
```

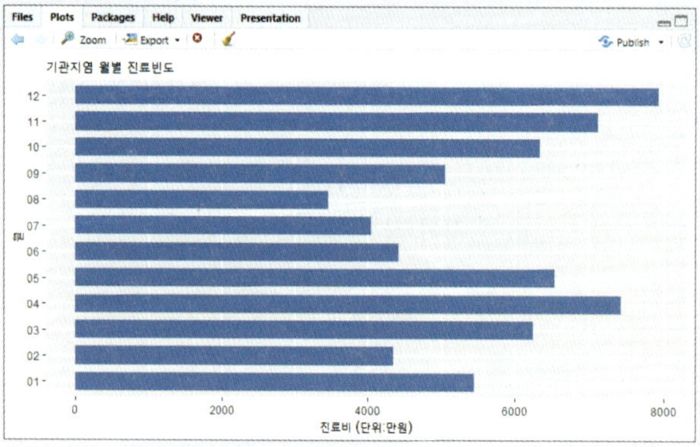

기관지염은 환절기와 겨울철에 진료빈도가 높은 것을 알 수 있다. 이와 같은 그래프를 통해 계절성 질환의 진료빈도를 알 수 있다.

```
> # 진료형태별 진료빈도
> treat <- aggregate(ds.2019[,'서식코드'], by=list(서식코드=ds.2019$서식코드),
length)
> treat.new <- merge(treat, treat.code, by.x='서식코드', by.y='코드')
> names(treat.new)[2] <- '진료횟수'
```

```
> treat.new$진료횟수 <- treat.new$진료횟수/1000
> treat.new
  서식코드  진료횟수        진료형태
1        2   15.592      의과 입원
2        3  701.574      의과 외래
3        8    2.452  보건기관 외래
```

진료형태별 진료빈도를 확인하기 위해 데이터를 집계하여 확인하였다. 당연한 결과이겠지만 입원보다는 내원 환자가 압도적으로 많음을 알 수 있다.

```
> ggplot(treat.new, aes(x="", y=진료횟수, fill=진료형태)) +
+   geom_bar(stat="identity", width=1) +
+   coord_polar("y", start=0)
> ggplot(treat.new, aes(x="", y=진료횟수, fill=진료형태)) +
+   geom_bar(stat="identity", width=1) +
+   coord_polar("y", start=0)+
+   ggtitle('진료형태별 진료횟수')
```

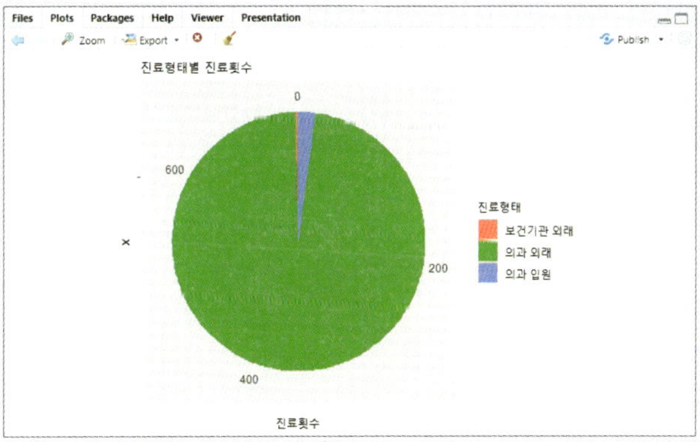

진료형태별 진료빈도를 원그래프로 나타내었다. 진료횟수의 단위는 1,000명이다.

03 코로나19 전후 비교 분석

2020년에 시작된 코로나19 유행이 진료 패턴에 영향을 미쳤는지 확인하기 위해서 2019년도와 2020년도의 진료 데이터를 비교하여 분석해보자.

코드 14-2

```
library(ggplot2)
setwd('D:/source')

####################################################################
## 데이터셋 준비
####################################################################
ds.2019 <- read.csv('NHIS_INCHON_2019.csv')
ds.2020 <- read.csv('NHIS_INCHON_2020.csv')
treat.code <- read.csv('서식코드.csv')
age.code <- read.csv('연령대코드.csv')
disease.code <- read.csv('주상병코드.csv')
dept.code <- read.csv('진료과목코드.csv')

ds.2020$요양개시일자  <-  gsub("-", "", ds.2020$요양개시일자)
ds.tot <- rbind(ds.2019, ds.2020)
ds.tot$기준년도 <- factor(ds.tot$기준년도)
dim(ds.tot)

####################################################################
## 코로나19 이전, 이후 비교
####################################################################

# 연도별 연령대별 수진자수 비교
temp <- unique(ds.tot[,1:4])
age <- aggregate(temp[,c('기준년도','연령대코드')],
        by=list(기준년도=temp$기준년도,연령대코드=temp$연령대코드),
```

```
        length)
age <- age[,1:3]
age.new <- merge(age, age.code, by.x='연령대코드', by.y='코드')
names(age.new)[3] <- '수진자수'
head(age.new)

ggplot(age.new, aes(x=reorder(연령대, 연령대코드), y=수진자수,
                    colour=기준년도, group=기준년도)) +
  geom_line() +
  geom_point(size=6, shape=19, alpha=0.5) +
  ggtitle('연도별 수진자 연령대 분포') +
  labs(x = '연령대') +
  theme(axis.text.x = element_text(angle = 90, vjust = 0.5, hjust=1))

# 연도별 진료과별 진료횟수 비교
dept <- aggregate(ds.tot[,c('기준년도','진료과목코드')],
         by=list(기준년도=ds.tot$기준년도,진료과목코드=ds.tot$진료과목코드),
         length)
dept <- dept[,1:3]
dept.new <- merge(dept, dept.code, by.x='진료과목코드', by.y='코드')
names(dept.new)[3] <- '진료횟수'
head(dept.new)

ggplot(dept.new, aes(x=진료과, y=진료횟수,
                     colour=기준년도, group=기준년도)) +
  geom_line() +
  geom_point(size=6, shape=19, alpha=0.5) +
  ggtitle('연도별 진료과별 진료횟수 분포') +
  theme(axis.text.x = element_text(angle = 90, vjust = 0.5, hjust=1))

# 내과 질환 월별 진료 건수 추이 비교
temp <- ds.tot[ds.tot$진료과목코드==1, c('기준년도','요양개시일자')]
temp$month <- substr(temp$요양개시일자,5,6)
temp.agg <- aggregate(temp,
             by=list(기준년도=temp$기준년도,월=temp$month), length)
temp.agg <- temp.agg[,1:3]
names(temp.agg)[3] <- '진료횟수'
```

```
head(temp.agg)

ggplot(temp.agg, aes(x=월, y=진료횟수,
                     colour=기준년도, group=기준년도)) +
  geom_line() +
  geom_point(size=6, shape=19, alpha=0.5) +
  ggtitle('연도별 월별 내과 진료횟수 분포') +
  theme(axis.text.x = element_text(angle = 90, vjust = 0.5, hjust=1))
```

[코드 14-2]의 실행 결과를 나누어 설명하면 다음과 같다.

```
> library(ggplot2)
> setwd('D:/source')
>
> ####################################################################
> ## 데이터셋 준비
> ####################################################################
>
> ds.2019 <- read.csv('NHIS_INCHON_2019.csv')
> ds.2020 <- read.csv('NHIS_INCHON_2020.csv')
> treat.code <- read.csv('서식코드.csv')
> age.code <- read.csv('연령대코드.csv')
> disease.code <- read.csv('주상병코드.csv')
> dept.code <- read.csv('진료과목코드.csv')
```

2019년과 2020년도 진료 데이터, 그리고 필요한 코드 파일을 가져온다.

```
> ds.2020$요양개시일자  <-  gsub("-", "", ds.2020$요양개시일자)
```

2020년도의 요양개시일자는 '2020-03-02'와 같이 '-'가 포함되어 있어서 '-'를 제거하여 '20200302'와 같이 수정한다.

```
> ds.tot <- rbind(ds.2019, ds.2020)
> ds.tot$기준년도 <- factor(ds.tot$기준년도)
> dim(ds.tot)
[1] 1350311      14
```

2019년도와 2020년도의 데이터를 하나의 데이터셋으로 합친 뒤 기준년도의 자료형을 팩터 타입으로 바꾸었다. 그 이유는 그래프 작성 시 연도를 범주형 데이터로 다룰 수 있기 위함이다. 통합 데이터셋에는 약 135만 건의 진료기록이 포함되어 있다.

```
> # 연도별 연령대별 수진자수 비교
> temp <- unique(ds.tot[,1:4])
> age <- aggregate(temp[,c('기준년도','연령대코드')],
+         by=list(기준년도=temp$기준년도,연령대코드=temp$연령대코드),
+         length)
> age <- age[,1:3]
> age.new <- merge(age, age.code, by.x='연령대코드', by.y='코드')
> names(age.new)[3] <- '수진자수'
> head(age.new)
  연령대코드 기준년도 수진자수  연령대
1         1     2019     2382   0~4세
2         1     2020     2146   0~4세
3         2     2019     2839   5~9세
4         2     2020     2717   5~9세
5         3     2019     2630 10~14세
6         3     2020     2394 10~14세
```

연도별, 연령대별로 수진자수를 비교하기 위하여 데이터를 2개의 기준으로 집계하였다.

```
> ggplot(age.new, aes(x=reorder(연령대, 연령대코드), y=수진자수,
+                     colour=기준년도, group=기준년도)) +
+   geom_line() +
+   geom_point(size=6, shape=19, alpha=0.5) +
+   ggtitle('연도별 수신자 연령대 분포') +
+   labs(x = '연령대') +
+   theme(axis.text.x = element_text(angle = 90, vjust = 0.5, hjust=1))
```

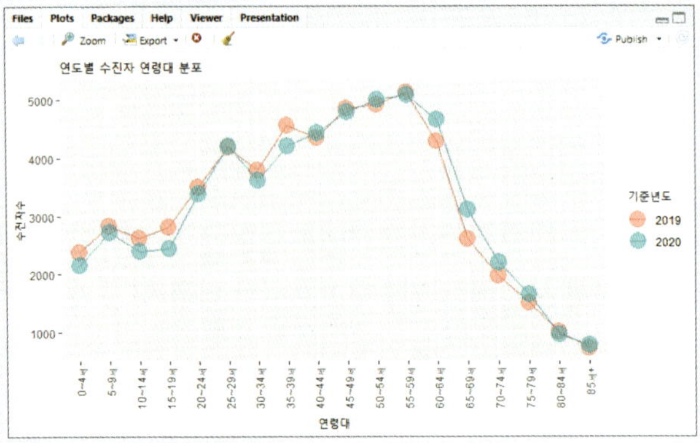

연도별, 연령대별 수진자 분포를 선그래프로 작성하여 확인하였다. 연령대별 수진자 수에는 큰 변화가 없지만 10대 수진자의 수는 다소 줄어들었고 50~70대 수진자는 다소 증가한 것을 알 수 있다. 이것이 코로나19의 영향인지에 대해서는 추가적인 분석이 필요하다.

```
> # 연도별 진료과별 진료횟수 비교
> dept <- aggregate(ds.tot[,c('기준년도','진료과목코드')],
+           by=list(기준년도=ds.tot$기준년도,진료과목코드=ds.tot$진료과목코드),
+           length)
> dept <- dept[,1:3]
>
> dept.new <- merge(dept, dept.code, by.x='진료과목코드', by.y='코드')
> names(dept.new)[3] <- '진료횟수'
> #dept.new <- dept.new[dept.new$진료횟수>5000,]
> head(dept.new)
  진료과목코드 기준년도 진료횟수 진료과
1            0     2019     2711 일반의
2            0     2020     1867 일반의
3            1     2019   248124   내과
4            1     2020   213984   내과
5            2     2019    10526 신경과
6            2     2020    10394 신경과
```

진료과별 진료횟수가 코로나19 전후 차이가 있는지 확인하기 위해 데이터를 연도별, 진료과별로 집계하였다.

```
> ggplot(dept.new, aes(x=진료과, y=진료횟수,
+                           colour=기준년도, group=기준년도)) +
+   geom_line() +
+   geom_point(size=6, shape=19, alpha=0.5) +
+   ggtitle('연도별 진료과별 진료횟수 분포') +
+   theme(axis.text.x = element_text(angle = 90, vjust = 0.5, hjust=1))
```

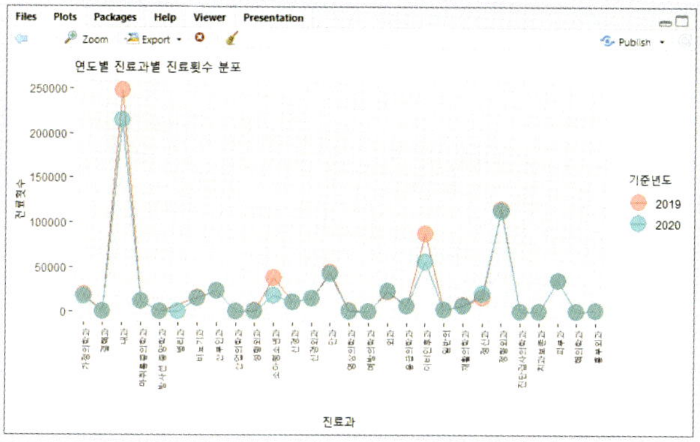

그래프를 통해서 진료과별 진료횟수를 연도별로 비교하였다. 대다수의 진료과는 큰 차이를 보이지 않았고 내과와 이비인후과의 진료횟수는 다소 줄어든 것이 확인된다.

```
> # 내과 질환 월별 진료 건수 추이 비교
> temp <- ds.tot[ds.tot$진료과목코드==1, c('기준년도','요양개시일자')]
>
> temp$month <- substr(temp$요양개시일자,5,6)
>
> temp.agg <- aggregate(temp,
+             by=list(기준년도=temp$기준년도,월=temp$month), length)
> temp.agg <- temp.agg[,1:3]
> names(temp.agg)[3] <- '진료횟수'
> head(temp.agg)
  기준년도 월 진료횟수
1     2019 01    21633
2     2020 01    24511
3     2019 02    16968
```

```
4      2020 02    18922
5      2019 03    20540
6      2020 03    16652
```

2020년도의 내과 질환의 진료 건수가 줄어든 이유를 확인하기 위해 2019년과 2020년의 월별 내과 질환 진료 건수를 집계하였다.

```
> ggplot(temp.agg, aes(x=월, y=진료횟수,
+                      colour=기준년도, group=기준년도)) +
+   geom_line() +
+   geom_point(size=6, shape=19, alpha=0.5) +
+   ggtitle('연도별 월별 내과 진료횟수 분포') +
+   theme(axis.text.x = element_text(angle = 90, vjust = 0.5, hjust=1))
```

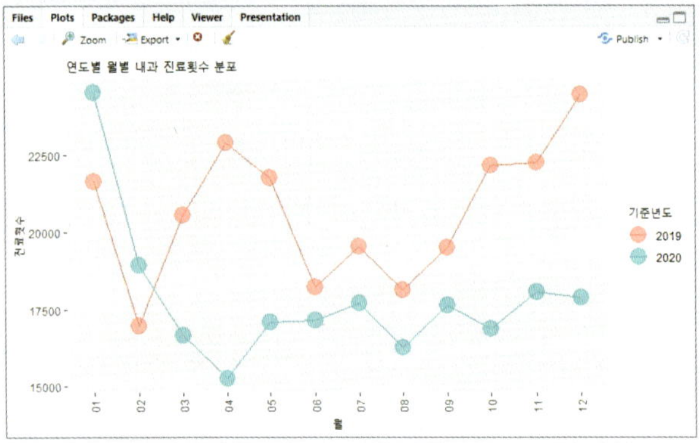

2019년과 2020년의 월별 질환 건수 추이를 그래프로 확인하였다. 2019년 그래프를 보면 여름철에 감소하였던 진료 건수가 겨울로 가면서 뚜렷한 증가를 보이고 있으나 2020년도에는 이러한 패턴을 찾아보기 어렵다. 또한 2019년도에는 1, 2월을 지나면서 진료 건수가 증가하다가 3, 4월에 급격히 증가하였지만 2020년에는 반대로 4월에 가장 낮은 진료 건수를 기록하고 있다. 코로나19와의 연관성을 살펴보기 위해 2020년도의 코로나19 발생 통계를 확인하였다. [그림 14-1]을 보면 1월에 코로나19 환자가 보고되기 시작하면서 3월에 코로나19 환자가 급증한 것을 확인할 수 있다. 이러한 환경의 영향으로 일반 질환이 가장 많은 내과의 내원 진료 빈도가 줄어들었다고 추론할 수 있다.

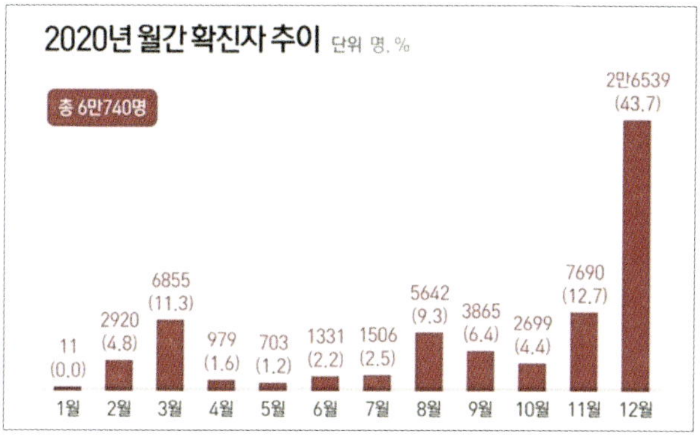

그림 14-1 2020년도 월별 코로나19 확진자 통계 © news1

TIP 건강보험공단의 100만 명에 대한 진료 내역 정보는 전체 수진자를 대상으로 무작위 추출한 것이 아니라 지역, 연령대 등을 고려하여 균형 있게 데이터를 추출하였기 때문에 전체 데이터의 경향성을 정확히 반영하고 있지 않음을 염두에 두어야 한다. 따라서 이번 장의 분석 결과를 전체 수진자에 대해 확대 적용하는 것은 신중해야 한다.

요약

01 건강보험공단에서 제공하는 2019년, 2020년 진료 내역 데이터를 분석하였다.

02 2019년 진료 데이터는 총 719,618건의 행과 14개의 열로 이루어졌다.

03 2019년 수진자의 1인당 평균 진료횟수는 약 12.4회로 확인되었다.

04 연령대별 수진자수 분포를 확인하였다. 40~50대의 수진자가 많고, 0~4세의 수진자도 적지 않았다.

05 진료과별 진료횟수를 확인한 결과 내과, 정형외과, 이비인후과의 순으로 진료횟수가 많은 것을 알 수 있었다.

06 진료횟수가 많은 상위 10개의 질병을 확인한 결과 호흡기 관련 질환과 고혈압, 당뇨순으로 진료횟수가 많은 것을 알 수 있다.

07 심혈관 질환이나 수술을 요하는 질환들의 진료비가 높은 것을 확인하였다.

08 2019년, 2020년을 비교한 결과, 연령대별 수진자 수는 큰 변화가 없지만, 10대 수진자의 수는 다소 줄어들었고 50~70대의 수진자는 다소 증가한 것을 알 수 있다.

09 2019년, 2020년을 비교한 결과 월별 진료횟수의 패턴이 많이 달라졌고, 코로나19가 급증한 시점 이후에 내과 진료횟수가 급격히 낮아진 것을 확인하였다.

■ 함수 정리

데이터 분석 및 시각화 함수	
unique()	벡터인 경우 중복된 값을 제거하고, 데이터프레임인 경우 중복된 행을 제거한다.
table()	도수분포표를 작성한다.
aggregate()	주어진 기준에 따라 데이터를 집계한다.
merge()	두 개의 데이터셋을 공통 열을 기준으로 연결하여 하나의 데이터셋을 만든다.
ggplot()	그래프를 작성한다.
View()	데이터의 내용을 엑셀 형태로 보여준다.

연습문제

01 2020년도에 진료횟수가 가장 많은 수진자의 성별, 연령대, 진료횟수, 진료과를 보이시오.

02 2020년도에 수진자들이 부담한 평균 진료비(심결본인부담금)를 보이시오.

03 2020년도에 진료과목이 정신과인 수진자들의 연령대별 진료횟수에 대해 막대그래프를 작성하여 비교하시오.

04 2020년도에 처방전을 5회 이상 발급받은 수진자들의 비율을 구하시오.

05 2020년도에 입내원 일수가 3일 이상인 수진자들의 평균 입내원 일수를 구하시오.

06 2019, 2020년도의 입내원 일수가 10일 이상인 수진자들의 진료과를 막대그래프로 비교하시오.

07 2019, 2020년도의 처방전 발급 일수 합계를 비교하시오.

08 2019, 2020년도의 진료빈도가 낮은 하위 5개 진료과를 비교하시오.

09 2019, 2020년도의 진료비(심결요양급여비용) 총액을 비교하시오.

10 2019, 2020년도의 처방전 발급 합계 일수가 많은 상위 5개 진료과를 비교하시오.

CHAPTER 15

데이터 분석 사례 III

PREVIEW

이번 장에서는 미국 워싱턴 주 킹 카운티의 주택거래 데이터를 분석하고 주택 가격을 예측하는 모델을 개발해본다.

1절에서는 분석 대상 데이터셋에 대해 설명한다. 데이터셋의 규모, 포함된 변수의 의미 등을 살펴본다.

2절에서는 탐색적 데이터 분석(EDA)을 실시한다. 특별히 주택 가격대별로 어떤 특징이 있는지 살펴본다.

3절에서는 주택 가격의 형성 요인은 무엇인지 탐색해본다. 주택 가격대별로 가격 요인이 다를 수 있으므로 가격대별 탐색을 실시한다.

4절에서는 선형회귀 알고리즘을 이용하여 주택 가격 예측모델을 개발하고 모델의 성능을 평가한다.

01 데이터셋 설명

이번 장에서는 미국 워싱턴 주 킹 카운티의 주택거래 데이터를 분석해본다. 데이터셋은 캐글 kaggle 웹사이트에서 다운로드할 수 있다. 이 데이터셋은 2014년과 2015년에 거래된 주택의 정보를 포함하고 있는데, 집값에 영향을 미치는 요인들을 분석하는 데 활용할 수 있다. 데이터셋에 포함된 각 변수의 의미는 [표 15-1]과 같다.

TIP 캐글 웹사이트에 접속하여 검색 창에 'House Price of King County(extended)'를 검색하면 된다.

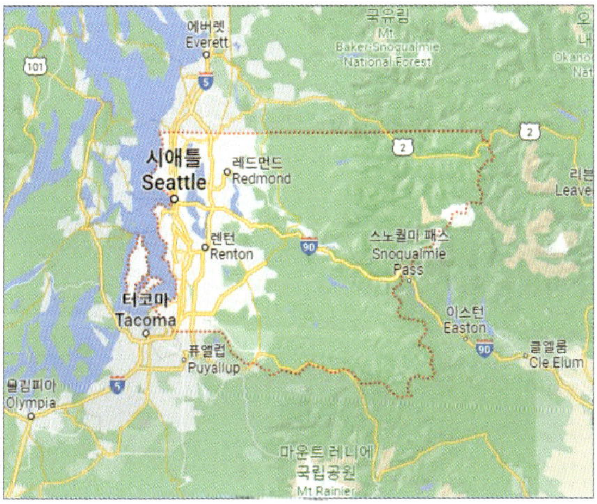

그림 15-1 미국 워싱턴 주 킹 카운티 지역

표 15-1 킹 카운티의 집값 데이터셋 변수

No	변수명	설명
1	id	일련번호
2	date	거래일자
3	price	거래금액(집값)
4	bedrooms	침실의 개수
5	bathrooms	욕실의 개수

6	sqft_living	건평(square feet)
7	sqft_lot	대지면적(square feet)
8	floors	층수
9	waterfront	1: 해안지역, 0: 내륙지역
10	view	전망평가등급(0~4)
11	condition	주택의 상태(1~5)
12	grade	주택등급
13	sqft_above	지상부면적(square feet)
14	sqft_basement	지하부면적(square feet)
15	yr_built	건축연도
16	is_renovated	주택보수연도(0이면 보수한 적 없음)
17	zipcode	주택이 위치한 지역명
18	lat	주택위치(위도)
19	long	주택위치(경도)
20	sqft_living15	가장 가까운 주택 15채의 평균건평
21	sqft_lot15	가장 가까운 주택 15채의 평균대지면적
22	summer_high	여름 기간 평균온도(화씨)
23	winter_low	겨울 기간 평균온도(화씨)
24	precipitation	연평균 강우량(inch)
25	violent_crime	강력범죄건수
26	property_crime	절도 등 재산 관련 범죄 건수

02 데이터 탐색

분석 대상 데이터가 준비되면 데이터에 어떤 내용이 들어 있는지 살펴볼 필요가 있다. [코드 15-1]의 내용을 진행해보자.

코드 15-1

```
setwd('D:/source')

ds <- read.csv('housing_price_King_County_extended.csv')

str(ds)
sum(is.na(ds))                          # 결측값 존재 확인

# 집값 분포
hist(ds$price/10000, main='집값 분포',
     xlab='집값(단위:만불)', ylab='주택수')
summary(ds$price/10000)
boxplot(ds$price/10000)

# 가장 비싼 주택과 가장 싼 주택
expensive <- ds[ds$price==max(ds$price),]
cheap <- ds[ds$price==min(ds$price),]
expensive
cheap

# 200만 불 이하 집값 분포
price200 <- ds$price/10000
price200 <- price200[price200<=200]
boxplot(price200)
hist(price200, main='주택 가격 분포',
     xlab='주택 가격(단위:만불)', ylab='주택수')
```

```
# 가격별 주택 분포
library(ggmap)
library(RColorBrewer)

register_google(key='AIzaSyBLftN.....j9FKaJxf7T3wJY') # 구글키 등록
cen <- c(-122.073162, 47.521943)                    # 지도의 중심점
map <- get_googlemap(center=cen,                    # 지도 가져오기
                     maptype="roadmap",
                     zoom=10)
gmap <- ggmap(map)                                  # 가져온 지도 저장

# 데이터 샘플링
set.seed(1234)
idx <- sample(nrow(ds), 2000)
ds2000<- ds[idx,]

gmap1 <- gmap+geom_point(data=ds2000,
                         aes(x=long,y=lat, col=log(ds2000$price)),
                         size=3, alpha=0.5) +
         scale_color_gradient(low="yellow", high="red")
gmap1

# 지역별 주택 가격
ds.agg <- aggregate(ds[,c('price','long','lat')], by=list(area=ds$zipcode),
                    FUN=mean)
ds.agg

gmap2 <- gmap+geom_point(data=ds.agg,
                         aes(x=long,y=lat, col=log(ds.agg$price)),
                         size=8) +
         scale_color_gradient(low="yellow", high="red")
gmap2


# 200만 불 이상 주택의 분포
ds.high <- ds[ds$price>=2000000,]
```

```
gmap3 <- gmap+geom_point(data=ds.high,
                         aes(x=long,y=lat),
                         col='red', size=3)
gmap3


# 20만불 이하 주택의 분포
ds.low <- ds[ds$price<=200000,]

gmap4 <- gmap+geom_point(data=ds.low,
                         aes(x=long,y=lat),
                         col='blue', size=3)
gmap4
```

[코드 15-1]의 실행 결과를 나누어 설명하면 다음과 같다.

```
> setwd('D:/source')

> ds <- read.csv('housing_price_King_County_extended.csv')
```

setwd( ) 함수를 통해 데이터셋이 저장된 폴더를 지정한 후 데이터셋을 읽어 ds에 저장한다.

```
> str(ds)
'data.frame':21613 obs. of  26 variables:
 $ id            : num  7.13e+09 6.13e+09 4.06e+09 3.45e+09 4.06e+09 ...
 $ date          : chr  "20141013T000000" "20141124T000000" "20140623T000000"
"20150108T000000" ...
 $ price         : num  221900 329950 205425 171800 445000 ...
 $ bedrooms      : int  3 3 2 4 3 4 2 3 3 2 ...
 $ bathrooms     : num  1 1.75 1 2 2.25 2 1 1.5 1 1 ...
 $ sqft_living   : int  1180 2080 880 1570 2100 1970 850 2480 1300 860 ...
 $ sqft_lot      : int  5650 5969 6780 9600 8201 6480 16400 5280 5898 5265 ...
 $ floors        : num  1 1 1 1 1 1.5 1 1.5 1 1 ...
 $ waterfront    : int  0 0 0 0 0 0 0 0 0 0 ...
```

```
 $ view          : int  0 2 0 0 2 0 0 0 0 0 ...
 $ condition     : int  3 3 4 3 3 5 3 5 3 3 ...
 $ grade         : int  7 7 6 6 8 7 6 7 7 6 ...
 $ sqft_above    : int  1180 1080 880 1570 1620 1130 850 1620 1300 860 ...
 $ sqft_basement : int  0 1000 0 0 480 840 0 860 0 0 ...
 $ yr_built      : int  1955 1971 1945 1950 1967 1920 1923 1947 1961 1931 ...
 $ is_renovated  : int  0 0 0 0 0 0 0 0 0 0 ...
 $ zipcode       : chr  "TUKWILA" "TUKWILA" "TUKWILA" "TUKWILA" ...
 $ lat           : num  47.5 47.5 47.5 47.5 47.5 ...
 $ long          : num  -122 -122 -122 -122 -122 ...
 $ sqft_living15 : int  1340 2090 1190 1880 2660 1500 1100 2090 1320 1650 ...
 $ sqft_lot15    : int  5650 5500 6780 9000 8712 6480 14459 4800 7619 8775 ...
 $ summer_high   : int  76 76 76 76 76 76 76 76 76 76 ...
 $ winter_low    : int  37 37 37 37 37 37 37 37 37 37 ...
 $ precipitation : num  45 45 45 45 45 45 45 45 45 45 ...
 $ violent_crime : num  41.4 41.4 41.4 41.4 41.4 41.4 41.4 41.4 41.4 41.4 ...
 $ property_crime: num  97.6 97.6 97.6 97.6 97.6 97.6 97.6 97.6 97.6 97.6 ...
```

str() 함수를 통해 데이터셋의 기본 정보를 확인한다. 21,613건의 주택거래 데이터가 저장되어 있고 변수(열)는 총 26개임을 알 수 있다. zipcode 열만 문자형이고 나머지 열들은 숫자형 값을 갖는다.

```
> sum(is.na(ds))                         # 결측값 존재 확인
[1] 0
```

데이터에 결측값이 포함되어 있는지를 확인한다. NA 값의 개수가 0이므로 결측값이 없는 잘 정리된 데이터임을 알 수 있다.

```
> # 집값 분포
> hist(ds$price/10000, main='주택 가격 분포',
+      xlab='주택 가격(단위:만불)', ylab='주택수')
```

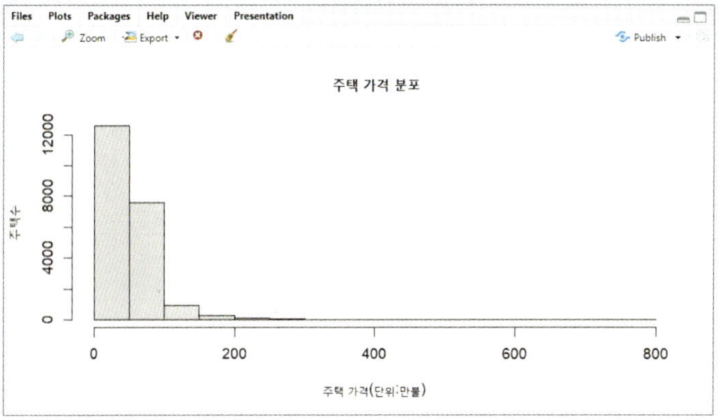

히스토그램을 통해 주택 가격의 분포를 확인한다. 대부분의 주택은 200만 불 이하이지만 800만 불인 주택도 존재한다. `hist()` 함수에서 주택 가격(`ds$price`)을 10,000으로 나눈 이유는 주택 가격의 크기가 커서 1만 불 단위로 줄이기 위함이다.

```
> summary(ds$price/10000)
   Min. 1st Qu.  Median    Mean 3rd Qu.    Max.
   7.50   32.20   45.00   54.01   64.50  770.00
> boxplot(ds$price/10000)
```

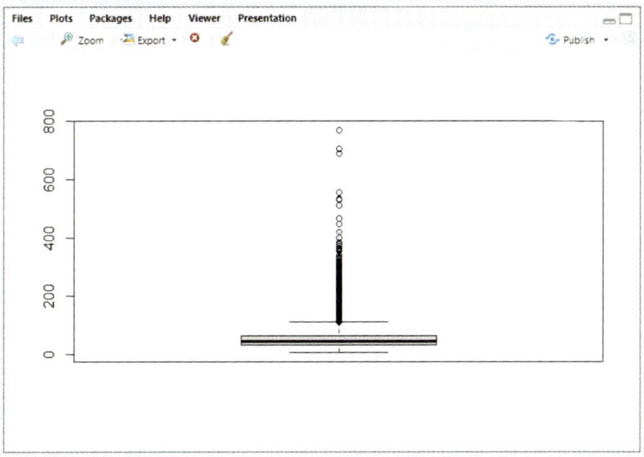

주택 가격의 평균은 54만 불, 중앙값은 45만 불이다. 전체 주택의 50%는 32만 불에서 64만 불 사이에 있다. 평균이 중앙값의 오른쪽에 있고 두 값의 차이가 꽤 큰데 그 이유는 극단적으로 비싼 일부 주택들이 평균을 끌어올렸기 때문이다.

```
# 가장 비싼 주택과 가장 싼 주택
> expensive <- ds[ds$price==max(ds$price),]
> eap <- ds[ds$price==min(ds$price),]
```

가장 비싼 주택과 가장 저렴한 주택의 정보를 추출한다.

```
> expensive
             id            date   price bedrooms bathrooms sqft_livingsqft_lot
2928 6762700020 20141013T000000 7700000        6         8       12050   27600
     floors waterfront view condition grade sqft_above sqft_basement yr_built
2928    2.5          0    3         4    13       8570          3480     1910
     is_renovated zipcode     lat     long sqft_living15 sqft_lot15 summer_high
2928            1 SEATTLE 47.6298 -122.323          3940       8800          76
     winter_low precipitation violent_crime property_crime
2928         37          41.3          32.3           76.9
> cheap
              id            date   price bedrooms bathrooms sqft_livingsqft_lot
20942 3421079032 20150217T000000   75000        1         0         670   43377
      floors waterfront view condition grade sqft_above sqft_basement yr_built
20942      1          0    0         3     3        670             0     1966
      is_renovated zipcode     lat     long sqft_living15 sqft_lot15 summer_high
20942            0  WABASH 47.2638 -121.906          1160      42882          75
      winter_low precipitation violent_crime property_crime
20942         35            71           8.6           39.3
```

가장 비싼 주택은 770만 불이며 6개의 침실과 8개의 욕실이 있는 저택이고, 가장 저렴한 주택은 7만 5천 불이고 침실 1개에 욕실도 없는 작은 집이다.

```
> # 200만불 이하 집값 분포
> price200 <- ds$price/10000
> price200 <- price200[price200<=200]
```

대부분의 주택이 200만 불 이하이므로 이 주택들의 정보만 별도로 추출하였다.

```
> boxplot(price200)
```

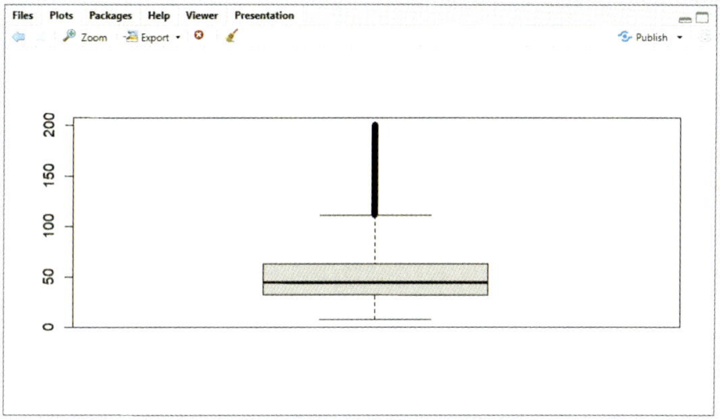


```
> hist(price200, main='집값 분포',
+       xlab='집값(단위:만불)', ylab='주택수')
```

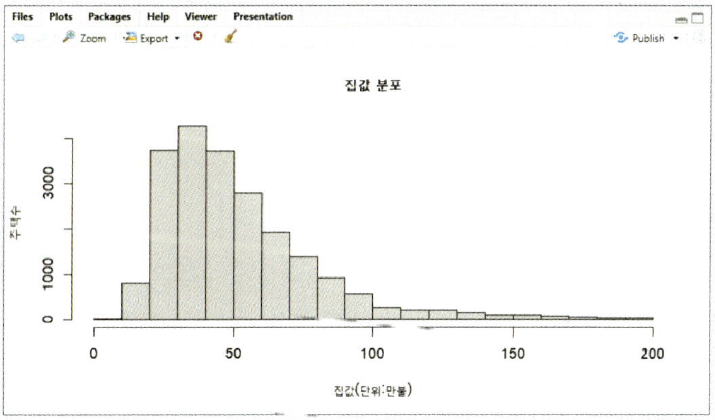

상자그림과 히스토그램을 통해 200만 불 이하 주택들의 가격 분포를 보다 자세히 확인할 수 있다.

주택의 분포를 지도에서 확인하기

```
> # 가격별 주택 분포
> library(ggmap)
> library(RColorBrewer)
>
> register_google(key='AIzaSyBLftN.....j9FKaJxf7T3wJY') # 구글키 등록
```

거래된 주택을 지도상에서 확인하기 위해 필요한 라이브러리를 불러오고 구글맵에 접근하기 위한 구글맵 API 키를 등록한다.

```
> cen <- c(-122.073162, 47.521943)          # 지도의 중심점
> map <- get_googlemap(center=cen,          # 지도 가져오기
+                      maptype="roadmap",
+                      zoom=10)
Source : https://maps.googleapis.com/maps/api/staticmap?center=47.521943,-
122.073162&zoom=10&size=640x640&scale=2&maptype=roadmap&key=xxx
> gmap <- ggmap(map)                        # 가져온 지도 저장
```

구글맵에서 킹 카운티를 검색한 후 중심점을 클릭하여 위도와 경도를 알아냈다. 구글로부터 지도를 가져와 gmap에 저장한다. gmap은 이후 과정에서 반복해서 사용된다.

```
> # 데이터 샘플링
> set.seed(1234)
> idx <- sample(nrow(ds), 2000)
> ds2000<- ds[idx,]
```

데이터셋에 포함된 주택거래 건수는 2만 건이 넘기 때문에 이를 모두 지도에 표시하면 서로 겹쳐서 알아보기가 어렵다. 따라서 2천 건만 샘플링하여 지도에 표시하기로 한다.

```
> gmap1 <- gmap+geom_point(data=ds2000,
+                          aes(x=long,y=lat, col=log(ds2000$price)),
+                          size=3, alpha=0.5) +
+          scale_color_gradient(low="yellow", high="red")
> gmap1
Warning messages:
1: Use of `ds2000$price` is discouraged. Use `price` instead.
2: Removed 25 rows containing missing values (geom_point).
```

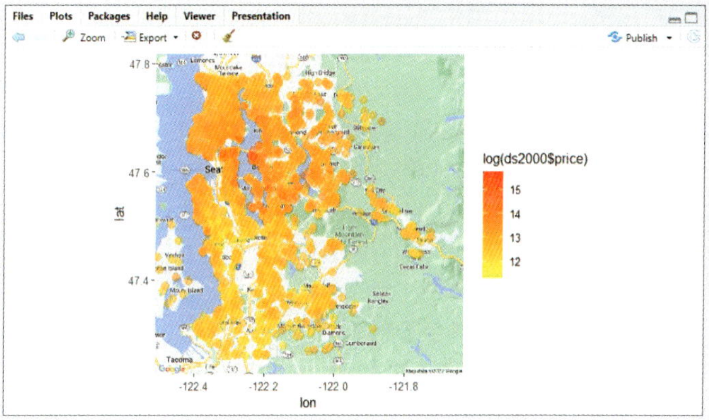

2천 건의 주택을 지도에 표현해보았다. 점 하나는 하나의 주택을 표현하며, 점의 색은 주택 가격에 따라 다르게 표현하였다. 빨간색에 가까울수록 비싸고, 노란색에 가까울수록 저렴한 주택임을 나타낸다. 경고 메시지(Warning message) 중 Removed 25 rows containing missing values (geom_point).는 일부 주택의 좌표값이 지도 밖에 있기 때문에 발생한 것으로 오류는 아니다. 지도를 보면 시애틀에 가까운 지역일수록, 해안에 위치한 지역일수록 주택 가격이 높은 것을 알 수 있다.

```
> # 지역별 주택 가격
> ds.agg <- aggregate(ds[,c('price', 'long', 'lat')], by=list(area=ds$zipcode),
FUN=mean)
> ds.agg
                area     price      long      lat
1             ALGONA  280804.7 -122.2706 47.30902
2             AUBURN  293160.8 -122.2784 47.30835
3           BELLEVUE  706843.2 -122.1350 47.61265
4             DUVALL  424788.7 -121.9548 47.73710
5           EASTGATE  617105.1 -122.1421 47.61052
6           ISSAQUAH  714041.4 -122.0752 47.54626
7            KENMORE  462480.0 -122.2460 47.75514
8               KENT  305145.1 -122.1520 47.37615
9           LAKE JOY  455617.1 -121.8485 47.67149
10            MEDINA 2160606.6 -122.2335 47.62584
```

```
11      MERCER ISLAND 1194230.0 -122.2256  47.55985
12             MIDWAY  251296.2 -122.2788  47.37356
13        MORGANVILLE  423666.0 -121.9995  47.33321
14         NORTH BEND  439471.1 -121.7590  47.47336
15         QUEENSGATE  490351.5 -122.2012  47.75519
16            REDMOND  658854.8 -122.0794  47.68027
17             RENTON  403442.9 -122.1629  47.47803
18          SAMMAMISH  732711.5 -122.0348  47.60766
19            SEATTLE  600649.1 -122.3361  47.61331
20          SHORELINE  462414.8 -122.3342  47.74424
21         SNOQUALMIE  527961.2 -121.8619  47.53173
22        SPRING GLEN  580526.8 -121.9053  47.55842
23         TOTEM LAKE  646374.2 -122.1987  47.70274
24            TUKWILA  294841.4 -122.2847  47.49893
25             VASHON  487479.6 -122.4638  47.41742
26             WABASH  315709.3 -121.9952  47.21145
27       WHITE CENTER  338027.2 -122.3575  47.52041
28 WILDERNESS VILLAGE  366867.6 -122.0318  47.37060
29        WOODINVILLE  617384.5 -122.1022  47.74887
30       YARROW POINT 1355927.1 -122.2052  47.61618
```

데이터셋의 zipcode 열의 값을 기준으로 각 지역에 속한 주택의 평균 가격과 지역의 중심 위치를 계산하였다. 메디나(MEDINA) 지역의 평균 주택 가격이 가장 높고, 미드웨이(MIDWAY) 지역의 평균 주택 가격이 가장 낮다.

```
> gmap2 <- gmap+geom_point(data=ds.agg,
+                          aes(x=long,y=lat, col=log(ds.agg$price)),
+                          size=8) +
+         scale_color_gradient(low="yellow", high="red")
> gmap2
Warning messages:
1: Use of `ds.agg$price` is discouraged. Use `price` instead.
2: Removed 1 rows containing missing values (geom_point).
```

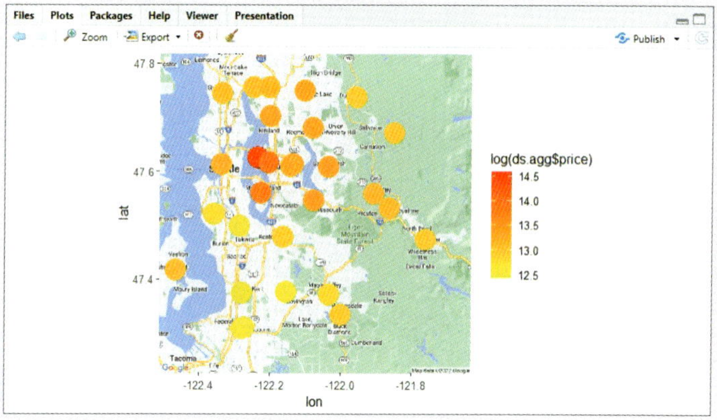

주택 가격이 높은 지역은 카운티 중심부에 분포하고 주택 가격이 낮은 지역은 카운티 남부에 주로 위치하는 것을 알 수 있다.

```
> # 200만 불 이상 주택의 분포
> ds.high <- ds[ds$price>=2000000,]
>
> gmap3 <- gmap+geom_point(data=ds.high,
+                          aes(x=long,y=lat),
+                          col='red', size=3)
> gmap3
Warning messages:
1: Use of `ds.agg$price` is discouraged. Use `price` instead.
2: Removed 1 rows containing missing values (geom_point).
```

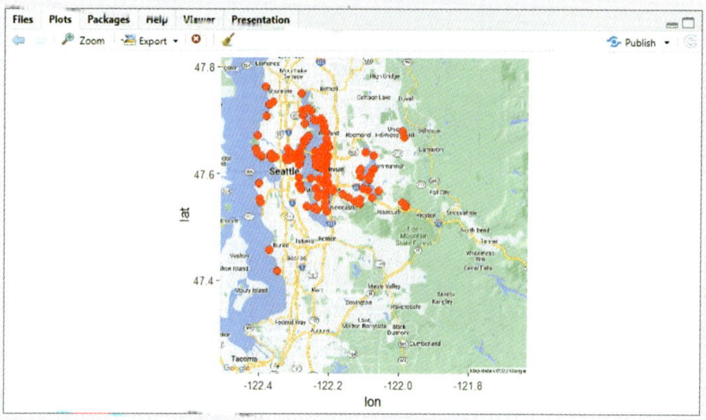

주택 가격이 200만 불 이상인 주택들만 위치를 표시하였다. 시애틀 오른쪽에 있는 워싱턴호 주변으로 고가의 주택들이 몰려 있는 것이 확인된다.

```
> # 20만 불 이하 주택의 분포
> ds.low <- ds[ds$price<=200000,]
>
> gmap4 <- gmap+geom_point(data=ds.low,
+                          aes(x=long,y=lat),
+                          col='blue', size=3)
> gmap4
Warning message:
Removed 33 rows containing missing values (geom_point).
```

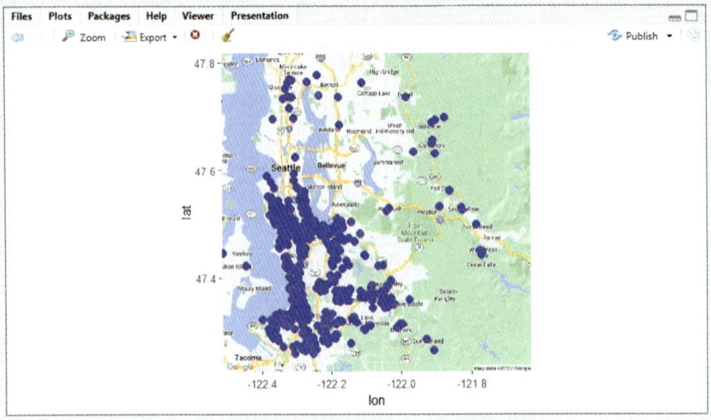

주택 가격이 20만 불 이하인 주택들을 지도상에 표시하였다. 시애틀 남쪽 지역에 밀집된 것이 확인된다.

이상의 분석 결과를 정리해보면 주택 가격이 지역별로 뚜렷한 차이를 보이고, 해안에 인접한 지역의 집값이 전반적으로 높다는 사실을 확인할 수 있다.

03 주택 가격 형성 요인 분석

주택 가격을 형성하는 요인에는 여러 가지가 있을 것이다. 이번 절에서는 어떤 요인들이 주택 가격에 영향을 미치는지 분석해보기로 한다. 이전 절의 [코드 15-1]에 이어 [코드 15-2]를 실행해본다.

코드 15-2

```
MYCOR <- function(ds.group) {
  corr <- cor(ds.group[,1], ds.group[,-1])
  odr <- order(corr[1,], decreasing = T)
  corr.sort <- corr[odr]
  names(corr.sort) <- colnames(corr)[odr]
  return(round(corr.sort,3))
}

# 불필요한 열 제거
ds.pure <- ds[,-c(1,2, 17)]

# 상관 분석
MYCOR(ds.pure)

# 건평과 집값의 산점도
plot(ds.pure$sqft_living, ds.pure$price/10000,
     main='건평과 집값', xlab='건평', ylab='집값(만불)')
model <- lm(price/10000~sqft_living, ds.pure)
abline(model, col='red')

# 주택을 가격에 따라 3개 그룹(High, Middle, Low)으로 나눔
summary(ds.pure$price)
ds.pure$group <- 'Middle'
ds.pure$group[ds.pure$price>=645000] <- 'High'
```

```
ds.pure$group[ds.pure$price<=321950] <- 'Low'

# High 그룹
ds.high <- ds.pure[ds.pure$group=='High',-24]
MYCOR(ds.high)

# Middle 그룹
ds.middle <- ds.pure[ds.pure$group=='Middle',-24]
MYCOR(ds.middle)

# Low 그룹
ds.low <- ds.pure[ds.pure$group=='Low',-24]
MYCOR(ds.low)

# 새로운 변수의 발굴 ########################

# 주택이 위치한 지역의 평균 집값을 새로운 변수로 생성
ds.pure$area.price <- NA
for(i in 1: nrow(ds)) {
  area <- ds[i,'zipcode']
  idx <- which(ds.agg$area==area)
  ds.pure$area.price[i] <- ds.agg[idx,'price']
}
cor(ds.pure$price, ds.pure$area.price)

# 주요 변수에 가중치 부여
imp.var <- c('sqft_living', 'grade', 'sqft_above', 'sqft_living15', 'bathrooms')

for (var in imp.var) {
  cat(var, 'normal :', cor(ds.pure$price, ds.pure[,var]), '\n')
  cat(var, 'weight :', cor(ds.pure$price, ds.pure[,var]^2), '\n')
}
```

[코드 15-2]의 실행 결과를 나누어 설명하면 다음과 같다.

```
> MYCOR <- function(ds.group) {
+     corr <- cor(ds.group[,1], ds.group[,-1])
+     odr <- order(corr[1,], decreasing = T)
+     corr.sort <- corr[odr]
+     names(corr.sort) <- colnames(corr)[odr]
+     return(round(corr.sort,3))
+ }
```

집값에 영향을 미치는 요인을 분석하는 가장 기본적인 방법은 집값과 요인들과의 상관계수를 구해서 분석하는 것이다. 이를 위해 MYCOR( ) 함수를 정의하였다. 이 함수는 집값(price)과 다른 열(변수)들 간의 상관계수를 구한 뒤 상관계수값을 기준으로 결과를 내림차순으로 정렬하여 보여준다.

```
> # 불필요한 열 제거
> ds.pure <- ds[,-c(1,2, 17)]
```

집값과는 상관이 없는 일련번호(id), 거래일자(date)를 분석 대상에서 제외하였다. 그리고 수치형이 아닌 범주형 변수는 상관계수를 계산할 수 없으므로 지역(zipcode) 변수도 제외한다. 새로운 데이터는 ds.pure에 저장하여 분석에 사용한다.

```
> # 상관 분석
> MYCOR(ds.pure)
   sqft_living          grade     sqft_above  sqft_living15      bathrooms
         0.702          0.667          0.606          0.585          0.525
          view  sqft_basement       bedrooms            lat     waterfront
         0.397          0.324          0.308          0.307          0.266
        floors     winter_low   is_renovated       sqft_lot     sqft_lot15
         0.257          0.127          0.126          0.090          0.082
      yr_built      condition           long  precipitation    summer_high
         0.054          0.036          0.022         -0.079         -0.107
 violent_crime property_crime
        -0.118         -0.193
```

상관계수의 절댓값이 0.5를 넘는 주요 변수들을 살펴보면 건평(sqft_living), 주택등급(grade), 지상부면적(sqft_above), 주변주택의 평균건평(sqft_living15), 욕실의 개수(bathrooms)이다. 이들이 집값에 영향을 미치는 주요 요인들이라고 할 수 있다. 특이한 것은 욕실의 개수(bathrooms)가 침실의 개수(bedrooms)보다 집값에 미치는 영향이 더 크다는 것이다. 국내라면 반대의 결과가 나왔을 것이다. 이는 주거 문화의 차이를 반영한 결과이다.

```
> # 건평과 집값의 산점도
> plot(ds.pure$sqft_living, ds.pure$price/10000,
+      main='건평과 집값', xlab='건평', ylab='집값(만불)')
> model <- lm(price/10000~sqft_living, ds.pure)
> abline(model, col='red')
```

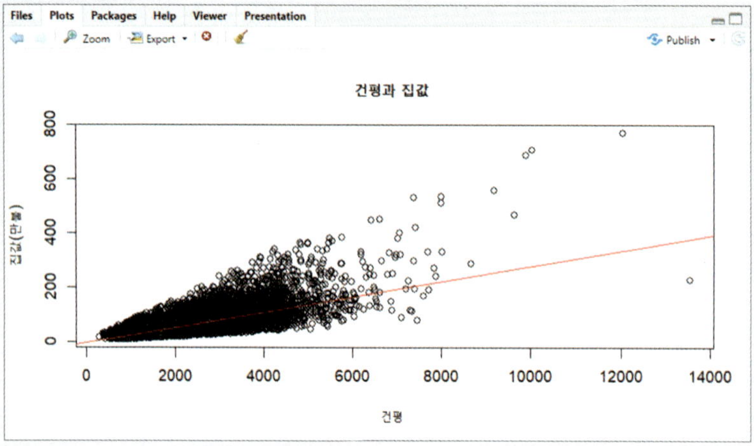

집값에 영향을 미치는 가장 큰 요인인 건평에 대해 산점도로 확인해보았다. 상당히 강한 선형관계가 확인된다.

```
> # 주택을 가격에 따라 3개 그룹(High, Middle, Low)으로 나눔
> summary(ds.pure$price)
   Min. 1st Qu.  Median    Mean 3rd Qu.    Max.
  75000  321950  450000  540088  645000 7700000
> ds.pure$group <- 'Middle'
> ds.pure$group[ds.pure$price>=645000] <- 'High'
> ds.pure$group[ds.pure$price<=321950] <- 'Low'
```

주택 가격대에 따라 가격에 영향을 미치는 요인이나 비중이 다르다고 생각할 수 있다. 이를 확인하기 위해 주택 가격에 따라 거래 정보를 3개의 그룹으로 나누었다. 주택 가격이 1분위에 해당하면 Low 그룹으로, 4분위에 해당하면 High 그룹으로, 나머지는 Middle 그룹으로 분류하였고, 그룹 정보는 group 열을 새로 만들어서 저장하였다.

```
> # High 그룹
> ds.high <- ds.pure[ds.pure$group=='High',-24]
> MYCOR(ds.high)
  sqft_living         grade    sqft_above     bathrooms  sqft_living15
        0.608         0.508         0.468         0.464          0.376
         view    waterfront sqft_basement      bedrooms     winter_low
        0.339         0.310         0.286         0.202          0.136
       floors  is_renovated   summer_high    sqft_lot15       sqft_lot
        0.126         0.108         0.065         0.037          0.031
     yr_built     condition           lat violent_crime property_crime
        0.030         0.004        -0.007        -0.069         -0.079
         long precipitation
       -0.081        -0.101
```

주택 가격 상위 그룹에서는 건평(sqft_living), 주택등급(grade), 지상부면적(sqft_above), 욕실의 개수(bathrooms)의 순서로 상관계수값이 높은 것이 확인된다.

```
> # Middle 그룹
> ds.middle <- ds.pure[ds.pure$group=='Middle',-24]
> MYCOR(ds.middle)
        grade   sqft_living sqft_living15           lat     sqft_above
        0.295         0.270         0.245         0.227          0.189
    bathrooms sqft_basement      bedrooms          view         floors
        0.179         0.139         0.116         0.082          0.077
     sqft_lot     condition    sqft_lot15          long   is_renovated
        0.050         0.048         0.047         0.039          0.027
   waterfront    winter_low precipitation violent_crime    summer_high
        0.020         0.019        -0.013        -0.024         -0.040
     yr_built property_crime
       -0.041         0.075
```

주택 가격 중간 그룹에서는 주택등급(grade), 건평(sqft_living), 주변 주택의 평균건평(sqft_living15), 위도(lat)의 순으로 상관계수값이 높으며 이는 상위 그룹과는 많이 다르다는 것을 알 수 있다. 전반적으로 상관계수값도 상위 그룹에 비해 낮다. 위도(lat)가 높은 순위에 포함된 것이 눈에 띈다.

```
> # Low 그룹
> ds.low <- ds.pure[ds.pure$group=='Low',-24]
> MYCOR(ds.low)
  sqft_living    bathrooms          grade     sqft_above    sqft_living15
        0.413        0.386          0.381          0.348            0.334
     yr_built       floors        bedrooms sqft_basement              lat
        0.272        0.265          0.228          0.170            0.168
         long         view  precipitation      condition       waterfront
        0.062        0.062          0.039          0.016            0.014
     sqft_lot   sqft_lot15     winter_low   is_renovated   property_crime
       -0.002       -0.002         -0.002         -0.007           -0.113
violent_crime  summer_high
       -0.117       -0.120
```

주택 가격 하위 그룹에서는 건평(sqft_living), 욕실의 수(bathrooms), 주택등급(grade), 지상부면적(sqft_above)의 순으로 상관계수값이 높게 나타난다.

이상의 결과를 살펴보면 주택 가격대에 따라 주택 가격에 영향을 미치는 요인들과 요인들의 중요도(상관계수값)가 다르다는 것을 알 수 있다. 주택 가격을 예측하는 모델을 만들고자 한다면 주택의 특징에 따라 서로 다른 모델을 만드는 것이 바람직하다는 사실을 알려준다.

새로운 변수의 발굴

주택 가격에 영향을 미치는 요인에는 데이터셋에 명시적으로 포함된 요인 외에도 다른 여러 요인이 있을 것이다. 주어진 데이터셋을 이용하여 다른 요인을 발굴하거나 합성하는 것도 가능하다. 이러한 작업을 진행해보도록 하자.

```
> # 주택이 위치한 지역의 평균 집값을 새로운 변수로 생성
> ds.pure$area.price <- NA
> for(i in 1: nrow(ds)) {
+   area <- ds[i,'zipcode']
+   idx <- which(ds.agg$area==area)
+   ds.pure$area.price[i] <- ds.agg[idx,'price']
+ }
> cor(ds.pure$price, ds.pure$area.price)
[1] 0.562697
```

앞에서 살펴본 것처럼 평균 주택 가격이 지역마다 상당한 차이가 있으므로 어떤 주택이 속한 지역의 평균 주택 가격이 해당 주택의 가격에 영향을 미친다고 생각할 수 있다. 이를 확인하기 위해 area.price 변수를 새로 만들고 소속 지역의 평균 주택 가격을 새로운 변수값으로 추가하였다. 새로운 변수와 주택 가격과의 상관계수를 구해보면 0.56으로 상당히 높은 값이 나왔다.

```
> # 주요 변수에 가중치 부여
> imp.var <- c('sqft_living', 'grade', 'sqft_above', 'sqft_living15',
'bathrooms')
> for (var in imp.var) {
+   cat(var, 'normal :', cor(ds.pure$price, ds.pure[,var]), '\n')
+   cat(var, 'weignt :', cor(ds.pure$price, ds.pure[,var]^2), '\n')
+ }
sqft_living normal : 0.7020351
sqft_living weight : 0.7274394
grade normal : 0.6674343
grade weight : 0.6924018
sqft_above normal : 0.6055673
sqft_above weight : 0.6330609
sqft_living15 normal : 0.5853789
sqft_living15 weight : 0.6004133
bathrooms normal : 0.5251375
bathrooms weight : 0.5730956
```

주택 가격에 영향을 미치는 주요 요인들에 가중치를 부여하면 상관계수가 높아지는 경우가 있다. 가중치를 부여하는 데는 여러 방법이 있는데 가장 쉬운 방법은 요인값을 단순히 제곱하는 것이다. 이 방법을 적용하여 5개 주요 변수에 대해 가중치를 부여한 후 상관계수를 비교하였다. 결과를 보면 5개 변수 모두 가중치를 부여했을 때 상관계수의 값이 높아지는 것을 관찰할 수 있다. 이러한 관찰 결과는 주택 가격을 예측하는 데 활용할 수 있다.

04 주택 가격 예측모델 개발

3절에서는 주택 가격에 영향을 미치는 주요 요인들에 대해 분석해보았다. 이러한 관찰 결과를 적용하여 주택 가격을 예측하는 모델을 만들어보자. 주택 가격은 연속형 수치 데이터이므로 회귀모델의 영역에 속한다. 회귀모델을 만드는 다양한 알고리즘이 있지만, 본 교재에서는 중선형 회귀만을 다루었으므로 중선형 회귀를 적용한 예측모델을 만들어서 예측 성능을 평가해보기로 한다. 모델의 평가 척도는 여러 가지가 있으나 여기서는 MAE Mean Absolute Error를 사용한다. MAE는 예측값과 정답의 차이를 모아 평균을 계산하는 방식으로 평가값을 직관적으로 이해할 수 있어서 편리하다. 이전 절의 [코드 15-2]에 이어 [코드 15-3]을 실행해본다.

코드 15-3

```
MAE <- function(pred, answer) {
   return (mean(abs(pred-answer)))
}

# 기본 모델의 개발과 평가
myds <- ds[,-c(1,2, 17)]
model.base <- lm(price~., data=myds)
summary(model.base)

myds <- ds[,-c(1,2, 14, 17)]

# 기본 모델 예측 성능 평가
set.seed(1234)
ts.idx <- sample(nrow(myds), nrow(myds)*.3)

model.base <- lm(price~., data=myds[-ts.idx,])
pred <- predict(model.base, myds[ts.idx,])
MAE(pred, myds$price[ts.idx])
```

```
# 지역평균집값 포함 & 주요 변수 가중치 부여
myds$area.price <- NA
for(i in 1: nrow(ds)) {
  area <- ds[i,'zipcode']
  idx <- which(ds.agg$area==area)
  myds$area.price[i] <- ds.agg[idx,'price']
}

imp.var <- c('sqft_living', 'grade', 'sqft_above', 'sqft_living15', 'bathrooms')
for(var in imp.var) {
  myds[,var] <- myds[,var]^2
}

model.1 <- lm(price~., data=myds[-ts.idx,])
pred <- predict(model.1, myds[ts.idx, ])
MAE(pred, myds$price[ts.idx])

# 변수 선택 시도
library(MASS)
model.2 <- stepAIC(model.1)

# 주택을 클러스터링하여 3개 그룹으로 나눈 뒤 각각 모델 개발

# 클러스터링을 위한 데이터 스케일링
myds[,-1] <- scale(myds[,-1])

myds.tr <- myds[-ts.idx,]
myds.ts <- myds[ts.idx,]

# 클러스터링
result <- kmeans(myds.tr[,-1], centers=3)

myds.1 <- myds.tr[result$cluster==1,]
myds.2 <- myds.tr[result$cluster==2,]
```

```
myds.3 <- myds.tr[result$cluster==3,]

model.3.1 <- lm(price~., data=,myds.1)
model.3.2 <- lm(price~., data=,myds.2)
model.3.3 <- lm(price~., data=,myds.3)

# 테스트 데이터의 클러스터 결정
# install.packages("flexclust")
# install.packages("fdm2id")
library(flexclust)
library(fdm2id)
cl.ts <- predict(result, myds.ts[,-1])
pred <- NA
for (i in 1: nrow(myds.ts)) {
 if (cl.ts[i] == 1) {
   pred[i] <- predict(model.3.1, myds.ts[i,-1])
 } else if (cl.ts[i] == 2) {
   pred[i] <- predict(model.3.2, myds.ts[i,-1])
 } else {
   pred[i] <- predict(model.3.3, myds.ts[i,-1])
 }
}

MAE(pred, myds.ts$price)
```

[코드 15-3]의 실행 결과를 나누어 설명하면 다음과 같다.

```
> MAE <- function(pred, answer) {
+    return (mean(abs(pred-answer)))
+ }
```

MAE 평가값을 계산하는 함수를 구현하였다. 예측값과 정답 벡터를 입력하면 MAE 평가값을 반환한다.

```
> # 기본 모델의 개발과 평가
> myds <- ds[,-c(1,2, 17)]
> model.base <- lm(price~., data=myds)
> summary(model.base)

Call:
lm(formula = price ~ ., data = myds)

Residuals:
     Min       1Q   Median       3Q      Max
-1119544   -96932    -8726    77927  4389002

Coefficients: (1 not defined because of singularities)
                 Estimate Std. Error t value Pr(>|t|)
(Intercept)    -4.132e+07  2.785e+06 -14.834  < 2e-16 ***
bedrooms       -3.409e+04  1.831e+03 -18.618  < 2e-16 ***
bathrooms       3.709e+04  3.149e+03  11.779  < 2e-16 ***
sqft_living     1.416e+02  4.250e+00  33.311  < 2e-16 ***
...(중간 생략)
sqft_above      4.165e+01  4.274e+00   9.745  < 2e-16 ***
sqft_basement          NA         NA      NA       NA
yr_built       -2.202e+03  7.351e+01 -29.951  < 2e-16 ***
is_renovated    3.704e+04  7.073e+03   5.237 1.65e-07 ***
...(중간 생략)
property_crime -2.876e+03  1.551e+02 -18.542  < 2e-16 ***
---
Signif. codes:  0 '***' 0.001 '**' 0.01 '*' 0.05 '.' 0.1 ' ' 1

Residual standard error: 194400 on 21591 degrees of freedom
Multiple R-squared:  0.7199,Adjusted R-squared:  0.7196
F-statistic:  2642 on 21 and 21591 DF,  p-value: < 2.2e-16
```

기본 모델은 사용 가능한 모든 변수를 이용하여 개발한 모델이다. 대부분의 변수가 집값 예측에 유의미하다는 것을 알 수 있고, 모델의 설명력(Adjusted R-squared)이 0.72 정도로 양호하다. sqft_basement의 통계값이 모두 NA로 표시되는데 여러 원인에 의해 sqft_basement는 집값 예측에 사용할 수 없다. 따라서 이 변수를 제외하고 모델을 만들어야 한다.

```
> myds <- ds[,-c(1,2, 14, 17)]
```

sqft_basement를 제외한 모델 개발을 위해 데이터셋을 준비한다.

```
> # 기본 모델 예측 성능 평가
> set.seed(1234)
> ts.idx <- sample(nrow(myds), nrow(myds)*.3)
>
> model.base <- lm(price~., data=myds[-ts.idx,])
> pred <- predict(model.base, myds[ts.idx,])
> MAE(pred, myds$price[ts.idx])
[1] 123201.4
```

전체 데이터셋의 30%를 임의추출하여 테스트 데이터로 사용한다. 학습 데이터(myds[-ts.idx,])로 예측모델을 만들고, 테스트 데이터(myds[ts.idx,])로 예측한 뒤 MAE를 계산하였다. 결과는 약 123,000 정도 되는데 이는 집값을 예측할 때마다 평균적으로 123,000불 정도의 오차가 발생함을 의미한다. 평균 집값에 비해 오차가 크기 때문에 오차를 줄이기 위한 노력이 필요하다.

```
> # 지역평균집값 포함 & 주요 변수 가중치 부여
> myds$area.price <- NA
> for(i in 1: nrow(ds)) {
+   area <- ds[i,'zipcode']
+   idx <- which(ds.agg$area==area)
+   myds$area.price[i] <- ds.agg[idx,'price']
+ }
```

먼저 주택이 속한 지역의 평균 집값을 새로운 변수로 추가하였다. 변수명은 area.price이다.

```
> imp.var <- c('sqft_living', 'grade', 'sqft_above', 'sqft_living15', 'bathrooms')
> for(var in imp.var) {
+   myds[,var] <- myds[,var]^2
+ }
```

5개의 주요 변수의 값에 가중치를 부여하기 위해 원래 값을 제곱한 값으로 대체했다.

```
> model.1 <- lm(price~., data=myds[-ts.idx,])
> pred <- predict(model.1, myds[ts.idx, ])
> MAE(pred, myds$price[ts.idx])
[1] 103131.4
```

새로 구성한 데이터셋으로 모델을 만들어 MAE를 평가하였더니 약 103,000이 도출되었다. 예측 에러가 20,000불 정도 줄어들었다.

```
> # 변수 선택 시도
> library(MASS)
> model.2 <- stepAIC(model.1)
Start:  AIC=363043.8
price ~ bedrooms + bathrooms + sqft_living + sqft_lot + floors +
    waterfront + view + condition + grade + sqft_above + yr_built +
    is_renovated + lat + long + sqft_living15 + sqft_lot15 +
    summer_high + winter_low + precipitation + violent_crime +
    property_crime + area.price

                 Df  Sum of Sq        RSS     AIC
<none>                         3.9756e+14  363044
- property_crime  1 6.0516e+10 3.9762e+14  363044
- sqft_lot15      1 1.6920e+11 3.9772e+14  363048
- violent_crime   1 1.9641e+11 3.9775e+14  363049
...(중간 생략)
- grade           1 3.8702e+13 4.3626e+14  364447
- sqft_living     1 4.4689e+13 4.4224e+14  364654
- area.price      1 8.0758e+13 4.7831e+14  365840
```

stepAIC( ) 함수를 통해 불필요한 변수의 제거를 시도하였으나 제거된 변수가 없어서 모델의 성능을 높일 수 없다.

```
> # 주택을 클러스터링하여 3개 그룹으로 나눈 뒤 각각 모델 개발
>
> # 클러스터링을 위한 데이터 스케일링
> myds[,-1] <- scale(myds[,-1])
>
> myds.tr <- myds[-ts.idx,]
> myds.ts <- myds[ts.idx,]
>
> #  클러스터링
> result <- kmeans(myds.tr[,-1], centers=3)
```

유사한 특성을 갖는 주택들을 k-평균 군집화 알고리즘에 의해 클러스터링하여 3개 그룹으로 나눈 뒤 각각의 그룹별로 예측 모델을 따로 만들어보기로 한다. kmeans() 함수를 이용하기 위해서 scale() 함수를 통해 각 변수의 값의 범위를 평균은 0, 표준편차는 1이 되도록 변환하였다. 이를 학습 데이터(myds.tr)와 테스트 데이터(myds.ts)로 나눈 뒤 학습 데이터에 대해 클러스터링을 실시하였다.

```
> myds.1 <- myds.tr[result$cluster==1,]
> myds.2 <- myds.tr[result$cluster==2,]
> myds.3 <- myds.tr[result$cluster==3,]
```

클러스터링 결과에 따라 학습 데이터를 3개로 분할하였다.

```
> model.3.1 <- lm(price~., data=,myds.1)
> model.3.2 <- lm(price~., data=,myds.2)
> model.3.3 <- lm(price~., data=,myds.3)
```

분할된 3개의 데이터셋으로부터 3개의 예측모델을 만들었다.

```
> # 테스트 데이터의 클러스터 결정
> #install.packages("flexclust")
> #install.packages("fdm2id")
> library(flexclust)
```

```
> library(fdm2id)
> cl.ts <- predict(result, myds.ts[,-1])
```

테스트 데이터로 예측 작업을 하기 위해서는 테스트 데이터 각 행의 클러스터를 알아야 한다. fdm2id 라이브러리의 predict( ) 함수를 이용하면 이 작업을 쉽게 할 수 있다. 사전에 flexclust와 fdm2id 라이브러리가 설치되어 있어야 한다.

```
> pred <- NA
> for (i in 1: nrow(myds.ts)) {
+  if (cl.ts[i] == 1) {
+    pred[i] <- predict(model.3.1, myds.ts[i,-1])
+  } else if (cl.ts[i] == 2) {
+    pred[i] <- predict(model.3.2, myds.ts[i,-1])
+  } else {
+    pred[i] <- predict(model.3.3, myds.ts[i,-1])
+  }
+ }
```

테스트 데이터의 각 행에 대해 예측 작업을 실시하여 그 결과를 pred 벡터에 저장한다. 예측 대상 행의 클러스터가 1이면 model.3.1을, 2이면 model.3.2를, 3이면 model.3.3을 이용하여 예측한다.

```
> MAE(pred, myds.ts$price)
[1] 90695.57
```

3개로 분할된 모델을 이용한 예측 결과의 MAE는 약 90,000 정도로 이전 결과에 비해 오차가 13,000불 정도 줄어들었다.

지금까지 살펴본 바와 같이 예측모델의 성능을 높이는 데는 여러 가지 방법이 사용될 수 있다. 전문적으로 예측모델을 개발하는 것은 머신러닝 분야에 더 가까우므로 본 교재에서는 더 이상 깊이 다루지 않겠지만, 중선형 회귀가 아닌 다른 방법을 사용하면 예측 오차를 더 줄일 수 있다.

요약

01 미국 워싱턴 주 킹 카운티의 주택거래 데이터를 대상으로 데이터 분석을 실시하였다.

02 대상 데이터셋에는 21,613건의 주택거래 데이터가 저장되어 있고 변수(열)는 총 26개이다. zipcode 열만 문자형이고 나머지 열들은 숫자형 값을 갖는다.

03 히스토그램을 통해 주택 가격의 분포를 확인한다. 대부분의 주택은 200만 불 이하이다.

04 주택의 분포를 지도에서 확인한 결과 가격이 비싼 주택들은 주로 해안가나 워싱턴호 주변에 위치하였다.

05 주택 가격 상위 그룹에서는 건평(sqft_living), 주택등급(grade), 지상부면적(sqft_above), 욕실의 개수(bathrooms)의 순서로 주택 가격과 상관계수값이 높은 것으로 확인되었다.

06 주택 가격 중간 그룹에서는 주택등급(grade), 건평(sqft_living), 주변주택의 평균건평(sqft_living15), 위도(lat)의 순으로 주택 가격과 상관계수값이 높게 나왔다.

07 주택 가격을 예측하는 선형 모델을 개발하였다. 최종 모델의 MAE는 약 90,000 정도로 측정되었다.

■ 함수 정리

데이터 분석 및 시각화 함수	
hist()	히스토그램을 작성한다.
boxplot()	상자그림을 작성한다.
get_googlemap()	구글맵을 가져온다.
aggregate()	데이터에 대한 집계작업을 시행한다.
lm()	선형회귀 모델을 작성한다.

연습문제

01 거래 데이터를 주택 가격 321,950달러 미만은 하(Low), 645,000달러 이상은 상(High), 나머지는 중(Middle) 그룹으로 나누고, 그룹별 평균 주택 가격을 나타내시오.

02 01번의 그룹을 적용하여 그룹별 강력범죄 평균 건수(violent_crime), 연평균 강우량(precipitation), 여름 평균 최고 온도(summer_high)를 비교하시오.

03 연도별로 거래 합계 금액에 차이가 있는지 확인해보시오.

04 월별 거래 합계 금액을 막대그래프로 작성하시오(그래프에 표시되는 금액은 원래 금액의 1/10000로 하시오).

05 계절별 합계 거래 건수를 막대그래프로 작성하시오(그래프에 표시되는 금액은 원래 금액의 1/10000로 하시오).

06 거래 금액이 비싼 상위 5개 주택의 위치를 지도상에 표시하시오(거래 금액을 원의 크기로 나타내시오).

07 대지면적(sqft_lot)이 넓은 상위 10개 주택의 위치를 지도상에 표시하시오(대지면적을 원의 크기로 나타내시오).

08 건평(sqft_living), 주택등급(grade), 욕실의 개수(bathrooms) 이렇게 3개의 변수만 이용해 주택 가격(price) 예측모델을 만들고, 주택 가격 예측을 위한 회귀식을 제시하시오(전체 데이터를 모두 학습 데이터로 사용함).

09 건평, 주택등급, 욕실의 개수가 다음과 같을 때 08번의 모델을 이용하여 주택 가격을 예측하시오.

sqft_living	grade	bathrooms
2080	6	2

10 09번 문제에서 욕실의 수가 하나 더 늘어났을 때 주택 가격이 어떻게 변동되는지 설명하시오.

APPENDIX

구글맵 API 키와 KoNLP 패키지

01 구글맵 API 키 얻기

구글맵을 실습에 활용하기 위해서는 구글로부터 API 키를 할당받아야 한다. 다음 순서를 따라 작업하도록 한다.

최근 구글맵 API의 이용이 유료화되었지만, 일정 크레딧을 무료로 제공하므로 사실상 무료로 이용할 수 있다. 다만 구글 API를 처음 이용하는 경우는 결제를 위해 신용카드 정보를 제공해야 한다(크레딧 때문에 카드 비용이 청구되지는 않음).

01 구글맵 플랫폼(https://mapsplatform.google.com)에 접속하여 웹페이지에서 [Get Started] 버튼을 클릭한다.

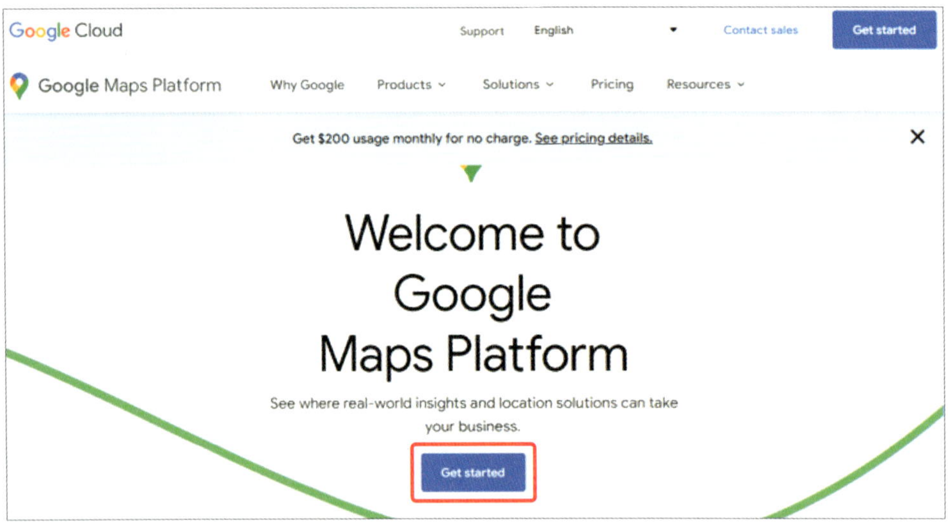

02 Google Cloud 서비스 약관에 동의하고 [동의 및 계속하기] 버튼을 클릭한다.

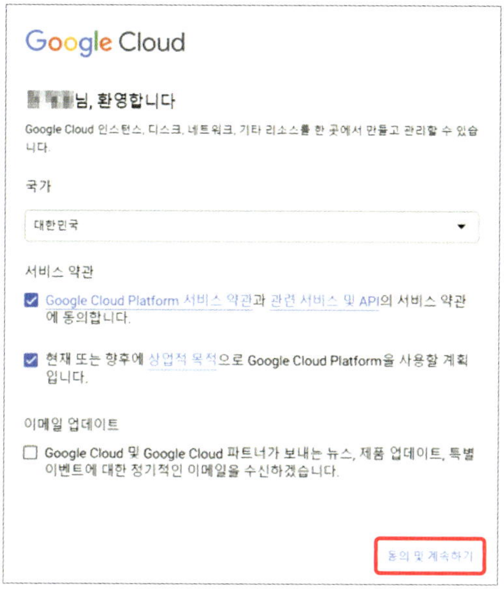

03 다음 화면에서 [가입하여 API 키 받기] 버튼을 클릭한다.

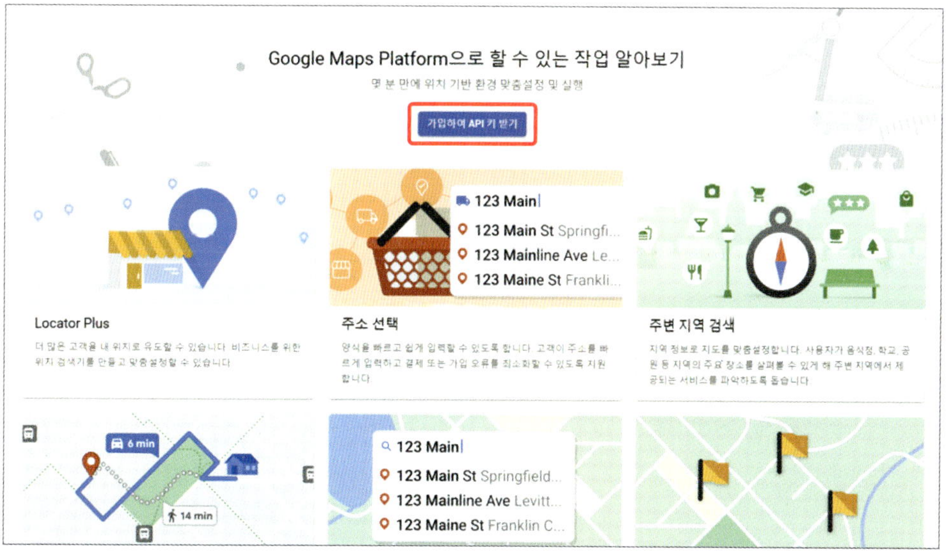

04 결제 계정을 새로 만들기 위해 [결제 계정 만들기] 버튼을 클릭한다.

05 서비스 이용 약관에 동의한 후 [계속] 버튼을 클릭해 다음 단계로 진행한다.

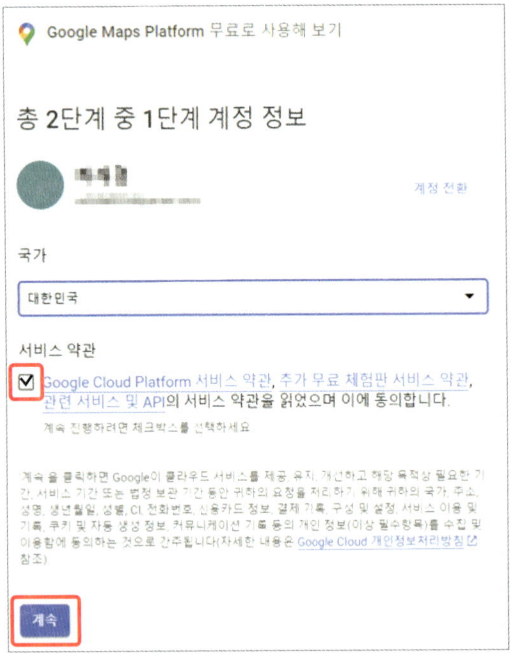

06 필요한 고객 정보를 입력하고 [계속] 버튼을 클릭해 다음 단계로 진행한다. 계속해서 필요한 고객 정보를 입력한다.

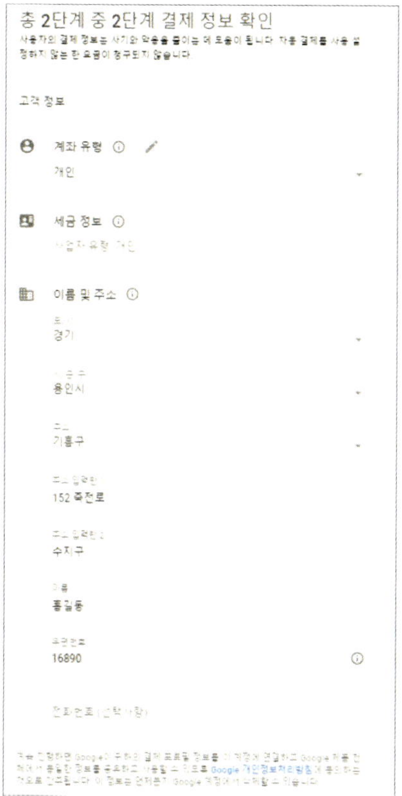

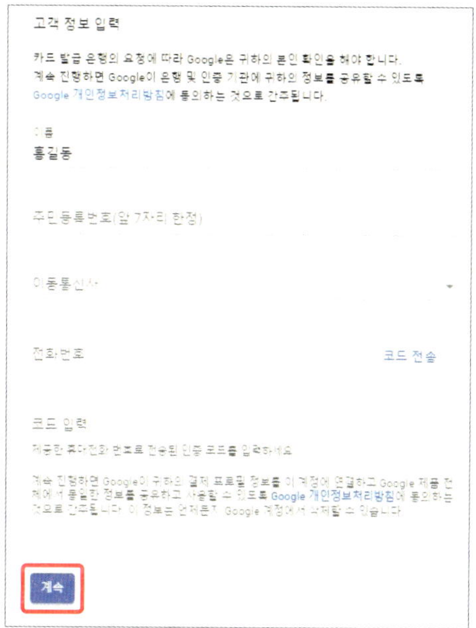

07 마지막으로 카드 정보를 입력하고 다음 단계로 진행한다.

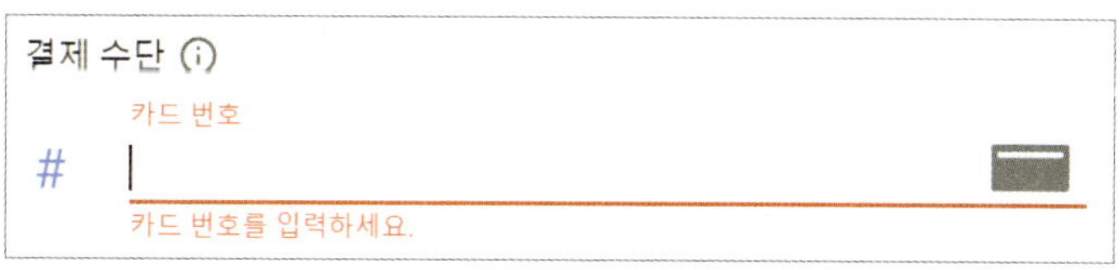

08 설문조사에 응하고 [제출] 버튼을 클릭해 다음 단계로 진행한다.

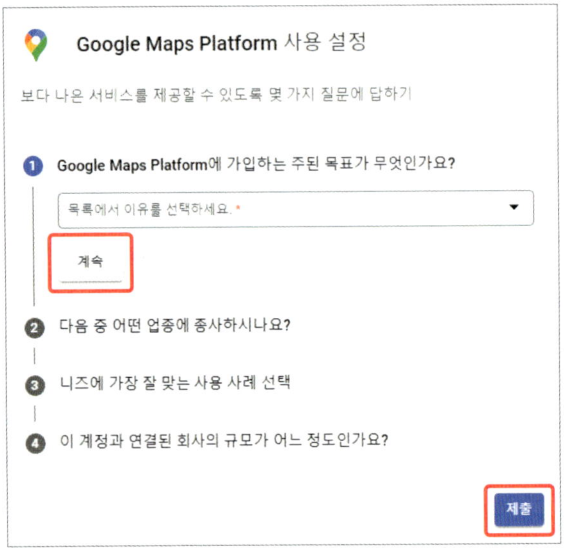

09 Google Maps Platform 시작하기 화면에서 API 키를 복사하여 별도의 파일에 저장해 둔다. [GOOGLE MAPS PLATFORM으로 이동]을 클릭한다.

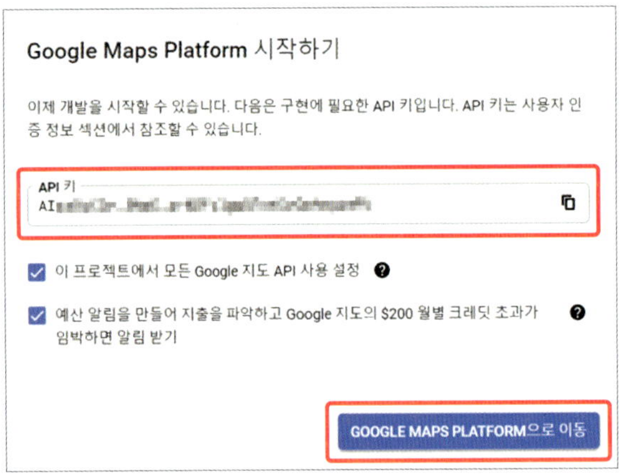

10 API 키 보호 화면에서 [나중에] 버튼을 클릭하여 작업을 완료한다.

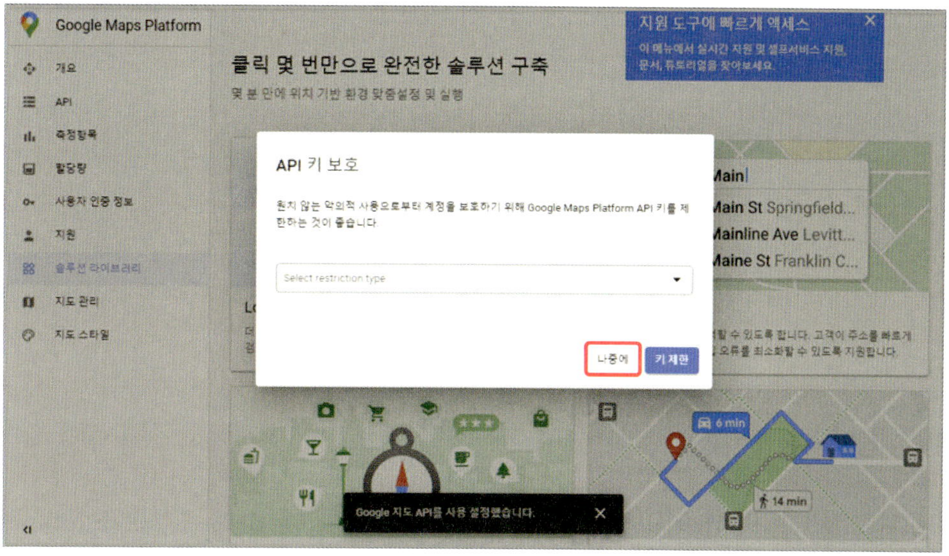

02 KoNLP 패키지 설치하기

KoNLP는 한국어 자연어 처리를 위해 개발된 R 패키지이다. 최근 CRAN을 통한 설치 서비스가 중단되어 다소 복잡한 과정을 통해 수작업으로 설치해야 한다. 예제 소스의 [부록] 폴더에 있는 `scala-library-2.11.8.jar` 파일을 R 예제 소스 폴더에 복사한 후 다음 순서대로 설치를 진행한다.

01 최초로 R을 설치한 방법과 동일한 방법으로 R 최신 버전을 설치한다.

02 RTools 웹사이트(https://cran.r-project.org/bin/windows/Rtools/index.html)에서 RTools 최신 릴리즈release 버전을 다운로드하여 설치한다.

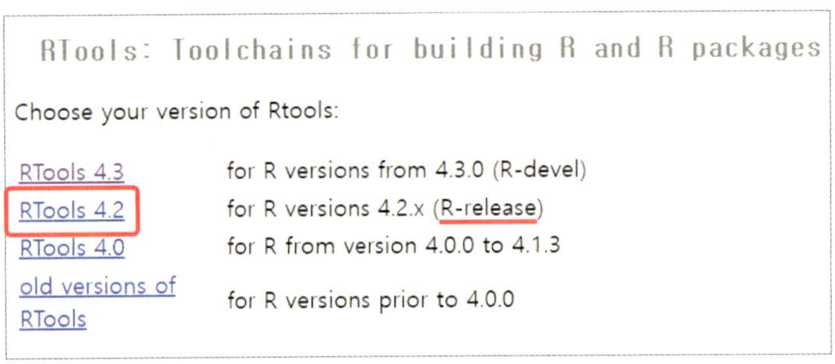

TIP 현재 4.3 버전은 아직 개발(development) 버전이므로 최신 릴리즈 버전인 4.2 버전을 다운로드한다.

03 KoNLP는 자바로 개발이 되었기 때문에 R스튜디오에서 다음과 같이 자바 환경을 설치한다.

```
install.packages("multilinguer")
library(multilinguer)
install_jdk()
```

JDK 설치 시 정말 설치install를 할 것인지 선택하는 단계에서 1번(For sure)을 선택하여 설치를 진행한다.

```
> install_jdk()
i Target JDK: amazon-corretto-11-x64-windows-jdk.msi
Are you sure you want to install jdk?

1: For sure
2: Negative
3: No way

선택: 1
```

04 KoNLP의 실행을 위해 필요한 다른 패키지들을 설치한다.

```
install.packages(c("hash", "tau", "Sejong", "RSQLite", "devtools",
                   "bit", "rex", "lazyeval", "htmlwidgets", "crosstalk",
                   "promises", "later", "sessioninfo", "xopen", "bit64",
                   "blob", "DBI", "memoise", "plogr", "covr", "DT",
                   "rcmdcheck", "rversions", "stringi"), type = "binary")
```

05 이제 KoNLP를 설치한다.

```
install.packages("remotes")
remotes::install_github("haven-jeon/KoNLP",
                 upgrade="never",
                 INSTALL_opts = c("--no-multiarch"),
                 force = TRUE
)
```

06 KoNLP가 정상적으로 설치되지 않고 다음과 같은 에러 메시지가 표시되는 경우가 있다. 이는 scala-library-2.11.8.jar 파일이 정상적으로 복사가 안 되었다는 메시지이다.

```
Fail to locate 'scala-library-2.11.8.jar'. Recommand to locate 'scala-library-
2.11.8.jar' manually on C:/Users/DKU/AppData/Local/R/win-library/4.2/KoNLP/java
** testing if installed package keeps a record of temporary installation path
* DONE (KoNLP)
```

이런 메시지가 나타날 경우에는 다음과 같이 수동으로 지정된 위치에 파일을 복사한다. setwd('D:/source')에서 D:/source는 scala-library-2.11.8.jar 파일이 있는 폴더이다.

```
setwd('D:/source')
pkg_folder <- paste0(.libPaths(), '/KoNLP/java')[1]
file.copy('scala-library-2.11.8.jar', pkg_folder)
```

07 이제 KoNLP가 정상적으로 설치되었는지 테스트한다.

```
library(KoNLP)
extractNoun("재래시장에서 사온 과일과 음식입니다.")
```

```
> library(KoNLP)
> extractNoun("재래시장에서 사온 과일과 음식입니다.")
[1] "재래시장" "과일"      "음식"
```

참고 웹사이트

01 ETRI https://etriitkids.tistory.com/3645

02 이데일리 https://realestate.daum.net/news/detail/main/20190215060805785

03 한겨레 https://www.hani.co.kr/arti/economy/economy_general/729868.html

04 Pixabay https://pixabay.com

05 Toptal https://www.toptal.com/designers/data-visualization/data-visualization-best-practices

06 Towards Data Science https://towardsdatascience.com/

07 R Graphics https://rgraphics.limnology.wisc.edu/pch.php

08 Quick-R https://www.statmethods.net/advgraphs/parameters.html

09 Minitap Express https://support.minitab.com/

10 Google Maps Platform https://mapsplatform.google.com

11 Harvard John A. Paulson School of Engineering
https://www.seas.harvard.edu/news/2013/10/what-makes-data-visualization-memorable

12 통합데이터지도 https://bigdata-map.kr

13 쵸코쿠키의 연습장 https://jjeongil.tistory.com/353

14 Martin Straeche
https://www.martinstraeche.com/martins-metrics/2015/7/25/mapping-trees-in-toronto

15 행정안전부 https://www.mois.go.kr/

16 공공데이터포털 https://www.data.go.kr/

17 RPubs https://rpubs.com/

18 Quantinsti https://www.quantinsti.com/

찾아보기